Guid

Werbung, Mode und Design

Guido Zurstiege · Siegfried J. Schmidt (Hrsg.)

Werbung, Mode und Design

Springer Fachmedien Wiesbaden GmbH

Die Deutsche Bibliothek – CIP-Einheitsaufnahme
Ein Titeldatensatz für diese Publikation ist bei
Der Deutschen Bibliothek erhältlich

1. Auflage Januar 2001

www.westdeutschervlg.de

Umschlaggestaltung: Horst Dieter Bürkle, Darmstadt
Titelbild: Inez van Lamsweerde, „Well Basically" (1996). Abdruck mit freundlicher Genehmi-
gung von Art + Commerce, New York
ISBN 978-3-531-13488-8   ISBN 978-3-663-07810-4 (eBook)
DOI 10.1007/978-3-663-07810-4

Inhalt

Guido Zurstiege & Siegfried J. Schmidt
Werbung, Mode und Design

1.

Werbung, Mode und Design erscheinen uns gewissermaßen als Geschwister einer großen und nicht immer wohl beleumundeten Familie, die alle mit ganz ähnlichen Aufgaben und Zielen arbeiten, aber gleichwohl deutlich voneinander unterschieden sind und unterschieden werden müssen. Was bringt sie zusammen, was hält sie auseinander?

Es fehlt keineswegs an Beschreibungen, Funktionsbestimmungen, historischen Einordnungen und soziologischen Analysen von Werbung, Mode und Design. Zu sehr bestimmen sie das Erscheinungsbild unserer Gesellschaft, um nicht schon seit langem Gegenstand vielfältiger Beobachtungen geworden zu sein. Was bewegt nun aber Kommunikationswissenschaftler, sich des Themas aus ihrer disziplinspezifischen Warte noch einmal anzunehmen?

Der Grund ist einfach, und das heißt bei näherem Zusehen reichlich kompliziert, will man alle Implikationen des Versuchs auch nur einigermaßen in den Blick bekommen. Einfach ist die Hypothese, wonach Werbung, Mode und Design als spezielle *Kommunikationsformen* angesehen werden, die ein sich wechselseitig bestimmendes weil systemisch interagierendes System von Kommunikationssystemen bilden. Das soll heißen: Werbung, Mode und Design bestimmen sich gegenseitig in ihren Funktionsmöglichkeiten, sie nutzen sich gegenseitig bei ihrer eigenen jeweiligen Funktionserfüllung und sind gewissermaßen ineinander eingetragen:

- Werbung orientiert sich an Mode(n) und braucht Design;

- Design orientiert sich an Mode(n) und braucht Werbung;
- Mode orientiert sich am Design und braucht Werbung.

Diese Orientierungen setzen ein hohes Maß an gegenseitiger Beobachtung voraus, daneben aber auch ein gewisses Maß an Selbstbeobachtung, will man mit den Fremdbeobachtungen systemgerecht umgehen.

Setzen sich Kommunikationswissenschaftler mit diesem Beobachtungsmanagement auseinander, dann versuchen sie, eine Fremdbeobachtung dieses Zusammenspiels von Selbst- und Fremdbeobachtung von Werbung, Mode und Design zu liefern.

Nun geht Kommunikationswissenschaftlern die Behauptung stets rasch von den Lippen, es handele sich bei einem Untersuchungsbereich um eine spezielle Form oder gar ein System von Kommunikation(en). Welche Gründe für eine solche These lassen sich im Fall von Werbung, Mode und Design anführen?

Wie die bisher gelieferten Analysen dieser Domänen deutlich gemacht haben, hat jede von ihnen ihre eigene „Sprache" entwickelt. Dabei tut man gut daran, den Ausdruck ‚Sprache' nicht zu eng, nicht zu terminologisch zu sehen, sondern eher umgangssprachlich, denn da macht er intuitiv Sinn. In allen drei Bereichen werden Produkte entwickelt und distribuiert, die semiotisch fruktifizierbar sind, soll heißen, die neben ihrer Materialfunktion Zeichenfunktionen zugesprochen bekommen (können): Ein Hut bedeckt nicht nur schützend den Kopf, ein Sessel dient nicht nur dem Sitzen, ein Werbefoto stellt nicht nur einen Familiengeburtstag dar, sondern sie alle verweisen durch Rekurs auf kollektives Wissen auf etwas, was der Hut über seine Trägerin, der Sessel über seinen Käufer, der Familiengeburtstag über sein Gelingen durch Jakobs Krönung auszuplaudern weiß. Diese Zeichen beziehen sich aufeinander, sie bilden ein Verweisungssystem, in dem wir alle uns besser oder schlechter auskennen, in dem wir aber unweigerlich kommunikativ orientiert werden (sollen), wobei der Erfolg dieses Versuchs von unserem Mit-Spielen abhängt. Und wer heute in diesem Spiel nicht einmal ironisch oder zynisch mitspielt, ist ganz schön einsam.

2.

Wie steht es nun mit den Distinktionen, die die zur Debatte stehenden Domänen so hinreichend voneinander unterscheiden, dass sie trotz aller Interaktion Eigenständigkeit bewahren und von uns als distinkte Domänen beobachtet werden können?

Werbung, so ist seit langem bekannt, operiert mit einer inhaltlichen wie mit einer sozialen Ausblendungsregel: Sie blendet alles aus, was den Glamour des Beworbenen beeinträchtigen könnte, und sie blendet alle aus ihrem Beziehungsspiel aus, die nicht zahlen oder sonstwie dem Werbeappell nicht hinreichend folgen können. Werbebotschaften sind, bekanntermaßen, bedingungslos parteiisch und setzen nicht etwa auf Kritik und Analyse, sondern auf Zustimmungsbereitschaft: Kauft, wählt, glaubt! Werbung affirmiert den Status quo, sie segnet Gesellschaft ab; denn sie verheißt Wunscherfüllung durch Konsum und Folgebereitschaft, bietet Problemlösungen bis zum nächsten Mal, und dann geht es bestimmt noch besser.

Mode braucht ebenfalls Zustimmungsbereitschaft, wobei auf eine Kompetenz der Käufer gesetzt wird, die umstritten ist, seit es den Begriff gibt: *Geschmack*. Indem die Selektion eines bestimmten Produkts oder einer Produktlinie aber zurückgeführt wird auf Geschmack, der zwar diffus aber allemal etwas Gutes ist, wird die Zustimmungsbereitschaft des Käufers als Distinktionsversprechen deklariert: Wer sich so gewandet, beweist Geschmack und hebt sich dadurch ab von den Geschmacklosen. Dieses Distinktionsversprechen kann daher als Identitätsvehikel eingesetzt werden: Wer Geschmack nicht nur hat, sondern durch Kauf und Zurschaustellung beweist, der optimiert seine Identität durch Distinktivität in der gesellschaftlichen Selbstdarstellung.

Auch *Design* braucht Zustimmungsbereitschaft, die über funktionale Attraktion oder ästhetische Attraktion oder bestenfalls beides erleichtert wird. Auch Design arbeitet mit dem Mechanismus von Geschmack und Distinktionsversprechen – der erste Blick auf eine Wohnungseinrichtung, ein Auto oder die Kaffeemaschine enthüllt, welch Geistes (hier = Geschmackes) Kind jemand ist. Aber im Unterschied zur Funktionalisierung dieses Mechanismus in der Mode, verbindet Design diesen Mechanismus mit einer Fortschrittsideologie: Die Funktionsoptimierung von Objekten aber auch ganzer Planungs- oder CD-/CI-Prozesse weist in die Zukunft und überwindet den allemal schlechteren Status quo.

3.

Werbung, Mode und Design haben sich historisch wie aktuell im Kontrast zu einem großen Bruder ausdifferenziert, zur *Kunst*. Und in diesem Prozess ging es nicht um Einzelheiten oder Definitionen, sondern um einen gesellschaftlich offenbar tragfähigen Common Sense, wonach Kunst autonom ist, während die drei anderen Domänen mehr oder weniger eindeutig funktional gebunden sind. Aber so ganz hat die Kunst dieser Differenz wohl selbst nicht immer getraut, will man die ständigen Selbstbefragungen der Kunst nach ihrer gesellschaftlichen Funktion noch im Gewande der l'art-pour l'art-These nicht gänzlich missdeuten. Und noch unter einem weiteren Aspekt zeigt sich eine bemerkenswerte Nähe der drei zur Kunst: Sie alle buhlen um Aufmerksamkeit, soll sich ihr intrinsischer Kommunikationscharakter entfalten können. Sie alle sind Player in der neuerdings als solcher geouteten *Aufmerksamkeitsökonomie*. Von daher rührt ihre unlösbare Verstricktheit mit den Medien und die äußerst variabel implementierbare Beziehung zwischen symbolischem und realem Kapital.

Was aber sind die Voraussetzungen, Formen und Folgen von Aufmerksamkeit? Wie kann sie erweckt, genutzt und vielleicht sogar recyclet werden? Was beobachten Kunst, Werbung, Mode und Design auf eine solche Art, dass sich genaue Beobachtungen dieser Beobachtungen lohnen?

Werbung, Mode und Design, so könnte man kurz sagen, beobachten den Zeitgeist, Lebensstile und Bedürfnisentwicklungen im Bezug auf Produkte, Materialien und Herstellungsprozesse. Die Beobachtung von Zeitgeist, Lebensstilen und Bedürfnisentwicklungen, so unsere These, ist aber auch der Kunst nicht fremd; auch sie ist, allen Ewigkeitsreklamationen zum Trotz, jeweils Kind ihrer Zeit, wiewohl in aller Regel etwas aufsässiger, kritischer, risikobereiter, abweichungsversessener.

Werbung, Mode und Design, so unsere diesbezügliche Globalthese, schaffen Oberflächen, Projektionsflächen für die gesellschaftlich relevante Visualisierung von Wünschen (Werbung), Distinktionen (Mode) und Funktionen (Design). Diese Oberflächen sind semiotisch nutzbar, insofern sie nicht nur sind, was sie sind, sondern zugleich auf etwas verweisen, was sie selbst nicht sind aber anschaulich zu machen verheißen.

4.

Aber nicht nur Wünsche, Distinktionen und Funktionen schließen Werbung, Mode und Design zu einem Kommunikationskomplex zusammen, sondern auch die gemeinsam geteilten *Probleme.*

- Werbung, Mode und Design haben auf Bestellung und gegen Bezahlung Kreativität zu liefern. Damit stellt sich im Beziehungsfeld von Kunden und Kreativen die Frage, wie Autonomie und Funktionalisierung miteinander verbunden werden können. Die Wirtschaft ist darauf angewiesen, dass Werbung, Mode und Design – modelliert man sie einmal als eigenständige soziale Systeme – hinsichtlich ihrer Kreativität autonom sind, diese aber für Geld funktionalisierbar machen: Der spannende Werbespot ebenso wie die neue Winterkollektion oder die nächste Generation von Bürostühlen machen für die Wirtschaft nur im Hinblick auf cash flow Sinn. Umgekehrt kann die Kreativität in den drei Systemen nicht als brotlose Kunst dahin vegetieren; die Kreativen verdienen klotzig, und die Agenturen wollen ebenfalls in die schwarzen Zahlen.
- Das Neue ist der Treibstoff für die wiederholbaren Erfolge der Werbung, der Mode und des Design – und genau hierin liegt ein Grund für den unübersehbaren Jugendkult in allen drei Kommunikationssystemen. Denn die inzwischen unter Dauerbeobachtung stehenden *Cool Club Cultures* bilden eine schier unerschöpfliche Quelle neuer Wunsch-, Distinktions- und Nutzungspotentiale, die sich im kulturellen Mainstream gewinnbringend vermarkten lassen und in den jeweiligen Szenen neue Distinktionsspielräume schaffen, deren Kreativität wiederum kreativ instrumentalisiert werden kann. Wie schon oft beschrieben krankt dabei die Aufmerksamkeitsökonomie in allen ihren Sektoren an dem selbstzerstörerischen Verhältnis von Innovation, Beschleunigung und Abnutzung, muss sie Differenzmanagement unter Beschleunigungsbedingungen betreiben, die unter „Kontingenz-Overload" (Chr. Jacke) leiden.

- Werbung, Mode und Design müssen und wollen ganz unterschiedliche Varianten des Konsums bedienen: affirmativen, differentiellen (distinktiven), taktischen, kritischen usw. Konsum. Diese Differenzierung hängt wiederum engstens zusammen mit den Einschluss- und Ausschlussmechanismen, will sagen mit den gegenläufigen Möglichkeiten der Individualisierung und Kommunalisierung, die mit der Fruktifizierung ihrer Angebote erzielt werden können. Man kann dabei sein, wenn man trägt, was man trägt, aber auch, wenn man offenkundig verweigert und dann zu den offenkundigen Verweigerern gehört.

- Alle drei Kommunikationssysteme machen weitreichende Nutzungsverheißungen, um ihre Arbeit wie ihre Angebote zu legitimieren; so etwa – wie bisher schon erwähnt – Identität, Fortschritt, Demokratie (durch Marktinformation) oder Emanzipation, die durch erfolgreiche Nutzung der Angebote an Lebensstil und Lebenssinn erzielt werden können. In diesem Bereich lässt sich nun eine eigentümliche Situation hinsichtlich der *Komplexitätsproblematik* beobachten: Angebote an Lebenssinn und Lebensstil reduzieren gesellschaftliche Komplexität, man kann sich für eines entscheiden und alle anderen Optionen als weniger spannend vernachlässigen. Zugleich aber wird die eigene Beobachtbarkeit via Konsum erhöht, da Selektionen bewusst vollzogen werden (können): die eigene Entscheidung bekommt beobachtbare und interpretierbare Aussagekraft in Differenz zum Überangebot anderer Optionen, sie wird im Produkt visualisiert – ein Prozess, der erhebliche Komplexität aufbauen kann, nimmt man die vielfältigen Beobachtungsverhältnisse des Einzelnen und für den Einzelnen in Mediengesellschaften in den Blick.

- Werbung, Mode und Design sind durch einen engen Bezug zum Körper ausgezeichnet. In der Mode ist der Körper modellierter Träger von Modeartikeln und zugleich Objekt von Körperdesign; und beide visualisieren durch ihre eigentümliche Semiotik, wer wer für wen ist/sein soll/will. Werbung braucht schöne Körper als Artefiktionen wie als Aktanten von Werbekommunikation. Und Design (wenn wir uns hier einmal auf Produktdesign beschränken) verspricht, den Körper der Nutzer optimal in Nutzungsprozessen und Beobachtungssituationen zu bedienen.

- Werbung, Mode und Design funktionieren kommunikativ nur durch Bezug auf kollektives kulturelles Wissen. Das wird deutlich an der Entdifferenzierung kultureller Phänomene durch die/in der Werbung, insonderheit in Globalisierungsprozessen.

- Mode und Design lassen aber noch einen anderen Zusammenhang von Differenzierung und Entdifferenzierung erkennen, der dem Mechanismus von high and low folgt. Die ambitionierte Einzelkreation des Modeschöpfers landet auf immer kürzeren Wegen als Produkt von der Stange im Kaufhaus, das edle Designerstück in der Massenserie, wobei auf diesem Wege die kulturellen Ansprüche minimiert werden.

5.

Werbung, Mode und Design unterbrechen gewissermaßen endgültig jede Fiktion von Natürlichkeit. Ihre Angewiesenheit auf Medien wie ihre eigene semiotische Funktionalisierbarkeit integrieren alle auf unsere Körper bezogenen Vorgänge in den Gesamtzusammenhang operativer Fiktionen, die qua kollektives Wissen Kommunalisierung ermöglichen, zugleich aber auch festschreiben. Wir haben nur (noch?) dieses Wissen, nicht „die Natur" oder „die Realität". Und dieses Wissen verhüllt – im Unterschied etwa zu naturwissenschaftlichem Wissen – keineswegs sein Design, seine Künstlichkeit, seine Kontingenz, sondern macht daraus die Ressource endloser Erneuerbarkeit und Ersetzbarkeit.

Man mag mit einiger Kühnheit der Entdifferenzierung gemäß der Logik der Aufmerksamkeitsökonomie daraus den weitreichenden Schluss ziehen, dass uns die eher mittelmäßig beleumundeten Domänen Werbung, Mode und Design darüber aufklären, dass wohl jeder Wissensgewinn und jede Wissensverwaltung ihr Design hat, Moden folgt und Eigenwerbung betreibt – aber vielleicht wäre dies zuviel des Modischen für wissenschaftlich designtes Wissen, das jede Werbung verschmäht (weil es so Mode ist).

1. Neue Probleme –
Werbung und der wachsende
Aufmerksamkeitswettbewerb

Norbert Bolz

Die Expedition ins Virtuelle
und die Entdeckung des Körpers

Unter Kulturanthropologen ist wohl unstrittig: Es gibt keinen direkten Weg des Menschen zu sich selbst. Er muss sich mit einem Nicht-Ich gleichsetzen, von dem er sich zugleich unterscheidet. Der Totem ist ein Ding, das in archaischen Gesellschaften als Ahn und Schutzgott verehrt wird. Der Turing-Test ist ein Experiment, in dem der Menschengeist mit dem Funktionieren eines Digitalrechners verglichen wird. Man kann natürlich fragen: Was hat das miteinander zu tun? Meine These lautet: Es gibt vom Totemismus der Urgeschichte bis zum Turing-Test des Posthistoire ein konstantes Problem menschlicher Selbstdefinition. Der archaische Mensch ist nicht identisch mit dem Totem – und ist es doch. Digitale Maschinen können nicht wie Menschen denken – und können es doch. Es ist ein Verhältnis von Identität und Differenz zugleich. Deshalb vergleichen sich Menschen immer wieder mit ihren Techniken, um zu sich selbst zu finden. Das geht bisweilen bis zur fetischistischen Besetzung.

Heute ist dieses Nicht-Ich des Selbstvergleichs der Computer, der sich ja seinerseits von Anfang an mit dem Menschen verglichen hat. Bekanntlich ging es im Turing-Test um die Frage, ob es spezifisch menschliche Intelligenzleistungen gibt, die man nicht technisch implementieren kann. Alan Turings Pointe war: Wenn man genau sagen kann, was Computer nicht denken können, dann kann man auch ein Programm schreiben, das sie eben dies denken macht. Seither ist der Mensch als *res cogitans* auf dem Rückzug – oder er umarmt den Konkurrenten.

Doch ob in Gleichsetzung oder Unterscheidung: Der Mensch versteht sich über den Umweg seiner Führungstechnik. Und deshalb tauchen heute immer mehr Computermetaphern für menschliches Selbstverständnis auf. So begreift Daniel C. Dennett das Bewusstsein als die Benutzerillusion des Gehirns für sich selbst. Aber auch Technikängstliche, die der Turing-Test als permanente narzisstische Kränkung schmerzt, finden den Weg zum menschlichen Selbstverständnis nur noch via negationis: what computers can't do.

Niemand kann sich der Faszination seiner „mittleren" Komplexität entziehen – der Rechenknecht (Metapher!) ist nicht so simpel wie eine Uhr, aber auch nicht so undurchsichtig wie ein Mensch. Deshalb eignet sich der Computer besonders gut als konzeptuelle (!) Brücke (Metapher!) vom Einfachen zum Komplexen. Und unausweichlich drängt sich uns eine neue absolute Metapher auf: nach der Welt als Buch nun die Welt als Computer. Materie und Energie sind die Hardware, auf der die Software der Naturgesetze läuft. Und Erkenntnis ist die algorithmische Komprimierung von Natur. Sein heißt Errechnetsein. Oder mit John Wheelers lapidarer Formel: „It from bit."

Sehen wir näher zu. Wie funktioniert diese neue absolute Metapher „Die Welt als Computer"? Es gibt Fragen, die einem auch dann nicht loslassen, wenn man weiß, dass sie unbeantwortbar sind; etwa die Fragen nach dem „Menschen" oder der „Welt". Das ist bekanntlich die ewige Marktlücke für „Philosophie". Metaphysiker werden nie arbeitslos. Denn das Erfragte ist zu komplex für eine vernünftige Antwort – und gerade deshalb faszinierend. Wie muss nun aber die Antwort auf eine unbeantwortbare Frage aussehen? Ich meine, befriedigende Antworten müssen einerseits die Komplexität reduzieren und andererseits ein anspruchsvolles Erklärungsmodell anbieten.

So hat man eben früher die Welt mit einem Buch verglichen und den Menschen mit einer Uhr. Uns befriedigt das heute nicht mehr – die Modelle sind zu simpel. Und hinzu kommt: Die zarten Seelen der literarischen Bildung haben den Maschinenmenschen der französischen Aufklärung oder die Megamaschine Staat, die Thomas Hobbes konstruiert hat, nie akzeptiert. Vor allem in humanistisch geprägten Kulturen wie der deutschen hat man sich beharrlich geweigert, Maschinenmetaphern für den Menschen und seine Welt zu akzeptieren. Das kommt offenbar daher, dass Humanisten bei dem Wort Maschine sofort an die Mechanik von Kolben und Zahnrädern denken – Charlie Chaplin in Modern Times.

Mit anderen Worten: Mit einem Humanisten konnte man bisher nicht über Maschinen reden, weil ihn ein Bild des Mechanischen gefangen hält. Davon könnte uns heute der Computer befreien. Er ist die Maschine aller Maschinen – und deshalb kann man ihn verstehen, ohne einen Blick auf die Hardware zu werfen. Das macht ihn zum intellektuellen Faszinosum unserer Zeit, zur absoluten Metapher unserer Weltorientierung. Ich sagte schon: Der Computer fasziniert als System *mittlerer* Komplexität – nicht so simpel wie eine Uhr, aber auch nicht so undurchsichtig wie ein Mensch. Anders gesagt, der Computer ist die geistige Eselsbrücke vom Einfachen zum Komplexen. Deshalb wird man immer wieder versuchen, „die Welt" zu simulieren. Und deshalb werden immer mehr Menschen Computermetaphern benutzen, um sich über sich selbst ins Bild zu setzen.

Wer sich einen Computer anschafft, kauft damit nicht nur ein Stück Hardware, sondern vor allem auch ein Paket Software – mit dem Versprechen der Benutzerfreundlichkeit. Damit ist ja nicht gemeint, dass der User verstehen soll, was er tut, sondern dass man ihm jede Irritation erspart. Wer es gut meint mit den Menschen, schützt sie vor Digitalität. Der Mensch ist ein analoges Wesen – er wünscht sich Werte und Qualitäten, Ähnlichkeit und Evidenz. Und das, was am Menschen selbst digital funktioniert, hat die „Natur" bis dato gut versteckt – nämlich ZNS und DNS. Man kann offenbar das, was im Zentralnervensystem passiert, gut analogisieren (analogisieren!) mit der Funktionsweise eines Computers. Was Leben und Denken heißt, lässt sich mit dem binären System von 0/1 und den vier Buchstaben der Erbinformation A(denin), C(ytosin), G(uanin), T(hymidin) anschreiben. Formelhaft gesagt: Das Zentralnervensystem und die Erbinformation sind digital, der Rest der Physiologie ist analog.

Ein benutzerfreundlicher Computer lässt mich deshalb vergessen, dass ich es mit einem Rechner zu tun habe; sein Interface-Design schirmt mich ab gegen die posthumane Technologie des Digitalen. Im Klartext heißt das: Man kann sein ganzes Leben autofahren, ohne auch nur ein einziges Mal unter die Motorhaube schauen zu müssen. Und man kann eben auch sein ganzes Leben am Computer arbeiten, ohne auch nur ein einziges Mal unter die Benutzeroberfläche, das User Interface, schauen zu müssen. Benutzerfreundlichkeit ist also eine „Vertrautheitsselbsttäuschung".

Das Geheimnis des Erfolgs der Computerindustrie muss ein Geheimnis bleiben. Deshalb verkauft sie das Digitale, als ob es analog wäre. Vertraut sind uns die analogen Bildchen, fremd bleibt uns die digitale Codierung. Die seit Apples Macintosh so beliebten Icons auf der Benutzeroberfläche, die als „Desktop-Metapher" tatsächlich bei ihrem rhetorischen Namen genannt wird, sind ja bei Lichte betrachtet nichts anderes als maskierte Digitalität. Auch Virtual Reality ist eine digitale Simulation des Analogen. Benutzerfreundlichkeit heißt also im Klartext: Funktionelle Einfachheit bei struktureller Komplexität – leicht zu bedienen, aber schwer zu verstehen. So bekommen Computer etwas Magisches.

Die Intelligenz der Produkte besteht gerade darin, den Abgrund des Nichtverstehens, die logische Tiefe, zu verdecken. So emanzipiert sich das Gebrauchen vom Verstehen. Wer heute von intelligentem Design spricht, meint, dass der Gebrauch eines Geräts selbsterklärend ist. Doch diese Erklärung führt nicht zum Verständnis, sondern zum reibungslosen Funktionieren. Man könnte deshalb formelhaft sagen: Benutzerfreundlichkeit ist die Rhetorik der Technik, die unsere Ignoranz heiligt. Und diese designspezifische Rhetorik, die sich eben nicht in Diskursen, sondern in der Technik des Interface-Design ausprägt, verschafft uns heute die Benutzerillusion der Welt.

Wir müssen das Interface-Design demnach als die Rhetorik der Medientechnologie verstehen; und da haben sich in wenigen Jahrzehnten dramatische Wandlungen vollzogen. Die Geschichte des Computer-Interface beginnt bekanntlich mit den Lochkarten der IBM-Angestellten. Den nächsten Schritt in der Entwicklung von Benutzeroberflächen markieren die alphanumerischen Befehlsketten der DOS-Wizzards – eine neue Geheimwissenschaft. Douglas Engelbarts Maus und Apples Macintosh machten es dann möglich, Programme durch schlichtes Anklicken von Icons zu bedienen. Und mit der Desktop-Metapher gelang die große Wende zur Benutzerfreundlichkeit. Der nächste Evolutionsschritt des Interface-Designs führt schließlich in die Virtuelle Realität des Cyberspace. Im Cyberspace können wir den Computer schließlich mit „natürlichen" Gesten bedienen – wir müssen keine Programme mehr schreiben, sondern bewegen uns in einem anschaulichen Datenraum. Es genügt jetzt, mit dem Finger zu zeigen. Man könnte also sagen: Im unendlich dimensionalen Datenraum, der die Welt ersetzt, kehrt die Hand wieder zurück, nämlich als metaphorische Navigationshilfe: *data glove*. In der Welt der neuen Medien geht es um die Entfaltung von „Dialogzonen" (A. Neumeister) zwischen Mensch und Maschine, also um eine Simulation der Kommunikation. Das ist die Aufgabenstellung des Software-Designs. Die neue Zauberformel Virtual Reality bezeichnet einen Grenzwert der ästhetischen Optimierung im Design von Benutzeroberflächen. Es geht um die bestmögliche Zusammenarbeit von Menschenhirn und Rechenmaschine.

Das Interface, die Mensch-Maschine-Schnittstelle des Computers, liegt also zunächst sehr nahe an der Maschine und ihrer Sprache. Dann verschiebt sich das Verhältnis von Benutzeroberfläche und logischer Tiefe der Programme immer entschiedener zugunsten der „freundlichen Oberfläche". Mit anderen Worten: Die fortschreitende Benutzerfreundlichkeit macht den Computer unsichtbar. Nicolas Negroponte vom MIT hat es in aller Deutlichkeit gesagt: „the secret to interface design: make it go away". Und genau das meint auch das Konzept des „ubiquitous computing": Der Computer wird unsichtbar – und allgegenwärtig. Das Verschwinden des Computers in seiner Allgegenwart ist das wichtigste Kennzeichen zukünftiger Kommunikationsverhältnisse.

Jean Pauls unüberbietbare Metapher der Metapher: „Sprachmenschwerdung", besagt im Blick auf unser Thema: Interface-Design ist die Menschwerdung der digitalen Maschinensprache, die Verpackung der mathematisch kalten Algorithmen in einer Art Emotional Design. Offenbar können wir uns die kulturelle Versöhnung von Mensch und Rechner nur als Anthropomorphisierung der Computertechnologie vorstellen – von HAL aus Stanley Kubricks Space Odyssee bis zur vollständig computergenerierten Toy Story. Und prinzipiell scheint zu gelten, dass wir *emotional patterns* zur Entlastung von der Datenflut brauchen – bis hin zu den peinlich witzigen „Emoticons" der E-Mail-Kultur. Derartige Phänomene lassen wohl nur einen Deutungsschluss zu: In der Rhetorik des Computers verschafft sich die Medienevolution ihre humane Kompensation.

Wo es Optionen gibt, gibt es auch Rhetorik. Und die prominenteste Metapher aus der Rhetorik des Cyberspace ist zweifellos das Surfen. Wie beim Skifahren ist es auch beim Surfen so, dass man nicht an ein Ziel kommen, sondern die Fahrt genießen will. Deshalb ist die Metapher vom Surfen im Internet gut gewählt. Denn es geht hier gar nicht primär um Information und Wissen. Ohne Unterschied transportiert das Internet Sinn, Unsinn und Gegensinn. Diesen Datenprozess können wir nicht mehr „kritisch" oder mit Qualitätsmaßstäben kontrollieren; von ihm geht eine Faszination jenseits des Sinns aus. Wir genießen uns selbst, indem wir unsere Sinne in den Medien baden. Wenn Menschen im Internet surfen, geht es ihnen also nicht vorrangig darum, Informationen aufzunehmen oder auszutauschen. Sie wollen gerade in der Redundanz der Botschaft „mitschwingen", oben auf der Welle bleiben. Es geht nicht um Kommunikation, sondern um Faszination. Deshalb meine ich, dass Marshall McLuhans Satz: Das Medium ist die Botschaft, heute aktueller ist denn je.

Die Klagen der Gebildeten unter den Verächtern der neuen Medien sind durchaus berechtigt: Das Internet ist Geschwätz. Aber es kann auch gar nicht anders sein. Denn je interaktiver ein Medium ist, desto unwichtiger wird die Information. Man kommuniziert „Wir kommunizieren". Und Kommunikationsverhältnisse brauchen weder Begründung noch Erklärung. Gerade Intellektuelle und Geschäftsleute übersehen leicht den wichtigsten Faktor der neuen Medienwelt: die Kommunikationslust. Zu Luthers und Gutenbergs Zeiten hat die Religion von Kult auf Kommunikation umgestellt. Heute haben wir eine interessante Ersatzreligion: Kommunikation als Kult. Und nicht nur im Internet. Politik hebt sich in Rhetorik auf; von Kirchenmännern hört man nur noch „Reden wir darüber"; Talkshows verwirklichen die romantische Utopie vom unendlichen Gespräch. Und schließlich wird all das sich selbst zum Thema. Zurecht bemerkte Intel-Chef Andy Grove: „Karl Mays Nachfolger schreiben heute über das Internet." Und tatsächlich war es ja ein Romancier, der das Zauberwort Cyberspace geprägt hat. William Gibson hat in souveräner Unkenntnis der Technik das metaphorische Potential vernetzter Rechner sichtbar gemacht. Seither macht der Cyberspace Fiktionen bewohnbar; man kann Mythen ausagieren.

Neue Medien funktionieren wie ein Rohrschach-Test: Jeder projiziert seine Wünsche und Ängste hinein. Unter humanistisch gebildeten Menschen überwiegen zur Zeit wohl noch die düsteren Visionen von der Sintflut der Bilder, vom Zerfall der Kultur – es geht rasend schnell auf den Untergang des Abendlandes zu. Doch dieser Pessimismus hat seine beste Zeit schon hinter sich. Heute mehren sich stattdessen die Heilsversprechen, die das Pfingstwunder des Internet ankündigen; alle Menschen werden Brüder im Netz. Das technische Netzwerk nährt das soziale Phantom der Gemeinschaft. Und schon verklärt sich das Internet als Soziallabor – Kommunitarismus online! Das derart im Cyberspace beschworene neue Kommunalgefühl lässt das Internet zur Projektionsfläche von Aufklärungsutopien werden: elektronisches Rathaus, virtuelles Parlament, ja „neues Athen". Und von der politischen Aufklärungsutopie zur Mystik der Vernetzung ist es dann nur noch ein Schritt. New-Age- und Gaia-Träumer verheißen die Spiritualität des Cyberspace und zelebrieren Weltkommunikation als Religion.

Surfen im Internet ist also sehr viel mehr als ein Spiel – es ist ein Glückszwangsangebot. Dabeisein ist hier wirklich alles, denn wer will schon von gestern

sein. Hier droht Schlimmeres als die Arbeitslosigkeit – nämlich die „digitale Ob-
dachlosigkeit" (Nicholas Negroponte). Und vor ihr schützt nicht das soziale Netz,
sondern das Internet. Doch wohlgemerkt: Dabei sein ist zwar fast alles, aber nicht
jeder kann alles. Inklusion im Internet heißt: Nicht jeder kann Designer sein, aber
jeder muss User sein können. Das Zugangsproblem wird konsequent auf die Kom-
plementärrolle reduziert. Es gibt also keinen gleichen Zugang zur Leistungsrolle.

Die zweite Schlüsselmetapher zum Verständnis der neuen Medienwelt lautet
Navigation. Wie schon die Kybernetik greift das neue computergestützte Wissens-
design auf das Bild des Steuermanns zurück. Zunächst bezeichnet Navigation ja die
zugleich sichere und streckenoptimierende Führung eines Fahrzeugs. Im Hyperme-
dien-Kontext ist die Bahnung von Wissenspfaden im Dschungel der Daten gemeint.
Dem entspricht die Designaufgabe, das User Interface, also die Benutzeroberfläche,
als Navigationsfilter zu gestalten. Die Metapher der Navigation umfasst natürlich
auch den Fehlschlag eines Medienabenteuers – den Schiffbruch im Datenmeer. Die
ungeheure Fülle der Daten, in der man sich mit Hilfe der Hypermedien bewegen
kann, erzeugt eben auch eine ganz medienspezifische Angst: Lost in Cyberspace.
Das ist – wie früher der notorische Absturz der Festplatte – prinzipiell immer möglich und muss als „normal accident" behandelt werden.

„Surfen" und „Navigation" als Metaphern sollen zeigen: Es gibt keine Beschreibung, sondern nur eine Rhetorik des Cyberspace. Es gibt mit anderen Worten
keine *natürlichen* Darstellungsformen im Cyberspace; deshalb braucht man Metaphern, um die Daten zu gestalten. Man könnte also von einer Metaphernpflichtig-
keit des unendlich dimensionalen Informationsraums sprechen. Und das heißt eben,
es geht nicht ohne die Hilfskonstruktionen alter Medien. Die alten Medien dienen
als metaphorische Orientierungshilfen im Digitalen. So gibt es bekanntlich digitale
Schreibtische, Aktenordner, Papierkörbe, aber auch Zooms oder „Bausteine". Und
das heißt, es geht nicht ohne die stabile Illusion vertrauter Welten. Denn der digitale
Datenraum bietet Menschen keine Orientierungschance; er hat keine „natürliche"
Topographie, sondern ist (wie Mathematiker sagen) unendlich dimensional. So
muss die Medienevolution selbst für eine humane Kompensation ihrer posthumanen
Anforderungen sorgen.

Wir können deshalb vermuten, dass die Lebensbedeutsamkeit von Büchern,
Fotos und ähnlichem in Zukunft noch wachsen wird. Und die neuen Funktionen der
alten Medien – also etwa Gespräch, Buch und Film – im digitalen Medienverbund
lassen sich ganz einfach bestimmen:

- sie spenden den Trost der Überschaubarkeit;
- sie machen ein Formangebot für Sinnsuchende;
- sie produzieren orientierende Wissenschaftslegenden;
- sie dienen der Reduktion von Komplexität;
- sie werden als metaphorische Navigationshilfen im Informationsraum gebraucht.

Ein Wort Odo Marquards missbrauchend könnte man von einem Teddybär-Effekt
der Medienwirklichkeit sprechen. Um den Übergang in eine neue Welt ertragen zu

können, brauchen wir geistige *transitional objects*, d. h. Vertrautes aus der alten Welt, das wir in die neue hinüberretten. Doch Teddybären sollten eben Mut machen, sich in die fremde Wirklichkeit zu wagen.

Kompensation der posthumanen Anforderungen des Computerzeitalters durch die Menschenförmigkeit der alten Medien – das ist das Eine. Hinzu kommt heute eine kultische Aufwertung des Körpers. Und das ist ja meine Titelthese: Die Expedition ins Virtuelle führt uns überraschenderweise zur Entdeckung des Körpers. Wie das?

Durch die christliche Leib/Seele-Unterscheidung war der Körper in der okzidentalen Kultur semantisch verarmt. Daran konnte auch das philosophische Einmannunternehmen Nietzsche nichts ändern. Erst im 20. Jahrhundert beobachten wir eine neue Aufwertung des Körpers durch Medizin, Kosmetik, Sport, Sex – aber auch Gewalt. Während unsere Gesellschaft mit dem Extremwert Pornographie ihren Frieden gemacht hat, muss sie beim Thema Gewalt mit Intoleranz reagieren, denn es geht hier um den bestandssichernden symbiotischen Mechanismus des politischen Systems. Gerade weil Gewalt die Sicherheitsgrundlage des politischen Mediums Macht ist, schwächt jeder Akt der Gewalt die Macht. Mit anderen Worten: Man kann Macht nur aufbauen, indem man Gewalt latent hält. Insofern ist die konkrete Gewalt gegen Körper der größtmögliche Gegensatz zur Macht über das Verhalten anderer.

Dieses Thema markiert die Grenze der modernen Gesellschaft, denn Gewalt gegen Körper ist das Mittel, mit dem sich die Ausgeschlossenen Anerkennung verschaffen wollen. Die moderne Gesellschaft schließt Menschen als Personen ein – und schließt andere Menschen als Körper aus. Man könnte auch sagen: Menschen werden als Körper auffällig durch Exklusion. Wo Menschen ausgeschlossen werden, tritt an die Stelle sozialer Erwartungsreziprozität die unmittelbare Beobachtung von Körpern; man muss die Skinheads im Auge behalten – von Augenblick zu Augenblick.

Wenn nur noch die Körper zählen, wird es rasch lebensgefährlich. Wahrnehmung schnell wechselnder Ereignisse wird dann wichtiger als Kommunikation. Nur in diesem Kontext macht ein „philosophisch-anthropologischer" Satz Quines Sinn: „Der Mensch und die anderen Lebewesen sind körperorientiert durch die natürliche Auslese; denn diese Eigenschaft hat in der Stadt und im Urwald offenbaren Überlebenswert." Das gilt heute vor allem für die Welt der Ausgeschlossenen. Wo Menschen als Körper aus der Gesellschaft ausgeschlossen werden, braucht man Räume. Wo Menschen als Personen eingeschlossen werden, spielen Räume keine Rolle mehr – Stichwort: Telekommunikation. Die Welt der Medien ist nicht die Welt der Körper.

Gesellschaftliche Exklusion wirft Körper aus, auf die man dann in Bahnhöfen oder unter Rheinbrücken trifft. Doch wie lässt sich die „Wiederkehr des Körpers" (D. Kamper) diesseits der Gesellschaftsgrenze erklären? Mein Versuch einer Antwort operiert mit einem Kompensationsmodell:

• Gerade weil in einer Welt autonomer sozialer Systeme nur Funktionen, Rollen und Kommunikationen zählen, rückt „Der Mensch" in den Mittelpunkt kultureller Selbstverständigung.

- Gerade weil Virtual Reality zur medientechnischen Infrastruktur unseres postindustriellen Alltags geworden ist, gibt es – gleichsam als Gegengift gegen die Immaterialisierung – einen Kult des Körpers, eine Lebensphilosophie der Wellness, eine neue Ästhetik der Existenz.
- Gerade weil die Genetik als Leitwissenschaft des 21. Jahrhunderts die Frage nach der Perfektionierbarkeit des Körpers stellt und damit die Günther-Anders-Frage nach der „Antiquiertheit des Menschen" in neuer Schärfe wiederholt, wächst die Sorge um sich; rückt die Pflege der eigenen Endlichkeit wieder ins Zentrum des philosophischen Interesses.

Über unsere moderne Welt sagt die Soziologie: „Gesellschaftssysteme substituieren für Anwesenheit kommunikative Erreichbarkeit, also Interaktionsmöglichkeit schlechthin." Körper und Räume werden gleichgültig. Wie reagiert nun „der Mensch" darauf? Oder soziologisch spröde, aber genauer gefragt: Wie verändert sich die sozial basierte informelle Kommunikation unter diesen neuen Medienbedingungen? Es ist in diesem Zusammenhang sehr aufschlussreich, dass gerade heute, da intellektuelle Dienstleistungen weniger als je zuvor auf körperliche Anwesenheit angewiesen sind, die NRW-Regierung eine Anwesenheitspflicht für Professoren verordnet – *face time* nennt man das in Amerika. Offenbar soll das erzwungene *face to face* als eine Art Medizin gegen die Folgelasten der Interface Culture (Steven Johnson) verabreicht werden.

Ich will das Problem im folgenden etwas höher abstrahieren und gehe von einem wechselseitigen Steigerungsverhältnis zwischen Medienwirklichkeit und Körperkult aus. Ich setze also voraus, dass unsere Gesellschaft zunehmend durch die Techniken von Virtual Reality und Telekommunikation geprägt wird. Gerade deshalb aber, so lautet meine Grundthese, wächst die Bedeutsamkeit von Techniken der Körperperfektion wie Diätetik, Sport, Kosmetik, Gentechnik und Medizin. Das Ergebnis der Weltraumfahrt war die Entdeckung des blauen Planeten. Das Ergebnis der Expedition ins Virtuelle wird die Entdeckung des kostbaren Körpers sein.

Kein Mensch weiß, was das Ich, das Selbst oder die Identität der Persönlichkeit ist – deshalb hält man sich an den Körper; den kann man schützen, ernähren und pflegen.

Aber gerade wenn man den Körper als Medium der Selbstverwirklichung nutzen will, stößt man auf den Körper als Form. Man kann das Problem durch Selbstironie verdecken, indem man Selbstgewissheit in kriterienloser Selbstreferenz behauptet: ich bin, wie ich bin. „Bier formte diesen schönen Körper". Alle anderen müssen an sich arbeiten – wie Sisyphos.

Die Anthropologie Plessnerschen Zuschnitts hat den Menschen als im Streit mit seinem Körper liegend dargestellt. Wenn man versucht, „die Person vom Körper her zu bestimmen", erweist sich der Körper als Form mit zwei Seiten, als Differenz. Der Sportler gewinnt oder verliert; man hält die Diät durch oder wird wieder dick; die Selbstquälerei bereitet Lust; der Gesundheitsbewusste findet immer mehr

Krankheitsursachen. Paradoxerweise schließt gerade die Höchstbewertung des eigenen Körpers aus, dass man sich mit ihm identifiziert.

Fassen wir noch einmal die wichtigsten Rahmenthesen zusammen: Wirtschaft und Gesellschaft des 21. Jahrhunderts stehen im Zeichen von Computer, Telekommunikation und „Virtual Reality". In dieser Welt der neuen Medien hat man für den menschlichen Körper nur die verächtliche Bezeichnung „wetware" übrig. Und in der Tat werden der Körper und seine Gegenwart für das Funktionieren unserer Gesellschaft immer unwichtiger. Was zählt ist Erreichbarkeit, nicht Anwesenheit; was zählt ist Funktion, nicht Substanz.

Das sind für uns alle alltägliche Zumutungen, die man nur ertragen kann, wenn es dafür einen Ausgleich gibt. Deshalb ist unsere Kultur der Virtualisierung zugleich auch eine Kultur des Körperkults: Der menschliche Körper wird zum Schauplatz des Sinns verzaubert. In dieser Perspektive erkennt man den engen Zusammenhang von Medizin (Schönheitschirurgie), Gentechnik, Diätetik, Fitness/Wellness und Kosmetik. Alle arbeiten an einer Optimierung des Körpers, alle versprechen Gesundheit und Schönheit – allerdings mit ganz unterschiedlichen Erfolgsaussichten. Die Medizin weiß nicht, was Gesundheit ist; die Gentechnik steht unter dem Tabu der Eugenik; Diätetik setzt voraus, dass man sein Leben ändert; Sport ist für viele einfach zu anstrengend; und Kosmetik bleibt an der Oberfläche. Doch sehen wir näher zu.

Zoon logon echon, das Tier, das die Sprache hat – so hat man den Menschen immer wieder in seiner biologischen Sonderstellung definiert. Doch ist er nicht sehr viel mehr noch das Tier, das Hände hat? Die Welt wird abgetastet und gestikuliert. Gesten lassen sich offenbar nicht wie eine Sprache verstehen. Gesten muss man kennen, um sie zu verstehen; Sätze nicht. Dennoch ist man sich unter Anthropologen heute einig, dass Gesten die Urformen der Kommunikation sind. Und in der Tat leuchtet es ja ein, dass menschliche Kommunikation aus dem Abtastverhalten entstanden sein soll. So spricht George Herbert Mead in einer zentralen Überlegung von „conversation in gestures", um die gesellschaftsstabilisierende Funktion von Alltagskommunikation zu erläutern. Gesten ermöglichen die Symbolisierung von Erfahrung und die Anpassung an andere – und das ist ja die Bedingung jeder Handlungskoordination. Wenn man die Dinge so sieht, kann man gesellschaftlich angemessenes Handeln erklären, ohne auf so rätselhafte Phänomene wie „Bewusstsein" eingehen zu müssen.

Wittgenstein hat einmal gesagt, die Bedeutung eines Wortes sei sein Gebrauch in der Sprache. Und analog könnte man formulieren: Der Sinn einer Geste ist ihre Interpretation durch den anderen. Wir betrachten die Geste also funktionalistisch als Auslöser von Reaktionen und damit als soziales Radikal. Indem wir Gesten lernen, üben wir ein, was uns zu sozialen Wesen macht: das „taking the role of the other", mimetische Rollenübernahme. Unser Ichkern entsteht in der Nachahmung der anderen. Oder um es mit den nüchternen Worten Meads zu sagen: Identität ist die „individuelle Spiegelung der allgemeinen, systematischen Muster."

Gerade die Persönlichkeitsfarbe eines Handlungsstils ist also das Resultat eines sozialen Selektionsprozesses, der Ausdruckstypen und Pathosformeln bereitstellt. Die Aura des Individuellen hängt einfach daran, dass es gelingt, die Handlung als Gebärde zu stilisieren. Individualität lässt sich nämlich in Gesten viel leichter auf Dauer stellen, als in Sprache. Und das hat einen denkbar simplen Grund: Nonverbale Kommunikation kann man nicht zur Rede stellen. Während sprachliche Kommunikation immer wieder von Ablehnung bedroht wird, ist die ein Selbst darstellende Gebärde immun gegen Kritik. Niemand hat das genauer gesehen als der amerikanische Dichter Scott F. Fitzgerald: „Personality is an unbroken series of successful gestures." Deshalb ist es leicht, als Fußballspieler zum Weltstar zu avancieren – für einen Wissenschaftler dagegen fast aussichtslos.

„Die soziale Verwendung der Körpers" (Luc Boltanski) hat mit der Biomasse des Körpers, die sie voraussetzt, nichts zu tun. Körper müssen psychisch diszipliniert werden, um in soziale Systeme eintreten zu können. Dass es Gesten gibt, zeigt, dass das geht. Körper müssen sich aufeinander einspielen, d. h. auf nicht bewusste Weise ihr Verhalten koordinieren können – Fußballspieler etwa, aber auch Tanzende führen das vor. Sport ist institutionalisierte Körperbeobachtung. Seine Spannung resultiert aus der Frage, wie weit Körperlichkeit kontrolliert und koordiniert werden kann.

Sport ist reine Gegenwart. Es macht ja die Faszination v. a. der Ballspiele aus, dass die Koordination der Körper rein durch Wahrnehmung erfolgt – Kommunikation ist überflüssig. Das Spiel zeigt uns fein aufeinander abgestimmte Körper, deren Dynamik sich ohne Kontrolle des Bewusstseins entfaltet. Bewusste Kontrolle und Planung spielen, zum Leidwesen der Trainer und ihrer „Taktik", nur eine untergeordnete Rolle. Anstelle von bewusster Planung und Kontrolle entscheidet im Spiel des Sports die Geistesgegenwart. Man kann deshalb nicht „sagen", was ein Fußballspiel ist. Wenn jemand danach fragt, kann man nur antworten: Geh hin und sieh! Deshalb nutzt es auch nichts, wenn sich ein Europäer die Baseball-Regeln erklären lässt. Geh hin und sieh! Es geht um die Grenzen der Körperbeherrschung und das *fine tuning* des Körpers. Fußball verstehen heißt, die Spielbewegung virtuell mitzuvollziehen. Letztlich muss man selbst einmal gespielt haben, um mitreden zu können.

Wie der Sex ist der Sport ein Schauplatz der aktiven Körper und der verklärten Jugendlichkeit. Jugend erscheint dabei als unerschöpfliche Ressource und Körperlichkeit als neu entdeckter Kontinent des Sinns. Schließlich wird Gesundheit hinzuassoziiert, sei es als Fitness oder, abgerüstet, als Wellness. Nicht nur der Erfolg der Zeitschrift „fit for fun", sondern auch der Titel selbst spricht Bände. Auf den Kult von Jugend und Gesundheit komme ich noch ausführlicher zurück.

Wellness ist begründungsunbedürftig. Beim Fitness-Ideal droht dagegen immer die Frage: fit wozu? Wenn man nämlich die Rationalisierung „Gesundheitsförderung" einmal beiseite lässt, bleibt beim „Breitensportler" nur das Training, also die freiwillige, steigerbare Leistung. Man könnte dann allenfalls sagen: Der sportliche Mensch trainiert Leistungen, die unsere Gesellschaft noch gar nicht von ihm fordert – Evolutionstheoretiker sprechen in solchen Zusammenhängen von

„preadaptive advance". Das zeigt, wie hellsichtig eine Bemerkung von Georg Fuchs aus dem Jahre 1905 war: „Die Ästhetik der Zukunft wird eine Gymnastik sein, ein Training".

Doch der Sport ist nicht nur die Ästhetik der Zukunft, sondern auch die überzeugendste Hilfskonstruktion der Gegenwart. Um es auf eine Faustformel zu bringen: Sport kompensiert die Sinnunsicherheit des Alltags, indem er den geordneten „Rückzug auf ein sozial als sinnvoll definiertes Körperverhalten" (Luhmann) ermöglicht. Wir können vermuten: Je virtueller und immaterieller unsere Lebenswelt wird, desto wichtiger ist die Funktion des Sports. Das wird vor allem in seinen Grenzbereichen deutlich. Bungee-Jumping, Sky-Diving u. ä. zeigen, dass die Ästhetik der Zukunft eine Ästhetik des Risikos ist. Wer im Extremsport die Chance ergreift, gefährlich zu leben, will die Stärke des eigenen Körpers fühlen – und dadurch zum Sinn finden. Über mir der Gipfel des K2, unter mir die hundert Meter des freien Falls – endlich weiß ich, was zu tun ist. Naisbitt nennt das „intense feeling of focus".

Das Heil liegt im sportlichen Körper. Sport kompensiert die Virtualisierung und Immaterialisierung unserer Lebenswelt durch eine Eigenkomplexität der reinen Körperlichkeit. Dem Sportfeind und Soziologen Thorstein Veblen ist durchaus zuzustimmen, wenn er auf die „wesentliche Sinnlosigkeit" und „systematische Verschwendung" als Charakteristika des Sports hinweist. Aus allen nichtsportlichen Perspektiven ist der Sport „sinnlos" – produziert dann aber seine eigene Sinnsphäre. Noch deutlicher: Im Sport wird der Körper zum Schauplatz des Sinns – gerade weil er in unserer Wirtschaft und Technik keine Rolle mehr spielt.

Man könnte den Sport als Inversion der Askese definieren – er präsentiert den Sinn als Körper und im Körper. Für Unsportliche gibt es ein funktional äquivalentes Angebot, und zwar in einer asketischen und in einer askesefreien Version. Wer sich die Askese ersparen will, muss auf Schönheit setzen. Ihre Pflege heißt Kosmetik.

Im Gegensatz zur Diät und zum Fitnessprogramm ist Kosmetik enttäuschungsfest. Kosmetik ist immer erfolgreich, und das Geheimnis ihres Erfolgs ist, dass sie an der Oberfläche des Körpers ansetzt. Statt in die Tiefe der Gene, Proteine und Endorphine vorzudringen, bleibt die Kosmetik an der Hautoberfläche und schafft dort das, was die Griechen Kosmos genannt haben: schöne Ordnung. „Kosmetos" heißt schön angelegt, und Kosmos heißt die Einheit von Ordnung und Schmuck. Wie es Nietzsche den Griechen nachgesagt hat, sind die Kunden der Kosmetik oberflächlich – aus Tiefe. Kosmetik legt ja buchstäblich Masken auf. Und tief ist diese Oberflächlichkeit deshalb, weil sie weiß, dass hinter der Maske nicht das wahre Selbst steckt, sondern eine andere Maske. Der Maskenzauber der Kosmetik ist also die genaue Antithese zum „Erkenne dich selbst!".

Wer seinen Körper heute intensiv pflegt, macht ihn zum Zentrum eines Kults, zum Schauplatz des Lebenssinns. Deshalb wird Kosmetik nicht mehr in Drug Stores, sondern in Kulttempeln verkauft. Dort werden nicht Chemie oder Biologie angeboten, sondern heilige Essenzen. Und weil es bei Kosmetik vor allem um diesen spirituellen Mehrwert geht, kann man für ihre Kultmarken auch viel Geld verlangen. Übrigens nicht nur von Frauen. Neuerdings rasieren sich Männer die Brusthaare und suchen nach Körpercreme, die zu ihrem Hauttyp passt.

Die Spiritualisierung des Körpers wird in der Kosmetik-Werbung besonders deutlich. Sie zeigt uns heute immer seltener Supermodels, Busenwunder und Vamps, aber immer häufiger – Engel. Um das zu verstehen, muss man zunächst das Wortfeld analysieren: Unschuld, Jungfrau, Virginität, Reinheit, Kindlichkeit, Unendlichkeit. Duft-Marken heißen Engel (Angel), Himmel (Heaven) und Ewigkeit (Eternity). All diese Begriffe bekommen ihre eigentliche Bedeutung als polemische Gegenbegriffe. Sie markieren die Gegenwelt zur Komplexität, Zeitknappheit, Profanität und Unüberschaubarkeit des modernen Alltags. Reinheit ist der Feind des Wandels, der Zweideutigkeit und der Kompromisse. Die steile Karriere der Engel besagt in diesem Zusammenhang: Nach dem Kult der Natur kommt der Kult der Übernatur. Der Engel ist der Bote des Heilen.

Doch das Geheimnis der Faszination durch Engel liegt natürlich „tiefer". Und in diese Tiefe führt die Assoziation der Engel mit Unschuld. Engel scheinen unbefleckt, keusch zu sein. Da fragt man sich natürlich, wie sie in unsere radikal aufgeklärte Emanzipationskultur passen. Von den Ethnologen wissen wir, dass das Tabu der Virginität das Geheimnis des Andersseins der Frau schützt. Engel signalisieren also zum einen: Das Genießen der Frau ist anders. Deshalb identifizieren sich die Frauen mit Engeln. Zum anderen ist der Engel das Idealobjekt der Liebe – nicht umsonst heißt die Geliebte „mein Engel". Dagegen wirkt Sex schmutzig. Ein Psychoanalytiker könnte also sagen: Engel sublimieren den Sex.

„Sex sells" – das war ja das profane Erfolgsgeheimnis in der Konsumwelt des emanzipatorischen und hedonistischen Zeitalters. Engel sind heute die Antwort auf die Frage: wie lässt sich das steigern? Denn natürlich haben die Körper der Engel – ähnlich wie die Kindfrauen der Model-Szene – einen verdeckten, aber deshalb um so mächtigeren Sexappeal. Nichts reizt mehr als die Unschuld. Und: Unschuld verführt zur Verführung. Wenn man sich das klarmacht, wird deutlich, dass die Engel die idealen Figurinen des Sex im Zeitalter der Political Correctness sind. Sie sind das Inkognito der Lust; und die neuen Tabus, die sie schützen, erinnern den nüchternen Beobachter daran, dass immer nur das Verbotene das heiß Begehrte ist.

Aber auch wer unschminkbar hässlich ist oder Schönheit für ein antiquiertes Ideal hält, wird mittlerweile von der Kosmetik bedient. Auch das Asoziale und Pathologische lässt sich nämlich kosmetisch pflegen und vermarkten. Wer ungepflegt ist, signalisiert, dass er nicht interagieren will. Aber gerade das ist heute zur beliebten Attitüde geworden. Und wie Dreitagebart oder Heroin-Look zeigen, ist es der Mode und der Kosmetik sehr gut gelungen, ihre eigene Negation zu integrieren: gepflegte Ungepflegtheit als letzter Schrei. Auch pathologische Phänomene wie die Anorexie, also die Weigerung junger Mädchen, feminin zu werden, werden seit Twiggy „schön angelegt". Und längst ist diese pathologische Form der Schlankheit als Kulturideal anerkannt.

Wer sich das Ideal nicht von den Anorektikerinnen, sondern von den Medizinern vorschreiben lässt, orientiert sich am „Idealgewicht". Es soll die Grenze markieren zwischen Schlankheitswahn und dem gesundheitsbewussten Kampf gegen die überflüssigen Pfunde. Und damit sind wir bei der asketischen Version der Kosmetik, der Diät. In dieser Sphäre lässt sich die Verantwortung für den eigenen Körper quantifizieren. „Am Speck, den er ansetzt, entdeckt der Beobachter seinen Körper", sagt Dirk Baecker. Ähnliches leistet sonst nur noch die Krankheit.

Die Diät macht den Körper zum Ergebnis von Handlung. Jede Abweichung vom Ideal fällt damit in die Verantwortung dessen, der in ihr die Erlösung vom bösen Fett sucht. Und weil man immer wieder ihre Anweisungen missachtet, produziert die Diät Schuldgefühle. Der Feind steckt ja im eigenen Körper, und ihn nicht bekämpfen heißt, sich am eigenen Körper zu versündigen. Die Diät unterscheidet also zwischen Körper und Fremdkörper (Fett) – und damit schafft sie selbst die Probleme, die sie löst. Übrigens ist die Diät auch für den interessant, der sie gar nicht in Angriff nimmt. Ihr Programm belehrt darüber, wie nah der Idealzustand ist: Ich könnte den Feind in meinem Körper jederzeit besiegen. Davon leben die Frauenzeitschriften.

Im Kontext von Kosmetik und Diätetik sind natürlich auch die Techniken zu sehen, mit denen man versucht, den Körper zu überlisten. Seit sich das Leben des einzelnen nicht mehr „rundet", erscheint die Endlichkeit des Lebens ohne Sinn. Nichts ist uns ferner als das Abrahamsche Glück, „alt und lebenssatt" zu sterben. Die Prokreation, also die Fortzeugung einer Familie, überzeugt als Lebenssinn schon lange nicht mehr. Die religiösen Antworten auf das Problem des Lebenssinns überzeugen aber auch nicht mehr. Der Tod wird zum Ärgernis. Er ist ja nicht mehr das Tor zu einer besseren Welt; der Sterbende lebt auch nicht mehr in seinen Kindern fort; und er kann sich heute auch nicht mehr als edles Opfer für eine bessere Gesellschaft fühlen. Dass wir sterblich sind, ist heute der peinliche Skandal schlechthin.

Deshalb arbeiten die Alten gegen die eigene Endlichkeit an. Doch wie kann man am Nicht-alt-sein im Alter konkret arbeiten? Hier setzen alle Techniken an, die darauf zielen, den Körper zu überlisten – also Face-Lifting, Schönheitschirurgie, Prothesen. Die Zeichen des Alters werden getilgt oder verdeckt, Mensch-Maschine-Synergien halten die Hinfälligkeit des Körpers in Schach. Das sind verzweifelte Anstrengungen, mit dem kulturellen Problem zurande zu kommen, dass das Altern des Menschen heute vom Veralten seines Körpers überholt wird.

Im Gegensatz zu metaphysischen Luxusproblemen wie „Sinnlosigkeit" oder „Angst" beschert uns der Körper also konkrete Sorgen, die man bekämpfen kann. Die gesellschaftliche Unsicherheit wird derart privatisiert in eine obsessive Beschäftigung mit dem eigenen Körper. Es ist für die moderne Gesellschaft insgesamt charakteristisch, dass das Sicherheitsbedürfnis wächst: Man hat Angst um die Integrität des eigenen Körpers. Bei allem, was man isst und einatmet, bei jeder Strahlung, der man sich aussetzt, mahnt ein Experte zur Vorsicht. Wir können deshalb vermuten: An der Grenze zwischen Körper und feindlicher Welt werden die Geschäfte der Zukunft gemacht.

Sensibilisierung heißt ja, dass man mehr leidet, obwohl man weniger Grund dazu hat – Leiden ist also ein Wachstumssektor. Das setzt den keineswegs selbst-verständlichen Sachverhalt voraus, dass unsere Kultur das bloße Leben als höchsten Wert anerkennt. Höchste kulturelle Priorität hat es deshalb, das Leid der Seele zu erkunden und dem Körper Leid zu ersparen. In diesem Gesundheitskult geht es im Kern um Selbsterlösung durch Selbstmedikation: Wellness, Trennkost oder Ur-schrei. Einziges Kriterium ist die Unantastbarkeit der Grenzen des Körpers: Bud-dhisten, Scientologen oder die PDS kann man tolerieren – aber keine Raucher! Man ist ja ständig unfreiwillig Risiken ausgesetzt. Und natürlich überschätzt der Mensch gerade diejenigen Risiken, denen er sich nicht freiwillig ausgesetzt hat. Bungee-jumping oder bei Nebel 150 km fahren – das riskiere ich. Aber BSE oder erhöhte Ozonwerte – das ist unerträglich.

Die Sorge um sich selbst bewegt sich zwischen den Polen der medizinischen Praxis mit ihrer Negativ-Aura der Krankheit und der diätetischen Praxis, die das gute Leben zwischen häuslichem Ernährungsbewusstsein und Wellness im Sport-studio zelebriert. Gerade auch der Gesundheits- und Körperkult zeigt aber beson-ders deutlich, dass sich unsere Kultur auf der Suche nach Gesundheit immer wieder in der Sei-glücklich-Paradoxie verfängt. Don't worry, be happy. Bitte bleiben Sie gesund – aber eben das kann man nicht verschreiben. Doch kann man das Heilsver-sprechen sehr erfolgreich vermarkten. So hat Anita Roddick als Geheimnis ihres Body Shop „my passion for education and customer care" enthüllt: Der Kunde wird zur Sorge um sich erzogen.

Gesundheit ist das große, noch unausgelotete Geschäft der Zukunft. Wir ken-nen diesen Sachverhalt bisher nur in Negationsform: Alle medizinischen Berufe operieren auf einem krisenfesten Wachstumssektor, nämlich dem Leiden. Dafür gibt es einen massiven soziologischen Grund: Je moderner unsere Gesellschaft wird, desto sensibler werden die Menschen. Zur Sorge um sich gehört deshalb die permanente Beratung durch den Therapeuten. Er genießt in modernen Gesellschaf-ten das Vertrauen, das man früher nur dem Rat des Verwandten entgegenbrachte. Von hier ist es dann nur noch ein Schritt zur therapeutischen Gemeinschaft, in der jeder stimuliert wird, über sich selbst und seine Probleme zu sprechen – unter der Voraussetzung, dass man *nicht nicht* verstanden werden kann. So werden wir alle immer sensibler. „Symptomenstolz" hat Karl Kraus das genannt.

Dabei ist entscheidend, dass nur der Patient Zugang zum eigenen Erleben hat. Dem Satz „Ich fühle mich krank" kann man genau so wenig widersprechen wie dem Satz „Ich habe Angst" oder „Ich bin glücklich". Man könnte geradezu sagen: Das moderne Individuum entsteht in der Selbstbeobachtung seiner Leiden – doch das will gelernt sein. Zum Individuum gehört deshalb der Therapeut, der Berater der Leiderfahrung, der Trainer der Selbsterlösung. Er sorgt dafür, dass sich die Individualität als Dauertherapiebedarf, als permanente Heilungsbedürftigkeit deutet.

Gesundheit ist medizinisch gesehen nicht instruktiv. Sie ist das, was fehlt, wenn jemand krank ist. Aus der Perspektive der Medizin leidet der Gesunde an Krankheiten, die man noch nicht entdeckt hat. Und das große Zukunftsgeschäft mit der Gesundheit wird genau diese Paradoxie des gesunden Kranken entfalten. Das bedeutet zum einen, dass sich ein neuer pharmazeutischer Markt zur Behandlung gesunder Menschen auftun wird. Und es bedeutet zum andern, dass sich die Medizin von der Krankenbehandlung zur Dienstleistung „health care" emanzipiert.

Bekanntlich hat die Weltgesundheitsorganisation der Vereinten Nationen, um ihrem Namen gerecht werden zu können, definiert, was Gesundheit ist: uneingeschränktes körperliches, seelisches und soziales Wohlbefinden. „Health is a state of complete physical, mental and social wellbeing and not merely the absence of disease or infirmity." Folglich sind wir alle krank und behandlungsbedürftig. Das produziert die allen bekannte Anspruchsinflation: Weltweit geht man nun auf die Suche nach möglichen Störquellen des Wohlbefindens. Vom Prinzessin-auf-der-Erbse-Syndrom spricht in diesem Zusammenhang der Philosoph Odo Marquard. Das Übel wird zur knappen Ressource – und damit steigt sein Entrüstungswert. Hier spielen natürlich die Massenmedien eine Schlüsselrolle; sie stützen auch die Herrschaft der Betreuer, die ständig Therapiebedarf schaffen.

Zivilisationskrankheiten nennen wir Krankheiten, an denen die ganze Lebensführung schuld ist. Damit wird aber die Umwelt, die Gesellschaft und der Lebensstil eines Menschen zum Problem der Medizin. Medizinische Beratung muss sich damit auf das weite Feld der Lebensführung vorwagen – zumeist mit der Empfehlung von Vorbeugemaßnahmen (2x täglich Zähneputzen, 3x wöchentlich joggen, wenig Fett essen; zum Glück hört man zuweilen auch: täglich ein Glas Rotwein trinken). Medizinisch kann man Gesundheit eben nur als bedrohte verkaufen. Mit anderen Worten: In der vorbeugenden Beratung behandelt man Gesunde als künftig Kranke.

So wird das Leben des Gesundheitsbewussten zur permanenten Prophylaxe. Und auf diesem Weg verschafft sich die Sorge um sich selbst die Gründe für Sorge. Vor allem die genetische Diagnose, die ein Krankheitsrisiko entdeckt, erzeugt Sorgeschäden. Und so werden wir künftig entscheiden müssen zwischen einem Leben mit Risiko und einem Leben mit Prävention.

Wo man bisher vom „Wesen" des Menschen fabulierte, bestimmt Genetik heute dessen Inneres methodisch aus Sachzusammenhängen der Mutation. Deren Prozessfigur ist die explosive Entstehung des Primären. Sie ist nicht historisch, sondern diskontinuierlich. Neue Eigenschaften treten plötzlich, sprunghaft hervor. Man hat von einer Theorie des Durchbruchs gesprochen. Dieser Vorgang verändert den traditionellen Begriff von Wissenschaft im innersten. Der gentechnologisch instruierte Mensch könnte das Buch der Natur umschreiben. Hier geht es um Formation durch Information. Information ist ja etwas Reales, das doch weder Materie noch Energie ist. Und sie stellt das Gegenteil der Entropie dar. Deshalb verläuft die Evolution des Menschen gegen den Strich der normalen physikalischen Naturprozesse. Es macht deshalb keinen Sinn, die Gentechnik als Sabotage der Evolution zu verteufeln.

Unser Leben ist einem Befehlstext einbeschrieben. Man könnte vielleicht sagen: Genetik ist das Algorithmische des Lebens. Chromosomen lassen sich ja als ein Gesetzbuch verstehen, das selbst Exekutivkraft hat – als wirkende Schrift.

Mit Recht hat Martin Heidegger diesen Einbruch in die Genstruktur mit der Atomzertrümmerung verglichen. Er scheidet zwei Weltalter: die Zeit des noch nicht festgestellten Tiers *homo sapiens* und die Zeit des posthistorischen Tiers, das seine eigene Evolution lenkt. Ist der genetische Code erst einmal dechiffriert, so lässt sich der Text des Lebens neu schreiben. Von dieser Möglichkeit der Selbstprägung heißt es schon bei Nietzsche: „Die Menschheit ist bloß das Versuchsmaterial, der ungeheure Überschuß des Mißratenen: ein Trümmerfeld." Das heißt im Klartext: Nietzsche sieht sich schon in einem Zeitalter von *trial and error*, wo in der Retorte Erde mit dem Menschenmaterial experimentiert wird – d. h. wo mit dem Gen-Kapital gewuchert wird.

Gemeinsam mit der Atomphysik startet die Gentechnik einen Zangenangriff auf den alteuropäischen Menschen. Wenn es so etwas wie das philosophische Projekt der Moderne gibt, so vollendet es sich hier in der technischen Vergegenständlichung des Lebendigen. Der Mensch ist hier zugleich Schöpfer und Rohstoff. Ganz unmetaphorisch stellt er zweite Natur her. So ergreift der Mensch neben der Atombombe im *Cloning* die zweite technische Möglichkeit, sein Wesen radikal in Frage zu stellen. Und selbst wenn die Weltgesellschaft das Cloning wie schon die Atombombe unter Tabu stellen könnte, würde sich an der Radikalität dieser Selbstinfragestellung des Menschen nichts ändern. Unaufhaltsam ist die Entwicklung der Gentechnik von der Therapie zur Mode. Nachdem sich unsere Gesellschaft mit der Erfindung der Pille für die Möglichkeit von Sex ohne Kinder entschieden hat, erlaubt sie sich heute mit Hilfe der Gentechnik Kinder ohne Sex – Designer Babies heißen sie in aller wünschenswerten Deutlichkeit. Was unterscheidet da noch Genetik von Eugenik?

Gerade die Jeremiaden über Genmanipulation und atomare Drohung verstellen aber die Möglichkeit, die Bedeutung des Vorstoßes in den Kern zu erfassen. Mit Hiroshima und Schaf Dolly beginnt kein neues Zeitalter, keine Endzeit, sondern die Vollendung der Moderne. Atom- und Gentechnik sind die eigene Frage der Moderne als Drohung. Die Wissenschaften haben die Grundbausteine unserer Welt entdeckt, nämlich Atome in der physikalischen Welt, Bits in der Welt der Information und Gene in der Welt des Lebendigen. Und heute machen wir auf allen drei Ebenen den Schritt von der wissenschaftlichen Analyse zur technischen Synthese – Homunculus war schon Goethes Stichwort, das unsrige lautet Cyberspace.

Unsere Frage nach dem Körper als Schauplatz des Sinns führt uns in der Kunst zu einer fundamentalen Unterscheidung. Auf der einen Seite gibt es die Künste, die Materialien gestalten – und es sind diese technologischen Künste, die wir zumeist meinen, wenn wir modern von Kunst sprechen. Es gibt aber auch immer schon Künste, die den menschlichen Körper als Medium nutzen: Tanzen, Singen, Spielen – und die neuerdings wieder so beliebten Tattoos. Und offenbar gibt es in der Postmoderne einen Trend zurück zum Körper als Medium der Kunst.

- In der Popkultur macht das die Ganzkörpermassage der Techno-Musik deutlich. Man hört weniger mit den Ohren als mit dem Zwerchfell. Bis zu 180 Bass-Schläge pro Minute kommandieren den Körper.

- Die bürgerliche Kultur fasziniert sich selbst im Festival, das die Selbstverwandlung im Fest auf zwei stabile Erlebnisformen reduziert: man macht sich schön und geht gut essen.
- Die Kunst des Kunstsystems schockiert durch Specimen Art, die etwa Körperflüssigkeiten als Materialien der Kunst einsetzt. In dieser postmodernen Variante des barocken Vanitas-Motivs wird exemplarische Körperlichkeit als polemische Antithese gegen die Konzeption des Menschen als Information gesetzt. Specimen Art ist die Verklärung des Nicht-Perfekten gegen das Projekt der gentechnischen Perfektionierung.

All diese Tendenzen bekommen Prägnanz und Profil, wenn man sie vor dem Kontrasthintergrund der Virtual Reality betrachtet. Denn im Cyberspace wird die Kreatürlichkeit des Körpers erfolgreich verdrängt. Unter Computerfreaks heißt der Körper nicht umsonst verächtlich Wetware – ein Wassersack, der beim Navigieren in virtuellen Welten nur stört. Und in der Tat ist in der virtuellen Realität das Alter des Körpers so unwichtig wie sein Geschlecht. Sherry Turkle hat in diesem Zusammenhang vom Cyrano-Effekt gesprochen: In virtuellen Welten kann jeder Versionen seines Selbst entwerfen. Self fashioning, wie die Amerikaner sagen. Und da ist es gleichgültig, ob ich weiblich, schwarz, behindert oder ein 68er bin. Leben als Romanfigur, Ästhetisierung der Wirklichkeit, verwirklichte Kunst – der Cyberspace macht das technisch möglich.

Von den Göttern der alten Griechen weiß man, dass sie auf die Erde herabstiegen und sich dort nach Belieben einen Körper aussuchten. Die hinduistische Variante dieser Verkörperung des Göttlichen ist heute wieder aktuell geworden – im Virtuellen. Der Avatar ist eigentlich die Epiphanie der Hindugötter, also die menschenähnliche Gestalt, in der sie auf der Erde erscheinen. Im Jargon der Multimedia-Gesellschaft bezeichnet der Begriff den virtuellen Auftritt eines Kommunikationspartners im Cyberspace. Wie die Götter in die Welt, so steigen die Menschen in den Cyberspace hinab, um sich dort einen schönen Körper auszusuchen. Es geht also um die Möglichkeit, sich in einer virtuellen Realität zu maskieren, zu tarnen und aufzuputzen.

Spott und Entrüstung sind die Normalreaktionen auf das Thema Cybersex. Warum eigentlich? Natürlich ist jeder aufgeklärte Mensch heute dazu bereit, sich mit dem Cyberspace anzufreunden – und sexuell emanzipiert ist man ohnehin. Doch die Verknüpfung von Cyber und Sex berührt offenbar ein Tabu. Cyber ist die Chiffre für die anstrengende neue Welt des Medialen, Immateriellen und der Simulationen. Sex dagegen steht für Körperlichkeit, die lustvolle Beziehung zum Anderen – und womöglich für Glück. Sex, so scheint es, ist der Fels des Realen in der Brandung der Bits und Bytes; da flimmern keine Bildschirme und da walten keine Maschinen. Kurzum: Sex ist die Ultrakurzformel für unseren Wahn der Unmittelbarkeit.

Und genau diesen Wahn zerstört das Faszinosum Cybersex. Hier bleibt man von der Unmittelbarkeit verschont und erspart sich die Scham der Entblößung. Cybersex funktioniert, weil die Liebesleidenschaft ohnehin im Imaginären tobt –

und weil die Anonymität das Genießen steigert. Die Fans der körperlichen Unmittelbarkeit verkennen die Wohltat des Medialen, das verschonend Indirekte. Cybersex ist ja die virtuelle Realität des Begehrens, d. h. er setzt den romantischen Vorrang der Möglichkeit vor der Wirklichkeit auch in der Liebe durch. Wer das verachtet, gehört entweder zu den Beautiful People, denen die Welt auf den Leib geschneidert ist, oder zu den Nervensägen, die das schöne Leben und die Liebe dort suchen, wo sie noch niemals waren: im Realen.

Sebastian Jünger

Aufmerksamkeit – Modenschau im Gehirn Oder: Entwirrungsversuch einer transdisziplinären Analogie

Die eklatante Zunahme der Aufmerksamkeit für die Aufmerksamkeit in den letzten Jahren hat dazu geführt, dass zumindest der Begriff besonders aus dem medien- und kommunikationstheoretischen Diskurs kaum wegzudenken ist. Die Gründe für die Kanonisierung von Verweisen auf Franck, Goldhaber, Rötzer u. a. liegen m. E. zum einen in der „Tendenz zur Autologie und zum Paradox" als „Spezifik des medientheoretischen Diskurses" (Schmidt 2000, Kap. II, 13.2), zum anderen an der in den neunzigern allseits ausgerufenen *decade of the brain,* die zu einer vermehrten interdisziplinären Verarbeitung von Konzepten aus Psychologie und Neurowissenschaften geführt hat. Im Falle der Aufmerksamkeit ist der Erfolg dieses Konzeptimports aber eher bescheiden. Bis heute liegt noch kein differenziertes sozialwissenschaftliches Konzept zur Modellierung *sozialer* Formen von Aufmerksamkeit vor. Statt dessen begnügt sich der Diskurs mit vagen Generalisierungen.[1]

Die Problematik der Übertragung neuropsychologischer und neurophysiologischer Befunde zur Aufmerksamkeit auf soziale Phänomene gründet auf zwei Missverhältnissen:

1. Neurophysiologische, neuropsychologische und sozialwissenschaftliche Forschungen operieren auf unterschiedlichen Beobachtungsebenen mit jeweils

---

[1] So spricht z. B. Rötzer (1996) von Aufmerksamkeit als dem Rohstoff der Informationsgesellschaft, Franck (1996; 1998) von Aufmerksamkeit als Währung.

spezifischen Forschungsgegenständen, Methoden, Vokabularien und diszi-
plingeschichtlich bedingten theoretischen Implikationen. Eine differenzierte
Analyse der beobachterrelativen Kontexte eines Konzeptes bleibt meist auf
der Strecke. So bleibt dann zum Beispiel unklar, ob soziale Formen von Aufmerksamkeit strukturell oder operativ, als System- oder Prozesseigenschaften
modelliert werden sollen, wer die Träger konkreter Aufmerksamkeitsphäno-
mene sind usw.

2.   Neben das *inter*disziplinäre Problem der Konfusion von Beobachtungsebenen
     treten ebenso schwerwiegende *intra*disziplinäre Schwierigkeiten bei der Kon-
     zeptualisierung von Aufmerksamkeitsphänomenen. Sowohl in der Neuropsy-
     chologie, als auch in Neuroanatomie und -physiologie ist der Phänomenbe-
     reich Aufmerksamkeit alles andere als scharf konturiert (vgl. dazu Kolb &
     Whishaw 1996: 393ff., 411; Kandel, Schwartz & Jessell 1996: 408f.). Zwar
     hat der Siegeszug der Neurowissenschaften die Geschwindigkeit des Erkennt-
     nisfortschritts erheblich gesteigert, doch ist der Wissensstand in bezug auf das
     Gehirn noch bei weitem nicht ausreichend, um die Befunde zur Aufmerksam-
     keit über den Indizienstatus hinauszuheben.

Das muss nun allerdings nicht bedeuten, dass eine interdisziplinäre Verarbeitung
des Konzeptes Aufmerksamkeit unmöglich oder unnötig wäre. Der bisherige Diskurs hat aber eher zu einer Opakisierung des Begriffes geführt als zu einer differenzierten Parallelisierung von Beobachtungsoptionen.

Im Folgenden soll versucht werden, anhand einiger Befunde aus Neuropsychologie, -physiologie und -anatomie funktionale Parallelen in den Beschreibungen
von Aufmerksamkeit zu finden. Es kann gezeigt werden, dass diese Parallelen
durch die Einbettung in Selbstorganisations-Ansätze in eine fruchtbare Generalisie-
rung als Beobachtungsdimension überführt werden können. Die Konzeption von
Aufmerksamkeit als einem Beobachtungsparameter, der funktionell invariant in
bezug auf die konkreten Disziplinsemantiken ist, aber nur über diese operationalisiert werden kann, bietet folgenden Vorteil: Durch die Integration über *Beobachtungsoptionen* der verschiedenen Teildisziplinen kann der Import von unerwünsch-
ten Implikationen und somit eine Vermischung konkreter Semantiken vermieden
werden. Gefragt wird also nach den Gemeinsamkeiten in der Beobachtung von
Aufmerksamkeit *in Hinsicht* auf die spezifischen Forschungsgegenstände. In einem
letzten Schritt sollen dann Überlegungen zur Operationalisierung des Beobach-
tungsparameters Aufmerksamkeit für Prozesse medienvermittelter Kommunikation
vorgestellt werden. Für diese Vorgehensweise und die geplanten Abstraktionen von
Konzepten auf unterschiedlichen Beobachtungsebenen ist es m. E. unabdingbar, die
Ausdifferenzierungen disziplinspezifischer Verwendungen des Konzeptes Aufmerksamkeit so weit wie möglich nachzuvollziehen. Das bedeutet zwangsläufig
einen – aus medien- und kommunikationswissenschaftlicher Perspektive – eher
unattraktiven Ritt durch Terminologien und Methoden anderer Disziplinen; der
Leser möge es verzeihen. Doch wenn der interdisziplinäre Diskurs von dem Neuro-

Metaphern-Hype profitieren soll, kommen wir nicht daran vorbei, uns mit dem „Neuro" zu beschäftigen.

Neuropsychologische Befunde

Die Geschichte der psychologischen Aufmerksamkeitsforschung reicht bis in die zweite Hälfte des 19. Jahrhunderts zurück.[2] Und auch wenn die beobachtbaren empirischen Manifestationen sich bis heute nicht grundlegend geändert haben, hing deren Bewertung doch stark von den jeweiligen Strömungen der Psychologie ab. Entsprechend wurde auch die Forschungsintensität unter gestaltpsychologischer, behavioristischer und idealistischer Führung stark herabgesetzt. Während die Gestaltpsychologen Aufmerksamkeitseffekte als ausschließlich durch die Gestaltgesetze der Wahrnehmung bedingt sahen, erübrigte sich unter behavioristischer Führung prinzipiell der Rückgriff auf kognitive Konzepte wie das der Aufmerksamkeit, sollte doch beobachtbares Verhalten durch physiologische Begriffe vollständig erklärt werden. Die Idealisten hingegen betrachteten Aufmerksamkeit als Produkt einer geistigen Kraft, die unabhängig von der konkreten Sinneswahrnehmung und physiologischen Korrelaten war und somit einer empirischen Erforschung unzugänglich blieb. Eine Synthese der mentalistischen und physiologistischen Konzepte und eine Intensivierung der Forschungen zur Aufmerksamkeit wurde erst durch das Aufkommen der kognitiven Neurowissenschaften in der zweiten Hälfte des letzten Jahrhunderts erreicht.

Für die hier angestellten Überlegungen ist es wichtig, die disziplinspezifischen Phänomenbereiche und die damit verbundenen Beobachtungsoptionen herauszuarbeiten. Im Rahmen neuropsychologischer Forschungskonzepte ist dazu die Differenzierung zwischen unterschiedlichen Beobachtungsebenen notwendig (vgl. dazu Eimer 1996, Jünger 2000a).

Introspektion

Auf der Ebene der Introspektion beobachten wir bewusstseinsfähige Daten über unsere eigenen Zustände. Hier wäre William James klassische Aufmerksamkeits-Definition von 1890 zu positionieren: „*Mein Erleben ist das, worauf ich mich entschieden habe, meine Aufmerksamkeit zu richten* ... Jeder weiß, was Aufmerksamkeit ist. Es ist der Vorgang, bei dem der Geist in klarer und lebendiger Form ein Objekt oder einen Gedankengang aus der Menge gleichzeitig vorhandener Möglichkeiten herausgreift. Fokussierung und Konzentration des Bewusstseins gehören zu ihrem Wesen. Die Aufmerksamkeit beinhaltet das Sichabwenden von einigen Dingen, um mit anderen auf wirkungsvolle Weise umgehen zu können." (zitiert

---

2   Vgl. im Folgenden auch Lurija (1998: 259ff.) und Kolb & Wishaw (1996: 394).

nach Kandel, Schwartz & Jessell 1996: 410, kursiv im Original). Um Aufmerksam-
keitsphänomene introspektiv zu beobachten, scheint also vor allem eines nötig:
Aufmerksamkeit. Damit wird die Begrenztheit der historisch primären psychologischen Methode der Introspektion offenbar. Die konstitutiven Bedingungen der Beobachtungen sind die gleichen wie die des Beobachteten. Beobachtungen zweiter
Ordnung operieren daher mit den gleichen Unterscheidungen wie die zu beobachtenden Beobachtungen erster Ordnung. Bewusstseinsinhalte sind nur mit Bewusstsein beobachtbar und zwar mit dem eigenen. Das bedeutet, dass sowohl fremde
Bewusstseine wie auch die konstitutiven Bedingungen des eigenen Bewusstseins
für das eigene Bewusstsein unbeobachtbar sind. Als methodologische Konsequenz
ist die Etablierung anderer Beobachtungsebenen nötig, die die fundamentale Un-
hintergehbarkeit des Bewusstseins durch den Rekurs auf Beobachtungen außerbe-
wusster Dimensionen zu kompensieren[3] suchen.

Interaktion

Als eine solche außerbewusste Dimension kann die Ebene der Interaktion dienen.
Beobachtungsentitäten sind hier beispielsweise Verhaltensdaten (z. B. Reaktionszeiten), verbale und nonverbale Interaktionen, die vor allem im Bereich der experimentellen Psychologie erhoben werden. Das Aufkommen der Psychophysik und
später der experimentellen Psychologie wurde wesentlich begünstigt von der Forderung nach exakter naturwissenschaftlicher Methodologie zur Validierung intro-
spektiver Daten und der durch sie gewonnenen Modelle. Doch nach wie vor bedürfen Methodendesigns der theoretischen Fundierung und auch die präzisesten Daten
sind solange stumm, bis sie durch konkrete Beobachter in Interpretationskontexte
überführt werden. Wenngleich also die Unterfütterung kognitionspsychologischer
Konzepte mit empirischen Befunden eine tragende Rolle im wissenschaftlichen
Diskurs spielt, muss auf der Autonomie der unterschiedlichen Beobachtungsebenen
bestanden werden. Beobachtbare Interaktionen sind keine Bewusstseinszustände,
und Korrelationen zwischen beiden haben erkenntnistheoretische Grenzen (vgl.
dazu Schmidt 1998, Kap. 4).

Neurophysiologie und Neuroanatomie

Initiiert durch den Behaviorismus und kanonisiert durch den Aufschwung der Neurowissenschaften wurde die Einbeziehung physiologischer und anatomischer Befunde in die psychologische Forschung. Im Hintergrund steht die Auffassung, dass

---

3   Davon unberührt muss allerdings die Einsicht bleiben, dass auch außerbewusste Beobachtungsdi-
    mensionen letzten Endes nur von bewussten Beobachtern beobachtet werden können und damit
    die Etablierung viabler Hypothesen in wissenschaftlichen Diskursen als kollektivfähige Selbstbe-
    stätigung unterstellter Fremdreferenz operative Fiktion bleiben muss.

das Gehirn als materieller Träger kognitiver Phänomene funktionelle und strukturelle Randbedingungen für die Genese kognitiver Leistungen setzt. Beobachtungsentitäten auf dieser Ebene sind beispielsweise makroskopische (morphologische)
und mikroskopische (zytoarchitektonische) Spezifika unterschiedlicher Hirnregionen, chemoelektrische Prozesse in Nervenzellen und Zellverbänden sowie Stoff-
wechselprozesse. Die Bedeutung der Integration dieser autonomen Beobachtungsebene wird besonders durch die neuropathologischen Läsionsstudien sichtbar, die
Wesentliches zur Systematisierung und Differenzierung kognitionspsychologischer
Konzepte beigetragen haben (vgl. dazu Sacks 1997, Lurija 1998). Auf konkrete
Konzepte, Methoden und Befunde neurophysiologischer und -anatomischer Forschung werde ich weiter unten zu sprechen kommen.

Mit der Differenzierung der drei Beobachtungsebenen ist ein erstes Instrumentarium für die Analyse von Aufmerksamkeitskonzepten gewonnen. Im weiteren
Vorgehen wird also zu beachten sein, auf welcher Ebene die unterschiedlichen
Konzepte lokalisiert sind und wie sich ihre Relationen zu den anderen Ebenen gestalten.

Merkmale der Aufmerksamkeit: Gerichtetheit, Selektivität und Kompetitivität

Zentrale Momente in den neuropsychologischen Aufmerksamkeitskonzepten sind
Gerichtetheit und Selektivität psychischer Prozesse (vgl. Kolb & Whishaw 1996:
540, Lurija 1998: 259). Psychische Prozesse umfassen dabei sowohl sensorische
(Wahrnehmung) als auch motorische (Reaktion, Handlung) Komponenten, von
denen nach noch zu spezifizierenden Parametern einige ausgewählt werden und
andere nicht. Das *einige* impliziert zweierlei: zum einen muss Aufmerksamkeit als
kompetitives System verstanden werden (vgl. Linke 1996), das keiner Hierarchie
der sensorischen Kanäle unterliegt, sondern situativ Relevanzen verteilt. Es können
also sowohl wahrnehmungs- wie auch handlungsbezogene visuelle, auditive, pro-
priozeptorische usw. Aspekte psychischer Prozesse in den Fokus der Aufmerksamkeit rücken. Zum anderen scheint es plausibel, Aufmerksamkeit als dynamisch-
temporalisiert zu verstehen. Relevanzstrukturen sensorischer und motorischer
Komponenten überleben meist nur bis zur nächsten Veränderung des kognitiv-
emotionalen Zustandsraumes (z. B. bis jemand während einer angeregten Unterhaltung entfernt unseren Namen sagt). Unklar bleibt allerdings bei der Konzeption
von Aufmerksamkeit mit den Komponenten Gerichtetheit, Selektivität und Kompetitivität, ob es sich dabei um ein eigenes, den beobachtbaren Bewusstseinszuständen
(Interaktionen?) vorgelagertes, initiatorisches System handelt, oder ob hier nicht
vielmehr ein genereller Parameter des Prozessierens von Bewusstseinszuständen
(Interaktionen?) beschrieben wird.

Aufmerksamkeit und Bewusstsein: zwei getrennte Systeme?

Die Dominanz der ersten Sichtweise in der bisherigen Forschung ergibt sich m. E. durch zwei Faktoren.

1. Die Geschichte der Aufmerksamkeitskonzepte ist durchzogen von Metaphern, die – womöglich idealistisch geprägt- auf der *Differenz* zwischen Aufmerksamkeit und Bewusstseinszuständen basieren. Als Beispiele seien nur „Lichtkegel", „Scheinwerfer" und Flaschenhals genannt (vgl. Becker-Carus 1982). So hat z. B. Anne Treisman ein Modell der Objektwahrnehmung vorgelegt (vgl. Abb. 1), in dem Aufmerksamkeit dazu benötigt wird, elementare Reizmerkmale zu kombinieren und so komplexe Bewusstseinszustände zu generieren. (Kolb & Whishaw 1996: 395)

Abb. 1: Modell der Objektwahrnehmung nach Anne Treisman
(Quelle: Kolb & Whishaw 1996: 395)

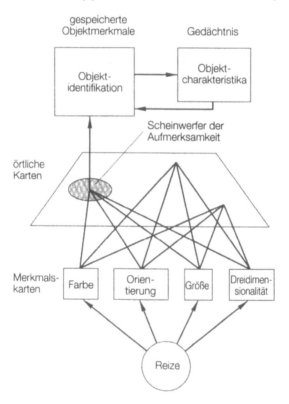

2. Die Unterscheidung zwischen unwillkürlicher und willkürlicher Aufmerksamkeit findet sowohl auf der Ebene der Interaktion (unterschiedliche Reaktions-

zeiten) wie auch auf der Ebene der Introspektion (unterschiedlicher Eindruck der Einflussmöglichkeit) ihre empirische Bestätigung. Im Zuge der Annäherung der Neuroanatomie und -physiologie an die Psychologie wurde auch diese Modellierung in den Theoriefundus übernommen und orientiert nicht selten die Erforschung zweier funktionell unterscheidbarer Aufmerksamkeitssysteme im Gehirn (vgl. Etlinger & Kropotov 1999).

Beide Faktoren führen bei der Frage nach der Natur der Aufmerksamkeit unvermeidlich in den Sumpf fundamentaler philosophischer und psychologischer Annahmen über die Konstitution des Selbst, des freien Willens und des Bewusstseins überhaupt. Da es aber hier um die Analyse von Aufmerksamkeits*konzepten* gehen soll, möchte ich diese Fragen beiseite schieben und statt dessen fragen, was das Konzept Aufmerksamkeit für die Ebene der Introspektion und der Interaktion leisten muss.

Auf der Ebene der Introspektion sind Gerichtetheit, Selektivität und Kompetitivität der Bewusstseinszustände und der Eindruck der Einflussmöglichkeit die zu erklärenden Variablen. Offensichtlich aber kommt ein Erklärungsversuch nicht ohne eine Konzeption von Bewusstsein und dessen Inhalten/Zuständen aus. Durch eine Umstellung von ontologischen Was- auf operative Wie-Fragen kann dieses Problem umschifft werden. Das Wie des Bewusstseins äußert sich primär in Reflexivität: Bewusstsein ist immer Bewusstsein von etwas und zwar von seinen eigenen Zuständen, die im Moment der Bewusstwerdung zwar noch präsent, aber nicht mehr gleichzeitig (da unterschieden) mit dem Bewusstwerdungsmoment sind. Das impliziert die Verzeitlichung von Bewusstsein als konstitutive Kategorie von Unterscheidungsprozessen. Unterscheidungen aber sind fundamentale Asymmetrien, deren symmetrische Integration durch die relationale Differenz *Bewusstsein* von *etwas* gegeben ist. Entscheidend bei dieser Annäherung an eine differenztheoretische Konzeption von Bewusstsein ist das autokonstitutive Verhältnis operationaler (relationale Differenz) und struktureller (Bewusstseinszustände als Unterscheidungen) Aspekte. Eine Beobachtung und Beschreibung von Bewusstsein scheint in diesem Rahmen nur sinnvoll über die Konzeption symmetrischer Prozesse, deren Beschreibung nur über asymmetrische Zustände geleistet werden kann. D. h., analysefähig sind nur konkrete Bewusstseinszustände, nicht aber die prozessuale Bedingung der Möglichkeit ihrer Bewusstwerdung.

In diesem Lichte wandeln sich Gerichtetheit, Selektivität und Kompetitivität zu inhärenten relationalen Eigenschaften einer prozessualen Sequenz asymmetrischer Unterscheidungen. Denn um diese beobachten zu können, sind bereits asymmetrisch unterschiedene Bewusstseinszustände nötig, die in einer Relation von Varianz/Invarianz stehen. Die Relation selbst aber ist nur als reflexiver Prozess denkbar, in dem permanent abgeglichen wird, was sich verändert hat und was gleich geblieben ist. Gäbe es nur einen, invarianten Bewusstseinszustand, wäre das Reden von Prozessen ebenso unplausibel wie bei der Annahme universeller Varianz. Verändert sich alles, kann es weder Unterscheidungen noch Asymmetrien geben. Gerichtetheit, Selektivität und Kompetitivität charakterisieren also diesen Prozess sequenzieller Asymmetrie.

Wo aber bleibt jetzt die Aufmerksamkeit? Wenn Kolb und Whishaw Aufmerksamkeit als hypothetischen Vorgang beschreiben, „der entweder eine selektive *Wahrnehmung* von nur einem Teil beziehungsweise einem Aspekt der sensorischen Umgebung bewirkt, oder aber eine selektive Reaktion auf nur eine bestimmte Klasse von Reizen" (Kolb & Whishaw 1996: 540, kursiv im Original), könnte eine Übersetzung in das angebotene metatheoretische Begriffsnetzwerk folgendermaßen lauten:

Aufmerksamkeit markiert die jeweils aktuelle Asymmetrie der Bewusstseinszustände in Relation zu nicht-aktuellen Asymmetrien und zwar in der jeweiligen strukturell-operativen Spezifik der Asymmetrie. Dabei könnte zur Plausibilisierung der Beobachtungsdimensionen strukturell/operativ und aktuell/nicht-aktuell im Prozessieren von Varianz und Invarianz die zeitlichkeitsbezogene Unterscheidung synchron/diachron herangezogen werden. Von synchronen Asymmetrisierungen kann gesprochen werden, solange sich das Prozessieren von Bewusstseinszuständen im Gegenwartsfenster abspielt.[4] Diachron sind solche Asymmetrisierungen, die in der Differenz Gegenwart/Nicht-Gegenwart prozessiert werden.

Wozu führt nun dieses etwas abstraktere Aggregat der Beschreibung von Aufmerksamkeitsphänomenen? Durch eine differenztheoretische Annäherung an Bewusstseinsprozesse wird das Konzept eines eigenständigen Aufmerksamkeits*systems*, das außerhalb zumindest bestimmter Bewusstseinsinhalte liegt, unnötig. Vielmehr scheint es plausibel, Aufmerksamkeit als einen generellen Parameter der Beschreibung von Bewusstseinsprozessen zu fassen, der relational die Intensität der Asymmetrie markiert. Das heißt nicht, Aufmerksamkeit mit Bewusstsein gleichzusetzen, es heißt nur, „mentale Karten" mit Tälern und Bergen zu versehen.

Aufmerksamkeit als einen Parameter zur Beschreibung des Bewusstseinsraumes zu konzipieren, bietet den Vorteil der Korrelierbarkeit mit anderen Parametern. Wo und wie stark sich Aufmerksamkeit ausprägt, bestimmt sich aus dem Gesamtzustand des Systems. So sind für die Stärke der Asymmetrie eines Bewusstseinsinhaltes z. B. der Grad der Wachheit, der emotionalen Besetzung, das Verhältnis von Varianz und Invarianz und der synchrone und diachrone Verlauf der Bewusstseinsprozesse verantwortlich, um nur einige der Dimensionen zu nennen, die für die Beschreibung von Bewusstsein relevant sind. In diesem Licht rekurriert die Unterscheidung zwischen willkürlicher und unwillkürlicher Aufmerksamkeit letzten Endes nur auf eine Korrelation der Aufmerksamkeit mit unterschiedlichen Parametern. Unwillkürliche Aufmerksamkeit beschriebe demnach die Markierung einer aktual relevanten Asymmetrie, die vor allem bei der so genannten Orientierungsreaktion in der Dimension „Referenz" stark mit *fremdreferentiell* korreliert ist, während die willkürliche Aufmerksamkeit eher mit *selbstreferentiell* korreliert wäre. Das allein reicht freilich nicht, um dem introspektiven Eindruck gerecht zu werden,

---

4   Zur Problematik der Zeitlichkeit im Zusammenhang mit Bewusstseins- und Gehirnprozessen vgl. Pöppel (1997).

willkürliche und unwillkürliche Aufmerksamkeit operierten mit verschiedenen Graden der Einflussmöglichkeit. Wesentlicher beteiligt an diesem Eindruck scheint die Dimension reflexiver Zeitlichkeit. Unwillkürlich ist das Auftreten einer Asymmetrie dann, wenn sie nicht im retentionalen (rückläufigen) und protentionalen (vor-läufigen) Zusammenhang bereits prozessierter und erwartbarer Asymmetrien auftaucht und m. a. W. nicht in eine intentionale Sequenz der Asymmetrien integriert werden kann.

Aufmerksamkeit und soziale Interaktion

Eine weitere Determinante zeichnet im psychologischen Diskurs verantwortlich für die Unterscheidung zwischen willkürlicher und unwillkürlicher Aufmerksamkeit. Wie Lurija (1998: 261 und passim) ausführt, ist die Genese von willkürlichen Aufmerksamkeitsphänomenen eng gekoppelt an Sozialisationsprozesse. So entsteht durch Interaktion des Kleinkindes mit einer Erwachsenenumwelt eine Einbindung von Aufmerksamkeit in Handlungskontexte. Durch die interaktionsvermittelte Transformation von basaler unwillkürlicher Aufmerksamkeit, die bereits in den ersten Lebenswochen zu beobachten ist, entwickeln Kinder bis zum Ende des Vorschulalters die Kompetenz, Aufmerksamkeitsverläufe relational zu Interaktionskontexten zu prozessieren. Neben introspektiven Daten scheint also die Beobachtbarkeit von Interaktion ein Kriterium für die Annahme willkürlicher Aufmerksamkeit zu sein, während andererseits gerade diese Transformation der Aufmerksamkeit durch soziale Interaktion geleistet wird. Wenn sich also willkürliche Aufmerksamkeit und soziale Interaktion gegenseitig bedingen, was kann das Konzept *Aufmerksamkeit* dann auf dieser Beobachtungsebene noch leisten? Sicherlich sind auch hier Fragen der Selektivität, Gerichtetheit und Kompetitivität sozialer Interaktionen relevant. Allerdings sind solchen Fragen notwendiger Weise Überlegungen bezüglich der Konzeption von sozialer Interaktion vorgelagert. Zu differenzieren wäre hier zwischen dem Handlungsaspekt und dem Kommunikationsaspekt sozialer Interaktion. Dabei verweist der Handlungsaspekt auf eine operative, eher quantitativ beobachtbare Dimension von Interaktion (A macht B zum Zeitpunkt C für die Dauer D), während der Kommunikationsaspekt strukturell auf die Sinndimension verweist und einer qualitativen Beobachtung bedarf (A's Aktion B in der Situation C kann interpretiert werden als D). Zwar sind diese beiden Aspekte bei jeder Form der sozialen Interaktion untrennbar miteinander verbunden, doch unterscheiden sie sich in der Art des Beobachtungsmodus. Von Handlungen können wir grundsätzlich annehmen, dass sie in der Umwelt von Bewusstseinssystemen stattfinden, während Sinn innerhalb produziert und prozessiert wird. Die Unterscheidung zwischen fremd- und selbstreferentieller Beobachtungsmodalität hat auch Konsequenzen für das Konzept Aufmerksamkeit auf der Ebene sozialer Interaktion. Fragen nach Selektivität, Gerichtetheit und Kompetitivität von Interaktionsprozessen sind nur mit Rekurs auf die Sinndimension und also auf kognitive Systeme zu beantworten, die

die operativen Aspekte sozialer Interaktionen zur Sinnproduktion nutzen. Hier würde dann wieder die oben vorgeschlagene Konzeption von Aufmerksamkeit als Parameter greifen, der Intensitäten von Asymmetrien im Rahmen der Sinnproduktion markiert. In Analogie dazu bietet sich für den verbleibenden operativen Handlungsaspekt sozialer Interaktion an, Aufmerksamkeit als einen quantitativen Beschreibungsparameter zu konzipieren. Dabei spielt die Größe der Bezugsgruppe keine Rolle: Verteilungen der Reaktionszeiten einzelner Versuchspersonen sind ebenso Ausprägungen des Parameters handlungskorrelierter Aufmerksamkeit wie die Einschaltquoten an einem Samstagabend.

Wie wichtig die Differenzierung zwischen operativen und strukturellen Aspekten ist, zeigt sich auch auf der letzten Ebene der hier zusammengestellten Beobachtungen zur Verwendung von Aufmerksamkeitskonzepten: der Neurophysiologie.

Neurophysiologische Befunde

Auch wenn sich inzwischen die Ansicht durchgesetzt hat, dass unser geistiges Erleben in engem Zusammenhang mit Strukturen und Prozessen im Gehirn steht, ist die Frage nach der Art und Weise dieses Zusammenhangs immer noch weit von einer Antwort entfernt (vgl. Crick & Koch 1994). Das mag zum einen an der enormen Komplexität der beiden Beobachtungsgegenstände liegen, die bis dato immer noch im Missverhältnis zu den Erklärungsleistungen der vorfindlichen Theorien und Methoden steht, mit denen die Hirnforschung sich ihrem Gegenstand nähert. Zum anderen mag es an der bereits erwähnten Schwierigkeit liegen, bei der Erklärung von Bewusstsein immer an Bewusstseine gebunden zu sein. Die Debatte über die prinzipielle Unmöglichkeit/Möglichkeit einer vollständigen (neurobiologischen) Erklärung von Bewusstsein durch sich selbst (vgl. Beckermann 1996, Crick & Koch 1994) muss daher auch in die Grenzen von Bewusstseinen zurückgewiesen werden und zu diesen Grenzen gehört auch die Zeitlichkeit von Bewusstseinsprozessen, die sich nicht besonders gut mit dem Konzept einer zeitunabhängigen „Vollständigkeit" verträgt. Abseits dieser „großen" Fragen hat sich aber zur Diagnose und Therapie von pathologischen Veränderungen des Bewusstseins der Versuch einer zumindest partiellen Korrelation von Bewusstseinsprozessen und Gehirnaktivität bereits praktisch bewährt: Parkinson, Epilepsie und Schizophrenie können, wenn auch nicht geheilt, dann doch wenigstens medikamentös oder operativ behandelt werden, auch ohne dass das gesamte Gehirn entschlüsselt ist. So vielversprechend die Ergebnisse bei der Behandlung von analogisierbaren Symptomen auf den Ebenen Gehirn und Bewusstsein sind, so schwierig wird die Korrelation bei Zusammenhängen, in denen (noch) keine analogisierbaren Konzepte vorliegen. Dazu zählen z. B. das *bewusst sein* ebenso wie das *Selbst*, aber auch die Aufmerksamkeit. Eine mögliche Ursache für die Probleme bei der Parallelisierung der Beobachtungen könnte in der Architektur der Beobachtungen selbst liegen. Genuin psychologische Begriffe wie die oben angeführten operieren mit historischen Implikationen und Referentialisierungen, die sich auf der neurobiologischen Ebene nur schwer implementieren lassen. So operiert die traditionelle Unterscheidung zwischen willkürlicher und unwillkürlicher Aufmerksamkeit mit einer Referenz auf eine Dimension der Selbstzuschreibung von Einflussnahme, die im Rahmen von Zellarchitektur, Metabolismus und Erregungsleitung nur schwer zu etablieren ist. Doch nach wie vor kämpft ein Großteil der Aufmerksamkeitsforschung mit diesen „Portabilitätsproblemen". Verständlich allerdings wird diese Problematik vor dem Hintergrund der Geschichte des noch recht jungen Forschungsprogramms der Neurowissenschaften. Immer noch finden sich die mit „neuro" präfigierten Forschungen eher an den Rändern klassischer Disziplinen wie Biologie, Physiologie, Psychologie, Physik (um nur einige zu nennen) – auch wenn in den letzten Jahren deutliche Autonomisierungstendenzen zu verzeichnen sind. Einerseits gründet sich der enorme Erkenntniszuwachs gerade in der Interdisziplinarität der Forschungen. Auf der anderen Seite aber ist der Preis für diese „Synergien des Wissens" oft ein Mangel an Stringenz, Differenziertheit und Integrativität, nicht nur was die Terminologie angeht. M. E. bedeutet das vor allem, dass auf der Autonomie der unterschiedlichen Beobachtungsebenen bestanden werden muss, auch und gerade bei der Verknüpfung von Beobachtungen unterschiedlicher Referenz. Und eben eine solche Verknüpfung ist der Versuch der Beantwortung der Frage nach dem neurophysiologischen Korrelat des psychologischen Phänomens Aufmerksamkeit.

Aufmerksamkeit und Hirnforschung: eine komplizierte Liaison

Bei den Beobachtungen von Aufmerksamkeit auf der Ebene der Gehirnprozesse sind weitere Differenzierungen nötig. So macht es einen bedeutenden Unterschied, ob wir die relevanten Prozesse *in vivo* (also im lebenden System) oder *in vitro* (also in experimentell erzeugten Systemen) beobachten. Der Vorteil der letztgenannten Methode ist, dass ihr nur wenig experimentelle Grenzen gesetzt sind. Geht man aber davon aus, dass die Aktivität von Nervenzellen und Zellpopulationen bestimmt ist durch den Gesamtzusammenhang des neuronalen Systems im lebenden Organismus, wird klar, dass wir es *in vitro* vor allem mit Grenzen der Komplexität zu tun haben. Als Konsequenz der enormen Komplexität der „Forschungsumwelt Gehirn" hat die Hirnforschung ein beträchtliches Maß an Eigenkomplexität aufgebaut. Auf der strukturellen Ebene spiegelt sich diese Eigenkomplexität in Differenzierungen zwischen unterschiedlichen Typen von Synapsen und Nervenzellen, zwischen vegetativem und zentralem Nervensystem, Hirnstamm, Mittel-, Zwischen- und Endhirn, zwischen unterschiedlichen Kerngebieten, Cortexarten, Brodmannschen Arealen usw. wieder. Auf der operativen Ebene treffen wir auf Differenzierungen von Prozessen der Erregungsleitung nach den beteiligten Stoffwechselprozessen, nach der räumlichen Ausdehnung, der Intensität und besonders der Frequenz. Dieser kursorische Einblick in die Konzepte zur Komplexitätsreduktion durch Aufbau von Eigenkomplexität in der Hirnforschung soll die forschungspraktischen Konsequenzen besonders für die Beobachtung des Gehirns *in vivo* verdeutlichen.

Methodologische Imperative der Hirnforschung

Zum einen liefern Beobachtungen und die mit ihnen verbundenen Beobachtungsinstrumente auf Grund der enormen Eigenkomplexität der zugrundeliegenden Modelle immer nur ausschnitthafte Einblicke in den Gesamtzusammenhang. Zum anderen kommen zwecks Aufrechterhaltung der Gesamtkomplexität nur bestimmte Methoden in Frage. Zu unterscheiden ist hier zwischen invasiven Methoden, nicht invasiven Methoden und dem „Naturexperiment". Solche Naturexperimente sind meist Läsionsstudien mit Patienten, bei denen eine pathologische Veränderung der Gehirnstrukturen beobachtbar ist, die mit Veränderungen auf der operativen Ebene und oft auch der interaktiven Ebene korreliert werden kann. Die prominenteste invasive Methode ist die Einzelzellableitung, bei der durch das Einführen einer Elektrode in bestimmte Bereiche des Gehirns die Aktivität umliegender Zellen aufgezeichnet werden kann. Bei den bildgebenden Verfahren, die ohne operative Eingriffe auskommen, macht man sich die elektrischen bzw. elektromagnetischen, cytoarchitektonischen und metabolischen Eigenschaften aktiver Neuronen zu Nutze.[5] Aber unglücklicherweise zwingt der derzeitige Stand der Entwicklung bildgebender Verfahren die Beobachtungen auf jeweils einen von zwei beobachtbaren Aspekten neuronaler Aktivität. Entweder verwendet man Verfahren mit einer guten zeitlichen aber schlechten räumlichen Auflösung – z. B. Elektroencephalographie (EEG) und Einzelzellableitungen – oder man entscheidet sich für den entgegengesetzten Fall guter räumlicher aber schlechter zeitlicher Auflösung – Computertomographie (CT), Positronen-Emissions-Tomographie (PET), Magnetencephalographie (MEG) und (funktionelle) Magnetresonanztomographie ((f)MRT) (vgl. Abb. 2).

Auch bei der Erforschung von Aufmerksamkeit wird mit diesen Methoden gearbeitet. Im Hintergrund der Beobachtungen steht dabei stets die Annahme, dass interaktiv beobachtbare Aufmerksamkeit mit einer spezifischen Gehirnaktivität korreliert. Dazu muss interaktiv beobachtbare Aufmerksamkeit in Form eines Versuchsaufbaus zuerst experimentell parametrisiert werden. Im klassischen Fall werden Versuchspersonen instruiert (oder Versuchstiere trainiert), dargebotene meist visuelle oder auditive Reize einer spezifischen Art der Verarbeitung zu unterziehen, die in vielen Fällen an eine motorische Reaktion gekoppelt ist. Die aufgezeichneten Daten der Gehirnaktivität werden dann in Beziehung zu den verschiedenen Phasen des Versuchs gesetzt und so mit der vorher parametrisierten Aufmerksamkeit korreliert. Was die räumliche Organisation von mit Aufmerksamkeit korrelierten Gehirnprozessen angeht, sind die Ergebnisse bisher recht spärlich.

---

5   Für eine detaillierte Darstellung der Methoden des *brain imaging* vgl. stellvertretend Kolb & Wishaw (1996: 67ff.).

Abb. 2: Verschiedene Verfahren des brain-imaging und ihre Resultate
(Quelle: Kolb & Whishaw 1996: 68)

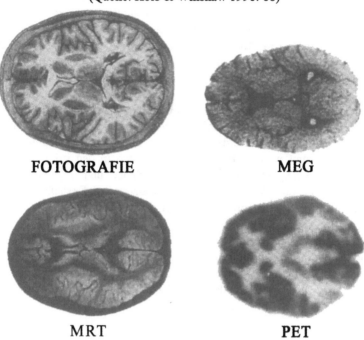

FOTOGRAFIE   MEG

MRT   PET

Die langsamen PET-Studien zeigen nur die globale Aktivitätsverteilung während einer gewissen Zeitspanne. Allerdings ist es ein großes Verdienst räumlich hochauflösender bildgebender Verfahren, die funktionale Spezialisierung bestimmter Hirnareale sichtbar zu machen. So konnte z. B. bei Versuchen zur visuellen Aufmerksamkeit gezeigt werden, dass verschiedene experimentelle Parametrisierungen der Aufmerksamkeit mit unterschiedlichen Aktivitätsverteilungen korrelieren. Waren in den Versuchen die räumlichen Reizeigenschaften zu beachten, war eine Aktivitätszunahme besonders im Scheitellappenbereich des Cortex zu verzeichnen, während bei Beachtung der Reizeigenschaften Farbe/Form eher Hinterhaupts- und Schläfenlappenbereiche aktiv waren (vgl. Kolb & Whishaw 1996: 399ff.). Das entspricht Annahmen, nach denen die Verarbeitung visueller Information durch zwei unterschiedliche Pfade repräsentiert wird, einen parietalen Pfad (vom primären visuellen Cortex zum Scheitellappen) für die räumlichen Beziehungen zwischen Objekten und für die Bewegungsanalyse und einen temporalen Pfad (vom primären visuellen Cortex zum Schläfenlappen) für die Farben, Muster und die Identifikation von Objekten (vgl. Engel 1996). Bezogen auf die Aufmerksamkeit geben solche Studien erst einmal nur Auskunft darüber, *wo* spezifische Verarbeitungsprozesse im Gehirn zu lokalisieren sind. Von Gerichtetheit, Selektivität und Kompetitivität kann aber so lange keine Rede sein, wie die zeitliche Organisation lokalisierter Verarbeitungsprozesse nicht in den Blick gerät. Der Parameter Aufmerksamkeit ist schließlich nur dann plausibel, wenn die Akitivitätsverläufe zwischen den Bedingungen *beachtet* vs. *nicht beachtet* unterscheiden. Aus diesem Grunde basiert ein Großteil der aufmerksamkeitsrelevanten Untersuchungen auf der Auswertung ereigniskorrelierter bzw. evozierter Gehirnpotentiale (EKPs bzw. EVOPs). Solche Potentiale (vgl. Abb. 3) werden aus EEG-Daten gewonnen, indem durch mathematische Methoden die neuronale Spontanaktivität herausgefiltert wird. Was übrigbleibt, sind Verläufe von Aktivitätsintensitäten, die mit unterschiedlichen Phasen des Versuches sowie mit den zugrundeliegenden experimentellen Parametrisierungen korreliert werden. Die zeitliche Auflösung der EKPs geht bis in den Millisekundenbereich, während die räumliche Auflösung eher bescheiden ist. Da EEGs von der Kopfhaut abgeleitet werden, können a) nur grobe Richtungen der Aktivitätsverläufe bestimmt werden, b) bleiben Aktivitäten in den sulci (Furchen) des Cortex und in tieferliegenden Hirnregionen „unsichtbar" und c) sind die Messdaten immer das Ergebnis der Aktivität ganzer Neuronengruppen. Deshalb werden häufig Ergebnisse aus EKP-Studien mit Einzelzellableitungen kombiniert.

Abb. 3: Beispiel für ein ereigniskorreliertes Potential (EKP) eines Versuchs zur visuellen Aufmerksamkeit mit Reizdarbietung in einer Gesichtsfeldhälfte. Die unterschielichen Linien repräsentieren die jeweilige Hemisphäre der Ableitung. (Quelle: Eimer 1996: 300)

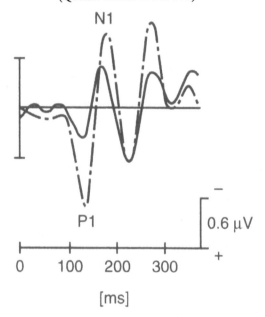

EKPs lassen sich nun in bestimmte Komponenten unterteilen, die hinsichtlich ihres Auftretens relativ zum Zeitpunkt der Reizdarbietung, des Vorzeichens ihrer Amplitudenmaxima und der Lokalisation differieren. So geht man davon aus, dass die P1 (positives Amplitudenmaximum) und die N1 (negatives Amplitudenmaximum)

exogene oder spezifische EKP-Komponenten sind, da sie zu einem relativ frühen Zeitpunkt nach der Reizdarbietung über den betreffenden modalitätsspezifischen Arealen gemessen werden – P1 rund 75-100 ms und N1 rund 140-175 ms poststimulus (vgl. Eimer 1996).[6] Spätere Amplitudenmaxima werden hingegen als endogen/nicht spezifisch angenommen. Solche späten N200/P300 – Komplexe können unabhängig von der jeweiligen sensorischen Modalität über Arealen gemessen werden, die nicht primär mit der Verarbeitung sensorischer Information befasst sind, z. B. Stirnlappen, Cingulum, Amygdala, Hippocampus (vgl. Etlinger & Kropotov 1999: 40f. und Lurija 1998: 269f.). Seit den fünfziger Jahren untersucht man nun mit Hilfe der EKPs aufmerksamkeitskorrelierte Aktivitätsveränderungen. Die Veränderungen werden dabei über den Versuchsparameter *beachtet* vs. *nicht beachtet* operationalisiert, entweder durch Vergleiche mit Kontrollbedingungen, in denen die Versuchsperson/das Versuchstier einer Reizdarbietung ohne Vorankündigung resp. Instruktion ausgesetzt wird, oder durch dichotische resp. dioptische Versuche, in denen jeweils eine Seite Wahrnehmungsbereiches beachtet und die andere ignoriert werden soll. Es lässt sich zeigen, dass die physiologisch messbare Intensitätssteigerung bestimmter EKP-Komponenten mit dem experimentellen Parameter *beachtet* korreliert. Wird ein Reiz erwartet, sind die Amplituden sowohl des spezifischen P1/N1-Komplexes als auch des nicht spezifischen N2/P3-Komplexes signifikant höher. Weiterhin lässt sich zeigen, dass unter der Bedingung *nicht beachtet* ebenfalls eine Intensitätszunahme des P1/N1-Komplexes auftritt, die späten Amplitudenmaxima aber keine Intensivierung erfahren (vgl. Etlinger & Kropotov 1999: 40f.). Soweit die physiologischen Messdaten.

Von den Daten zur Interpretation: Korrelationen und Kausalrelationen

Zwei Fragenkomplexe können sich nun anschließen:
1. Welche (neuro-) physiologischen Erklärungen gibt es für die Intensitätszunahme der Amplituden von EKP-Komponenten?
2. Was können wir über die Korrelation von Aktivitätsverläufen mit Aufmerksamkeitsphänomenen sagen?

Zu 1: EKPs sind gemittelte Aufzeichnungen der Aktivität großer Neuronengruppen. Da einzelne Neuronen nach dem Alles-oder-Nichts-Prinzip operieren (entweder sie feuern, oder sie feuern nicht), bedeuten Modulationen von EKP-Komponenten die Zunahme oder Abnahme von Aktivität in ganzen Neuronenpopulationen. Die Mechanismen, die solche Aktivitätsveränderungen bewirken können, sind noch weitgehend ungeklärt. Nachdem in der Hirnforschung die Idee einer anatomischen

---

6   Die überwiegende Zahl der Messdaten bezieht sich auf Experimente zur visuellen Aufmerksamkeit. Das hat den einfachen Grund, dass die anatomischen Strukturen und physiologischen Verarbeitungsmechanismen des visuellen Systems am weitesten erforscht sind. Experimentelle Daten zum auditiven System liegen ebenfalls vor. Hier treten die EKP-Komponenten im Durchschnitt 60 ms früher auf, was auf eine schnellere Verarbeitung auditiver Reize schließen lässt (vgl. Etlinger & Kropotov 1999).

Struktur, die als zentrale Exekutive fungiert, zu Gunsten der Beschreibung des Gehirns als eines hochgradig komplexen, selbstorganisierten dynamischen Systems aufgegeben wurde, kommen als Kandidaten für die Erklärung solcher Aktivitäts- veränderungen nur Variablen in Frage, die die Prozesse neuronaler Informations- verarbeitung generell charakterisieren. Solche Variablen sind beispielsweise die makroskopische (welche Zellen/Zellverbände projizieren wohin und erhalten Asso- ziationen von wo) und mikroskopische (welche Organisation erregender und hem- mender Synapsen charakterisiert die jeweilige Neuronenpopulation) neuronale Infrastruktur, das jeweilige biochemische Milieu (mit welchen Neurotransmit- tern/Neuromodulatoren arbeitet die Zelle), das vorherrschende Aktivitätsniveau, auftretende Synchronisationen usw. Es scheint plausibel, dass für die Charakterisie- rung eines so hochdimensionalen komplexen dynamischen Systems ein Vokabular nötig ist, dass informationstheoretische, statistische und nichtlinear-mathematische Ansätze berücksichtigt.[7] Für die Erklärung aufmerksamkeitskorrelierter EKP- Komponenten bedeutet dies die Abkehr von der Suche nach einem distinkten Sy- stem, das unabhängig vom Gesamtsystem linear Aktivitätsveränderungen bewirkt, hin zu einer Beschreibung solcher Aktivitätsveränderungen als Attraktoren oder Moden, deren temporalisierte Asymmetrie durch die selbstorganisierte Verarbei- tung exogener Irritationen bedingt ist. Ob die Theorie dynamischer Systeme ad- äquate Problemlösungen bereitstellen kann, muss abgewartet werden.

Zu 2: Das Konzept Aufmerksamkeit bleibt nach wie vor ein Konzept psycho- logischer Provenienz. Auf den Beobachtungsebenen Introspektion und Interaktion ermöglicht es uns primär festzustellen, ob eine erwartete kognitive Verarbeitung überhaupt (Orientierungsreaktion) oder in der experimentellen Parametrisierung (motorische/verbale Reaktion) stattgefunden hat und diese quantitativ zu charakteri- sieren (z. B. über Reaktionszeiten oder Fehlerquoten). Durch die zeitgleiche quan- titative Erhebung von Gehirnaktivität ist prima vista nur die Annahme unterstützt, dass zeitgleiche Asymmetrien auf unterschiedlichen Beobachtungsebenen Manife- stationen desselben Gesamtphänomens sind. Problematisch wird es, wenn versucht wird, qualitative Unterscheidungen auf der einen Ebene (bewusst/unbewusst oder willkürlich/unwillkürlich) durch quantitative Unterschiede auf der anderen Ebene (Ausbleiben bestimmter EKP-Komponenten, topologische Unterschiede von EKP- Komponenten) zu erklären oder gar eine Kausalrelation zwischen ihnen zu postulie- ren. Solche Vorhaben konterkarieren das Autonomiepostulat für die unterschiedli- chen Beobachtungsebenen und verhindern eine Differenzierung und Integration von Beobachtungsoptionen, wenn ebenenspezifische Implikationen unhinterfragt blei- ben. Solche Implikationen scheinen m. E. mit den Unterscheidungen be- wusst/unbewusst und willkürlich/unwillkürlich gegeben. Zwar kann man mittler- weile eine Reihe von anatomischen, biochemischen und neurophysiologischen Bedingungen angeben, die mit der Veränderung oder dem Verlust von Bewusstsein einhergehen, das Gegenteil aber ist – besonders was die Ebene lokaler Aktivitätszu-

---

7   Vgl. exemplarisch Pawelzik (1991), Breidbach (1996) und Pasemann (1996).

stände anbelangt – noch nicht gelungen (vgl. Kolb & Whishaw 1996: 408f.). Ähnliches gilt für die Kategorie der Willkür. Es soll nicht bestritten werden, dass diese Implikationen auf den Beobachtungsebenen Introspektion und Interaktion arbeitsfähige Unterscheidungen bereitstellen. Wenn es aber um die Entwicklung eines Vokabulars geht, das in der Lage ist, Beschreibungen aus unterschiedlichen Ebenen zu integrieren, müssen solche Konzepte auf die Ebene beschränkt bleiben, auf der sie Problemlösungspotenzial beanspruchen können. Damit sind zwar immer noch keine Vorschläge für die Ursache von Aufmerksamkeitsphänomenen auf den verschieden Ebenen gemacht, dafür kann nun etwas mehr über die Funktion von Aufmerksamkeitskonzepten gesagt werden. Es zeigt sich, dass auch auf der neurophysiologischen Beobachtungsebene Aufmerksamkeit als ein Parameter verstanden werden kann, der die quantitativen Eigenschaften spezifischer Asymmetrien der neuronalen Aktivität beschreibt. EKPs sind dann sozusagen die gemessenen Intensitäten dieser Asymmetrien relativ zu anderen Aktivitätsasymmetrien *in Hinblick auf die spezifische Irritation.*

Generalisiert über die vorgeschlagenen drei Ebenen ergibt sich folgendes Bild für die Konzeption von Aufmerksamkeit: Es gibt jeweils ein symmetrisches Set kontingenter Irritationen (Kompetitivität). Ihm gegenüber steht ein System, das Sequenzen von Asymmetrien prozessiert, z. B. Interaktionen, Bewusstseinszustände, Aktivitätszustände (Gerichtetheit). Aufmerksamkeit charakterisiert quantitativ die relative Intensität der prozessierten Asymmetrien (Selektivität). Da sowohl Interaktionsprozesse, Bewusstseinsprozesse, als auch neuronale Prozesse als hochgradig selbstorganisiert angenommen werden können, bestimmt sich die Sequenz der prozessierten Asymmetrien über die jeweilige Gesamtcharakteristik des Systems und seiner Irritationen. Das Zustandekommen einer spezifischen Asymmetrie erklärt sich also sowohl über die Systemkonfiguration als auch über die Irritation, nämlich durch ihren selbstorganisierten Wirkungszusammenhang.

MedienKommunikationsKonsequenzen

Im Zuge einer interdisziplinären Öffnung der Medien- und Kommunikationsforschungen fiel auch das Konzept Aufmerksamkeit auf fruchtbaren Boden und hat sich mittlerweile als ubiquitär und verwendungspflichtig in den Diskursen etabliert. Kaum eine Beobachtungsebene der Prozesse medienvermittelter Kommunikation wird dabei ausgelassen. Ob in Gehirn und Bewusstsein, in der Werbung, den Medien, oder gar in ganzen Gesellschaften: überall wird um die besagte Aufmerksamkeit gekämpft, mit ihr gepokert, wird sie erregt, gesteuert, geweckt und vor allem bezahlt. Sie ist Ware, Währung, Medium, sozialer Kitt, Bedingung für Kommunikation oder gar Rohstoff der Informationsgesellschaft.[8] Der Vorrat an Metaphern ist schnell gewachsen und reichhaltig. Es wäre müßig nachzuprüfen, ob in den unüber-

---

8   Vgl. als Auswahl die Beiträge von Fischer (1996), Rötzer (1996 und 1999), Franck (1996 und 1998), Franke (1998) und Schmidt (2000).

schaubaren Verwendungszusammenhängen die oben geforderte Autonomie der
Beobachtungsebenen gewahrt ist, oder gar der Verzicht auf lineare Kausalitätsan-
nahmen zugunsten einer nichtlinearen und selbstorganisatorischen Beschreibung
von Aufmerksamkeitsphänomenen vollzogen ist. Halten wir uns aber an die analytische Beobachtung der Verwendung von Aufmerksamkeitskonzepten, lassen sich
durchaus Gründe für das Faszinosum erhöhter Aufmerksamkeit für die Aufmerksamkeit in Medien- und Kommunikationsforschungen angeben. Der gewichtigste
Grund ist wohl in den strukturellen und operativen Veränderungen des Mediensystems zu suchen. Dass die User jeglicher Form von Medienkommunikation einem
permanenten information overload ausgesetzt sind, ist kein Geheimnis mehr. Eben-
sowenig, dass deswegen die Annahme von Kommunikationsangeboten immer unwahrscheinlicher wird. Besonders für das ökonomische System als wichtigster
Triebkraft der Medienproduktion bedeutet die Transformation des Zusammenhangs
zwischen Initiation, Produktion, Distribution, Rezeption und Verarbeitung von
einem linearen, unidirektionalen Prozess hin zu einem nichtlinearen, selbstorganisierten Prozess eine kapitale Unkalkulierbarkeit. Kompetitivität und Selektivität
sowie das Verhältnis zwischen ihnen sind also auch hier die zu erklärenden Variablen. Da sich diese Problematik in fast allen Systemzusammenhängen findet, die
mit dem Kontingenzmanagement moderner Medienkommunikation affiziert sind,
wundert der Siegeszug der Vokabel Aufmerksamkeit schon weniger.

Doch noch weitere Gründe lassen sich anführen: Wie bereits oben ausgeführt,
arbeitet ein Großteil der Aufmerksamkeitsforschung mit der quantitativen Korrelation von interaktiven/introspektiven Daten und Gehirnaktivität. Für eine empirische Sozialwissenschaft stellt ein Konzept zur Operationalisierung und Messbarkeit
individueller wie kollektiver Selektionsentscheidungen ein enormes Attraktivitäts-
potenzial dar.

Abseits der Neurometaphorik von globalen Gehirnen und Medien als den Er-
weiterungen des Zentralnervensystems kann man also eine Parallelität der Verwendung des Konzeptes Aufmerksamkeit auch in medien- und kommunikationsbezo-
genen Diskursen konstatieren. Wie aber steht es mit der Erklärung der Variablen
Kompetitivität und Selektivität? Ähnlich wie bei Gehirnaktivitäten und Bewusstseinsprozessen handelt es sich auch bei Medien und medienvermittelten Kommunikationsprozessen um hochgradig selbstorganisierte System- und Prozesszusammen-
hänge.[9] In Folge dessen muss die Selektivität und Kompetitivität medienvermittelter
Kommunikationsprozesse als bedingt durch das Zusammenspiel systemspezifischer
Operationen mit systemspezifischen Randbedingungen verstanden werden. Hier ist
weitere Differenzierung nötig, denn sozialsystemisch organisierte Kommunikationsprozesse arbeiten auf unterschiedlichen Ebenen mit unterschiedlichen Semantiken: Die Systemkonfiguration, aus der heraus die Ausstrahlung eines bestimmten
Werbespots zu einer bestimmten Zeit auf einem bestimmten Sender erklärt werden
kann, folgt anderen Parametrisierungen als die Konfiguration, aus der heraus die

---

9   Vgl. Schmidt (1994 und 1996) und Schmidt & Zurstiege (2000).

Rezeption eines bestimmten Medienangebots zu einem bestimmten Zeitpunkt durch einen bestimmten Rezipienten erklärt werden kann. Eine Differenzierung von Kommunikationsprozessen hinsichtlich der Aspekte Initiation, Produktion. Distribution, Rezeption und Verarbeitung, die von distinkten Semantiken unterschiedlicher Teilsysteme und -prozesse ausgeht impliziert eine *systemrelative* Beschreibung von Aufmerksamkeit. *Aufmerksamkeit ist ein typischer Eigenwert im Systemverhalten.* Für die Variablen Kompetitivität und Selektivität von Interaktionsprozessen bedeutet das, dass sie nur durch den expliziten Rückbezug auf die spezifische Konfiguration eines bestimmten Systems erklärt werden können. Da wir solche Systeme als zumindest operativ geschlossen annehmen können, greift die Metapher von der Steuerung und aktiven Erweckung von Aufmerksamkeit ins leere. Ob sich also ein an einem Interaktionsprozess beteiligtes System mit dem Parameter Aufmerksamkeit beschreiben lässt, hängt davon ab, ob wir die Intensität eines Eigenwertes als prozessualer Asymmetrie in Relation zu systemspezifischen Irritationen beobachten. Die Konsequenzen für die Beobachtung von Aufmerksamkeitskopplungen liegen auf der Hand: In Interaktionsprozessen können die prozessualen Asymmetrien des einen Systems Irritation für ein anderes System darstellen, die dann wieder zu systemspezifischen Asymmetrien verarbeitet werden. Für den Bereich der medienvermittelten Kommunikationsprozesse liegt mit dem Konzept der strukturellen Kopplung (vgl. z. B. Schmidt 1994 oder 1996) ein Beobachtungsinstrument vor, das die strukturelle Autonomie systemspezifischer Eigenwerte (Aufmerksamkeit) mit dem operativen Aspekt intersystemischer Irritation verbinden kann.

Für die Verwendung des Konzepts Aufmerksamkeit im medien- und kommunikationswissenschaftlichen Diskurs ergeben sich zwei zentrale Schlussfolgerungen:

1. Wenn Aufmerksamkeit als Parameter zur Charakterisierung systemspezifischer, prozessualer Asymmetrien dient, ist die Notwendigkeit der Klärung zugrundeliegender Beobachtungsbereiche wichtiger denn je. Es ist offensichtlich, dass im Bereich medienvermittelter gesellschaftlicher Selbstbeobachtung die Selektion und Verarbeitung von Themen als kollektiver Form der Aufmerksamkeit durch Systemzusammenhänge und Prozesseigenschaften bestimmt wird, die bei der Analyse der Selektion und Verarbeitung bestimmter Medienangebote zur individuellen Mediennutzung nur geringe Problemlösungskapazität besitzen. Aufmerksamkeiten als parametrisierte Intensitäten prozessualer Asymmetrien sind systemrelative Eigenwerte. So verstanden kann Aufmerksamkeit weder Medium noch Währung sein. Die Rede von einer Ökonomie der Aufmerksamkeit übersieht m. E. die angeführten Bedingungen der Aufmerksamkeitskopplung. Nichts desto trotz sind Aufmerksamkeiten mit genügender Vorsicht bei der Konzeption der Beobachtungsebenen und mit einer nichtlinearen, selbstorganisatorischen Konzeption intersystemischer Irritationsverhältnisse korrelierbar.

2. Auch wenn Aufmerksamkeit nicht als Ursache von Selektionsprozessen, sondern nur als ihre Manifestation gewertet werden muss, kann sie doch als Kon-

zept zu empirischen Quantifizierung prozessualer Asymmetrien dienen. Der
analytische Vorteil liegt darin, dass Selektionen als prozessuale Asymmetrien
nur in Relation zur systemspezifischen Verarbeitung von Irritationen beobachtbar sind. Die Parametrisierung beispielsweise der individuellen Nutzung eines
konkreten Medienangebots als Manifestation systemspezifischer Aufmerksamkeit müsste somit eine gleichzeitige Ausweitung und Rückbindung an die Beobachtungsdimensionen erfahren, die das beobachtete System charakterisieren.
In diesem Rahmen stellt das Medienangebot letztlich „nur noch" die Irritation
dar, die in Zusammenhang mit den systemspezifischen Operationen zu einer
Nutzung wird. Die Auswirkungen einer solchen Nutzung z. B. in Hinsicht auf
Einstellungsänderungen, Kaufverhalten etc. müssen allerdings in einem neuen
Systemzusammenhang beobachtet werden, innerhalb dessen Aufmerksamkeit
dann auch wieder neu referentialisiert werden muss.[10]
Die hier vorgeschlagene Analyse der Verwendung von Aufmerksamkeitskonzepten
plädiert für eine erhebliche Differenzierung zum einen zwischen unterschiedlichen
Beobachtungsebenen und zum anderen zwischen strukturellen und operativen
Aspekten von Verarbeitungsprozessen. Es hat sich gezeigt, dass eine Generalisie-
rung des Aufmerksamkeitskonzepts als Beobachtungsdimension für strukturelle
Intensitäten prozessualer Asymmetrien durchaus fruchtbar sei kann. Dabei ermöglicht der bezogene Abstraktionsgrad die Integration von Konzepten unterschiedlicher Disziplinen, ohne jedoch hinderliche Implikationen übernehmen zu müssen
und bei der Anwendung auf konkrete Gegenstandsbereiche die Wahrung der Autonomie der Beobachtungsebenen.

10   Zu den Auswirkungen auf das Wirkungskonzept vgl. Jünger (2000b).

Literatur

Becker-Carus, Chr. (1982): Grundriß der physiologischen Psychologie. Heidelberg.

Beckermann, A. (1996): Können mentale Phänomene neurobiologisch erklärt werden? In: Prinz, W.; Roth, G. (Hrsg.) (1996): Kopf – Arbeit: Gehirnfunktionen und kognitive Leistungen. Heidelberg [u. a.], 413-425.

Breidbach, O. (1996): Konturen einer Neurosemantik. In: Rusch, G.; Schmidt, S. J.; Breidbach, O. (Hrsg.) (1996): Interne Repräsentation, neue Konzepte der Hirnforschung. Frankfurt a. M., 9-38.

Crick, F.; Koch, Chr. (1994): Das Problem des Bewußtseins. In: Singer, W. (Hrsg.) (1994): Gehirn und Bewußtsein. Mit einer Einf. von Wolf Singer. Heidelberg [u. a.], 162-170.

Eimer, M. (1996): Wahrnehmung und Aufmerksamkeit. In: Prinz, W.; Roth, G. (Hrsg.) (1996): Kopf – Arbeit: Gehirnfunktionen und kognitive Leistungen. Heidelberg [u. a.]: Spektrum, 281-308.

Engel, A. K. (1996): Prinzipien der Wahrnehmung: Das visuelle System. In: Prinz, W.; Roth, G. (Hrsg.) (1996): Kopf – Arbeit: Gehirnfunktionen und kognitive Leistungen. Heidelberg [u. a.], 181-207.

Etlinger, S. C.; Kropotov, J. D. (1999): Bewusstsein, Aufmerksamkeit und Selektion eines Handlungsprogramms. In: Slunecko, Th. et al. (Hrsg.) (1999): Psychologie des Bewusstseins – Bewusstsein der Psychologie: Giselher Guttmann zum 65. Geburtstag. Wien, 35-55.

Fischer, B. (1996): Aufmerksamkeit ist ein lebenswichtiges Auswahlverfahren. URL: http://www.heise.de/tp/deutsch/inhalt/co/2077/1.html (Stand: 30.09.2000).

Franck, G. (1996): Aufmerksamkeit – Die neue Währung. URL: http://www.heise.de/tp/deutsch/inhalt/co/2003/1.html (Stand: 30.09.2000).

Franck, G. (1998): Ökonomie der Aufmerksamkeit: ein Entwurf. München [u. a.].

Franke, H. W. (1998): Aufmerksamkeit – zwischen Irritation und Langeweile. Aspekte der Informationsästhetik. URL: http://www.heise.de/tp/deutsch/special/auf/6311/1.html (Stand: 30.09.2000).

Goldhaber, M. H. (1997): Die Aufmerksamkeitsökonomie und das Netz. URL: http://www.heise.de/tp/deutsch/special/eco/6195/1.html (Stand: 30.09.2000).

Jünger, S. (2000a): Chaos Kultur – Beobachtungshorizonte zwischen Kulturdeterminismus und mediatisierter Selbstorganisation. In: Rusch, G.; Schmidt, S. J. (Hrsg.) (2000): Konstruktivismus in Psychiatrie und Psychologie. DELFIN 1998/1999. Frankfurt am Main (im Druck).

Jünger, S. (2000b): Ads in disguise? Vortrag gehalten während des VIIth International Congress IGEL 2000 University of Toronto, 31.07-04.8 2000.

Kandel, E. R.; Schwartz, J. H.; Jessell, Th. M. (Hrsg.) (1996): Neurowissenschaften: eine Einführung. Heidelberg [u. a.].

Kolb, B.; Whishaw, I. Q. (^{2}1996): Neuropsychologie. Heidelberg [u. a.].

Linke, D. (1996): Der letzte Mensch blinzelt. URL: http://www.heise.de/tp/deutsch/inhalt/co/2000/1.html (Stand: 30.09.2000).

Lurija, A. R. (1998): Das Gehirn in Aktion. Einführung in die Neuropsychologie. Reinbek bei Hamburg.

Pasemann, F. (1996): Repräsentation ohne Repräsentation. Überlegungen zu einer Neurodynamik modularer Systeme. In: Rusch, G.; Schmidt, S. J.; Breidbach, O. (Hrsg.) (1996): Interne Repräsentation, neue Konzepte der Hirnforschung. Frankfurt am Main, 42-91.

Pawelzik, K. (1991): Nichtlineare Dynamik und Hirnaktivität: Charakterisierung nichtlinearer experimenteller Systeme durch instabile periodische Orbits, Vorhersagen und Informationsflüsse. Thun [u. a.].

Pöppel, E. (1997): The Brain's Way to Create „Nowness". In: Atmanspacher, H.; Ruhnau, E. (Hrsg.) (1997): Time, Temporality, Now: Experiencing Time and Concepts of Time in an Interdisciplinary Perspective. Berlin [u. a.], 107-120.

Prinz, W.; Roth, G. (Hrsg.) (1996): Kopf – Arbeit: Gehirnfunktionen und kognitive Leistungen. Heidelberg [u. a.].

Rötzer, F. (1996): Aufmerksamkeit: Der Rohstoff der Informationsgesellschaft. URL: http://www.heise.de/tp/deutsch/inhalt/co/2001/1.html (Stand: 30.09.2000).

Rötzer, F. (1999): Aufmerksamkeit als Medium der Öffentlichkeit. In: Maresch, R.; Werber, N. (Hrsg.) (1999): Kommunikation, Medien, Macht. Frankfurt am Main, 35-58.

Sacks, O. (1997): Der Mann, der seine Frau mit einem Hut verwechselte. Reinbek bei Hamburg.

Schmidt, S. J. (1994): Kognitive Autonomie und soziale Orientierung: konstruktivistische Bemerkungen zum Zusammenhang von Kognition, Kommunikation, Medien und Kultur. Frankfurt am Main.

Schmidt, S. J. (1996): Die Welten der Medien: Grundlagen und Perspektiven der Medienbeobachtung. Braunschweig [u. a.].

Schmidt, S. J. (1998): Die Zähmung des Blicks. Konstruktivismus – Empirie – Wissenschaft. Frankfurt am Main.

Schmidt, S. J. (2000): Kalte Faszination. Medien – Kultur – Wissenschaft in der Mediengesellschaft. Göttingen.

Schmidt, S. J.; Zurstiege, G. (2000): Orientierung Kommunikationswissenschaft. Was sie kann, was sie will. Reinbek bei Hamburg.

Singer, W. (o. J.): Zur Neurowissenschaft der Aufmerksamkeit. URL: http://www.heise.de/tp/deutsch/inhalt/co/2002/1.html (Stand: 30.09.2000).

Florian Rötzer

Überwachung und Beobachtung:
Die Kehrseite der Aufmerksamkeit

So schnell hat sich noch nie ein Medium durchgesetzt wie das Internet, das weiterhin explosiv wächst. Will man wissen wie viele Menschen genau einen Zugang zum Internet haben, ist man auf Vermutungen angewiesen. Die Zahlen klaffen weit auseinander, aber es werden zwischen 200 und 400 Millionen Menschen gegenwärtig sein, wobei 90 Prozent noch immer in den reichen Industrieländern leben. In wenigen Jahren schon soll die Bevölkerung der virtuellen Megacity auf 800 Millionen oder eine Milliarde angestiegen sein, wobei man im ebenfalls prophezeiten Post-PC-Zeitalter davon ausgeht, dass man dem Internet nicht mehr entkommt und mit „wearable computing", „body nets" oder anderen tragbaren Geräten wie den Handys überall und immer am Netz hängt, an das gleichzeitig auch alle Dinge vom Internethaus über das Internetauto bis hin zu den Haustieren oder zum Abfalleimer angeschlossen werden.

Noch nie hat auch die Politik mit solcher Entschlossenheit den Anschluss der Menschen an ein Medium vorangetrieben. Der Grad der Vernetzung, oder neuerdings der Bandbreite pro Kopf, gilt geradezu als Indikator für die Wettbewerbsfähigkeit eines Standorts in der Informations- oder Wissensgesellschaft. Ohne Informationstechnologie und ohne das Internet geht nichts mehr, weshalb alle und alles ans Netz angeschlossen werden sollen. Initiativen wie die deutsche „D21" oder das europäische „eEurope", bei der es darum geht, möglichst schnell und tiefreichend die Gesellschaft an die Internetnabelschnur zu hängen, gibt es in allen Industrieländern, die miteinander im Wettstreit um die Vorherrschaft der neuen Märkte liegen. „Wir erleben gegenwärtig einen dramatischen wirtschaftlichen und gesellschaftlichen Wandel", sagte kürzlich Erwin Staudt, Chef von IBM Deutschland und Vorsitzender der Vernetzungsinitiative.

„Er wird alle Bereiche des Lebens nachhaltig verändern. Wir befinden uns auf dem Weg von der Industriegesellschaft in die Informationsgesellschaft, in das Internetzeitalter, die Wissensgesellschaft, das WebAge, das digitale Zeitalter – wie auch immer Sie es nennen möchten."

Wer nicht über die Internetliteracy verfügt, fällt ins Schwarze Loch der Informationsgesellschaft und steht auf der Verliererseite der beschworenen „digitalen Kluft", weswegen die Propagierung des Internet heute den Alphabetisierungskampagnen der Vergangenheit gleicht. Der Grund liegt vornehmlich in dem Potential des neuen Mediums, im Prinzip unendlich viele Anwendungsmöglichkeiten zuzulassen und alle anderen Medien zu integrieren. Im Unterschied zu allen vorhergehenden Medien wirkt sich das Internet auf alle Bereiche der Gesellschaft von der Arbeit über die Schule bis hin zur Freizeit aus. Es verändert die Politik, den Handel und alle Organisationen, und es hat als Medium von globaler Reichweite erstmals auch den einzelnen Menschen eine relativ billige und schnelle Möglichkeit in die Hand gegeben, sich zu informieren, selbst zu publizieren, mit anderen Menschen in Kontakt zu treten und mit ihnen zu kommunizieren. Und das Internet ist ein Medium, das das Fundament für eine permanente und globale Aufmerksamkeitsstruktur legt, wie es dies in einem solchen Ausmaß bislang noch nicht gegeben hat. Aufmerksamkeit aber, das wird gerne von denjenigen vergessen, die sich mittlerweile dieses Themas angenommen haben und es meist nur im Sinne des Erwerbs von Prominenz auslegen, ist in aller Regel nach zwei Seiten ausgerichtet: vom Beobachter auf den/das Beobachtete und umgekehrt, woraus sich nicht nur ein Wettrüsten wie zwischen Opfer und Jäger ausbilden kann, sondern in der sich daraus entwickelnden Dynamik sich grundlegend Wahrnehmungs- und Verhaltenstrukturen verschieben können, um eine schnelle Anpassung an die neuen Bedingungen zu leisten.

Aufmerksamkeit ist Überwachung

Umgeben von Computern, die ans Netz angeschlossen sind, können wir jetzt als Angestellte, Bürger und Konsumenten nicht nur an einer bislang unvorstellbaren globalen Öffentlichkeit teilnehmen, wir sind prinzipiell auch immer besser zu jeder Zeit und an jedem Ort überwachbar. Je aufmerksamer die Maschinen werden, je interaktiver und vernetzter sie sind, je mehr Sensoren und Effektoren in sie integriert werden, desto mehr Spuren, die sich aufzeichnen und auswerten lassen, hinterlassen unsere Tätigkeiten und vielleicht auch Befindlichkeiten. Mit dem Handy können wir (fast) von überall mit anderen kommunizieren oder uns in das Internet einwählen, aber zugleich ist es ein Bewegungsmelder und kann sogar als Abhörgerät dienen. Überwachungskameras werden immer „intelligenter" und breiten sich aus, biometrische ID-Verfahren setzen sich durch, Satelliten, die hoch auflösende Bilder machen können, kreisen über uns, Geheimdienste belauschen wie bei Echelon weltweit jede Kommunikation, die über Satelliten geht. Arbeiten wir an vernetzten Computersystemen, so kann Überwachungssoftware unser Verhalten am Computer bis ins kleinste Detail aufzeichnen: welche Tasten wie schnell wir drükken, welche Programme wir öffnen, an wen wir E-Mails mit welchen Inhalten schreiben und wohin wir surfen.

Ende 1999 meldete die amerikanische Firma Applied Digital Solutions stolz, dass sie eben ein Patent für ein „persönliches" GPS-basiertes Lokalisierungssystem erworben habe, das wegen seiner geringen Größe und seiner Eigenschaften auch in Menschen implantierbar sei. Bis zum Ende des Jahres 2000 will man einen Prototyp fertiggestellt haben, jetzt sucht man erst einmal weitere Geschäftspartner, die einsteigen. Versprochen wird, dass der Markt für solche Systeme Umsätze von mehr als 100 Milliarden Dollar verspreche. Ob das alles nach den Wünschen den Unternehmens gelingen wird, steht nicht zur Debatte, doch das Identifizierungssystem ist nur eines aus einer Vielzahl neuer Möglichkeiten, Menschen und alles andere immer perfekter und über immer mehr unterschiedliche Datenformate zu überwachen.

Natürlich gibt es schon eine ganze Reihe von Techniken und Chips, mit denen sich Dinge, Tiere oder Personen weltweit über das GPS lokalisieren lassen, doch ADS ist der Meinung, mit dem Patent eine Technik erworben zu haben, die alles bislang Angebotene übertrifft. Der Digital Angel – der Name ist natürlich gleich als Handelsmarke geschützt – soll nun, wie es so schön in der Werbesprache heißt, alle technischen Beschränkungen „erstmals in der Geschichte" überwinden. Der Clou am GPS-Sender/Empfänger scheint zu sein, dass er seine Energie „elektromechanisch durch die Muskelbewegungen" erhält und so angeblich jahrelang ohne Wartung in Betrieb sein kann. Aktiviert kann er entweder durch den Träger werden, der ihn unter seine Haut implantiert hat, oder aus der Ferne durch die Überwachungsorganisation. Überdies können damit auch bestimmte Körperfunktionen wie der Blutdruck gemessen und weitergesendet werden, um eine Notfallsituation zu signalisieren. Aber selbstverständlich kann man den GPS-Sender/Empfänger auch wegen seiner geringen Größe an „wertvollen persönlichen Besitzgegenständen und an Kunstwerken von unschätzbarem Wert" versteckt befestigen.

Vorgeschlagen werden von der Firma Personengruppen, die besonders für die dauerhafte Lokalisierbarkeit ihrer Aufenthalte geeignet wären. Das sind etwa Individuen, die man mit „hieb- und stichfesten Mitteln zur Sicherheit von E-Business und E-Commerce lokalisieren und identifizieren" will. Vielleicht gehen wir angesichts dieser Aussichten, nicht nur die Firmen mit persönlichen Daten und unsere Festplatte mit Cookies zur Identifizierung zu versorgen, sondern uns auch noch ein Implantat einbauen zu müssen, wenn wir einmal etwas online kaufen wollen, doch lieber anonym ins nächste Geschäft und zahlen mit Bargeld, solange es das noch gibt. Dann besteht eine Personengruppe, die in Betracht kommt, aus Kindern, „die verschwunden sind oder missbraucht wurden". Das wäre freilich schon etwas spät, um ihnen einen Sender zu implantieren, aber so klingt das wahrscheinlich dramatischer und weniger paranoid, als wenn man sagen würde, dass man doch sicherheitshalber mal seine Kinder – und vielleicht auch seinen Beziehungspartner? – vernetzen soll, um über Schritt und Tritt von ihnen Bescheid zu wissen. Körperlich gefährdete Personen sind eine andere Personengruppe, die ADS gerne unter ihre globalen Fittiche nehmen würde, aber natürlich auch Sportler, die in Zeiten der Simulation in die schrumpfende Wildnis ausziehen, oder Soldaten, Diplomaten und wichtige Regierungsangehörige. Letzteres wäre vielleicht gar nicht so schlecht, um zu verfolgen, wo die heimlichen Geldübergaben stattfinden. Richard Sullivan, Vorsitzender von ADS, jedenfalls meint, dass der Digital Angel zu unser aller Glück und Zufriedenheit im nächsten Jahrhundert beitragen wird:

„Wir glauben, dass sein Potential für die Verbesserung der Sicherheit von einzelnen Menschen und des E-Business sowie für die Lebensqualität von Millionen von Menschen praktisch unbegrenzt ist. Auch wenn wir erst am Beginn der Entwicklungsphase stehen, erwarten wir, dass wir Anwendungen für viele unterschiedliche Bereiche von der medizinischen Überwachung bis zur Strafverfolgung finden werden. Um jedoch im Einklang mit unseren Hauptaktivitäten im Business-to-Business-Bereich zu bleiben, werden wir die ersten Entwicklungen auf das wachsende Feld der Sicherheit für den E-Commerce und die ID-Verifizierung der Benutzer konzentrieren."

Schöne Aussichten, wenn vor dem Digital Angel alle von Kriminellen oder Tatverdächtigen über Risikopatienten bis hin zum E-Commerce-Kunden oder zu Kindern gleichberechtigt sind. Wenigstens auch eine Art von Gerechtigkeit...

Der Grundstock der Wissensgesellschaft sind Daten, die erhoben, gesammelt, angeeignet, verwertet und als geistiges Eigentum geschützt werden. Dazu gehören nicht zuletzt auch die persönlichen Daten, die wir auf den Computern und in den Netzen hinterlassen. Diese interessieren nicht nur die Big Brothers dieser Welt, sondern auch die vielen Little Brothers. Immer wieder kommt es zu Vorfällen, wo Unternehmen heimlich Informationen sammeln und ID-Nummern vergeben, während sich die Praxis durchsetzt, das Benutzerverhalten im Web möglichst gut zu erfassen. Wenn sich der E-Commerce verbreitet, so müssen die Kunden identifiziert werden. Auch mit den Möglichkeiten, etwa durch Techniken in ihrem Copyright geschützte Dateien wie Musik oder Video aus dem Netz herunterladen zu können, setzt sich die Notwendigkeit durch, das Verhalten der Kunden zu erfassen. Aber auch die Regierungen haben steigendes Interesse daran, bei Bedarf jederzeit an die Daten im Netz heranzukommen. Andererseits entsteht durch die Bedrohung der immer stärker von den Informationstechnologien abhängigen Infrastruktur durch Hacker, Terroristen oder feindliche Staaten bzw. Organisationen die Notwendigkeit, die Netze zu sichern und überwachungstechnisch aufzurüsten. Daneben stehen die Cracker und Computerkriminellen, die ebenfalls an Daten wie Kennwörtern oder Kreditkartennummern interessiert sind. Alle wiederum sind gleichzeitig daran interessiert, etwa im persönlichen, geschäftlichen oder behördlichen Interesse oder für den Ausbau des E-Commerce, der auf Vertrauen und Datenschutz beruht, die Daten vor unautorisierten Zugriffen zu schützen.

Cookies: eine Form des Stalking?

Nachdem sich die US-Regierung auf Druck der Privatwirtschaft bislang weitgehend enthalten hat, für Datenschutz im Internet zu sorgen, und diesen der Selbstorganisation der Unternehmen, d. h. dem Markt, überlassen will, ist ein Rechtsanwalt vielleicht fündig geworden, wie man die Firmen unter Druck setzen könnte. Er hat am 8. Februar 2000 eine Sammelklage gegen Yahoo! wegen der Verwendung von Cookies zum Sammeln von persönlichen Informationen bei einem texanischen Gericht eingereicht. Kreativ ist vor allem die Grundlage der Klage: Das Setzen von Cookies wird als Belästigung (Stalking) bezeichnet, was nach texanischem Recht bestraft werden kann. Die Frage ist, ob ein Gesetz, das eine Person oder deren Eigentum vor Nachstellungen schützen soll, auch auf den Schutz persönlicher Daten übertragbar ist. Stalking ist eine Verhaltensweise, die vor allem mit den immer zahlreicher werdenden Prominenten aufgekommen ist, aber natürlich auch zuvor bereits praktiziert wurde: das permanente Beobachten oder Ausspionieren einer Person, die so das Gefühl einer Bedrohung bis hin zu einer Paranoia entwickeln kann, weil sie unter Daueraufmerksamkeit steht. Stalking also ist eine Form der Belästigung durch Aufmerksamkeit.

Stalking liegt nach dem texanischem Recht dann vor, wenn jemand einem anderen Menschen wiederholt nachstellt und er weiß, dass die andere Person dies als Bedrohung verstehen muss. Eine „vernünftige" Person muss fürchten, dass der Stalker ihn oder ein Familienmitglied mit körperlicher Gewalt oder mit Tod bedroht. Sie könnte aber auch fürchten, dass der Täter etwas gegen sein Eigentum plant. Genau das wirft der Rechtsanwalt Yahoo! vor. Cookies seien mit einer Überwachung zu vergleichen, mit der Internetbenutzer ohne deren ausdrücklicher Zustimmung verfolgt werden. Cookies ermöglichen es Yahoo!, „die Gewohnheiten, Neigungen, Vorlieben und Geschmacksrichtungen" der Besucher der Website „zu beobachten, auszuspähen und zu überwachen", ohne dafür eine ausdrückliche Zustimmung erhalten zu haben. Es könnten auch identifizierte Personen ohne deren Kenntnis überwacht werden. Überdies ziehe Yahoo! aus der Sammlung vertraulicher Daten einen unrechtmäßigen finanziellen Gewinn. Ein Rechtsanwalt von Yahoo! wies in einer Stellungnahme natürlich alle Vorwürfe zurück und bezeichnete die Klage nur als „sehr kreative" Theorie, die aber haltlos sei.

Auch von anderer Seite geraten die Online-Unternehmen unter Druck. So hat die Federal Trade Commission nach der Beschwerde des Electronic Privacy Information Center eine Untersuchung der Praktiken von doubleclick.com,[1] der weltweit größten Internet-Werbeagentur, begonnen. Allein im Dezember 1999 hatte das Unternehmen 30 Milliarden Banner auf über 11.000 Websites geschaltet und dadurch Daten von bis zu 100 Millionen Menschen gesammelt. Nach eigenen Angaben schaltet das Unternehmen, das sich seiner DART-Technik (Dynamic Advertising Reporting and Targeting) rühmt, bis zu einer Milliarde Banners am Tag. Bis-

---

1   Http://www.doubleclick.com.

lang liegen mindestens sechs Klagen gegen das Unternehmen vor, und auch die Bundesstaaten New York und Michigan haben jetzt eine Klage eingereicht.

Unter Beschuss ist DoubleClick nach dem Aufkauf von Abacus im letzten Jahr geraten, einer Versandfirma, die vor allem deswegen interessant war, weil sie eine Datenbank mit detaillierten persönlichen Daten von vielen Millionen Kunden besitzt. Kombiniert DoubleClick, wie das Unternehmen angekündigt hat, die Informationen aus dieser Datenbank mit den Cookies, die mit den Bannern gesetzt werden, so entstehen begehrte und detaillierte Kundenprofile. DoubleClick streitet zwar ab, jemals unstatthafte persönliche Daten in den Profilen verwenden zu wollen, und ist in die Gegenoffensive getreten, indem sie eine eigene Website (www.privacychoices.org) eingerichtet hat. Dort stellt sich die Firma als Vorreiter des Datenschutzes dar, bietet die Möglichkeit des Opt-out für das Setzen von Cookies an und versucht ansonsten zu begründen, warum eigentlich die Internetbenutzer den wirklichen Vorteil durch die Verwendung von Cookies haben. Die Generalstaatsanwältin Jennifer Granholm von Michigan wirft dem Unternehmen eine Verletzung des Kundenschutzgesetzes vor, weil diese oft nicht wissen oder darüber in Kenntnis gesetzt werden, dass nicht nur die Website, die sie besuchen, mit Cookies Daten sammelt, sondern dass auch über die Banner zusätzlich Daten von Dritten gesammelt werden.

Auch wenn eine Website sich verpflichtet, selbst keine persönlichen Daten weiterzugeben, so muss dies für die Banner nicht zutreffen. Die entsprechenden Formulierungen zur Verwendung von Cookies sehen bei Yahoo.de so aus:

„Beachten Sie bitte, dass Yahoo!-Inserenten oder Web-Sites mit Links auf unsere Sites persönliche Informationen von Ihnen sammeln können. Die Informationspraktiken dieser Web-Sites, die über einen Link zu Yahoo! verfügen, sind nicht Bestandteil dieser Datenschutzerklärung."

Eine andere, wenig erhellende Formulierung findet man etwa bei Spiegel Online: „SPIEGEL ONLINE verwendet zur Verwaltung der Werbebanner Cookies. Wenn Sie die Cookies ausschalten wollen, können Sie Ihren Browser entsprechend einstellen [...]". Mehr wird dem Besucher der Website nicht mitgeteilt. Obgleich die EU im Gegensatz zu den USA eine Datenschutzrichtlinie hat, trifft der Vorwurf, den Generalstaatsanwältin Granholm macht, auch auf deutsche Verhältnisse zu:

„Ein Kunde, der beispielsweise die Seiten eines vertrauenswürdigen Online-Händlers für Kleidung besucht, kann davon ausgehen, dass der Händler Informationen über die Interessen des Kunden sammelt, um die Seite auf die nächsten Besuche des Kunden auszurichten. Aber dieser Kunde wird nicht wissen, dass eine dritte Partei – DoubleClick – ebenfalls ein Überwachungscookie auf seinem Computer für den Zweck platziert, diese Profilinformationen an andere Internetwerbefirmen zu verkaufen."

Im Fall der Klage in Texas verweist der Rechtsanwalt darauf, dass das Setzen von Cookies eine direkte Bedrohung für das Eigentum eines Computernutzers sei, weil das Cookie auf der Festplatte des Benutzers abgespeichert wird und ohne Genehmigung Speicherplatz in Beschlag nimmt. Das sei mit einem Diebstahl vergleichbar: „Das ist so, als würde man eine Videokamera auf dem Wohnzimmertisch installieren. Das würde einen Teil des Tisches in Beschlag nehmen, auf dem man nicht mehr essen kann." Yahoo! habe zwar in seiner Privacy Policy auf die Verwendung von Cookies hingewiesen, aber die Formulierungen seien verwirrend.

John Sobel, Rechtsberater von Yahoo!, sieht in der Klage ein „absolutes Missverständnis", was die Verwendung von Cookies angeht, die doch etwas „Gutes" seien. Yahoo! würde auch keine Cookies auf die Festplatte setzen, sondern nur in den Browser. Es sei ein wichtiger Unterschied, ob Yahoo! „etwas mit der Festplatte macht" oder lediglich dem Browser eine Datei zukommen lässt, mit der man Daten empfangen und verarbeiten kann. Überdies sei es völlig falsch, dass Yahoo! die Menschen beobachtet, wenn sie im Netz surfen.

Schwinden der Privatsphäre – Lust an der Öffentlichkeit

Die Kehrseite der Offenheit und der Zugänglichkeit von Informationen im Netz ist das Schwinden der Privatsphäre. Potenziell kann alles, was man in einem Netzwerk macht, verfolgt, aufgezeichnet und mit anderen Daten kombiniert werden, wird jeder Mensch zu einer öffentlichen Person. Dazu kommen eine ganze Reihe von anderen Daten, die aus dem Gebrauch von Kreditkarten, Bankautomaten, Telefonrechnungen, Mobiltelefonbenutzung oder anderen digital erfassten Handlungen und Transaktionen stammen. Das stetig wachsende Problem ist die Zugänglichkeit von möglichst vielen Informationen und den Schutz der persönlichen Daten in Übereinstimmung zu bringen, also auch der Konflikt zwischen der Privatsphäre, die starke Sicherheitsvorkehrungen benötigt, um die Nutzung zu regeln und Missbrauch seitens staatlicher und privatwirtschaftlicher Organisationen sowie durch Kriminelle zu verhindern, und dem Recht auf möglichst umfassende Information.

Dieser Konflikt geht nicht nur auf die Klärung der Frage zurück, wem die an sich leicht kopierbaren und verarbeitbaren Daten wirklich gehören, was auch im Bereich der Gentechnologie umstritten ist, sondern spiegelt auch die ambivalente Eigenschaft des Wissens wider, die nicht zuletzt mit Nutzungsrechten zu tun hat. Wissenschaft ist zum großen Teil nichts anderes als die systematische Erhebung, Zusammenführung und Auswertung von möglichst vielen Daten – und gleicht darin etwa der Tätigkeit von Geheimdiensten, Sicherheitskräften oder Wirtschaftsspionen, die sich aus Daten ein Bild eines Täters oder eines Sachverhalts machen wollen. Mit der zunehmend privatwirtschaftlich betriebenen, also auf Geheimhaltung der Forschungserkenntnisse ausgerichteten Wissenschaft im Dienst der Privatwirtschaft, die ebenfalls aus Gründen der besseren Vermarktung die besseren Möglichkeiten der Informationstechnologie ausschöpft, um an die persönlichen Daten der Menschen heranzukommen und sie sich zunutze zu machen, wird diese Ähnlichkeit zwischen dem einst nur gefürchteten staatlichen Big Brother, den vielen ziemlich großen und mächtigen „Little Brothers" der transnationalen Konzerne und den Wissenschaftlern größer. Die weitestgehende Vernetzung ermöglicht auch ein immer umfassenderes Panoptikum, wie dies Michel Foucault anhand des Gefängnisses bereits für die Organisation des modernen Staates beschrieben hat. Und selbst wenn der Inhalt von Dateien so stark verschlüsselt wird, dass sie nicht gelesen werden können, so könnte dies schon in einem Staat einen Verdacht erregen, der starke Verschlüsselung verbietet oder die Hinterlegung des Schlüssels verlangt. In der EU sollen nach einem Ratsbeschluss, der vom Parlament gebilligt wurde, etwa zur besseren Überwachung der Menschen anonyme E-Mail-Accounts verboten werden – und in Abkehr vom bisherigen Datenschutz sollen auch die Verbindungsdaten der Menschen nicht nur dann gespeichert werden, wenn sie zur Abrechnung erforderlich sind. Und natürlich wollen alle Regierungen sich weiterhin die Möglichkeit offen halten, auch die digitale Kommunikation abzuhören.

Doch es gibt auch die andere Seite, dass die Menschen immer stärker die Mauern um ihr Privatleben niederreißen, indem sie beispielsweise permanent in ihren Räumen WebCams installieren und so ihr Leben in aller Öffentlichkeit führen. Auch das Fernsehen hat diese neue Variante bereits entdeckt und bietet offenbar erfolgreich alle möglichen Big-Brother-Versionen an, bei denen Menschen unter den Augen der Kameras über Wochen und Monate freiwillig gegen Geld und Karriereversprechen ihr Leben den Zuschauern präsentieren: Aufmerksamkeitsakkumulation also durch ein Sich-der-Aufmerksamkeit-Aussetzen. Dabei müssen von den Medien natürlich stets neue Versionen kreiert werden, um die eigentlich gegen die mediale Aufmerksamkeitsökonomie verstoßende Präsentierung des Alltags interessant zu machen. Allerdings bieten die Sender selbst stets eine verdichtete „Montage der Attraktionen" an.

Es herrscht also auf dem Markt der Daten nicht nur ein Wettrüsten, sondern es gibt auch sich widerstreitende Interessen, die nur schwer zu versöhnen sind. Kämpfe um den Zugang zu Daten und die Kontrolle über sie werden die Zukunft bestimmen. Eine der besonders umkämpften Bereiche wird dabei die neue Grenzziehung zwischen dem Öffentlichen und dem Privaten sein, die wie alles in der Wissens- oder Informationsgesellschaft mit dem Thema der Aufmerksamkeit zu tun hat – nicht nur bei den Menschen, sondern auch bei den technischen Systemen, die, wenn sie „intelligent" werden sollen, zunehmend mehr mit dem Potential der passiven und aktiven Aufmerksamkeit ausgestattet werden müssen. Aufmerksamkeit ist, kurz gesagt, die Schleuse, durch die alles hindurch muss, um für jede Art von Tätigkeit wahrgenommen zu werden, und sie ist das Medium, das auch Wissen steuert bzw. von diesem gesteuert wird. Die beiden Aufgaben der Selektion und der Fokussierung durchdringen sich und bedingen sich vermutlich auch wechselseitig.

Einige Grundlagen für eine Theorie der Aufmerksamkeit

Anstatt von einer Informations- oder Wissensgesellschaft sollte man besser von einer Aufmerksamkeitsökonomie als derzeit immer besser zu erkennendes Fundament für die Strukturen der auf Medien und vor allem auf den digitalen Medien sich entwickelnden Gesellschaftsform sprechen. Beansprucht wird Aufmerksamkeit freilich nicht nur in der Medienwelt, sondern auch in der urbanen Lebenswelt, bei der Steuerung der Fortbewegungsmittel und ganz allgemein in der Arbeitswelt, in der die Menschen zunehmend mehr mit Medien arbeiten, um etwa Informationen, also Aufmerksamkeitspakete, zu erstellen, oder komplexe Strukturen oder Maschinen zu steuern.

Sachverhalt ist jedenfalls, dass wir uns immer länger in räumlichen und medialen Umgebungen aufhalten, die bereits auf die Aufmerksamkeit zugeschnitten sind, wodurch dieses Aufnahme- und Selektionsorgan immer stärker beansprucht und wahrscheinlich auch umgeformt wird. Da Medien nur die nach außen verlagerten kollektiven Aufmerksamkeitsorgane für Gruppen und Gesellschaften sind, lassen sich an ihnen die Gesetze der Aufmerksamkeitsökonomie, die direkt auch in Geld umsetzbar sind, nur am deutlichsten erkennen. Allerdings begründen sie bereits jede soziale Ordnung und ihre Konflikte, beginnend mit der Mutter-Kind-Beziehung. Aufmerksamkeitsverlust kann durchaus tödlich sein, jedenfalls eine ganze Reihe von psychischen und sozialen Konflikten verursachen. Aus der durch technische Medien radikalisierten Aufmerksamkeitsökonomie heraus stellt sich auch die Geschichte der Menschen und ihrer sozialen Ordnungen plötzlich anders dar. Was bislang von der Kulturkritik seit dem Beginn der Philosophie verurteilt wurde, zeigt sich als treibende, wenn auch nicht unbedingt wünschenswerte Kraft: die Erscheinung, also wie sich etwas darstellt oder dargestellt und inszeniert wird, ist der entscheidende Faktor im Markt der Aufmerksamkeitsökonomie, bei der es oft um die ersten entscheidenden Sekunden geht und dann vor allem darum, wie die flüchtige Aufmerksamkeit durch permanente Zufuhr neuer Reize gebunden werden kann. Es kommt immer weniger darauf an, dass etwas ist, sondern wie es erscheint, um wirklich zu existieren, sowie dass die Aufmerksamkeit geweckt, erhalten und vermehrt wird. Selbst in den Wissenschaften, dem rationalen Unternehmen per se, ziehen zwei Prozent aller Wissenschaftler bis zu 90 Prozent der Aufmerksamkeit ihrer Kollegen auf sich.

Was oder wer keine Aufmerksamkeit findet, das oder den gibt es eigentlich nicht, weil es nicht wahrgenommen wird, nicht ins individuelle oder kollektive Bewusstsein vordringt. Aufmerksamkeit ist nicht nur flüchtig und schnell ermüdet, sondern auch immanent gewissermaßen brutal und ungerecht: weil selektiert werden muss, kann zumindest nicht alles gleichzeitig Aufmerksamkeit finden, vieles verschwindet im Hintergrund oder wird ganz ausgeblendet. Aufmerksamkeit ist also auf jeder Stufe von Kleingruppen über Regionen und Nationen bis hin zur globalen Ebene – individuell und gesellschaftlich knapp und daher eine umkämpfte Ressource. Die Aufmerksamkeitsökonomie ist wie jede andere auf vielen unterschiedlichen Ebenen wirksam, aber heute ist durch die Medien erstmals auch eine globale Aufmerksamkeit in Form einer globalen Prominenz möglich geworden, was den Druck und die Konzentrationsprozesse verstärkt. Die Prinzipien der Aufmerksamkeitsökonomie sind so einfach wie durchschlagend: Aufmerksamkeit findet, was bereits Aufmerksamkeit akkumuliert hat (das Prinzip der Prominenz) und/oder was im jeweiligen Kontext außergewöhnlich ist (das Prinzip der Neuheit). Schalten Gesellschaften auf Aufmerksamkeit um, zerstören sie also traditionelle Schranken der Konkurrenz und der Aufmerksamkeitserzeugung oder haben sie neue individuelle oder kollektive Mittel der Gewinnung von Aufmerksamkeit, so treten sie immer stärker in die Spirale von Angebot und Erwartung sowie Abwehr oder Sättigung ein, was eine sich aufschaukelnde Dynamik freisetzt.

Weil die Ästhetik als Gestaltung von auf Aufmerksamkeit zugeschnittener Information in allen Bereichen immer mehr in den Vordergrund rückt, zerfällt auch die traditionelle Arbeitsteilung zwischen Kunst und der Wirklichkeit, wie sie im industriellen Zeitalter vielleicht noch eher geherrscht hatte. Aus der Sicht der Kunstgeschichte und vielleicht auch der Avantgardekünstler mag es so erscheinen, als habe sich die Kunst aus den alten Fesseln des Scheins oder des Museums befreit und als habe sie den Alltag und die Welt der Gebrauchsgegenstände im Sinne einer Erweiterung und Entgrenzung der Kunst in sich aufgenommen, doch dieser Prozess lässt sich selbstverständlich auch andersherum interpretieren: der Alltag, die Welt der Waren, des Marktes, der Öffentlichkeit, selbst der Ausbildung und der Arbeit haben sich mit dem Beginn der technischen Bildmedien, mit den Kommunikationstechniken und den elektronischen Massenmedien ästhetisiert und die Kunst, ihrer exklusiven Stellung als Produzentin von aufmerksamkeitserheischenden Wahrnehmungsangeboten beraubt, einem wachsenden Konkurrenzkampf ausgesetzt, in dem stets neue Strategien der Aufmerksamkeitserzeugung ausprobiert werden müssen.

Bekanntlich hat Walter Benjamin zur Beschreibung der menschlichen Wahrnehmung in den modernen urbanen und medialen Umgebungen auf die Theorie vom Reizschutz Freuds zurückgegriffen. Benjamin beschreibt das für die damalige Zeit neue Medium des Kinos als Analogon der Erfahrung des Menschen im Straßenverkehr und während der Arbeit am Fließband. Da Kunst aber in besonderer Weise für ihn auf die Zerstreuung setzt, deren Höhepunkt damals der Film war und heute vielleicht eher Computerspiele wären, trainiert und kontrolliert man in deren Rezeption, „wie weit die neuen Aufgaben der Apperzeption lösbar geworden sind." Heute erscheint selbst der Film, der im Kino abgespielt wird, auch wenn der Wechsel der Kameraeinstellung und die Schnittfolge die „Montage der Attraktionen" bis an die Grenzen des Möglichen beschleunigt haben, um die Aufmerksamkeit in der Zerstreuung zu halten, als fast kontemplatives Medium, das der Versenkung dient. Bei einem Computerspiel hingegen ist nicht nur hochkonzentrierte Aufmerksamkeit abverlangt, sondern auch schnelle Reaktion, die keine Zeit für eine genauere Wahrnehmung des Szenarios lassen. Und in der Arbeits- und Freizeitwelt nehmen die Zwänge mit der wachsenden Anzahl der Medien zu, gleichzeitig mehrere „Kanäle" oder „Bildschirme" zu beobachten, um auf Interessantes, Wichtiges oder Abweichendes zu stoßen oder derartiges zu registrieren: der Lenker eines schnell fahrenden Fahrzeugs mit vielen Kontrollanzeigen oder das Kontrollieren vieler Monitore ist insofern der Situation des Zeitgenossen ähnlich, der womöglich in seinem Zimmer vor dem Computer sitzt, den Fernseher laufen lässt, Musik hört, nebenbei eine E-Mail beantwortet und telefoniert. Diese sich durchsetzende Form des „Multitasking" in Arbeit und Freizeit erzwingt neue Formen der Aufmerksamkeit und der Selektion, die mit Zerstreuung nicht angemessen beschrieben werden können, aber dazu führen, dass man durch Gewöhnung auch erwartet, stets neue Reize zu erhalten, um die Aufmerksamkeit in dem Alarmzustand zu halten, die in der modernen Lebenswelt zur Norm wurde.

Man kann davon ausgehen, dass Aufmerksamkeitsfallen um so einfacher sein können, je seltener direkt auf die Aufmerksamkeit ausgerichtete Dinge in der Umwelt der Menschen vorhanden sind. Seitdem jedoch die Menschen Dinge schaffen, die direkt und ohne den Umweg über evolutionäre Anpassungen Aufmerksamkeit wecken, nahm die Beanspruchung des Aufmerksamkeitssystems zu und wurde es zugleich verfeinert. Wie zwischen Räuber und Jäger oder Parasiten und Wirten bildet sich eine Aufrüstungsspirale, weil mit der zunehmenden Menge von aufmerksamkeitsheischenden Dingen und Inszenierungen es einerseits immer schwieriger wird, etwas zu schaffen, was heraussticht oder sich unterscheidet, und andererseits die Notwendigkeit steigt, sich vor diesen Beanspruchungen und Fallen zu schützen. Zunehmend mehr treten daher jetzt künstliche, nach außen verlagerte Instanzen der Aufmerksamkeitsselektion auf: virtuelle Agenten, Filterprogramme, KI-Systeme zur automatischen Interpretation etwa von Videobildern aus Überwachungskameras oder alle möglichen Angebote zur „Personalisierung" der Informationen.

Nach Ansicht von Charles Wilson, Direktor am Institute for the Future und Neurochirurg, wird die Einführung neuer medizinischer Technologien zu einer Veränderung des medizinischen Systems und vor allem der Krankenhäuser führen. Die Spezialisierung der Krankenhäuser wird voranschreiten, während viele Behandlungen auch außerhalb der Krankenhäuser durchgeführt werden können. Die Patienten hingegen werden mit immer mehr Sensoren überwacht und ans Netz angeschlossen und damit möglicherweise zu Vorreitern des wearable computing.

Der Einzug der Chirurgieroboter hat bereits begonnen, besonders im Bereich der minimal invasiven Chirurgie. Hier operiert der Roboter im selben Raum wie der Chirurg, der vor dem Bildschirm sitzt und die Operation überwacht, oder aber an einem entfernten Ort: „High-Tech-Operationen werden zur Norm für viele Operationen, und das Personal, die räumlichen Anforderungen und die Ausrüstung für die Operationen werden sich ebenso verändern wie die Technologie selbst." Roboter werden aber auch überall in den Krankenhäusern vermehrt eingesetzt werden, da sie intelligenter und geschickter geworden sind:

„Mit der Hinzufügung von Sensoren und Spracherkennung haben Roboter einen Grad der Intelligenz erreicht, der sie fast menschenähnlich macht. Man wird erwarten können, dass Roboter im nächsten Jahrzehnt überall im Krankenhaus eingesetzt werden und in den zentralen Versorgungsdiensten arbeiten, Bestellungen in der Apotheke und eine ganze Reihe von anderen Tätigkeiten ausüben werden."

Sie könnten beispielsweise die Patienten zum OP fahren oder Essen und Medikamente ausgeben. Eingesetzt werden könnten sie auch zur Unterhaltung und Überwachung von Patienten oder alten Menschen Zuhause oder auf einer Station, wie dies von Mashushita gedacht ist, in Form einer ans Internet angeschlossenen und mit Mikrofonen, Lautsprechern und Kameras ausgestatten Roboterkatze. Das wäre dann die Alten- und Krankenversorgung aus der Ferne, während umgekehrt Teleroboter die Kranken in ihrem Zimmer auch in der Arbeit oder in der Schule anwesend sein lassen.

In den Krankenhäusern könnten beispielsweise „elektronische Nasen" an den Eingängen platziert werden, wie sie beispielsweise zur Erkennung von biologischen Waffen entwickelt wurden. Ist jemand durch Bakterien oder Viren infiziert, so könnte er sofort behandelt und erst einmal separiert werden, um keine anderen Patienten anzustecken. Dadurch könnte, wie Wilson meint, der Abzug im Eingangsbereich zur Überwachung der Luft dienen, um keine Infektionsträger zu übersehen. Wird ein möglicher Infektionsträger gemeldet, so würden mit Biosensoren die Krankheitsüberträger identifiziert werden. Solche mit dem zentralen Computersystem vernetzten Biosensoren könne man auch an Waschbecken anbringen, an denen sich die Ärzte vor und nach dem Betreten der Zimmer die Hände waschen müssen. Die Patienten selbst werden durch eine Vielzahl an ihnen angebrachter Sensoren vernetzt. Schon wenn sie in das Krankenhaus kommen, könnten ihnen winzige Sensoren implantiert werden, die nach Wilson permanent den körperlichen Zustand (Blutdruck, Temperatur, Puls etc.) überwachen und viele der Labortests weitgehend überflüssig machen. So breitet sich gewissermaßen die Intensivstation auf das gesamte Krankenhaus aus: „Wenn alle Räume sofort in kleine Intensivstationen verwandelt werden können", so Wilson, „dann ist keine zentrale Station mehr notwendig, wo sich die Patienten gegenseitig infizieren können." Auch in Toiletten befinden sich Messgeräte, die Daten über das Netz in die digitale Krankenakte eintragen, in der sich die gesamte Krankengeschichte mit allen Bildern und Untersuchungen befindet und die jederzeit durch tragbare Computer aufgerufen werden können, wenn es denn der Datenschutz zulässt. Durch die Digitalisierung der Bilder und die digitale Krankenakte können Personal eingespart und Abteilungen wie die Radiologische Abteilung verkleinert oder wie die Bakteriologische Abteilung durch tragbare Biosensoren gar aufgelöst werden. Digitale Krankenakten ermöglichen zusammen mit Telekommunikationsmöglichkeiten wie Videoconferencing den Ausbau der Telemedizin, also Fernberatung durch Experten, Ferndiagnosen und andere Formen des interaktiven Austausches.

In Kleidung oder am Körper angebrachte Sensoren übertragen permanent Daten von ambulanten Patienten an das Krankenhaus oder an einen behandelten Arzt. Zusätzlich könnten Menschen zunehmend mehr neurotechnologische Implantate oder andere intelligente Implantate wie Herzschrittmacher besitzen, die natürlich auch Daten übertragen können. Kontrollieren ließe sich so online etwa auch, ob die Patienten brav ihre Medizin schlucken, sich richtig ernähren oder gar Drogen nehmen. Allerdings müssen die Patienten vielleicht auch selbst keine Medikamente mehr nehmen, weil diese durch ein Implantat direkt in den Körper in der richtigen Dosierung gemäß den Messungen durch einen Sensor abgegeben werden. „Telemedizin und Sensortechnologien werden das Labor und das Sprechzimmer des Arztes in den Wohnraum verlegen. Interaktive Videokonferenzen, Bildungsprogramme und ein großes Spektrum an Sensoren werden medizinische Betreuung aus der Ferne ermöglichen." Gut wäre natürlich, wenn auch in der Wohnung vernetzte Biosensoren wären, z. B. auf dem Klo oder im Waschbecken. Wird dabei etwas entdeckt, erfährt nicht nur der Arzt, seine Krankenschwester oder nur der Computer etwas davon, sondern könnte auch gleich die Apotheke benachrichtigt werden, um die entsprechenden Arzneimittel ins Haus zu liefern: Medizin on demand gewissermaßen. Auch andere preisen die Telemedizin als eine Art der Heimüberwachung an: „Telefon und Videokonferenzsysteme können zur Messung der Mobilität, des Schlafverhaltens und der Selbstversorgung (Kochen, Waschen, auf die Toilette Gehen) eingesetzt werden, um Veränderungen des Gesundheitszustands der Patienten Zuhause festzustellen."

Natürlich werden auch die Betten zu High-Tech-Geräten, wodurch sich nicht nur Intensivstationen abbauen lassen. Solche teilweise autonomen Vielzweckbetten, die von der amerikanischen Armee entwickelt wurden und jetzt in kalifornischen Krankenhäusern eingeführt werden, werden sich auch immer stärker in den Ambulanzen befinden. „Mit der Hilfe von eingebetteten Sensoren kann das Bett wichtige Körpersignale und die Blutwerte überwachen, und es kann auch über die Steuerung durch Sensoren eine künstliche Beatmung, intravaskuläre Infusionen oder eine Herzdefibrillation durchführen."

Je besser Maschinen auf uns reagieren können, desto mehr Daten müssen sie von uns erheben, desto mehr Sensoren also müssen an ihnen oder an uns angebracht werden. Daten zu sammeln, ist auch die Aufgabe einer Forschungsrichtung, die die Interaktion von Mensch und Computer zu verbessern sucht, indem die Computer die emotionale Befindlichkeit der Benutzer erfassen und darauf reagieren sollen. Wenn es nach den Wünschen der Technokraten geht, werden die Computer sowieso bald aus unseren Augen verschwinden und sich personalisieren, so dass wir mit ihnen wie mit anderen Personen umgehen können. Heute sperren sich noch viele Menschen gegen die Bedienung des Computers, mehren sich die Vorfälle des so genannten „computer rage", also der Wut auf Computer, die auch körperlich attackiert werden, wenn sie wieder einmal nicht funktionieren oder den Menschen einflößen, sie seien zu dumm, um mit ihnen klar zu kommen. Für die Personalisierung der Computer werden nicht nur neue Schnittstellen zur Interaktion entwickelt, wie beispielsweise die Steuerung über Sprache oder Gesten, sondern es hat sich bereits eine Forschungsrichtung etabliert, die sich „Affective Computing" nennt. Computer und computergestützte Dienste oder Wesen sollen nicht nur autonom und intelligent werden, sie sollen auch auf unsere Stimmungen angemessen reagieren. Ursprünglich gedacht vor allem als Gegenmittel gegen den computer rage, könnte sich affective computing langfristig als Weg zu einem sich selbst verstärkenden System erweisen, das den Menschen stets nur noch das anbietet, was am besten ankommt. Das wäre dann tatsächlich eine schöne, neue Konsumwelt, in der jeder beispielsweise seinen eigenen Film sieht, bei dem die Sequenzen des digitalen Produkts nach den bereits in einem Profil gesammelten oder gerade gemessenen Vorlieben ausgewählt wird. So könnte sich auch in der Unterhaltung das Ende der Massenprodukte im nächsten Jahrtausend ergeben. Der Einbau der heute überhaupt viel beschworenen emotionalen Intelligenz in die Computer, soll diese befähigen, sowohl die Emotionen beim Menschen zu erkennen als auch selbst welche zu zeigen. Die emotional ausgestatteten Computer brauchen dazu allerdings erst einmal eine Menge an Sensoren: Videokameras beobachten Gesten oder die Gesichtsmimik, Spracherkennungssysteme verstehen nicht nur den Inhalt, sondern achten auch auf Lautstärke und Tonfall, oder leichte „wearable" Biosensoren, die man am Körper oder in der Kleidung trägt, messen physiologische Zustände wie den Hautwiderstand, den Puls oder die Atemfrequenz. Für die Erfinderin des Affective Computing, Rosalin Picard vom MIT, liegen die Anwendungen auf der Hand. Schwierigkeiten hat sie offensichtlich mit dieser Form einer emotionalen Computerüberwachung nicht: „Emotionale Computer", so sagte sie,

> „versuchen zu erkennen, was Sie mögen oder nicht mögen, und machen dann Vorschläge auf dieser Grundlage. Der Computer übernimmt die Initiative, mit Ihnen zu kommunizieren. Er stellt sich selbst auf Ihre Stimmungen ein, anstatt zu erwarten, dass Sie ihn dementsprechend programmieren."

Um das zu realisieren, hat Picard beispielsweise Ohrringe entwickelt, die den Blutdruck messen und diese Daten an den Computer funken. Den Hautwiderstand kann man mit einem Ring messen oder die Gesichtsmimik um die Augen herum mit einer Spezialbrille, auf der sich winzige Videokameras befinden.

Multitasking

Eines der Probleme der Informationsgesellschaft ist die Flut an Informationen, die mit immer mehr Medien und Telekommunikationsgeräten produziert, aber auch empfangen und verarbeitet werden müssen. Man spricht daher nicht mehr nur vom information overload, sondern dank der steigenden Menge von Kommunikationsleistungen, die besonders durch die E-Mail gefördert werden, auch von einem communication overload. Die Überbeanspruchung der Aufmerksamkeit stellt sich als Problem natürlich nicht nur an vielen Arbeitsplätzen, sondern auch alltäglich etwa beim Autofahren, wenn man gleichzeitig mit dem Handy telefoniert, das Radio angeschaltet hat und auf den Verkehr achten muss, oder in der Freizeit, wenn man vor seinem Computer sitzt, E-Mail liest, nebenbei telefoniert, Musik hört oder vielleicht auch noch den Fernseher laufen lässt. Mit dem Zwang oder auch dem Wunsch, ständig erreichbar sein zu müssen oder zu wollen und überall an die Informationsströme angebunden zu sein, wird unsere Situation mit der Vision mancher Cyberenthusiasten vom wearable und ubiquitous computing womöglich bald ständig der eines Piloten in einem Cockpit oder eines Kontrolleurs von Dutzenden von Überwachungsvideos gleichen, egal wo wir uns befinden.

Multitasking – ursprünglich eine Bezeichnung dafür, wenn der Prozessor mehrere Programme gleichzeitig bearbeitet – nennt man die Notwendigkeit und Möglichkeit, viele Dinge gleichzeitig im Auge behalten und schnell auf neue Situationen reagieren zu können. Manche wie der Generalsekretär der SPD, Franz Müntefering, der die Handybenutzung für Autofahrer verbieten will, oder wie der Hirnforscher Ernst Pöppel glauben, dass wir damit unsere Aufmerksamkeit überfordern, die immer flüchtiger wird und zur andauernden Konzentration nicht mehr imstande ist, während andere danach süchtig werden, im Informationsmeer zu schwimmen. „Michael Reed", so schrieb die New York Times,

> „fällt es schwer einzugestehen, dass er sich dann, wenn er zu einer Zeit nur eines macht, zutiefst unbefriedigt fühlt. Seine Wertschätzung seitens der Kunden ist sicherlich angestiegen, seitdem er auf ihre E-Mail antwortet, sobald sie eingetroffen ist, egal ob er telefoniert, beim Essen sitzt oder ein Formular auf einem anderen Bildschirm bearbeitet."

Er müsse viele Dinge auf einmal machen, behauptet er, um sich besser zu fühlen. Das mag vielleicht eine überzogene Zeitungsstory sein, aber es ist auf jeden Fall ein Stück Alltag und eine Anforderung, in die wir sicherlich mit Folgen für unsere kognitiven Leistungen immer stärker hineinrutschen. Aufmerksamkeit, das Portal zur Wahrnehmung der Welt und von uns selbst, mag möglicherweise bei manchen durch das permanente Zappen und Starren auf die Oberflächen überstrapaziert werden, wenn wir uns wie bei einem schnellen Computerspiel oder einem ernsthaften Spiel an der wirklichen Börse permanent auf höchste Reaktionsbereitschaft halten, aber wir trainieren eben auch das Switchen zwischen den Programmen und die Fähigkeit, mehr gleichzeitig auszuführen, als dies vermutlich vorhergehende Generationen tun konnten.

Allerdings haben Wissenschaftler von der University of Reading in einem Artikel im Journal of Psychology behauptet, dass Multitasking auch unerwünschte Nebenfolgen haben könnte. Versuchspersonen mussten wie Autofahrer auf Verkehrssituationen auf einem Bildschirm reagieren und gleichzeitig einfache verbale Aufgaben erledigen, bei denen sie dauernd sprechen mussten. Im Unterschied zur Vergleichsgruppe, die sich auf das virtuelle Verkehrsspiel konzentrieren konnten, stieg bei den Multitasking-Kandidaten die Wahrscheinlichkeit, dass sie riskantere Entscheidungen trafen, woraus man schließen könnte, dass unsere Handy-telefonierenden Zeitgenossen am Steuer und andere Bediener von komplexen Systemen für ihre Mitmenschen und sich selbst gefährlich sind, weil sie eher Unfälle bauen. Da würde dann auch das Müntefering-Verbot nicht greifen, dass aus der Sorge begründet wird, dass nur die motorische Ablenkung durch das Tippen der Nummer und das Halten des Handys Gefährdungen mit sich bringt.

In den noch nicht allzu sehr mit Multitasking konfrontierten sechziger Jahren galt das Autoradio allerdings schon als Gefährdung für die dadurch abgelenkte Aufmerksamkeit – und schließlich reden wir ja auch gelegentlich mit den Mitfahrern oder fahren gegenüber früheren Zeiten mit erheblich höheren Geschwindigkeiten. Auch der Umstieg von der Kutsche auf den Zug, der zu Beginn nur wenig schneller als ein Pferd fuhr, führte schon zu Warnungen selbst bei den Passagieren, die sich dadurch überfordert fühlten. Daran alleine lässt sich schon erkennen, dass zumindest eine Adaption durch eine ständige Aussetzung an eine Umgebung möglich ist. Wahrscheinlich gibt es auch einen Unterschied zwischen einer kurzzeitigen Konzentration und einer Tätigkeit, die lange Aufmerksamkeit bei relativ gleichbleibenden Situationen – z. B. eine Autobahnfahrt – verlangt. Um in einer monotonen Situation die Aufmerksamkeit aufrecht zu erhalten, ist Abwechslung, also Multitasking, geradezu notwendig. Sollte dies zutreffen, könnte man freilich aus der Sucht mancher Zeitgenossen nach Multitasking möglicherweise auf die Unterforderung oder Langeweile der Lebens- oder Arbeitswelt, aber auch der Medienangebote einen Rückschluss ziehen.

Eine andere Interpretation wäre natürlich die, dass Zeit und damit Aufmerksamkeit immer knapper werden und deshalb mehr zur gleichen Zeit ausgeführt werden muss, zumal von den Angehörigen der Informations- oder Aufmerksamkeitsgesellschaft weniger körperlicher Einsatz bei zumeist sitzender Tätigkeit verlangt wird. Man kann die Überlegungen aber noch ein wenig komplexer machen, schließlich haben die Menschen schon ziemlich lange gerade in religiösen Riten, den ersten Gesamtkunstwerken, die Fähigkeit des Multitasking nicht nur trainiert, sondern durch das Aufgebot der verschiedenartigsten Stimulationen unter Einschluss der Partizipation der Zuschauer der religiösen Spektakel auch bestimmte Stimmungen geweckt, also die „Seele" massiert. Noch in den vorbürgerlichen Kirchen, Theatern und Opern war der passive, ganz konzentrierte Zuschauer/Zuhörer eine Seltenheit. Vielleicht brechen die Mitglieder der Informationsgesellschaft durch Multitasking, Interaktivität und Handlungs- sowie Wahrnehmungsoptionen nur wieder aus der Starre des distanzierten und konzentrierten Beobachters aus?

Wissenschaftler von den National Institutes of Health wollen, wie Nature in der Ausgabe vom 13.5.99 berichtete, ein Gehirnareal im frontalen Assoziationskortex oder präfrontalen Kortex entdeckt haben, das in gewissem Sinn für Multitasking zuständig sein könnte. Bislang wusste man, dass dieses Gehirnareal aktiv ist, wenn Menschen komplexe Probleme lösen. Aus ihren Versuchen schlossen die Forscher, dass dieses Areal die Zeit und die Ressourcen verwaltet und es ermöglicht, eine Art Prioritätenliste durch eine Verzweigung der mentalen Ressourcen abzuarbeiten. Das sei nicht nur wichtig bei Entscheidungsprozessen, sondern auch für jede Form des Multitasking, also etwa zu sprechen, während man kocht, oder den Nachrichten zuzuhören, während man fährt. Die Aktivität des Gehirnareals scheint überdies unabhängig von der Komplexität der Aufgabe zu sein.

Allerdings kann nach der Auffassung der Forscher nicht wirklich gleichzeitig Mehreres ausgeführt werden. Nach dem Verzweigungsmodell werden nacheinander Sequenzen von Verarbeitungen in Zeitfenstern ausgeführt, was eher einem Zappen gleichen würde, wodurch stets abwechselnd eine Aufgabe im Vordergrund der Aufmerksamkeit steht und eine andere im Hintergrund, die solange ruht, bis sie wieder Zugang zum neuronalen Prozessor erhält. Die Kunst des perfektionierten Multitasking bestünde mithin darin, möglichst schnell zwischen möglichst vielen Aufgabenbereichen möglichst bruchlos hin und her springen zu können, was auch genau die Anforderung für den Wissensarbeiter sein könnte, dem die Maschinen, die er bedient und beobachtet, immer mehr die auf einen Arbeitsvorgang über lange Zeit hinweg fokussierte Konzentration und die Erinnerungsarbeit abnehmen.

Siegfried J. Schmidt

Zukunft der Werbung –
Werbung der Zukunft

Die Zukunft der Werbung

Werbung lebt von der Zukunft, da sie von Versprechungen lebt. Tritt die Zukunft dann ein, ist die Enttäuschung über die nicht erfüllten Versprechungen meistens groß, so dass neue und bessere Zukünfte versprochen werden müssen, und so fort.

Es gehört zur Logik des Werbesystems, dass die Zukunft, die sie konstruiert (also die Zukunft der Werbung), die jeweils bestmögliche Virtualität sein muss; denn nach der in der Werbung geltenden Ausblendungsregel wird alles ausgeblendet, was das Image der beworbenen Marke schmälern könnte. Um Aufmerksamkeit erzeugen zu können, müssen Werbetreibende ja bekanntermaßen versuchen, Werbebotschaften mit solchen Ideen, Überzeugungen, Werten und kulturellen Mustern (kurz: Mentalitäten) beziehungsweise mit solchen sozio-kulturellen Entwicklungstendenzen zu koppeln, von denen sie annehmen, dass sie von Auftraggebern wie von Zielpublika akzeptiert oder gar gewünscht und auf jeden Fall emotional positiv konnotiert werden. Deshalb ist Werbung als Zielgruppenkommunikation – bewusst oder unbewusst – geprägt von einer doppelten *Ausblendungsregel*. Die erste besagt: Was immer die Überzeugungskraft einer Information oder eines Arguments beziehungsweise die (Oberflächen-)Attraktivität eines Produkts oder einer Person beeinträchtigen könnte, wird ausgeblendet. Die zweite lautet: Wer nicht zahlen kann, der zählt für die Werbung nicht. Werbung produziert und präsentiert ausschließlich

positive Botschaften,[1] wobei von allen Teilnehmern an der Werbekommunikation
die faktische Geltung der ersten Ausblendungsregel als Erwartungserwartung (im
Sinne kollektiv geteilten Wissens) unterstellt wird. Werbung ist prinzipiell und
offensichtlich (sozusagen: offensiv) *parteilich* und kann eben daraus Kapital schlagen, weil das Wissen um diese Parteilichkeit zum kollektiven Wissen der Mediennutzer gehört. Deshalb ist die Zukunft der Werbung nie überraschend, weil sie lediglich den Status quo in Richtung Hochglanz extrapoliert: Die Zukunft der Werbung ist immer das beste Heute. Und im Feinschmeckerrestaurant der Werbung gilt
die paradoxe Regel: Demain on mange ici gratis.

Werbung zielt weder darauf ab, sozial verbindliche Wirklichkeitsentwürfe zu
schaffen (wie der Journalismus) noch darauf, solche verbindlichen Entwürfe in
ihrer Fragilität zu entlarven und durch Alternativen herauszufordern (wie Literatur
und Kunst). Werbung will Zustimmung, und zwar *affektiv besetzte* und möglichst
handlungsrelevante Zustimmung *jetzt* zu Versprechen, die „arglos" als schöner
Zukunftsentwurf daher kommen. Sie will Zustimmungs- und Handlungsbereit-
schaft, nicht Kritik und Analyse, und entfaltet gerade dadurch eine Tendenz zu
einer fiktiven sozialen Integration. Selbst wo sie scheinbar treuherzig informiert,
zielt sie nicht ab auf Bildung, sondern auf Bedürfnisweckung, die möglichst ad hoc
befriedigt werden soll. Werbung schafft privilegierte Anschlussstellen für Kommunikationen und Handlungen. Darum macht zum Beispiel die Behauptung Sinn,
Werbebilder seien *imperative Bilder*. Sie sagen nicht, wie die Dinge sind, sondern
wie sie sein sollen – und angeblich auch mit Sicherheit sein werden, wenn man nur
das Angepriesene tut, kauft, fühlt, und so weiter. Dabei muss Werbung aus Bestandserhaltungsgründen daran interessiert sein, dass Bedürfnisse nie endgültig
befriedigt und Teilnahmebereitschaft immer wieder neu – sozusagen als erneuerba-
re Energie – hergestellt werden kann – sie muss, mit anderen Worten, Zukunftsres-
sourcen bereithalten und -stellen.

Die Ausblendungsregel 1 stellt aber alle Werbemaßnahmen unter Motivverdacht. Was immer Werber tun, wird ihnen (zu Recht) als parteiisches Handeln ausgelegt. So gesehen ist Motivverdacht auf Rezipientenseite das Äquivalent zur Ausblendungsregel auf Produzentenseite.

Werbung hat schon immer ein prekäres Verhältnis nicht nur zur Zukunft, sondern generell zur *Zeit* gehabt, das auf ganz verschiedenen Ebenen beobachtet werden kann.

• Werbung steht ständig unter Zeitdruck, sie ist endogen hektisch. Das gilt nicht
nur für die Produktion einer Kampagne oder eines einzelnen Werbemedienan-
gebots, sondern vor allem für die Beobachtung der Umwelt: Ist man – schon
oder noch – auf dem richtigen Trend? Verfügt die Konkurrenz über Beobach-
tungsvorteile? Kann man Trend- und Zeitgeistforschern trauen, oder verlässt
man sich lieber auf die eigenen Beobachtungen und den vielbeschworenen

---

1   Diese Regel wird auch von Benetton-Kampagnen nicht außer Kraft gesetzt, sondern eher bestätigt.
     Denn das von Benetton präferierte Elend, Leid und Böse macht als Werbestrategie nur Sinn im
     Sinne einer Differenz, die eine Differenz zu Erwartungen an Werbung macht.

„Bauch"? Solche Fragen werden dadurch brisant, dass Erfolgskontrollen immer erst im Nachhinein möglich sind, was jede Werbemaßnahme unsicher macht.

- Werbung favorisiert Themen, die einen Tempovorteil bieten, also Themen, zu denen man schnell etwas beitragen kann und die schnell und problemlos verstanden werden können. Schnelligkeit und Neuheit regulieren also die Themenselektion, wobei Werbung vor der paradoxalen Aufgabe steht, Neuheit (Varietät) und Markentreue (Redundanz) miteinander zu versöhnen. Werbung löst – wie G. Zurstiege (1998) dargelegt hat – dieses Paradox durch die Strategie, Veränderung und Wandel in Neuheit und Neuheit in Fortschritt zu verwandeln. Die Semantik der Werbung liegt dabei im ständigen Widerstreit mit ihrer Strategie. Strategisch zielt sie darauf ab, aus ihren Produkten – aller Produktparität zum Trotz – zeitresistente Marken zu machen: Persil bleibt Persil! Aber dieses Persil muss immer besser werden, immer mehr leisten, immer innovativ sein, die Zukunft gepachtet haben. Das Neue ist immer das bessere Alte, das alle kennen und dennoch immer neu entdecken sollen.
- Die Zeit des Werbesystems (Systemzeit) und die Zeit der einzelnen Werbemedienangebote müssen deutlich voneinander unterschieden werden. Die Werbeangebote müssen immer *jetzt* am Ziel sein, exakt getimet; sie müssen den vielbeschworenen Zeitgeist punktgenau treffen sowie ihre Effizienz rasch erweisen, sonst entfällt die Geschäftsgrundlage zwischen Auftraggeber und Agentur. Die Zeit des Werbesystems als Sozialsystem dagegen ist langfristiger ausgelegt. Sie muss – um den Zeitgeist erspüren und versinnbildlichen zu können – einerseits synchronisiert werden mit der Entwicklung der anderen sozialen Systeme, vor allem des Wirtschaftssystems, und sie muss andererseits synchronisiert werden mit der Entwicklung des Mediensystems. Denn das Werbesystem ist das Interface zwischen Wirtschaft und Medien und bietet als solches der Gesamtgesellschaft eine ganz bestimmte Beobachtungsmöglichkeit, die in dieser Form einmalig ist, nämlich eine Selbstbeobachtung über veröffentlichte Mechanismen der Bedürfnisbefriedigung, die gesamtgesellschaftlich für relevant *erklärt* werden.

Risiko der Prognose – Prognose des Risikos

Bisher hat die Werbung mit allen ihren inhärenten Paradoxa zu leben gelernt, sie hat – wie nicht anders zu erwarten – alle eindeutigen Prognosen Lügen gestraft und sich durchgewurstelt. Warum sollte man sich daher mit Prognosen über die Werbung der Zukunft beschäftigen? Sind Prognosen nicht notwendig funktionslose Makulatur angesichts der Komplexität und Selbstorganisation von sozialen Wirkungsmechanismen?

Meine Gegenthese lautet: *Werbung wie Werbeforschung brauchen Prognosen als operative Fiktionen, um mit Hilfe von Erwartungsenttäuschungen zu lernen und*

*neue Unterscheidungskategorien für neue Beobachtungen zu gewinnen; denn wir
lernen nur aus dem Spiel der Differenzen.*

Was soll mit dieser These gemeint sein? Prognosen über die Zukunft des Werbesystems sind Formen der Selbstbeobachtung der Werbung bzw. des Werbesystems bzw. Fremdbeobachtungen von Seiten der Werbeforschung. Die entscheidende Frage bei solchen Prognosen lautet nicht, wie meist angenommen wird, ob sie
wahr oder falsch sind, ob sie so wie vorausgesagt eintreffen oder nicht, sondern *was
sie bewirken* bzw. wie sie genutzt werden können. Und auf diese Frage kann eine
dreifache Antwort gegeben werden:

- Wir erkennen und planen für die Zeit, nicht für die Ewigkeit. Darum ist der
  entscheidende Gesichtspunkt bei allen Erkenntnissen und Planungen nicht
  Wahrheit, sondern *Kreativität.* Mit anderen Worten, wir vergewissern uns im
  Prozess der Konstruktion von Prognosen darüber, was wir gegenwärtig wissen
  und wie sicher dieses Wissen ist. Die Konstruktion von Prognosen kann als
  Entfaltung von *Virtualitäten* betrachtet werden. Und die spannende Frage bei
  der Karriere solcher Virtualitäten lautet, unter welchen Bedingungen und in
  welcher Form sie für eine bestimmte Zeit zu Wirklichkeiten „pragmatisiert"
  werden (können). Die Differenz zwischen dem prognostizierten Szenario und
  dem eintretenden „Gang der Dinge" definiert dann den Gestaltungsfreiraum,
  über den wir verfügen, der sich aber auch mit jeder Verfügung wandelt, wodurch neue Randbedingungen für künftige Handlungen entstehen.
- Werbung ist immer wieder und zu Recht als sehr interessanter, wenn auch
  höchst selektiver Indikator für gesellschaftliche Entwicklungen beschrieben
  worden.[2] Wenn diese Hypothese zutrifft, dann ist die Frage nach der Werbung
  der Zukunft zugleich die Frage nach der Zukunft der Gesellschaft. Diese Frage
  aber muss unablässig gestellt werden, auch wenn sie nie befriedigend oder gar
  endgültig beantwortet werden kann; denn anderenfalls geben wir jeden Anspruch auf eine Gestaltung dieser Gesellschaft auf – wie klein oder wie groß
  die Gestaltungsmöglichkeiten auch sein mögen.
- Werbung muss ständig Zukunftsszenarien entwerfen, um die Möglichkeiten
  von Werbemaßnahmen zu optimieren und damit Wettbewerbsvorteile zu sichern. Auch hier ist das entscheidende Kriterium wieder Kreativität und nicht
  Wahrheit, geht die Strategie eher in Richtung einer Erzeugung von selbsterfül-
  lenden Prophezeiungen und operativen Fiktionen als in Richtung einer präzisen
  Vorwegnahme „realer" Entwicklungen. Aus diesen Überlegungen kann man
  das Fazit ziehen:
- *Werbung braucht selbsterzeugte Zukunft, um die ständig mitwandernde unkalkulierbare Gegenwart bewältigen zu können. Werbung braucht das Risiko der
  Prognose, um mit prognostizierten Risiken umgehen zu können.*

---

2   Vgl. dazu Schmidt & Spieß (1996) für den Bereich der Fernsehwerbung.

Erbschaften für die Werbung der Zukunft: Paradoxien des Werbesystems

Hinsichtlich der Zukunft des Werbesystems lassen sich zwei ziemlich verlässliche allgemeine Prognosen formulieren: (a) Die Werbung der/in der Zukunft wird auch auf absehbare Zeit noch auf die Paradoxien reagieren müssen, die ihren gegenwärtigen Zustand bestimmen. (b) Werbung muss um ihre Zukunft nicht bangen. Bangen müssen einzelne Agenturen, ob sie rechtzeitig kreative Zukunftsszenarien zur Verfügung haben. Das Werbesystem insgesamt aber hat bisher jede Veränderung des Mediensystems überlebt und jedes neu entstandene Medium in kurzer Zeit für Werbezwecke funktionalisiert – diese Leistung ist ihm auch in Zukunft zuzutrauen.

Wie steht es aber nun mit den unter (a) erwähnten Paradoxien des gegenwärtigen und künftigen Werbesystems?

Das Werbesystem und die Aufmerksamkeitsfalle

Gerade an der *Werbung* der letzten zwanzig Jahre lässt sich sehr gut beobachten, dass und wie man Aufmerksamkeit zu binden versucht hat durch das Versprechen eines Zusatznutzens (etwa Prestige, Emotionsgewinn, Erlebnisqualitäten) beim Gebrauch eines bestimmten Produktes, also gewissermaßen durch Verheißung eines *ideellen Mehrwerts*. Daneben hat sich in der Gestaltung von Werbespots in allen Medien eine Entwicklung wiederholt, die aus der Geschichte der Kunst seit Ende des 18. Jahrhunderts hinreichend bekannt ist, nämlich der sich offenbar selbst steuernde Zusammenhang von *Innovation, Beschleunigung* und *Abnutzung* (Trivialisierung). Dabei stand der Zwang zum Immer-Neuen und Immer-Auffälligeren in der Werbung im Unterschied zur Kunst aber von Anfang an vor einem doppelten Problem. Der innovative TV-Spot zum Beispiel wurde durch die ständige Wiederholung in jedem Werbeblock gleichsam schon aus systemlogischen Gründen trivialisiert; und jede innovative Strategie, einmal präsentiert und damit beobachtbar gemacht, wurde von den Konkurrenten im Werbesystem gnadenlos ausgeschlachtet. Das Werbesystem stand und steht damit vor dem Problem, dass jede geglückte Innovation durch Wiederholung und imitative Trivialisierung im System immer rascher entschärft und dadurch entfunktionalisiert wird; das heißt, das Ziel der Aufmerksamkeitsbindung für ein Produkt, eine Dienstleistung oder eine Botschaft wird immer rascher verfehlt.

In einer Situation, in der die Medien finanziell fast völlig von der Werbung abhängig geworden sind, und in der die Medienprodukte denselben Aufmerksamkeitspoker betreiben müssen wie alle anderen Produkte auch, kann man wohl ohne Übertreibung behaupten, dass *Aufmerksamkeit* die *Währung des Mediensystems* geworden ist. Aus eben diesem Grunde *muss* die Mediengesellschaft aus Gründen der Systemrationalität extrem erhöhte Aufmerksamkeit für die Aufmerksamkeit aufbringen.[3] Und aus diesem Grunde ist es auch kein Zufall, dass sich die Aufmerksamkeitshändler ratsuchend an Biologen, Psychologen und Soziologen wenden, um zu erfahren, wie Aufmerksamkeit funktioniert und mit welchen Maßnahmen man sie möglichst zuverlässig binden, ja möglichst fesseln kann.

Prognosen darüber, was bei wem Aufmerksamkeit mit welcher Sicherheit, Stärke und Dauer erregen wird, sind deshalb so schwierig, weil die Aufmerksamkeitserregung abhängig ist vom jeweiligen Wahrnehmungskontext, von der Biographie der Aktanten, ihren Wert- und Präferenzsystemen, ihren Stimmungen und Erwartungen u. a. m. Überdies hat N. Werber darauf aufmerksam gemacht, dass Aufmerksamkeit nicht nur – wie seit Leibniz in der Philosophie betont – durch Neuheit erregt werden kann, sondern auch durch ihr kaum beachtetes Gegenteil. nämlich durch *Wiederholung*. Wiederholungen fallen auf, weil sie scheinbar immer absichtlich erfolgen. Etwas absolut Neues würde sich nicht von zufälligen Einmalereignissen abheben und deshalb schwerlich unsere Aufmerksamkeit erregen. Das schafft vielmehr nur Neues qua variierende Abweichung. Werber schließt daraus: „Das Neue und die Wiederholung machen zwei Seiten einer Unterscheidung aus, die erst als Differenz Aufmerksamkeit erzeugt." (1998: 5)

Werbung gilt heute zu Recht als der Prototyp des bezahlten Kampfes um einen bestimmten Typ von Aufmerksamkeit, nämlich von folgenreicher Aufmerksamkeit.[4] Nachdem sich die Märkte in der BRD in den sechziger Jahren wieder normalisiert und auf Produktparität eingependelt hatten, kam es für die Werbung immer mehr darauf an, die qualitativ ähnlichen Produkte in den Medien symbolisch signifikant zu präsentieren. Der Kampf um die Aufmerksamkeit entbrannte, und je mehr „Kampfmittel" auf den (Medien)Markt geworfen wurden, desto härter wurde, wie oben bereits angedeutet, der Kampf um die immer knapper werdende Ressource Aufmerksamkeit, so dass folglich der Kampf mit noch mehr Medienangeboten geführt werden musste, was die erstrebte Aufmerksamkeitsbindung noch unwahrscheinlicher machte, und so fort. Offenbar aus seiner Systemlogik heraus hat sich das Werbesystem scheinbar unvermeidlich in eine paradoxale Situation manövriert, mit der es auch in Zukunft umgehen muss:

Paradox 1: Je erfolgreicher das Werbesystem Aufmerksamkeit erzeugt, desto unvermeidlicher erzeugt es Aufmerksamkeitsverknappung. Aufmerksamkeit als Voraussetzung für Vermarktung führt zwangsläufig zur Vermarktung von Aufmerksamkeit, das heißt, die Ressource Aufmerksamkeit wird immer knapper, ihre Bindung immer risikoreicher und ihre Regenerierbarkeit immer unwahrscheinlicher. Dieses Paradox wird noch dadurch verschärft, dass die Medien in den Medien zunehmend Eigenwerbung betreiben müssen.

---

3   Pünktlich zum Jahrtausendwechsel hat F. Rötzer einen Band der Zeitschrift KUNSTFORUM International zum Thema „Ressource Aufmerksamkeit" ediert, der alle wichtigen Wortführer in der Debatte um Aufmerksamkeitsökonomie (von M. H. Goldhaber bis N. Werber) zu Wort kommen lässt.

4   Zum folgenden vgl. die Beiträge in Schmidt & Spieß (1995).

Spätestens in den achtziger Jahren hatte sich die oben skizzierte Entwicklung des Werbesystems dahingehend zugespitzt, dass aus einem Produktwettbewerb ein Kommunikationswettbewerb geworden war. Printwerbeangebote, Film- und Fernsehspots[5] wurden immer stärker ästhetisiert (vgl. dazu Kloepfer & Landbeck 1991) und entwickelten sich damit immer mehr zu eigenständigen ästhetischen Wahrnehmungsangeboten, die zum Beispiel auf Cannes-Rollen gesammelt und wie Kinofilme präsentiert wurden. In den Fällen besonders erfolgreicher Werbefachleute wurden Kreative und Agenturen nicht nur in der Szene bekannt, sondern besetzten – wie etwa Michael Schirner – Positionen im öffentlichen Diskurs, die zuvor nur Künstlern vorbehalten gewesen waren.

Spätestens Ende der achtziger Jahre bemerkten dann nicht nur die Auftraggeber, dass die Umleitung der Aufmerksamkeit von der Ästhetik des Spots auf die zu bewerbende Ware offenbar immer schwieriger wurde, womit aber schlicht die Geschäftsgrundlage zwischen Auftraggeber und Werbeagentur in Frage gestellt wurde. Offensichtlich hatte sich die Werbung in eine neue paradoxale Situation hineinmanövriert, die in der Szene denn auch mit einer Mischung von Larmoyanz und Trotz ausgiebig diskutiert wurde:

Paradox 2: Steigt der kommunikative Erfolg von Werbemaßnahmen, dann sinkt die intendierte wirtschaftliche Effizienz von Werbemedienangeboten.

Schon diese wenigen Beobachtungen im bzw. am Werbesystem lassen vermuten, dass mit der Entwicklung dieses Sozialsystems exemplarische Mechanismen des Mediensystems insgesamt ausgebildet und beobachtbar werden.[6] Denn Werbung erweist sich gleichsam als Experimentierfeld bzw. als angewandte Theorie der Aufmerksamkeit (bzw. wie man genauer sagen muss: der Aufmerksamkeit*en).* Werbung lockt mit Inszenierungen schönen Scheins als *Aufmerksamkeitsfalle*, wobei diese Inszenierungen, wie oben bereits erwähnt, möglichst genau abgestimmt sein müssen auf das, was ebenso vage wie effektiv als „Zeitgeist" apostrophiert wird.[7] Dieser Zeitgeist muss nicht nur in seinen Wunsch- und Leitbild-Dimensionen erkannt, sondern auch in geeignete symbolische Formen, in prägnante Zeichen und einfallsreiche Geschichten transformiert werden, mit anderen Worten: Er muss in *Kommunikationsqualitäten* umgesetzt werden, die auch noch im 20-Sekundenspot bzw. in dem nur noch aus den Augenwinkeln wahrgenommenen Plakat oder Inserat Aufmerksamkeit folgenreich binden können. Darum wird alles, was im jeweiligen gesellschaftlichen Zustand Aufmerksamkeit zu binden verspricht, von Stars, Religion und Erotik bis zu Emotionalisierung und Provokation, in der Werbung aus ihrer Systemlogik heraus systemspezifisch genutzt – und auch daran wird sich in Zukunft nichts ändern.

---

5 Die Hörfunkwerbung hat in dieser Entwicklung immer eine bemerkenswerte Randstellung eingenommen.

6 Diese Hoffnung wird gestützt durch die Hypothese F. Rötzers (1998: 63): „Letztlich sind alle Medien eine kollektive und technisch verwirklichte Form der gesellschaftlichen Aufmerksamkeit, ein Filter, der Neuigkeiten selektiert und sie als Information inszeniert."

7 Für genauere Erläuterungen zur Thematik wie zur Begrifflichkeit siehe Schmidt & Spieß (1996).

Durch Aufmerksamkeitsbindung inszeniert Werbung, wie alle anderen massenmedialen Medienangebote auch, Öffentlichkeit; aber nicht etwa im Sinne der Habermas'schen Fiktion einer kritischen Öffentlichkeit, sondern im schlichten Sinne der
Fiktion des Anspruchs auf „allgemeine Bekanntheit". Dass diese Fiktion sich gelegentlich auch bewahrheitet, zeigt der Umstand, dass bestimmte Werbetexte, -
figuren oder -szenen zu „Volksgut" werden. Auch noch in einer anderen Hinsicht
hat das Werbesystem in den achtziger Jahren eine entscheidende Entwicklung vollzogen. Werbung begann, sich in Werbemedienangeboten selbst mit Werbung zu
beschäftigen: Sie wurde *selbstreflexiv*. Und das nicht nur in Form des Zitats anderer
Werbemedienangebote, sondern auch hinsichtlich des Anspruchs und der Nut-
zungsmöglichkeiten von Werbemedienangeboten.[8] Damit schwenkte das Werbesystem ein auf eine allgemeine Entwicklung des Mediensystems insgesamt, die als
Autonomisierung durch Selbstorganisation bzw. operationale Schließung bezeichnet werden kann. Mehr und mehr konzentriert sich das komplexe Gesamtmediensy-
stem moderner Mediengesellschaft auf die Selbstbeobachtung, aus der zunehmend
Programminhalte gewonnen werden. Wie an anderer Stelle genauer beschrieben
(Schmidt 1996), koppelt sich das Mediensystem immer erfolgreicher von seinen
Umwelten ab, um ausschließlich systemspezifisch konstruierte Medienwelten zu
erzeugen, die aber nicht mehr allgemein konsensfähig sind und die von den Nutzern
zunehmend als einzige Informations- und Inspirationsquelle für ihre eigenen Wirklichkeitskonstruktionen genutzt werden.[9]

Damit wird der bis heute von vielen noch fast fanatisch beschworene (und
wohlgemerkt ontologisch gedeutete) Dualismus von Lebenswirklichkeit und Me-
dienwirklichkeit obsolet. Die Wirklichkeitskonstruktionen jedes Einzelnen als
Funktion seiner Mediensozialisation in Medienumwelten und orientiert durch die
Sinngebungs-Programme einer Medienkultur sind längst Teil und nicht etwa das
Andere der Medienwirklichkeiten.

Im Zuge dieser Entwicklung moderner Mediensysteme musste und muss gerade auch Werbung, die alle Mediensysteme zunehmend kommerzialisiert (und damit
kolonialisiert) hat, ihren Preis bezahlen. Und wieder ist dieser Preis bedingt durch
den großen Erfolg des Werbesystems.

Das Werbesystem und die Öffentlichkeitsfalle

Wie oben gesagt, erzeugen Medien Öffentlichkeit (qua Unterstellung von allgemei-
nem Bekanntsein) für Themen durch die Verbindung von Beobachtung und Aufmerksamkeitsbindung. Sie übersetzen ‚Öffentlichkeit' in ‚Aufmerksamkeit'. Öf-

---

8   Beispiele finden sich in Schmidt & Spieß (1996).
9   Folgt man US-amerikanischen Statistiken, dann hatte Ende der achtziger Jahre jedes amerikani-
     sche Kind im Jahr allein ca. 30.000 TV-Werbespots konsumiert. Hinzu kamen die anderen Wer-
     beangebote bis hin zur Außenwerbung. Man kann also ohne Übertreibung behaupten, dass Sozia-
     lisation heute als Mediensozialisation abläuft und Medien zu den alltäglichen Instrumenten unse-
     rer Wirklichkeitskonstruktionen werden – und das nicht nur bei Kindern.

fentlichkeit basiert also auf der Fiktion einer Generalisierbarkeit von Aufmerksamkeit. Erst im Lichte unterstellter oder hergestellter öffentlicher Aufmerksamkeit erhalten Ereignisse, Menschen oder Dinge Kontur, ja Wirklichkeit. Und weil alle in allen Systemen auf diesen Mechanismus angewiesen sind, müssen alle öffentlichkeitserheischenden Ereignisse, Dinge oder Menschen medien-gerecht gemacht werden – von der Politik bis zu den Kirchen, weil die Medien durch ihre Selektionen bestimmen, was unsere Aufmerksamkeit überhaupt erregen *kann*. Und auch die Umkehrung gilt. „Medien sind soziale Aufmerksamkeitssysteme und daher Träger einer gebündelten Aufmerksamkeit, weswegen alles, was im Medium vorkommt, Prominenz beansprucht." (Rötzer 1998: 89).

Durch den medienpolitischen „Urknall", nämlich die Durchsetzung des dualen Systems, sind nun genau diese Geschäftsgrundlagen des Öffentlichkeitshandels außer Kraft gesetzt worden. Die Ausdifferenzierung des Mediensystems (von Print bis AV und Internet) hat unvermeidlich die Nutzung von Medienangeboten individualisiert und eben dadurch „die Öffentlichkeit" fragmentiert, also die Proliferation der Öffentlichkeit erzwungen. Damit aber ist zugleich auch ein weiterer Schritt in Richtung auf eine Pluralisierung von Gemeinschaften wie von Gesellschaften getan worden. Fernsehfamilien, die sich um Serien oder Kultsendungen bilden, temporalisierte Societies im Internet, labile soziale Zusammenschlüsse in Milieus und Fan-Gemeinschaften (etwa Horror-Video-Clubs) lassen neue Formen von Sozialbindungen erkennen, die sich neben den bekannten Lösungen erproben und durchsetzen lassen. Im Lichte dieser Überlegungen lässt sich also ein weiteres Paradox formulieren:

Paradox 3: Die Proliferation der Potentiale zur Erzeugung von Öffentlichkeit fragmentiert notwendigerweise „ die" Öffentlichkeit für alle Medienangebote, hebt durch Nutzungsindividualisierung den Massencharakter der Massenmedien auf und differenziert neue Modi der Gemeinschafts- und Gesellschaftsbildung aus. Damit werden auch Werbemedienangebote „regionalisiert".

Zu diesem Paradox sollten noch einige Erläuterungen gegeben werden.

Wie die Geschichte der Medien erkennen lässt, sind die soziale Durchsetzung einer Medientechnik und deren Kommerzialisierung eng miteinander verbunden. Medien, das ist eine ökonomische Trivialität, brauchen möglichst viele Nutzer, um „sich zu rechnen". Medien ködern, wie gesagt, ihre Nutzer mit Aufmerksamkeit und verheißen ihnen zugleich Aufmerksamkeit, am deutlichsten wohl in den AV-Medien, die als „kollektive Aufmerksamkeitsorgane" (M. Goldhaber) Stars und Prominente machen, von deren Aufmerksamkeitswerten die Medien dann wieder profitieren, so dass in diesem Geschäft beide profitieren.

Die ökonomische Instrumentalisierbarkeit eines Mediums nimmt zu mit der Ausweitung des Marktes über eine voranschreitende Konturierung von Angebots- und Nachfragemärkten im Zuge der Ausdifferenzierung von Programmangeboten und Medienhandlungsschemata (Gattungen), von Nutzer- und Zielgruppen, wobei alle technischen Innovationen schnellstmöglich ausgebeutet werden müssen. Der Markterfolg eines Mediums führt offenbar zwangsläufig in ein weiteres Paradox:

*Paradox 4: Je erfolgreicher ein Medium durch Kommerzialisierung zum Mas-
senmedium wird, desto unvermeidlicher verliert es diesen Massen-Status durch
den ökonomischen Zwang zur Ausdifferenzierung und Transformation der An-
gebotspalette im Zuge der Individualisierung der Mediennutzung. Zugleich
wird damit der Kampf gegen die Verfallsgeschwindigkeit des Neuen beschleunigt.*

Dieses Paradox gilt auch für die Werbung als spezielle Kommunikationsform, und
zwar in einem doppelten Sinne:

- Im ausdifferenzierten Mediensystem der Gegenwart erreicht kein Medienangebot mehr „die Öffentlichkeit", sondern bestenfalls „regionale" Öffentlichkeiten,
die von speziellen Nutzergruppen gebildet werden. Das Werbesystem hat auf
diese Entwicklung mit zunehmender Zielgruppenspezifik ihrer Angebote reagiert.
- Zielgruppenspezifik heißt aber auch Nutzerspezifik. Und hier muss durch Individualisierung der Kundenansprache sowohl auf die Spezifik der Mediennutzung als auch auf die Spezifik der Produktnutzung reagiert werden. (Die
Printanzeige in der Computerfachzeitschrift folgt anderen Gesetzen als der
Hörfunkspot in einem Musikprogramm.)

Werbung der Zukunft – Zukunft der Werbung: Anmerkungen zu einem Szenario

Die bisherigen Überlegungen haben sich auf Entwicklungen, Strukturen und Paradoxien des Werbesystems in ausdifferenzierten Mediengesellschaften konzentriert,
um sozusagen das Beobachtungsplateau zu entwerfen, von dem aus ein Blick in die
Zukunft riskiert werden soll. Dabei sind einige Erbschaften zur Sprache gekommen,
die das Werbesystem wohl auch auf seinem Weg ins dritte Jahrtausend nicht einfach wird abwerfen können: Aufmerksamkeit als „Rohstoff" jeder Werbekommunikation wird sicher nicht beliebig vermehrbar sein, und ebenso wichtig wie seine
Bindung (Vermarktung) wird in Zukunft wohl das Problem seiner *Regenerierung*
werden – ein aus der Ökologie hinreichend bekanntes Problem. Die ausschließliche
Orientierung der Werbewirtschaft an quantitativen Werbedruck-Kennziffern wird
von den Experten heute stark kritisiert. Denn angesichts der extrem ausdifferenzierten Medienlandschaft wird es nicht nur immer schwieriger, einen Kontakt zu
erzielen; vielmehr verlieren die Kontakte aufgrund des steigenden Werbevolumens
an Wert. Aus diesem Grunde stehen, wie M. Kramer (1999) in einer Studie über
Mediaagenturen ermittelt hat, Überlegungen zur Qualität der erzielbaren Kontakte
heute im Mittelpunkt.

Daneben wird man in Zukunft wohl noch genauer als bisher schon zwischen
Medienangebot und Nutzung unterscheiden müssen. Für die Angebotsproliferation
gibt es wohl nur technische Grenzen. Für die Nutzung von Medienangeboten aber
wird es künftig vermutlich immer neue Grenzen geben, angefangen von jedem
konkurrierenden neuen Medienangebot über die Konkurrenz von Freizeitangeboten

bis hin zur unintendierten (Interesselosigkeit) gezielten Verweigerung der Nutzung von Werbemedienangeboten (Werbeflüchtlinge).

Im folgenden will ich versuchen, auf der Grundlage der bisherigen Überlegungen einige wenige Aspekte eines *möglichen Szenarios der Werbezukunft* zu skizzieren, wobei an die grundsätzlichen Überlegungen zum Thema Prognose im ersten Abschnitt erinnert wird.

Wachstumsprognosen

Allen Unkenrufen zum Trotz sind die Werbeumsätze auch in den neunziger Jahren kontinuierlich in Richtung auf die 60-Mrd-Mark-Schwelle gestiegen. Deutschland ist inzwischen (nach den USA und Japan) zum drittgrößten Werbemarkt der Welt und damit auch zu einer relevanten Beschäftigungsbranche geworden. Gleichwohl ist, wie der jährliche ZAW-Bericht vermeldet, die Stimmung in der Branche gemischt. Der Hyperwettbewerb fordert bei den Markenartiklern kostenträchtige Produktinnovationen und die Anpassung an zunehmend komplexere Konsumentenstrukturen. Bei den Medien zwingt der scharfe Wettbewerb dazu, dass von jeder eingenommenen Werbemark ein Teil in die eigene Bewerbung bei Rezipienten wie bei Kunden reinvestiert werden muss.[10] Außerdem wird die Stimmung getrübt von der Beeinträchtigung der Werbefreiheit durch Brüssel, vor allem in so umsatzstarken Branchen wie der Tabak-, Automobil- und Alkoholwirtschaft. Ob der Wettbewerbsdruck und Werbebeschränkungen auf europäischer Ebene das lineare Wachstum der Werbeumsätze in Zukunft abschwächen werden, ist gleichwohl unprognostizierbar, weil immer wieder neue Impulsgeber für das Werbewachstum auftreten; so in jüngster Zeit der Telekommunikationsbereich, die Finanzwirtschaft (mit immer neuen Börsenstarts von Unternehmen), verstärkte Aktivitäten der Geldinstitute sowie der Tourismusbranche (deren Umsätze deutlich zurückgegangen waren), die Energieversorgungsbetriebe (nach der Liberalisierung des Strommarktes) oder auch die Wahlkämpfe, die 1998 immerhin zu einem Plus von 41 Prozent bei der Rubrik Körperschaften geführt haben. Nimmt man hinzu, dass die Werbemarktanteile der verschiedenen Medien bis zur Jahrtausendwende relativ fest gefügt waren und sind, dann stellt sich die Frage, ob Online-Medien ihren Anteil am Werbekuchen den Konkurrenten abjagen müssen, oder ob sie den Kuchen insgesamt vergrößern werden.

Insgesamt kann man wohl davon ausgehen, dass bei einer nicht durch Katastrophen unterbrochenen Entwicklung der Wirtschaft – aber das ist eben eine der riskanten Annahmen einschlägiger Prognosen – das Werbeaufkommen auch in den nächsten Jahren steigen bzw. mindestens auf hohem Niveau stagnieren wird.

---

10   Vgl. dazu ZAW (1999).

Koexistenz verschiedenster Werbeformen

In zahlreichen Zukunftsszenarien wird der Eindruck erweckt, als gehöre die Zukunft der Werbung allein der Online-Werbung. Gegen diese Prognose setze ich die Vermutung, dass auch in den nächsten Jahren von einer Koexistenz verschiedener Werbeformen auszugehen ist.[11] Bis heute sind Tageszeitungen und Fernsehen mit 11,5 bzw. 7,9 Mrd. Mark die stärksten Mediengruppen bei den Werbeeinnahmen, während der Online-Bereich bei ca. 50 Mio. Mark in 1998 zwar im Vergleich zum Vorjahr um 50 Prozent gewachsen ist, aber noch eine weite Strecke bis zu den Etats der Spitzenreiter vor sich hat. Während in den neunziger Jahren das Werbesystem durch immer neue Sonderformen stark ausdifferenziert worden war, stellt sich die Frage, ob diese Ausdifferenzierung ungehemmt weitergehen kann und wird. Gemeint sind hier zum Beispiel Verwischungen zwischen Game Show und Dauerwerbesendungen im Game Show-Gewand, Placements (Generic-, Product- und Image-Placement), Programming, komplette Sender (MTV oder Viva), deren Video-Clips vielfach nicht als Werbung der Musikindustrie, sondern schlechthin als Video-Clip wahrgenommen werden, Formen des Teleshopping, Direct Response TV und Home Order TV, aber auch werbeorientierte neue Marketing-Formen wie Event-Marketing, Sales-Promotion, Sponsoring oder Point-of-Interest-Medien wie Video-Walls in Kinos oder Diskotheken – auch in Toiletten wird inzwischen gezielt geworben. Abgesehen von rechtlichen Fragen (Ist Teleshopping als elektronischer Vertriebsweg oder als Rundfunk anzusehen?) stellt sich die Frage, ob inzwischen die für jedes soziale System bestandswichtige Frage nach eindeutigen Grenzziehungen (Was ist Werbung, was nicht?) noch von (allen) Nutzern beantwortbar ist. Wenn aber zum Beispiel die Medienangebote von MTV oder Viva nicht mehr als Werbesendungen gesehen werden, dann wird Fernsehen gleich Werbung und Werbung gleich Fernsehen. Damit aber verlieren beide die Möglichkeit, aus einer Differenz eine Differenz zu machen, die zählt. Werbesonderformen können nur funktionieren, wenn ihre *ökonomische* Funktionalität erkennbar bleibt, wenn sie als bezahlte Instrumente der Aufmerksamkeitsproduktion definiert bleiben, die der Logik des Wirtschaftssystems unterliegen. Die Ästhetisierung der Werbung in den achtziger Jahren hat bekanntlich demonstriert, dass Werbung, die nicht länger Gebrauchswerte, Bedürfnisbefriedigung, Glück oder soziale Distinktion verspricht, sondern ästhetische Kommunikation als solche, sich in einem paradoxalen Wandel des Selbstverständnisses befindet, den die Auftraggeber nicht mittragen. Werbung muss effektiv kommunizieren, nicht schön. Wenn schöne Werbung effektiv kommuniziert – um so besser.

Dieselbe einfache Überlegung gilt auch für die Position von Werbung im Marketing-Mix: Auch hier kann, aus Gründen der Systemlogik, Werbung nur durch

---

11 So wird etwa der Außenwerbung wegen der wachsenden Mobilität der Kunden eine sehr positive
    Zukunft prophezeit. Interessant ist auch, dass an neuen Möglichkeiten gearbeitet wird, Informa-
    tionen aus dem Netz wieder in Zeitungsform zu präsentieren, um das „gute alte Zeitungsgefühl"
    zu bedienen (DER SPIEGEL Nr. 29, 1999, S. 174).

erkennbare Differenz zu Marketing, Public Relations sowie diversen Formen der Unternehmensberatung, der Media und des Marketing ihre Effizienzansprüche behalten. Bislang war die Geschäftsgrundlage zwischen Auftraggebern welcher Art auch immer und Werbung klar: bezahlte Kreativität, die über Aufmerksamkeitsfallen folgereiche Aufmerksamkeit schafft, wobei die Semiotik solcher Aufmerksamkeitsfallen nicht unter Kriterien wie Authentizität, Wahrheit oder lebensweltliche Wahrscheinlichkeit fiel. Die Werbung muss aus schlichten Bestandserhaltungsgründen daran interessiert sein, diese Grundlage zu erhalten. Das aber bedeutet: Wie immer das Werbesystem sich auch ausdifferenzieren und entdifferenzieren mag, es muss zwei Grenzen genau einhalten: die Grenze zwischen Programm und Werbung einerseits, und die Grenze zwischen Marketing, Public Relations und Werbung andererseits.

Das gilt auch für die früher erwähnte Tendenz zur Selbstreflexivität. Die Beschäftigung der Werbung mit sich selbst macht nur Sinn, solange sie als Werbestrategie und nicht als soziologische Selbstreflexion operiert.

Netvertising – Online-Werbung[12]

Im Zentrum der meisten Prognosen für die Werbezukunft steht die Online-Werbung. Hier mit genauen Zahlen aufwarten zu wollen, ist illusorisch, da es wohl kaum einen Medienbereich gibt, in dem sich die Verhältnisse so rasant ändern wie hier. Zahlen und Daten können also bestenfalls Trends illustrieren.

So belegen die vom ZAW für 1998 vorgelegten Unterlagen ein rasantes Wachstum der Branche als Instrument der Unternehmenskommunikation: 50 Prozent mehr Umsatz 1998 im Vergleich zu 1997 mit der Aussicht einer Verdreifachung in 1999; Anstieg der Firmen, die sich im Netz mit eigenen Angeboten präsentieren oder mittels Bannern und Buttons in fremden Online-Angeboten werben; Anstieg der Agenturen, die sich auf Online-Werbedienste spezialisiert haben (Anfang 1999 auf rund 1.100). Daneben gibt es deutliche Tendenzen der Professionalisierung sowie zunehmend erfolgreiche Bemühungen um die Einführung einer einheitlichen Währung für die Werbeträgerleistungen im Netz; die Einführung einer Vermarktungsplattform, sowie die Gründung der Online-Medien-Datenbank (OMDB), die die Transparenz des Online-Mediengeschäfts erhöhen und den Planungsaufwand der Agenturen reduzieren soll, und so weiter.

Die Zukunft sieht besonders rosig aus angesichts der sprunghaften Zunahme von PC-Besitzern und aktiven Netzbesuchern, deren Zahl sich von gegenwärtig 4,6 Mio. bei sinkenden Telefongebühren und attraktiveren Online-Angeboten, aber auch angesichts der Altersverteilung der Nutzer Jahr für Jahr drastisch erhöhen dürfte.

---

12 Eine detaillierte Darstellung der technischen, gestalterischen und ökonomischen Aspekte der Werbung im World Wide Web hat Chr. Steinhard (1999) vorgelegt.

Dass Online-Werbung in ihrer Bedeutsamkeit zunehmen wird, steht außer Frage. Wie schnell das gehen wird, hängt von der Lösung der heute bereits bekannten Probleme ab:

- Wie rasch gelingt es den Online-Agenturen, ästhetisch und inhaltlich attraktive *netzspezifische* Werbeformen zu erfinden, die nicht nur bereits bekannte Formen aus/in andere Medien wiederholen oder modifizieren, sondern mit den sich wandelnden Möglichkeiten des Internet kreativ und unverwechselbar umgehen?
- Wie erreicht man (auch werbeflüchtige) Netzbesucher anders als über Zugangsportale auf stark frequentierten Startseiten von Suchmaschinen (derzeit 65 Prozent aller Online-Werbeschaltungen)? Wie kann man die Zauberformel „Interaktivität" überzeugender implementieren, als das heute über (potentiell multimediale) Rich Media-Banner, HTML-Banner (mit integrierter Suchfunktion für weiterführende Information) oder Java-Banner (mit verschiedenen Interaktionsmöglichkeiten bis zur Online-Bestellung von Waren) möglich ist? Reichen die bisher entwickelten Imagekampagnen und Service-Angebote der Portalstrategien, oder werden Internetpromotions und -events die Banner-Werbung ganz ablösen?
- Wie werden längerfristig die Abrechnungsmodalitäten für die tatsächliche Nutzung von Werbebannern gelöst? Reicht die gegenwärtige (noch umstrittene) Kontrolle über Visits, Page Impressions oder AdImpressions nach den Messverfahren der Informationsgemeinschaft zur Feststellung der Verbreitung von Werbeträgern (IVW)? Wie können die Werbetreibenden auf Filtersoftware reagieren, die Werbebanner kostenlos aus Websites herausfiltert (so z. B. das von Siemens kostenlos zur Verfügung gestellt Programm „WebWasher") – ein Angebot, das darauf schließen lässt, dass offenbar viele Netuser Werbung als störend empfinden, schon weil sie die Übertragungsgeschwindigkeit für die eigentlich gewünschten Informations- oder Unterhaltungsprogramme vermindert? Können solche Werbeablehnungen durch Datenkompression, durch erhöhte Geschwindigkeiten und verringerte Ladezeiten im Netz ausgeglichen werden?
- Wie wird sich die bereits angesprochene Konkurrenzsituation zwischen den werbeanbietenden Medium künftig entwickeln? Wenn, wie Umfragen im Rahmen der ARD/ZDF- Online-Studie ergeben haben, Online-Nutzer erheblich weniger Zeit vor dem Fernseher (und damit logischerweise auch vor/mit anderen Medien) verbringen, spricht das für eine längerfristige Dominanz der Online-Werbung oder gar für einen Verdrängungswettbewerb? Und wenn Werbung im Fernsehen bleibt – wer wird sie dann noch konsumieren?
- Wie schon oben angedeutet, spricht vieles eher für Koexistenz als für Kompensation. Auch hier greift meines Erachtens die Erfahrung, dass es die Differenz ist, die eine Differenz macht. Einseitige Diät dürfte auch im Mediengebrauch den Appetit töten. Zudem ist gerade am Schicksal der Printmedien in den letzten zwanzig Jahren deutlich zu sehen, dass die „Medienlandschaft" vom Be-

nutzer funktional differenziert wird, das heißt, dass Medien aus unterschiedlichen Bedürfnissen, zu unterschiedlichen Zwecken und zu unterschiedlichen Zeiten genutzt werden. Das Internet macht die Lokalzeitung nicht überflüssig, die über den Nahbereich der Lebenswelt informiert. Das regionale Rundfunkprogramm als informativ nutzbares Nebenbeimedium ersetzt nicht die überregionale Zeitschrift, und so weiter. Auch im Hinblick auf Konvergenztendenzen zwischen Internet und TV muss sich erst zeigen, welche Programmformen und -inhalte dann angeboten werden können, die sich durch Differenz zu anderen Angeboten den medienverwöhnten Usern erfolgreich andienen können.

- Ähnliche Überlegungen dürften auch sinnvoll sein angesichts der Frage der Globalisierung von Werbung. Die meisten der sog. Kenner der Szene prophezeien, dass Globalisierung die wichtigste und unaufhaltsamste Entwicklungstendenz sei. Zugleich diskutieren eben diese Kenner das Globalisierungsthema durchaus kontrovers. Die einen vertreten die Ansicht, in Zukunft müsse der riskante Spagat versucht werden, den der Spruch „think global, act local" umreißt. Die anderen gehen davon aus, dass Globalisierung für die heutigen Kids gar kein Thema mehr ist, da sie längst global denken, während ihre Eltern noch im lokalen Denken befangen sind. Für diese Gruppe bilden auch sprachliche und kulturelle Gegebenheiten keine Barriere mehr, die globale Werbekampagnen behindern könnten; denn nach ihrer Auffassung sind die wenigen starken Marken, die in Zukunft den Markt beherrschen werden, auch in der Lage, relativ einheitliche Wert- und Lebensgefühlssysteme zu schaffen, die auch die Konsumenten rasch globalisieren werden. Unentschieden ist auch der Streit zwischen den Strategien „globale Ungenauigkeit" versus „lokale Genauigkeit", da noch nicht feststeht, ob die Ungenauigkeit nicht doch die größeren Absatzerfolge hat.

Literatur

Kloepfer, R.; Landbeck, H. (1991): Ästhetik der Werbung. Der Fernsehspot in Europa als Symptom neuer Macht. Frankfurt am Main.

Kramer, M. (1999): Pfadfinder im Mediendschungel. Komplexitäts-Management in Mediaagenturen. Magisterarbeit am Institut für Kommunikationswissenschaft der Universität Münster.

Rötzer, F. (1998): Digitale Weltentwürfe. Streifzüge durch die Netzkultur. München [u. a.].

Schmidt, S. J. (1996): Die Welten der Medien. Grundlagen und Perspektiven der Medienbeobachtung. Braunschweig [u. a.].

Schmidt, S. J.; Spieß, B. (Hrsg.) (1995): Werbung, Medien und Kultur. Opladen.

Schmidt, S. J.; Spieß, B. (1996): Die Kommerzialisierung der Kommunikation. Fernsehwerbung und sozialer Wandel 1956–1989. Frankfurt am Main.

Steinhard, Chr. (1999): Werbung im World Wide Web: Perspektiven und Probleme. Magisterarbeit am Institut für Kommunikationswissenschaft der Universität Münster.

Tropp, J. (1997): Die Verfremdung der Werbung. Opladen: Westdeutscher Verlag.

Werber, N. (1998): „Zweierlei Aufmerksamkeit in Medien, Kunst und Politik." URL: http://www.heise.de/tp/deutsch/special/auf/6310/1.html (9.11.1998).

ZAW (1999): Werbung in Deutschland 1999. Bonn.

Zurstiege, G. (1998): Mannsbilder. Männlichkeit in der Werbung. Eine Untersuchung zur Darstellung von Männern in der Anzeigenwerbung der 50er, 70er und 90er Jahre. Opladen.

2. Neue Wege – Werbung und Medien

Monika Kramer

Mediaagenturen – Zum Management von Aufmerksamkeitsverknappung

Die Rolle der Mediaagenturen im Aufmerksamkeitswettbewerb

„Media-Leute sind Götter" (Werben & Verkaufen 6/99: 159) – zumindest behauptet das die Yahoo! Deutschland GmbH, die mit dieser Headline für die Platzierung von Werbebannern auf ihren Internetseiten wirbt. Aber was machen eigentlich „Media-Leute"? Und warum werden sie von den Medien so umworben?

Media-Experten entscheiden, über welche Medien Werbebotschaften wann und wie häufig verbreitet werden, um die anvisierten Zielgruppen möglichst effizient zu erreichen. Sie legen fest, in welcher Zeitschrift eine Anzeige und auf welchen Websites ein Werbebanner erscheint, auf welchem Sender und in welchem Umfeld ein TV-Spot gesendet wird und in welchen Filmtheatern ein Kinospot läuft. Bis Mitte der achtziger Jahre fielen diese Entscheidungen nicht sonderlich schwer: Es standen nur zwei Fernsehsender zur Auswahl, die Printlandschaft war relativ übersichtlich und von Internet, Ad Clicks und Page Impressions war noch keine Rede.

Zu „Göttern" avancierten die Mediaplaner und -planerinnen[1] erst nach der Einführung privatkommerzieller TV- und Radiosender. Seither hat sich die deutsche Medienlandschaft zu einem hochkomplexen und stark ausdifferenzierten System entwickelt, das in seiner Gesamtheit auch von den Experten kaum durchschaut werden kann. Innerhalb von fünfzehn Jahren sind die Ausgaben für Medienschal-

---

[1] Zugunsten des Leseflusses soll im folgenden auf eine geschlechterspezifische Kennzeichnung der Berufsbezeichnungen verzichtet werden.

tungen – also die Budgets, über deren Verteilung Mediaagenturen entscheiden – auf
das Dreifache angestiegen und machten 1999 bereits siebzig Prozent der gesamten
Werbeinvestitionen aus (Prognose ZAW: 62,3 Mrd. Mark; vgl. ZAW 1999: 11).

Allein im Fernsehen wurden 1998 über 11.000 Stunden lang Werbespots ausgestrahlt. Das entspricht, wenn auch nur rein rechnerisch möglich, über dreißig
Werbe-Stunden pro Tag. Die wachsende Spotflut geht jedoch unweigerlich zu Lasten der Wirkungschance einzelner Werbebotschaften. Je mehr (werbliche) Medienangebote um die Aufmerksamkeit der Mediennutzer konkurrieren, desto knapper
gerät dieses umworbene Gut und desto unwahrscheinlicher wird es, dass eine Werbebotschaft im Stimmengewirr des Werbechors überhaupt noch wahrgenommen
oder gar erinnert wird.

„Erlaubt sei ein Vergleich mit der Lampenabteilung im Kaufhaus. Haben Sie
schon mal erfolgreich versucht, in diesem gleißend hell erleuchteten Wirrwarr
eine einzelne Lampe zu identifizieren? Wie soll also der geneigte TV-
Zuschauer hier noch Werbeaussagen und Marken auseinanderhalten?" (Demand 1999: 16)

„Vor lauterWald sieht der Konsument die Bäume nicht mehr: 2.500 Werbebotschaften täglich wirken in Deutschland durchschnittlich auf ihn ein. Im vergangenen Jahr [1998; d. V.] buhlten in den Massenmedien rund 54.000 Marken um die Aufmerksamkeit potentieller Käufer. Wer da noch gesehen werden
will, muss viel Geld haben oder sich etwas Außergewöhnliches einfallen lassen." (Pfannenmüller 1999: 126)

Also werden die Werbeausgaben erhöht und immer lautere, buntere, „originellere"
Kommunikationsangebote produziert. Paradoxerweise treibt das Media- bzw. Werbesystem[2] die hier beschriebene externe Aufmerksamkeitsverknappung[3] auf diese
Weise noch voran. Der „noise level" im Werbemarkt steigt immer weiter an und in
gleichem Maße sinkt die Aufnahmefähigkeit (und -bereitschaft) der Rezipienten.

Mit Hilfe der Ergebnisse aus Experteninterviews[4] soll untersucht werden, welche Strategien in der Mediaplanung[5] angewendet werden, um trotz des erhöhten
kommunikativen Wettbewerbs die Durchsetzungsfähigkeit von Werbebotschaften
zu gewährleisten. Wird die externe Aufmerksamkeitsverknappung möglicherweise
vom Subsystem Media des Werbesystems selbst (re-) produziert – beispielsweise
durch die Empfehlung, den Werbedruck zu erhöhen, um die Konkurrenz zu übertö-
nen?

---

2   Zur Konzeption des Werbesystems vgl. u. a. Schmidt (1996: 118-152); Schmidt & Spieß (1996:
     35-44).
3   Der Begriff externe Aufmerksamkeitsverknappung wurde in Abgrenzung zur im nächsten Ab-
     schnitt beschriebenen internen Aufmerksamkeitsverknappung gewählt und bezieht sich auf die
     Aufnahmefähigkeit der Mediennutzer.
4   Die Interviews wurden im Frühjahr/Sommer 1999 durchgeführt. In persönlichen Gesprächen
     wurden unter Verwendung eines Interview-Leitfadens zwanzig Media-Experten aus 17 Mediaa-
     genturen befragt.
5   Innerhalb der Media-Branche haben sich mehrere Aufgabenbereiche und Berufsrollen herausge-
     bildet: Mediaplanung, -einkauf, -forschung und TV-Optimierung. In diesem Beitrag steht die Me-
     dia*planung* im Vordergrund, denn dort werden die strategischen Entscheidungen gefällt.

Werbedruck als Pflicht, ‚Creative Media' als Kür – Media-Strategien zum Management der externen Aufmerksamkeitsverknappung

Ein Interviewpartner schildert die Problematik in der Werbe- und Mediabranche wie folgt:

> „Alle haben die gleichen Regeln gelernt, alle haben die gleichen Marketingtheorien gelernt, alle haben die gleichen ungenauen Werbetheorien gelernt. Alle haben fast gleiche Produkte, sie können ja nur noch maximal ein halbes Jahr ein Produkt haben, dass einen Vorteil hat, dann ist der nächste da. [...] Das heißt, das Ding ist ziemlich festgefahren" (ZI).[6]

Die knapper werdende Aufmerksamkeit der Mediennutzer wird von Media-Experten als Herausforderung erfahren, die es erforderlich macht, über Standard-Lösungen hinaus zu denken. Um die Durchsetzungsfähigkeit von Werbebotschaften gewährleisten zu können, ist nach Ansicht der Media-Fachleute zunächst die Kreation gefordert, denn auch eine gute Mediastrategie und/oder ein hoher Werbedruck können eine schlechte kreative Umsetzung nicht wettmachen. „Den Werbedruck zu erhöhen, ist der leichtere Weg, aber es muss nicht unbedingt der sicherste Weg sein. Denn wenn ich einen schlechten Spot habe, dann kann ich den noch so oft schalten, dann werden die Leute nie sehen, weil sie einfach nicht hingucken" (ZI).

Ein gewisser Werbedruck[7] stellt den Media-Experten zufolge die *notwendige* Bedingung dar, um überhaupt einen Effekt erzielen zu können. Bei der Festlegung der Mediaziele spielen daher in den meisten Fällen Budgethöhe, Media-Mix und Werbedruck-Niveau der Mitbewerber eine bedeutende Rolle. Auf Basis dieser Informationen wird beurteilt, welcher (Mindest-) Werbedruck für die betreute Kampagne erforderlich ist, um im Konkurrenzumfeld „ein Grundrauschen" (ZI) sicherstellen zu können oder im Aufmerksamkeitswettbewerb – zumindest nach quantitativen Gesichtspunkten – zu dominieren. Die Media-Fachleute betonen jedoch, dass sie die Konkurrenzanalyse eher zur Abgrenzung nutzen und nicht dazu, die Strategien anderer zu kopieren.

Eine reine Werbedruck-Strategie halten die meisten Interviewpartner *nicht* für die geeignete Methode, um der Aufmerksamkeitsverknappung zu begegnen – zumal hierfür ein entsprechend hohes Budget erforderlich ist.

> „Im klassischen Bereich setzen sich in den meisten Branchen die Werbungtreibenden patt. Und nur der, der unglaublich viel Geld hat, der also einen hohen Marktanteil hat [...], kann es sich dann leisten, einen neuen Konkurrenten [...] mundtot zu machen – mal bildlich gesprochen" (ZI).

Aufgrund der Fragmentierung des Massenmediensystems und des starken kommunikativen Wettbewerbs müssen in der Regel zwar höhere Mediabudgets eingesetzt werden, neben Reichweiten und Quoten erfährt aber die Qualität der erzielbaren

---

6   Im Folgenden werden Auszüge und Zitate, die sich auf die geführten Interviews beziehen, durch „ZI" gekennzeichnet.

7   Die Höhe des erforderlichen Werbedrucks variiert je nach Werbeobjekt, Kommunikationsziel, Inhalt und Gestaltung der Botschaft, Werbedruck innerhalb des Mediums und im Konkurrenzumfeld.

Kontakte eine wachsende Bedeutung: „Nicht die Quantität der erzielten Kontakte wird zukünftig im Vordergrund stehen, sondern eher die Kontakt*qualität*. [...] Und dahingehend wird sich eigentlich auch das Anforderungsprofil eines guten Mediaplaners bewegen" (ZI). Es kommt also zunehmend darauf an, in welchem redaktionellen Umfeld eine Werbebotschaft platziert wird, in welcher Stimmung sie vom Mediennutzer verarbeitet wird und wie hoch der Involvement-Grad auf Nutzerseite ist.

Deutlich beobachtbar ist das Bestreben der Branche, der Aufmerksamkeitsverknappung mit zielgruppenspezifischeren, „intelligenteren", „innovativen" und „integrierten" (ZI, mehrere Interviewpartner) Media-Lösungen zu begegnen:

> „Im Media-Bereich finde ich es interessant, dass wirklich überlegt wird und weggegangen wird von diesen ganzen Mainstream-Geschichten wie: ‚Ich buche zehn Millionen Fernsehen, zehn Millionen Print, wird schon irgendwie gehen', sondern dass man sich wirklich Gedanken macht, irgendwas Besonderes zu machen und auch ein bisschen kreativ ranzugehen" (ZI).

So ist „Creative Media" (ZI) eine der häufigsten Antworten auf die Frage nach Media-Strategien im ‚Kampf' um die Aufmerksamkeit der Mediennutzer. Die ehemals als ‚Erbsenzähler' und ‚Buchhalter' der Werbebranche titulierten Mediaplaner werden kreativ und suchen nach neuen, nicht ausgetretenen Pfaden zur Zielgruppe. Um „nicht in der Masse unterzugehen" (ZI), werden neben der klassischen Mediawerbung über Anzeigen und Spots vermehrt innovative und aufmerksamkeitsstarke Sonderwerbeformen eingesetzt. Das Repertoire reicht von Split-Screen-Werbung im Fernsehen über von Hubschraubern gezogene Textilposter bis hin zu Radio-Gewinnspielen, Duft-Anzeigen oder Lasershows in Kinos.

Darüber hinaus werden in Zusammenarbeit mit der Kreativagentur Konzepte entwickelt, um die Werbebotschaft auf das Medium, den Werbeträger oder das redaktionelle Umfeld abzustimmen und so die spezifischen Eigenschaften und Images der Kommunikationskanäle nutzbar zu machen. Mit den Medienunternehmen erarbeiten Mediaagenturen neue Formen der Präsentation werblicher Botschaften oder regen dazu an, bisher nicht genutzte Gegenstände oder Flächen als Werbeträger zu funktionalisieren (z. B. Popcorn- oder Brötchentüten, öffentliche Papierkörbe und sogar Gullydeckel).

> „Wir versuchen, Kooperationen mit Medien auf die Beine zu stellen, um letztlich um die Aussage des Kunden noch eine *Welt* drumherum zu bauen. So eine Anzeige schalten, ist schön, aber wenn ich mir angucke, dass einige Hefte inzwischen über fünfzig Prozent Anzeigenanteil haben [...], *muss* ich einen anderen Weg finden" (ZI).

TV-Sponsoring gehört schon seit längerer Zeit zum Aufgabenbereich der Media-Experten, wird aber von den Interviewpartnern bereits als ausgereizt bezeichnet: „Eine Zeitlang war es Sponsoring, inzwischen wird jedes Umfeld versponsort, so dass es tendenziell schon wieder negativ ist" (ZI).

Um im wachsenden kommunikativen Wettbewerb Markenbilder und „Erlebniswelten" (ZI) erfolgreich kommunizieren zu können, streben Media-Experten zudem eine stärkere Integration von klassischer Werbung, Promotion, PR und anderen Disziplinen der Kommunikationspolitik an. Damit erweitert sich auch das Aufgabenspektrum der Mediaplaner:

> „Man begreift jetzt, dass werbliche Kommunikation eben nicht nur was mit Media-Kommunikation zu tun hat. ‚Klassische Medien' bzw. ‚above the line' und ‚below the line', das sind alles künstliche Begriffe. Die Trennung von Sponsorship und Programming, Werbung, PR und Promotion, die verschwimmt. Der entscheidende Punkt ist, dass es im Grunde jetzt darum geht, wer die intelligentesten individuellen Konzepte zur Umsetzung bringt. [...] Wie kann es mir gelingen, neben normalen, gelernten, klassischen Werbeformaten die Wirkung meines Geldes durch neue, intelligente, kreative – aber immer *zielgerichtet*, nicht Kreativität um der Kreativität willen – Erscheinungsformen zu erhöhen?" (ZI)

Die Interviewergebnisse zeigen, dass das Mediasystem die externe Aufmerksamkeitsverknappung in der klassischen Werbekommunikation gewissermaßen ‚zwangsläufig' forciert, um einen wahrnehmbaren und konkurrenzfähigen Werbeauftritt gewährleisten zu können.

> „Es macht keinen Sinn, wenn ich in einem Konkurrenzumfeld für Waschmittel werbe und feststelle, dass alle meine Konkurrenten mit hundert oder zweihundert GRPs[8] in der Woche agieren, und ich kann nur fünfzig GRPs im Monat generieren. Das ist dann auch rausgeschmissenes Geld" (ZI).

Eine bloße Steigerung des Werbedrucks allein reicht aber nach Meinung der Media-Experten nicht mehr aus, um die Aufmerksamkeit der Mediennutzer zu gewinnen; statt dessen – oder zusätzlich – erlangen qualitative Aspekte in der Mediaplanung eine höhere Bedeutung. Die aufgezeigte Trendwende zur ‚kreativen Mediaplanung' dokumentiert überdies, dass Mediaplaner neue Strategien entwickeln, die auf eine *aufmerksamkeitsstarke mediale Darbietung und Platzierung* von Werbebotschaften abzielen. Dabei werden nicht nur die von Medienunternehmen angebotenen Sonderwerbeformen genutzt, sondern Mediaagenturen sind auch verstärkt an der Entwicklung neuer Formen und Träger werblicher Kommunikation beteiligt.

Die Problematik der internen Aufmerksamkeitsverknappung

Aufgrund der wachsenden Menge zu verarbeitender Daten und der Beschleunigung der Arbeitsprozesse in Mediaagenturen ist Aufmerksamkeit auch *innerhalb des Mediasystems* zu einem knappen Gut geraten. „Fluten von Informationen erhöhen die subjektive Komplexität von Entscheidungssituationen, weil Informationen im Kontext von Entscheidungsprozessen zuerst interpretiert und bewertet werden müssen." (Lintemeier & Wiegers 1994: 110). Das erweiterte Werbeträger-Angebot eröffnet Media-Experten mehr Möglichkeiten, erfordert aber auch die Analyse von

---

8   Gross Rating Points dienen als Maßzahl für den Werbedruck einer Kampagne (vgl. Lippert 1993: 85).

mehr Media-Informationen und Nutzungsdaten. Damit ist Mediaplanung zu einer hochkomplexen Aufgabe geworden.

> „LpwS, Pin-Daten, jährliche Updates von Studien wie VA, TdWI, AWA, dazu Werbewirkungsinstrumente mit den stolzen Namen AdTrend oder WerbeWir-kungskompass, Qualitäten der Fernseh- und der Radiowerbung, Visits, Page-Views, AdClicks, G-Wert – die Fülle der Daten unterschiedlicher Herkunft ist mittlerweile ins Unermessliche gewachsen. [...] Generell wird es für den Pla-ner schwieriger: Er muss sich aus der Springflut von Informationen das sub-stanzielle selektieren und aus den verschiedensten Datenquellen eine aussage-kräftige Planungsgrundlage zimmern." (Werben & Verkaufen 39/97: 9).

Zusätzlich hat der Zeitdruck, für den die Kommunikationsbranche ohnehin berüch-tigt ist, auch im Media-Bereich spürbar zugenommen. Kunden erwarten schnellere Arbeitsergebnisse, Produkte und Konkurrenzmärkte verändern sich in kürzeren Zeitabschnitten und auch die Vermarkter von Werbezeit und -raum agieren flexi-bler.

Die Aussagen der Media-Experten zu diesen Entwicklungen lassen zwei zen-trale Schlussfolgerungen zu:

- Auch die interne Aufmerksamkeitsverknappung wird zum Teil durch das Me-diasystem selbst (re-) produziert – und zwar weil es auf Ereignisse in und Er-wartungen aus den relevanten Umwelten (Wirtschafts-, Massenmedien- und Werbesystem) reagieren muss.
- Zugleich nehmen Media-Fachleute die Quellen der internen Aufmerksamkeits-verknappung (höhere Anforderungen, Termindruck, ansteigende ‚Datenflut' etc.) inzwischen als Quellen einer potenziellen agenturinternen Selbst-Überforderung wahr.

Die Zeitknappheit ist den Interviewpartnern zufolge in erster Linie darauf zurückzu-führen, dass der Zeitdruck aus dem Wirtschaftssystem (dort sollen die Werbung-treibenden verortet werden) in die Mediaagenturen hinein getragen wird. Um den dynamischen Entwicklungen in den jeweiligen Wirtschaftsmärkten Rechnung zu tragen, müssen Mediapläne im Laufe eines Jahres mehrfach überarbeitet werden, und für den Planungsprozess wird ein engerer Zeitrahmen vorgegeben.

> „Die Entscheidungen werden immer kurzfristiger. Und vor allen Dingen sind sie längst nicht mehr so statisch. Eine Entscheidung, die man vor fünf Jahren getroffen hat und die ein halbes Jahr Gültigkeit hatte, die wird heute spätestens nach sechs Wochen wieder überprüft. Weil sich natürlich die Rahmenbedin-gungen auf Kundenseite schneller ändern" (ZI).

Die meisten Media-Experten befinden den wachsenden Zeitdruck nicht nur als „stressig" und „unangenehm" (ZI), sondern sehen auf längere Sicht auch die Qua-lität der Mediaarbeit gefährdet.

> „Also es [die Beschleunigung der Planungsprozesse; d. V.] führt nicht immer unbedingt zu besseren Leistungen. Aber ich denke, das ist der Trend der Zeit. Uns wäre es lieber, wenn es langfristig machbar wäre. Wir würden sicherlich einfach auch einen ein bisschen besseren Job machen können" (ZI).

Nicht zuletzt aufgrund des hohen Konkurrenzdrucks in der Agenturlandschaft gilt aber: „Der Media-Mensch muss halt schnell sein" (ZI). Einige Interviewpartner weisen explizit darauf hin, dass die Erwartungen der Kunden an die Leistungsfähigkeit ihrer Agenturen auch durch die Mediaagenturen selbst gesteigert werden.

> „Das ist mittlerweile gang und gäbe und eigentlich auch ziemlich ärgerlich, weil sich das so eingeschlichen hat, dass Mediaagenturen eigentlich immer alles leisten können. Selbst wenn sie nur eine halbe Stunde Zeit haben, kriegen sie es auch hin. Der Druck wird deutlich größer, also das Geschäft ist extrem schnelllebig geworden und die Zeitabstände immer kürzer" (ZI).

Zeit ist jedoch nicht per se knapp, sondern wird als knapp *wahrgenommen*, weil mehr Aufgaben in einer kürzeren Zeitspanne durchgeführt werden müssen und dank Computernutzung und moderner Kommunikationstechnik auch durchgeführt werden *können*.

> „Nur eine begrenzte Wahl von Ereignissen und Handlungen ist innerhalb eines Zeitraumes möglich: je mehr objektiv möglich und erwartbar wird, um so weniger ist relativ in der zur Verfügung stehenden Zeit unterzubringen, um so stärker wird das Bewußtsein knapper Zeit." (Heinemann & Ludes 1978: 226).

Der Forderung der Media-Branche nach detaillierteren Daten, aktuelleren, markt- und zielgruppenspezifischen Studien wurde in den letzten Jahren weitgehend Folge geleistet. Dadurch sind Mediaplaner in der Lage, den Medieneinsatz zielgerichteter zu gestalten und den Kunden genauere Effizienznachweise zu liefern. Inzwischen kann jedoch die – selbst forcierte – „Informationsflut" (ZI) in ihrer Gesamtheit von den einzelnen Mitarbeitern gar nicht mehr be- und verwertet werden und stellt höhere Ansprüche an Qualifikation und Selektionsvermögen der Mediaplaner: „Im Arbeitsablauf muss man noch schneller reagieren und vor allem diese Informationsflut in irgendeiner Weise verarbeiten und entscheiden können: ,Ist das jetzt wichtig oder nicht?'" (ZI). Schon bei der Datenselektion wird es daher immer wichtiger, die strategischen Ziele vor Augen zu haben.

> „Man muss immer aufpassen, dass man nicht in [...] den ganzen Zahlenkolonnen – ja – ersäuft, kann man sagen, den Wald vor lauter Bäumen nicht sieht. [...] Man muss eine klare Strategie formuliert haben, um überhaupt erst zielgerichtet arbeiten zu können. Ansonsten gibt es zu viele Wenns und Abers und Sachen, die man noch berücksichtigen würde, dann kommt man zu überhaupt keinem Ergebnis" (ZI).

Um die Datenfülle in der zur Verfügung stehenden Zeit bewältigen und flexibel auf die Anforderungen ihrer Kunden reagieren zu können, analysieren Mediaplaner die Daten der Markt-Media-Studien heute am eigenen PC. Darüber hinaus werden in den größeren Agenturen eigene komplexe Programme zur Analyse und Prognose von Nutzerschaftsdaten entwickelt. Mit den technischen Möglichkeiten sind aber auch die Erwartungen der Kunden an Schnelligkeit, Analyse- und Forschungsleistung ihrer Agenturen gestiegen – das Mögliche avanciert (auch) in der Media-Branche umgehend zum Standard.

Es wird deutlich, dass Mediaagenturen ein hohes Maß an Komplexität zulassen, um den veränderten Bedingungen und Anforderungen der Umweltsysteme gerecht zu werden. Für das Mediasystem ist es von existenzieller Bedeutung, auf die Entwicklung seiner relevanten Umwelten reagieren zu können. Bei einer zu starken Orientierung an externen Bedingungen müssten die Aktivitäten und Strukturen von Mediaagenturen jedoch ständig an Entwicklungsrichtung und -tempo der Umwelten angepasst werden. Angesichts der Dynamik der Entwicklungen im Medien-, Wirtschafts- und Werbesystem würde eine solche übertriebene Umweltorientierung zwangsläufig zum Autonomieverlust und zur Überforderung des Systems Media führen. Die Kritik vieler Interviewpartner an den engen Terminvorgaben der Kunden kann als ein Indikator dafür betrachtet werden, dass eine solche Gefährdung in der Praxis durchaus wahrgenommen wird – vor allem angesichts des dokumentierten Wandels zur arbeits- und *zeitaufwendigeren* qualitativen und kreativen Mediaplanung.

Auch die Forderung nach mehr und detaillierteren Media-Daten ebbt den Aussagen der Fachleute zufolge ab. Der Geschäftsführer einer Düsseldorfer Mediaagentur bringt dies in seiner Rede zur Tagung der Arbeitsgemeinschaft Fernsehforschung (AGF) zum Ausdruck:

> „Ich meine, wir sollten den Controllern dieser Welt und den Erbsenzählern dieser Welt nicht noch mehr Zahlen und noch mehr verfeinerte Methoden auf den Tisch legen und diese fordern. Mediaplanung und Mediaarbeit hat auch was zu tun mit Denken, mit der Bereitschaft, ein Risiko einzugehen, mit kreativen Ideen. Media ist eine Entscheidungsdisziplin. Die Daten aus der Forschung sind unglaublich wichtig, aber sie sind kein Entscheidungsersatz." (Cuntz 1999: 38)

Schlussbemerkung

Abschließend sollen mit Blick auf die genannten Media-Lösungen für die Problematik der externen Aufmerksamkeitsverknappung zwei Fragen gestellt werden:
- Entwickeln sich Media-Leute zu ‚Kreativen' und kündigt sich damit eine Entdifferenzierung der Aufgabenbereiche Kreation und Media an?
- Stellt ‚Creative Media' die Lösung der Problematik der externen Aufmerksamkeitsverknappung dar?

Tatsächlich erfordert Mediaplanung heute weit mehr als die Suche nach der Titel- und Senderkombination mit dem niedrigsten TKP. Im Fokus der Mediaarbeit steht die Entwicklung *integrierter Kommunikationslösungen*, bei denen der Einsatz von Print-, TV-, Hörfunk-, Online- und Außenwerbung optimal aufeinander und auf flankierende Maßnahmen abgestimmt ist. Die Aufgaben von Mediaagenturen beschränken sich daher nicht mehr auf den Bereich der klassischen Werbekommunikation via Massenmedien. Sie sind für das Programmsponsoring verantwortlich, regen Medienunternehmen – Verlage, Sender wie Kinoketten – zu Promotions oder PR-Maßnahmen an und greifen zunehmend auf Vermarktungspakete zurück, die mehrere Kommunikationskanäle und -disziplinen integrieren. Folglich sind auch die Ansprüche an das Leistungsspektrum und die Qualifikationen von Mediaplanern gewachsen:

> „Auf der einen Seite ist die Arbeit sehr viel interessanter geworden – sehr viel mehr beraterische Tätigkeit. Auf der anderen Seite sind die Anforderungen, die heute an den Mediaplaner herangetragen werden, so umfangreich, dass es nur noch wenige Leute gibt, die dem genügen können. Denn sie müssen eigentlich gleichzeitig ein Marketingmann, ein Werbemann und ein Media-Spezialist sein" (ZI).

Die verstärkte Nutzung von Sonderwerbeformen (duftende oder sprechende Plakatsäulen, als ‚Spot des Monats' präsentierte TV-Spots, Gratispostkarten in Hochschulen, Kneipen und Kinos, Werbe-Bierdeckel usw.) zur zielgruppen- und produktaffinen Verstärkung des klassischen Werbeauftritts verdeutlicht, dass Mediaplanung kein rein mathematisches, sondern ein durchaus kreatives Aufgabenfeld darstellt. ‚Creative Media' kann als eine Strategie verstanden werden, die die Branche entwickelt hat, um einen (ehemaligen) Nachteil bei der Mediaarbeit auszugleichen. Mediaplaner müssen in der Regel mit zwei knappen Parametern arbeiten, die ihre Möglichkeiten stark eingrenzen können: dem Budget des Kunden und dem zur Verfügung stehenden Werberaum. Den Produzenten von Werbebotschaften steht dagegen zumindest eine potenziell unbegrenzte und unerschöpfliche Kernressource zur Verfügung: *kreative Ideen*. Eben diese Ressource wird nun auch in der Media intensiver genutzt, um Werbebotschaften trotz des erhöhten kommunikativen Wettbewerbs erfolgreich kommunizieren zu können.

Dennoch haben Mediaagenturen nicht die Aufgaben der Kreativagenturen übernommen. Media- wie Kreativagenturen setzen ihre Leistungen für die Zielerfüllung des Werbungtreibenden ein, sie messen die Kampagnen-Wirksamkeit jedoch mit unterschiedlichen Maßstäben und nutzen unterschiedliche Methoden, um ihre jeweiligen Teilziele zu erreichen. Kurz: das Mediasystem und der Handlungsbereich Produktion des Werbesytems[9] agieren und bewerten nach systemspezifischen Regeln. Aufgabe von Kreation und Kundenberatung ist es, die Aufmerksamkeit potenzieller Konsumenten durch die *Auswahl, Gestaltung und Produktion der geeigneten Kommunikationsmaßnahmen, Werbebotschaften und Werbemittel* zu binden.[10] Die Leistung des Mediasystems besteht darin, dem Werbesystem durch *die Selektion der adäquaten Kommunikationskanäle* und die optimale zeitliche, zielgruppen- und umfeldorientierte *Platzierung von Werbebotschaften* die Produktion folgenreicher Aufmerksamkeit für Werbeobjekte und -botschaften bei den anvisierten Zielpersonen zu ermöglichen. Dies geschieht in Orientierung an *Mediazielen*, die auf die quantitative und qualitative Leistung der Werbeträger in der Zielgruppe verweisen. Mediaagenturen sind nicht für die Aufmerksamkeitsstärke

---

9   Dem Handlungsbereich Produktion des Werbesystems sind die Berufsrollen in Werbeagenturen (Texter, Grafiker, Kundenberater etc.) zuzurechnen. (Vgl. u. a. Schmidt & Spieß 1996: 40; Tropp 1997: 100).

10   Zur Leistung des Werbesystems vgl. u. a. Schmidt & Spieß (1996: 37-38).

der Werbebotschaft zuständig, sondern für ihre *aufmerksamkeitsstarke (massenme-diale) Platzierung und Darbietung.* Integrierte Kommunikationskampagnen und kreative Media-Lösungen setzen zweifellos eine engere Zusammenarbeit zwischen Media-, Kreativ- und Spezialagenturen voraus, eine Verschmelzung dieser Hand-lungsbereiche hat jedoch nicht stattgefunden.

Kreative Media-Ideen, ‚Ambient Media'[11] und die Integration von PR-, Pro-motion- oder Sponsoringmaßnahmen in Mediastrategien stellen den Interviewer-gebnissen zufolge ein zentrales Instrument der Media-Branche im Wettbewerb um die Aufmerksamkeit der Mediennutzer dar. Viele Medienunternehmen haben be-reits auf die Nachfrage der Agenturen reagiert und eigene Abteilungen für die Ent-wicklung und Betreuung von Sonderwerbeformen und Vermarktungspaketen einge-richtet. Es bleibt jedoch abzuwarten, ob der Boom innovativer Media-Lösungen nicht erneut Ermüdungserscheinungen bei den Mediennutzern provoziert. Zum einen liegt es nahe, dass ein ‚inflationärer' Einsatz von Sonderwerbeformen Ge-wöhnungseffekte bei den potenziellen Konsumenten hervorruft und diese Werbe-träger ihre besondere Wirkungskraft verlieren. Zum anderen birgt das Eindringen der Werbung in nahezu alle Lebensbereiche und Orte (Gaststätten, Universitäten und Schulen, Discotheken, Fitnesscenter, Flugzeuge, Sanitärräume von Kinos und Kneipen usw.) das Risiko einer verstärkten Abwehrhaltung gegenüber werblicher Kommunikation.

‚Creative Media' erfordert daher eine besonders gezielte Auswahl und Platzie-rung der Werbeträger sowie eine hohe Affinität der Werbemaßnahmen zum Produkt und zur Zielgruppe, sollte also keine bloße „Kreativität um der Kreativität willen" (ZI) darstellen.

---

11   ‚Ambient Media' ist ein Sammelbegriff für die Vielzahl von Werbemöglichkeiten an Gegenstän-den und Orten, deren ursprünglicher Zweck nichts mit Werbung zu tun hat (Zapfpistolen, Ein-trittskarten, Schriftzüge in Getreidefeldern etc.). In England gibt es bereits das ‚Cow Poster': Die Kühe verschaffen ihren Besitzern ein zusätzliches Einkommen, indem sie Textilposter mit Werbe-aufdrucken tragen, während sie – natürlich gut sichtbar – auf der Weide stehen. (Vgl. Winter 2000: 58-59).

Literatur

Cuntz, Chr. F. (1999): Anforderungen an die Fernsehzuschauerforschung aus Sicht der Agenturen. In: AGF-Forum '98 (Manuskript der Tagung vom 12.11.1998 in Wiesbaden), 34-38.

Demand, Th. (1999): Die Gleichmacher. In: Horizont, Nr. 16/99, 16.

Heinemann, K.; Ludes, P. (1978): Zeitbewußtsein und Kontrolle der Zeit. In: Hammerich, K.; Klein, M. (Hrsg.) (1978): Materialien zur Soziologie des Alltags. Sonderheft 20 der Kölner Zeitschrift für Soziologie und Sozialpsychologie, 214-231.

Lintemeier, K.; Wiegers, H. (1994): Komplexitätsbewältigung durch Dialogmanagement. In: Schüller, A.; Schlange, L. E. (Hrsg.) (1994): Komplexität und Managementpraxis. Reale Visionen zum Komplexitätsmanagement. Stuttgart, 109-129.

Lippert, W. (1993): Lexikon der Werbebegriffe. Düsseldorf/Wien.

N. N. (1997): (ohne Titel). In: Werben & Verkaufen, Nr. 39/97 vom 25.09.1997, 9.

Pfannenmüller, J. (1999): Bitte, sieh mich an. In: Werben & Verkaufen, Nr. 23/99, 126-127.

Schmidt, S. J. (1996): Die Welten der Medien. Grundlagen und Perspektiven der Medienbeobachtung. Braunschweig/Wiesbaden.

Schmidt, S. J.; Spieß, B. (1996): Die Kommerzialisierung der Kommunikation. Fernsehwerbung und sozialer Wandel 1956-1989. Frankfurt am Main.

Tropp, J. (1997): Die Verfremdung der Werbung. Eine Analyse zum Zustand des Werbewirtschaftssystems. Opladen.

Werben & Verkaufen (1999): Anzeige der Yahoo Deutschland GmbH. In: Werben & Verkaufen, Nr. 6/99 vom 12.02.1999, 159.

Winter, K. (2000): Werbung liegt auf der Straße. In: Horizont Magazin Der Wert der Werbung, Nr. 2/2000, 58-62.

ZAW (Zentralverband der deutschen Werbewirtschaft) (1999): Werbung in Deutschland 1999. Bonn.

Jörg Tropp
Marken, Medien und Zielgruppenmanagement

Vor dem Hintergrund der digitalen Entwicklungen im Mediensystem ist es an der Zeit, das Zusammenspiel von Marken, Medien und dem Management von Zielgruppen zu überdenken und neu zu positionieren. Wenn es dem Leser beim Lesen dieser These genauso ergeht wie mir beim Schreiben derselben, dann ist bereits ein wichtiges Ziel dieses Beitrages erreicht: Zu erfahren, dass die Kommunikation über die neuen Medien einen derartig inflationären Charakter angenommen hat, dass die Frage nach dem Wert derselben in den Mittelpunkt des kommunikationstheoretischen Erkenntnisinteresses rückt. Berücksichtigt man weiterhin den breit publizierten Diskussionsstand in Sachen „New Economy": „Die Produktivität ist durch das Internet bisher nicht nachweislich gestiegen. Die neue Ökonomie bleibt ein Konjunktiv" (DIE ZEIT, Nr. 22/2000: 32), drängt sich die Schlussfolgerung auf: Die neuen Medien sind nicht (mehr) viel wert.[1]

Baut also die New Economy auf dem Prinzip der Wertlosigkeit auf? Ist das der Grund, warum downloads kostenlos sind? Schade ich dem Wert meiner Marke, wenn ich E-Commerce im WWW betreibe? Und überhaupt: Worin liegt eigentlich der Wert des Internet für die Markenführung und das Zielgruppenmanagement?

Aus der Praxisperspektive versuche ich im folgenden die Beantwortung dieser letzten Frage, wobei ich als Antwort die Hypothese vertreten werde: Der Wert des Internet liegt darin, dass es maßgeblich die Karriere von zwei interagierenden Kon-

---

1   Dieser Beitrag will die Tradition programmatischer Beiträge fortsetzen, „die immer mehr versprechen, als sie halten können" (Schmidt 1999: 119).

zepten zur Markenführung und zum Zielgruppenmanagement gefördert hat, nach wie vor fördert und vor allem inhaltlich korrigiert: Ich spreche von Integration und Kommunikation.

Kommunikation

Das Internet und besonders sein multimedialer Dienst das World Wide Web haben dank ihres zentralen Kriteriums der Interaktivität[2] das Verständnis von Kommunikation in der Werbebranche zurechtgerückt. Durch die Möglichkeit des Konsumenten auf den Kommunikationsprozess mit dem Produzenten einzuwirken, ja zu bestimmen, was überhaupt wie per Mouse-Click auf dem Screen erscheinen soll und was nicht, hat die Metapher des Transportes von intendierten Bedeutungen von einem Sender zu einem Empfänger endgültig ihre Erklärungskraft verloren. Die Konstruktion von Bedeutungen in autonomen kognitiven Systemen (Schmidt 1994) ist das Modell, das sich heute zur Erklärung von Kommunikation im allgemeinen und von Kommunikationswirkungen im besonderen auch in der Werbebranche durchsetzt. Damit verliert das Unternehmen als Sender seine kommunikative Vorrangstellung zugunsten der Hoheit des Konsumenten, was seine Aufmerksamkeit und sein Verstehen von der wie auch immer medial realisierten Mitteilung angeht. Die kommunikative Macht des werbungtreibenden Unternehmens ist dahin. Das Internet-Unternehmen Yahoo! bringt die neuen Verhältnisse unter dem Stichwort „Permission Marketing" auf den Punkt: „Wie erhalte ich vom Kunden die Erlaubnis, ihn mit Informationen versorgen zu dürfen?" (ONEtoONE 2000: 16). Die Unternehmen substituieren das schale Gefühl des kommunikativen Machtverfalls mit der Entdeckung der Power der Beziehungsebene der Kommunikation. Ganz im Sinne von Watzlawick et al. (1990) erkennen die Unternehmen, dass mit den Massenmedien zwar eine Marke öffentlich inszeniert werden kann, aber der Wert der Markenkommunikation heute besonders auf der Ebene der *Beziehung* mit dem Konsumenten geschaffen werden muss.[3] Eine Vielzahl von Schlagworten hat sich dafür mittlerweile etabliert: von Direkt-Marketing und Dialog-Kommunikation über One-to-One-Kommunikation bis hin zum aktuellen Megastar unter den kommunikativen Erfolgsrezepten dem Customer Relationship Management / CRM. Im Vordergrund steht die durch das Internet vorangetriebene bedingungslose Kundenzentrierung und die damit einhergehende konsequente Ausrichtung der Unternehmensaktivitäten an einem Kundennutzen. Dies betrifft nicht nur die Markenkommunikation, sondern alle absatzpolitischen Instrumente eines Unternehmens. Das Ziel des Customer Relationship Managements ist die Steigerung der Kundenzufriedenheit und die damit einhergehende erhoffte langfristige Bindung des Konsumenten an das

---

2   Mit Interaktivität ist hier die technologisch begründete Möglichkeit des aktiven Eingreifens des
     Konsumenten in den Ablauf des Kommunikationsprozesses gemeint.
3   Die Marketinganstrengungen konzentrieren sich heute entsprechend auf Schaffung und Steigerung
     von „brand equity" *und* „customer equity".

Unternehmen bzw. die Marke. Damit tritt die Markenbeziehung als neuer strategischer Erfolgsfaktor neben den Klassiker Markenimage. Für die Unternehmen hat dies einschneidende Folgen. Sie müssen sich von ihrer bewährten und gemütlichen funktional ausgerichteten Organisation verabschieden und eine schnelle Prozessorganisation etablieren, die sich konsequent an den Kundenbedürfnissen orientiert. Um sich überhaupt an den konkreten Bedürfnissen des Kunden orientieren zu können, muss erst die Voraussetzung dafür geschaffen werden, dass dem Unternehmen diese überhaupt bekannt sein können. Dafür ist im Unternehmen eine hochmoderne IT-Architektur unerlässlich, in deren Zentrum eine zentrale Datenbank steht, in der alle Informationen über den Kunden gespeichert werden. Diese werden per Datamining-Verfahren korreliert, damit eine erfolgsprognostizierende Steuerung zukünftiger Kommunikationsmaßnahmen des Unternehmens erfolgen kann – eben ausgerichtet an den aktuellen antizipierten Bedürfnissen des Kunden. Deutlich wird, dass aus Unternehmenssicht die Digitalisierung der Medien nicht länger ein Umweltphänomen im Mediensystem ist, sondern dass ohne modernste Infomationstechnologie Unternehmen heute keine Beziehung mit ihren Konsumenten aufbauen können. Deutlich wird aber auch, dass Customer Relationship Management zwar auf die Optimierung der Beziehung Marke – Kunde zielt, dies aber durch eine *Optimierung der Informationsebene qua Individualisierung* der Kommunikationsinhalte erzielt werden soll. Denn es wird sich nichts daran ändern, dass die Informationskonstruktion des Konsumenten – beispielsweise im Rahmen des Lesens einer an ihn persönlich adressierten E-Mail seines Autohändlers – auch weiterhin im Sinne von Watzlawick et al. durch eine ökonomisch-werbliche Beziehung zum Kommunikationspartner determiniert wird. Die Beziehungsbrille der Werbung dient dem Konsumenten auch bei CRM-basierten Kommunikationsmaßnahmen als Interpretationsrahmen. Insofern findet also keine „Entwerblichung" der Beziehung statt. Wer dies meinen sollte, revitalisiert den Mythos der geheimen Verführer und die dazugehörige Grundsatzdiskussion zum Thema unterschwellige Werbung (siehe zusammenfassend Brand 1978).[4]

Festhalten lässt sich, dass das Internet einerseits maßgeblich zur Verabschiedung des Transportgedankens von Bedeutungen im werblichen Kommunikationsprozess beigetragen hat und der Konsument eine vor zehn Jahren noch nicht erahnte kommunikative Souveränität erlangt hat. Andererseits und damit zusammenhängend hat das Internet auch entscheidend zur Ausdifferenzierung des Kommunikationsbegriffs in der Praxis beigetragen: Der massenmedialen Markenimage-Kommunikation ist eine sich am Kundenlebenszyklus orientierende Individualkommunikation anbeigestellt worden, deren Planungsgrundlage ein prozessuales

---

4 Eine abenteuerliche Alternative ist es, die „Humanisierung in der Welt des Marketing" als die große Herausforderung an unser Marketing zu identifizieren: „Im Klartext: Wir sprechen nicht mehr von Zielgruppen, Käufern und Konsumenten – denn das sind nur **Rollen**, die Menschen im Markt spielen. Wir sprechen von diesen Menschen als Menschen und sprechen diese Menschen als Menschen an." (Disch 2000: 10; Hervorh. im Original) Mit einer nicht-ökonomischen „kommunikativen Rationalität" (Habermas 1981) kann leider in der Marketingpraxis kein Geld verdient werden. Aber darum geht es dort.

kundenwertorientiertes Zielgruppenmanagement ist. Durch das Anbieten von Informationen und Angeboten, die passgenau auf die aktuellen individuellen Kundenbedürfnisse zugeschnitten sind, sollen die Konsumenten langfristig an das Unternehmen bzw. die Marke gebunden werden.

Im folgenden Schaubild ist ein Kommunikationskonzept zur Markenführung und zum Zielgruppenmanagement modelliert, das sich in der Verknüpfung der Ziel- und Maßnahmenebene am *Kundenlebenszyklus* orientiert.

Abb. 1: Der Kundenlebenszyklus als Instrument zur Kommunikationsplanung

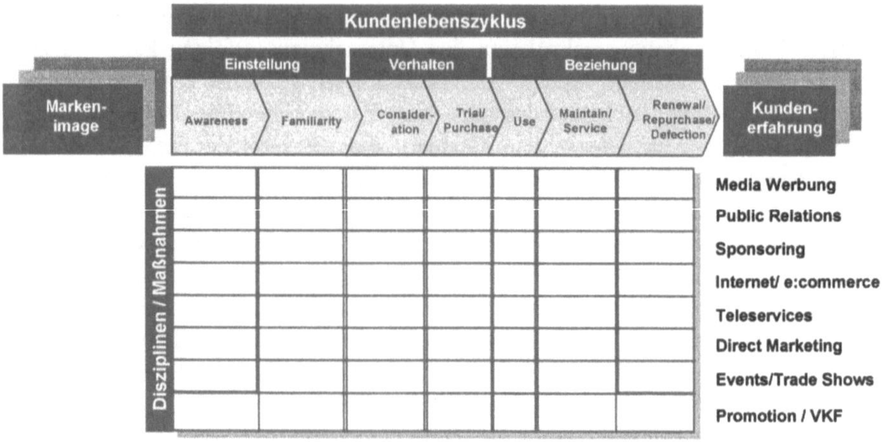

Integration

In dem äußerst modesensiblen und adaptionsprofessionellen Werbe(wirtschafts)system werden jegliche gesellschaftlichen Innovationen in der Umwelt des Werbesystems auf ihre Systemimportfähigkeit, also auf ihre werbliche Verwertbarkeit abgeklopft (vgl. Tropp 1997). Die Karriere des Integrationsbegriffs im Kontext von Überlegungen und Konzepten zur Markenführung und zum Zielgruppenmanagement ist daher nicht weiter verwunderlich. Ist es doch besonders der hippen Hyperlinkstruktur des World Wide Web zu verdanken, dass Vernetzung und Integration in den werblichen Alltag eingezogen sind. Die Redeweise von Integration ist mittlerweile in die unterschiedlichsten werblichen Kontexte diffundiert, sei es im Rahmen der Analyse des sozialen Netzwerkes der Beziehungen von Zielgruppen und Zielpersonen, der Diskussion über lineare monokausale Wirkungen vs. Netzwerke von interdependenten Wirkungszusammenhängen oder eben bei der Konzeption der Hyperlinkstruktur von WWW-Sites. Ohne Integration geht heute in der Werbung nichts mehr. Sie ist das neue Paradigma für erfolgreiche Markenführung und effektives und effizientes Zielgruppenmanagement. Gerade im Bereich des Zielgruppenmanagements wird der Integrationsgedanke besonders aufdringlich. Terminologisch sind in der Werbebranche aus Zielgruppen heute Stakeholder geworden, die sich durch ihre Vielfalt und Heterogenität auszeichnen und die von den Agenturen und Unternehmen in der Kommunikationsplanung *integriert* berücksichtigt werden müssen. Was (Information) wie über eine Marke mitgeteilt wird, muss sich einerseits an den spezifischen und sehr spezialisierten Erwartungen der jeweiligen Zielgruppe orientieren, wenn das Kommunikationsangebot von Relevanz sein soll. Andererseits muss dasselbe Kommunikationsangebot gleichzeitig zu einem widerspruchsfreien konsistenten Gesamterscheinungsbild einer Marke beitragen, wenn nicht eine klare Identität und Positionierung einer Marke verwässert werden soll. Ob dies als glaubwürdig oder gar als Paradoxon wahrgenommen und enttarnt wird oder nicht, entscheiden natürlich nicht die Unternehmen und ihre Agentur(en), sondern der einzelne als Mitglied einer Ziel- oder Anspruchsgruppe des Unternehmens. Dabei ist auch und gerade die Gruppe der Mitarbeiter des Unternehmens eingeschlossen. Am Beispiel des Unternehmens British Airways lässt sich die zeitliche Entwicklung der Bedeutung von unterschiedlichen Zielgruppen für ein Unternehmen verfolgen, die durch die variierende Allokation von Managementzeit und Budgets zum Ausdruck kommt.

Abb. 2: Integriertes Zielgruppenmanagement am Beispiel British Airways
(vgl. Payne & Rapp 1999: 15).

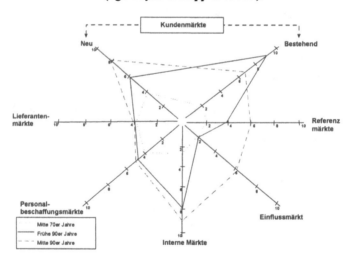

Um den Einzelnen als Mitglied einer Zielgruppe integriert managen zu können, ist die bereits erwähnte hochmoderne IT-Architektur im Unternehmen unabdingbar. Erst diese ermöglicht auf operativer Managementebene die Umsetzung von Strategien zur integrierten Zielgruppenansprache. Und auch hier ist Integration präsent. Mit Hilfe von digitalen datenbankgestützten Campaign Management Tools wird im Unternehmen oder der Agentur die Kontaktaufnahme mit dem Konsumenten individuell gesteuert. Dank der Digitalität wächst das Instrumentarium zum Zielgruppenmanagement mit dem Medium der Kontaktaufnahme zusammen: Das individuelle datenbankgenerierte Kommunikationsangebot wird direkt über das Internet dem Konsumenten auf seinem Endgerät zur Verfügung gestellt. Ob es sich dabei um eine SMS-Nachricht oder eine WAP-taugliche WWW-Site für das Mobiltelefon oder um eine klassische E-Mail für den PC handelt, spielt dabei keine Rolle. Die These von der Konvergenz der Medien darf sich daher nicht auf Integrationstendenzen im apparativen Medienbereich begrenzen. Zu beobachten ist auch eine Konvergenz der Prozesse und zwar des Zielgruppenmanagements und der Medialisierung von Kommunikationsangeboten in Unternehmen und Agenturen sowie der interaktiven Rezeption derselben durch den Konsumenten. Genau das soll die heutige Redeweise vom „Prosumenten" zum Ausdruck bringen.

Nicht unerwähnt bleiben darf die durch das Internet vorangetriebene Integration von Kommunikation und wirtschaftlicher Transaktion. Der bekannte Versandhandel mit seinem Bestellinstrument des Kataloges entwickelt sich als WWW-Site zum E-Commerce, bei dem kommunikative Kategorien wie Informationen über das Produkt, die Art deren Mitteilung sowie das Verstehen derselben in ein und demselben Medium mit ökonomischen Kategorien wie dem Bestellvorgang, dem Zahlungsakt und – im Falle von digitaler Materialität des gekauften Produktes – auch der Distribution zusammenfallen. Kommunikationswissenschaftliche Medientheorien werden daher nicht umherkommen, sich nach Fusionsmöglichkeiten mit ökonomischen Theorieangeboten umzusehen, wollen sie auch zukünftig plausibel das Internet als Medium beschreiben.

Führt man die vorgetragenen Überlegungen zu Kommunikation und Integration zusammen, kann gesagt werden, dass dank der zunehmenden Bedeutung des Internet die klassische massenmediale Werbung in ihrer Funktionalität spezifiziert wird. Sie muss sich heute mehr denn je darauf konzentrieren, einer Marke im Getöse des Mediensystems Gehör (= awareness) zu verschaffen. Das Internet hingegen treibt die Indiviudualkommunikation zwischen Marke und Konsumenten voran. Der Markenführung muss daher heute ein integrierter Planungsprozess zugrunde liegen, der den Aufbau der individuellen Beziehung zum Kunden genauso zum Ziel hat wie die Schaffung von folgenreicher Aufmerksamkeit für massenhaft kommunizierte Markenimages. Integrierte Kommunikation lautet die zusammenfassende Formel, die die Entwicklungen im Mediensystem mit dem Management von Marken und Zielgruppen synchronisiert.

Integrierte Kommunikation

In der Praxis ebenso wie in der wissenschaftlichen Literatur zum Thema Integrierte Kommunikation konzentrierte sich die Diskussion in den letzten Jahren auf Planungs- und Managementaspekte.

„Unter der integrierten Unternehmenskommunikation wird ein Prozess der Planung und Organisation verstanden, der darauf ausgerichtet ist, aus den differenzierten Quellen der internen und externen Kommunikation von Unternehmen eine Einheit herzustellen, um ein für sämtliche Zielgruppen konsistentes Erscheinungsbild über das Unternehmen zu vermitteln" (Bruhn 1995: 13, siehe auch Derieth 1995).

Im Vordergrund steht dabei entsprechend ein Integrationskonzept, das nach der Realisation von Integrations*formen* fragt. Bruhn (1995) unterscheidet zwischen der inhaltlichen, formalen und zeitlichen Integrationsform. In der Praxis wurde besonderes Augenmerk auf die formale medienübergreifende Integration der Kommunikationsangebote gelegt, die durch die Einhaltung formaler Gestaltungsprinzipien wie einheitliche Logos, Schrifttypen, Farben etc. erwirkt werden soll.[5] Mitte der neunziger Jahre jedoch stellte die Praxis mit ihrer Entdeckung des World Wide Web als Werbemedium ihren Leitsatz der formalen Integration selbst in Frage: Nicht nur dass der User entscheidet, mit welcher Bildschirmauflösung er ein Kommunikationsangebot betrachten möchte. Mit der Einstellung seines Browsers entscheidet er vielmehr, ob er überhaupt formale Integrationshilfsmittel wie Logos, Bilder und Produktfotografien wahrnehmen möchte, oder lieber eine ladezeitschnellere Textversion bevorzugt – womit sich formale Integrationswünsche seitens eines Unternehmens erledigt haben.

Mit dem Integrationsbegriff daher vornehmlich auf ein konsistentes Erscheinen der Kommunikationsangebote eines Unternehmens zu fokussieren, wird mit der zunehmenden Verbreitung der digital-technologisch bedingten Interaktivität aller audiovisuellen Medien immer obsoleter. Für Überlegungen betreffend die Ebene der Markenführung ist entsprechend zu konstatieren, dass mit dem Konzept der Integrierten Kommunikation nicht lediglich der auf Domizlaff und seiner Markentechnik beruhende Gedanke der Selbstähnlichkeit einer Marke fortgeschrieben wird.[6] Dies würde nicht das treffen, was sich Unternehmen und Agenturen vom Konzept der Integrierten Kommunikation heute erhoffen. Ein zentrales Ergebnis der aktuellen Studie von Bruhn und Boenigk (1999) zum Entwicklungsstand der Integrierten Kommunikation in deutschen Unternehmen gibt Hinweise auf die inhaltliche Ausrichtung:

„*Beweggründe des Einsatzes einer Integrierten Kommunikation* sind vor allem die wachsende Zahl der Kommunikationsinstrumente sowie die steigende Informationsüberlastung der Konsumenten. Ge- und Verbrauchsgüterhersteller sehen in der Integrierten Kommunikation darüber hinaus vor allem die Chance, der wachsenden Medienvielfalt zu begegnen." (ebd.: 102; Hervorh. im Orig.).

---

5   Auch wenn dies nicht immer gelungen ist. So stellt das Manager Magazin (April 1998: 143) süffisant fest: „Oft scheitern die ganzheitlichen Exerzitien bereits daran, daß TV-Kampagne und Werbebrief in ihrem Erscheinungsbild nicht übereinstimmen."

6   „Strengste Gleichmäßigkeit der Beschaffenheit ist die Vorbedingung für die Lebenssicherheit einer Markenware" (Domizlaff 1992: 50). Siehe auch die strikt in der Domizlaffschen Tradition stehenden Veröffentlichungen des Instituts für Markentechnik in Genf (z. B. Brandmeyer et al. 1995; Brandmeyer & Deichsel 1997).

Die neuen Medien haben das Spektrum der Kommunikationsmöglichkeiten quantitativ aber auch qualitativ immens erweitert und damit den Unternehmen in ihrem Alltag der Markenführung weitere unbequeme Entscheidungsoptionen aufgehalst. Deswegen verbirgt sich hinter dem Konzept der Integrierten Kommunikation vor allem die Schaffung und sozialstrukturelle Verankerung einer Beobachterperspektive, die den Akteuren im Handlungsbereich der Produktion von Marken im allgemeinen und Markenkommunikation im speziellen Erleichterung und Sicherheit verschafft. Eine Perspektive, von der aus die durch die Vielzahl von nicht mehr verknüpfbaren Einzelmaßnahmen entstandene unerträglich gewordene interne Komplexität eines Markensystems reduziert werden kann.[7] Wenn eine Hauptfunktion der Marke ist – und darüber herrscht in der einschlägigen Literatur breiter Konsens –, dass diese dem Konsumenten Orientierung gibt und entscheidend zur Risikominderung bei der Einkaufswahl beiträgt, dann suchen die Marketingabteilungen und ihre Werbeagenturen heute danach, wie sie „Integrierte Kommunikation" zu einer Marke aufbauen und sich damit Handlungsorientierung verschaffen können. Der Schlüssel für diese Beobachterperspektive liegt in der Differenz *to be in* vs. *to be in between*, wobei letzteres der positive Wert der Unterscheidung ist: Vernetzen, nicht isolieren. „Sobald die Beziehungen *zwischen* den Teilen eines Systems stärker hervortreten – und dies ist ja gerade bei sehr komplexen Systemen der Fall – und man seine Analyse auf diesen Beziehungen aufbaut, tritt die Bedeutung der System*teile* zurück." (Vester 1997: 74, Hervorh. im Orig.)

Der Interaktion der Elemente eines Markensystems, nicht den einzelnen Elementen muss die Beachtung zukommen. Der Wunsch nach der ganzheitlichen Beobachtungs- und Steuerungsmöglichkeit einer Marke mit dem wirtschaftlichen Zweck der Effizienzoptimierung steht damit zur Erfüllung. Die Suche nach dieser Perspektive und ihres Handlungsinstrumentariums versteckt sich hinter der aktuellen Diskussion über Integrierte Kommunikation in Marketing und Werbung. Ansätze, die Integrierte Kommunikation nicht nur als ein Planungs- und Managementinstrumentarium auffassen, sondern darüber hinaus auf der Ebene der identitätsorientierten Unternehmensführung argumentieren (siehe z. B. Robers 1999; Birkigt & Stadler 1998), kommen daher den Bedürfnisverhältnissen der Praxis weitaus näher.

Insofern kann man die eingangs gestellte Frage nach dem Wert des Internet für die Markenführung und das Zielgruppenmanagement als gar nicht hoch genug einstufen. Die an die Entwicklung des Internet geknüpfte Karriere des Konzeptes der Integrierten Kommunikation weist die Praxis darauf hin, dass sie erst durch die Vernetzung ihres hochspezialisierten Expertentums – selbstverständlich einschließlich des Bereiches der Neuen Medien – eine Chance hat, die Komplexität der heutigen Verhältnisse in den Griff zu bekommen.

---

7   „Als komplex wollen wir eine zusammenhängende Menge von Elementen bezeichnen, wenn auf
     Grund immanenter Beschränkungen der Verknüpfungskapazität der Elemente nicht mehr jedes
     Element jederzeit mit jedem anderen verknüpft sein kann." (Luhmann 1991: 46).

Literatur

Birkigt, K.; Stadler, M. M. (1998): Corporate Identity. 9., völlig überarb. Aufl. Landsberg/Lech.

Brand, H. W. (1978): Die Legende von den „geheimen Verführern". Kritische Analysen zur unterschwelligen Wahrnehmung und Beeinflussung. Weinheim/Basel.

Brandmeyer, K.; Deichsel, A.; Otte, Th. (Hrsg.) (1995): Jahrbuch Markentechnik 1995. Frankfurt am Main.

Brandmeyer, K.; Deichsel, A. (1997): Jahrbuch Markentechnik 1997/98. Frankfurt am Main.

Bruhn, M. (1995): Integrierte Unternehmenskommunikation. Ansatzpunkte für eine strategische und operative Umsetzung integrierter Kommunikationsarbeit. 2. überarb. u. erw. Aufl. Stuttgart.

Bruhn, M.; Boenigk, M. (1999): Integrierte Kommunikation. Entwicklungsstand in Unternehmen. Wiesbaden.

Derieth, A. (1995): Unternehmenskommunikation. Eine Analyse zur Kommunikationsqualität von Wirtschaftsorganisationen. Opladen.

DIE ZEIT (Nr. 22/2000): Der Ball bleibt rund. (25. Mai 2000, 32).

Disch, W. K. A. (2000): Der Mensch im Mittelpunkt. Endlich. In: Marketing Journal, 1/2000, 3-11.

Domizlaff, H. (1992): Die Gewinnung des öffentlichen Vertrauens. Ein Lehrbuch der Markentechnik. Hamburg.

Habermas, J. (1981): Theorie des kommunikativen Handelns. Bd. 1. Frankfurt am Main.

ONEtoONE (29. Mai 2000): Permission Marketing – Die neue Herausforderung.

Luhmann, N. (^{4}1991): Soziale Systeme. Grundriß einer allgemeinen Theorie. Frankfurt am Main.

Manager Magazin (April 1998): Der neue Maßstab. Hamburg, 139-150.

Payne, A.; Rapp, R. (1999): Relationship Marketing: Ein ganzheitliches Verständnis von Marketing. In: Dies. (Hrsg.) (1999): Handbuch Relationship Marketing. Konzeption und erfolgreiche Umsetzung. München, 3-16.

Robers, D. (1999): Integrierte Marketing-Kommunikation von Konzernen. Wiesbaden.

Schmidt, S. J. (1994): Kognitive Autonomie und soziale Orientierung. Konstruktivistische Bemerkungen zum Zusammenhang von Kognition, Kommunikation, Medien und Kultur. Frankfurt am Main.

Schmidt, S. J. (1999): Blickwechsel. Umrisse einer Medienepistemologie. In: Rusch, G.; Schmidt, S. J. (Hrsg.) (1999): Konstruktivismus in der Medien- und Kommunikationswissenschaft. DELFIN 1997. Frankfurt am Main, 119-145.

Tropp, J. (1997): Die Verfremdung der Werbung. Eine Analyse zum Zustand des Werbewirtschaftssystems. Opladen.

Vester, F. ([10]1997): Neuland des Denkens. Vom technokratischen zum kybernetischen Zeitalter. München.

Watzlawick, P.; Beavin, J. H.; Jackson, D. D. ([8]1990): Menschliche Kommunikation.
Formen, Störungen, Paradoxien. Bern/Stuttgart/Toronto.

Thomas Schierl

Netvertising – Eine kopernikanische Wende in der Werbung?

Der Online-Kommunikation gehört die Zukunft, dies scheint zumindest die aktuelle Entwicklung des Internet nahezulegen. Die Zahl der Online-Nutzer wächst weltweit mit atemberaubender Geschwindigkeit,[1] aber noch beeindruckender ist die Zunahme der Online-Anbieter, die sich um die Aufmerksamkeit und Beachtung dieser wachsenden Nutzerscharen bemühen. Alleine die Zahl der DE-Domains hat sich in den vergangenen zwei Jahren rund verzehnfacht.[2]

Wie hoch das wirtschaftliche Potenzial des Internet eingeschätzt wird, spiegeln die Finanzmärkte wider, die inzwischen Aktienwerte der so genannten New Economy und Old Economy unterscheiden. Aktien der „New Economy", wie v. a. Internet- aber auch Telekommunikationstitel, werden mit bisher unvorstellbaren Kurs/Gewinnverhältnissen von den Anlegern bewertet – wenn auch die erheblichen Kurseinbrüche in der jüngsten Vergangenheit deutlich belegt haben, dass die hohen Börsengewinne der vergangenen Jahre wohl mehr auf den großen Hoffnungen der Anleger als auf überzeugenden Unternehmensdaten beruhten. In vollem Bewusstsein, dass diese Unternehmen in den nächsten Jahren anstatt von Gewinnen nur

---

1   In Deutschland hat sich die Zahl der Internet-User in den letzten zwei Jahren mehr als verdoppelt. Laut einer forsa-Umfrage gibt es momentan (Stand März 2000) ca. 14 Mio. Online-User in Deutschland (MediaGruppe Digital 2000). Der aktuelle GfK-Online Monitor weist hingegen rund 16 Mio. User aus (GfK 2000).

2   Noch nicht beachtet sind hierbei alle COM-, NET- und ausländischen Domains. Entwicklung und aktueller Stand der angemeldeten DE-Domains unter http://www.de nic.de.

hohe Verluste erwirtschaften werden, investieren die Anleger schwindelerregende Summen in die Zukunft des Internet-Marktes. Dabei hat allerdings die aufgrund der Entwicklungs-Phantasien des Marktes hohe Bewertung des Themas inzwischen schon fast etwas reflexartiges an sich. Ein Dilbert-Strip trifft die augenblicklich etwas irrational anmutende Stimmung sehr gut.

Abb. 1: Risikokapital

Auch oder gerade im Bereich der Marketingkommunikation werden vielfach einschneidende Veränderungen durch das Online-Marketing vorausgesagt. In der Folge lässt sich, vom Groß- bis zum Kleinst-Unternehmen, kaum noch eine Firma finden, die nicht im Internet präsent ist. Auch wenn vielen die Ziele des eigenen Online-Auftrittes selbst nicht klar sind, und wohl immer noch der Gedanke „dabei sein zu müssen" die häufigste Motivation darstellt, scheint es für die meisten Multimediaagenturen und Internetvermarkter ausgemacht, dass Technologie und Nutzung des Internet „Change Agent für die fundamentale Veränderung des Marketing" sein werden (Heine 1999: 64).

Es stellt sich allerdings die Frage, ob diese Einschätzung auch einer differenzierteren Betrachtungsweise standhält. Im weiteren soll deshalb untersucht werden, ob durch Netvertising[3] bzw. Online-Werbung wirklich einschneidende Veränderungen der Werbung ausgelöst werden. Dazu soll zuerst erörtert werden, inwieweit sich Netvertising und klassische Werbung voneinander unterscheiden, um dann aufgrund dieser Differenzen mögliche Veränderungen für die Werbung im Allgemeinen prognostisch ableiten zu können.

Personalisierung und Dialogfähigkeit

Die Euphorie gegenüber dem Internet als Werbeträger basiert in erster Linie auf zwei Charakteristika des Nets, erstens seiner Dialogfähigkeit sowie zweitens der durch die technischen Modalitäten gegebenen Möglichkeit eines hohen Personalisierungsgrades werblicher Kommunikationsangebote.

---

3   Netvertising oder auch Webvertising sind Kunstwörter für Advertising (Werbung) im Net bzw. Web (siehe auch König 1996: 298).

Gerade der zweite Punkt, die mögliche hohe Personalisierung der werblichen Online-Kommunikation, ist für das Marketing von besonderer Bedeutung. Aufgrund der technischen Gegebenheiten des Internet lassen sich die Nutzung und die Nutzerstrukturen sehr viel besser als bei anderen Werbeträgern kontrollieren. Automatisch erstellte Log-Files ebenso wie eine für die Zugangserlaubnis zu bestimmten Teilen eines Internet-Angebotes obligatorische Registrierung geben den Betreibern einer Site einen guten Eindruck von den Bedürfnissen eines Users und – via angegebener E-Mail-Adresse – auch die Möglichkeit mit diesem in Kontakt zu treten. So können User über eine Veränderung auf einer Site, beispielsweise ein aktuelles Angebot, jeweils kurzfristig und ohne nennenswerten finanziellen wie zeitlichen Aufwand informiert werden.

Ein weiterer Schritt in Richtung Personalisierung stellen die neuen Angebote von Internet-Unternehmen dar, die dem User Geld für die Registrierung seiner Daten und seines Surfverhaltens bieten. Die Daten werden den verschiedenen Werbepartnern in anonymisierter Form zur Verfügung gestellt, damit diese ihre Werbung effizienter, also ohne große Streuverluste, schalten können. Reisewerbung bekommt mit Hilfe dieser Daten nur noch derjenige Nutzer zu sehen, der sich auch für Reisen interessiert, und Nutzer ohne Führerschein bekommen erst gar keine Autowerbung präsentiert. Der Nutzen ist für beide Seiten gegeben: Die Werbetreibenden haben weniger Streuverlust, und die User werden nicht mit für sie irrelevanten Werbebotschaften genervt.[4]

Während die Etablierung der ersten TV-Spartenkanäle eine Wandlung vom broad casting hin zum narrow casting, also zu einer zielgenaueren Ansprache via elektronischer Medien, ermöglichte, leitete das Internet aufgrund der möglichen Transparenz der Nutzungs- und Konsumdaten eine mögliche Wandlung vom narrow casting zum personal casting ein (siehe dazu auch Koch 1995). Jungen Eltern können ganz gezielt Informationen über Babypflegeprodukte übermittelt oder an Streetball interessierten Usern die neusten Sportschuhkreationen angeboten werden. Und da online getätigte Warenbestellungen eines Nutzers gespeichert und analysiert werden können, wäre es für die werbetreibenden Unternehmen durchaus möglich, gerade solchen Konsumenten, die beständig ein Konkurrenzprodukt kaufen, das eigene Produkt zielgenau zu dem Zeitpunkt anzubieten, an dem das jeweilige Produkt, ausgehend von den zurückliegenden Konsumintervallen, aufgebraucht sein müsste (Wynands 1995: 143f.). Für Werbetreibende wird es also möglich, nicht nur wie bisher demographische Segmente, sondern auch individuelle Haushalte mit einem klar definierten Konsumverhalten anzusprechen.

Ebenso wird die Dialogfähigkeit des Internet als besonders einschneidende Veränderung in der Marktkommunikation hervorgehoben. Dialogfähigkeit bedeutet, dass es möglich ist, mit dem Verbraucher selbst in einen individuellen Dialog ein-

---

4   Auf einem ähnlichen Prinzip basiert auch die neue Geschäftsidee einer deutschen Firma, die die Daten von Usern mit E-Mail Adressen registriert und diese dann wiederum an Werbetreibende versteigert. 40 Prozent des Versteigerungserlöses erhält dann jeweils der Adressengeber zurück (Handelsblatt vom 27.4.2000).

zutreten. Dies lässt weitreichende Veränderungen in der Form zu, dass die bisherigen traditionellen Grenzen zwischen Werbung, Sales Promotion, Direktmarketing und Vertrieb zunehmend durchlässiger werden. Der Hersteller bzw. Werbetreibende wird so in die Situation eines *personal salesman* versetzt (Merkle 1995).

Der Vorteil der Dialogfähigkeit werblicher Internet-Kommunikation liegt in ihrem Potenzial, Herstellern, Werbeagenturen wie Konsumenten eine ganz andere Intensität der Kommunikation als auch generell andere Kommunikationsmöglichkeiten zu erschließen. So können vom Verbraucher zum optimalen Zeitpunkt, nämlich dann, wenn das Produkt via Kommunikation gerade im Bewusstsein des Konsumenten ist, für einen möglichen Kaufentscheid relevante Fragen über das Produkt gestellt und vom Hersteller beantwortet werden. Der Konsument wird also nicht mehr mit der Kommunikation und seinen daraus eventuell entstehenden weiterführenden Fragen alleine gelassen, sondern kann während des Prozesses seiner Kaufentscheidung begleitet und beraten werden.

Auch die Marktforschung wird in diesem Zusammenhang eine völlig neue Bedeutung bekommen. Sehr viel leichter können Konsumenten, die Interesse an einem bestimmten Produkt haben, ausgemacht und dann bezüglich ihrer Produktwünsche, Anforderungen, allgemeinen Lebenssituation und Nutzungs- bzw. Konsumgewohnheiten befragt werden. Nur wenige Klicks in ein paar Dialogfelder, die dem Befragten wenig Mühe und geringen Zeitverlust bereiten (und eventuell mit einem kleinen Präsent oder Entgelt vergütet werden), können einfach und schnell Ergebnisse mit hohen Fallzahlen bescheren, die zudem valider und durch den Hersteller besser kontrollierbar sein dürften, als bei traditionellen Focus Groups oder Befragungen. Unternehmen können so aktuell ihre jeweiligen Marktchancen eruieren und ihre Preise bzw. Positionierungen zeitnah auf die Konsumenten abstimmen.

Allerdings stellt der Versuch der Hersteller, mit den Konsumenten in einen Dialog einzutreten, kein Novum dar. Schon länger bemühen sich die Werbetreibenden via Produkt- oder Promotion-Hotlines, Call Center, Events, Roadshows oder anderer Marketinginstrumente, den Dialog mit den Verbrauchern aufzunehmen, um so mehr über deren Bedürfnisse zu erfahren und die Bindung an das Produkt zu erhöhen. Dabei wird der über solche Instrumente erzielte face-to-face- oder zumindest fernmündliche Kontakt unter der Einbeziehung nonverbaler bzw. paralingualer Faktoren persönlicher empfunden und eine höhere Intensität erzielen als Online-Kommunikation.

Neben den keinesfalls bestreitbaren Vorteilen einer Dialogfähigkeit von Internet-Werbung gibt es aber ebenso Gründe für eine kritische Betrachtungsweise. Ein Problem dialogorientierter Marktkommunikation liegt beispielsweise darin, dass die gegebene Interaktionsmöglichkeit die Komplexität von Kommunikation deutlich erhöht und somit der eigentlichen Funktion von Kommunikation, nämlich der Reduktion von Komplexität, entgegen läuft. Vor allem in der PR-Praxis zeigte sich, dass Kampagnen mit einer sehr hohen Dialogkomponente unterdurchschnittlich erfolgreich sind, da sie die Konsumenten vielfach überfordern (siehe auch Fischer 1991). Dies hängt damit zusammen, dass das durchschnittliche Involvement der

Konsumenten gegenüber werblicher Kommunikation gering ist. Werbung wird in der Regel nur peripher wahrgenommen. Schon Mitte der achtziger Jahre zeigten Studien, dass beispielsweise Zeitschriftenanzeigen im Schnitt lediglich 1,3 bis 2 Sekunden betrachtet wurden. Gerade einmal zehn Prozent der Rezipienten sind bereit, eine durchschnittliche Anzeige länger als zehn Sekunden zu beachten (vgl. Kroeber-Riel 1990: 137). Auch wenn User bei Sites, die sie interessieren sehr stark in die Tiefe gehen, kann man aufgrund der niedrigen Klickraten von Bannern davon ausgehen, dass Netvertising, wie Anzeigenwerbung, nur sehr geringes Involvement auslöst.

Zu oft lässt die Internet-Euphorie vergessen, dass das generell geringe Involvement der Konsumenten gegenüber werblichen Kommunikationsangeboten auch im Internet gilt.[5] Internet-Werbung, die Dialog schaffen will, wird oftmals auf Informationen und unterhaltende Botschaften setzen müssen, die ähnlich einem trojanischen Pferd in der Lage sind, die eigentliche Produkt- oder Unternehmensbotschaft zu transportieren. Dabei muss jedoch sichergestellt werden, dass die eigentliche Produktinformation eng mit der Involvement generierenden Information verzahnt wird, damit sie von dem geborgten Interesse an der Trägerbotschaft profitieren kann.

Ein häufig, vor allem in der Kommunikationspraxis immer noch unterschätztes Problem ist die Tatsache, dass Dialogfähigkeit wiederum Dialogbereitschaft zwingend voraussetzt. Sobald in einer Kommunikation die Möglichkeit von Dialog signalisiert wird, muss dieser Dialog, sofern er seitens des Konsumenten begonnen wird, aufgenommen und gepflegt werden. Schon die Angabe einer E-Mail Adresse auf der Site eines Unternehmens verpflichtet dieses zu Dialogbereitschaft. Ein solcher Dialog bedeutet für ein Unternehmen u. U. einen hohen personellen wie finanziellen Aufwand, da ein den Erwartungen des Konsumenten in Hinblick auf Schnelligkeit, Ausführlichkeit und Zuverlässigkeit der Kommunikation nicht gerecht werdender Dialog zu einem negativen Image bzw. Sympathieverlusten führen kann.

Es zeigt sich also, dass die Möglichkeit der Personalisierung von Online-Kommunikation sowie die gegebene Dialogfähigkeit eine neue Dimension werblicher Kommunikation zu eröffnen scheinen, wobei allerdings schon die Dialogfähigkeit in ihrem Effekt durchaus zweischneidig, ebenso negative Folgen zeitigen kann.

Fragmentierung und Unübersichtlichkeit

Durch seine dezentrale, chaotische Struktur sowie seine exponentiell wachsende Datenfülle ist das Informationsangebot im Internet kaum mehr zu überschauen. Agenturen und Werbetreibende können sich nur mit Hilfe von Internet-Scouts, die

---

5   Man beachte die enorm geringe Klickrate bei Werbe Bannern, die in den USA durchschnittlich
      bei nur noch rund 0,3 Prozent liegt (Knape 2000).

das Net nach neuen, interessanten Domains durchkämmen, einen Überblick über das ständig fluktuierende Angebot machen. Innerhalb dieses unübersichtlichen Angebots wird es zunehmend schwieriger, Web-Sites auf ihre Werbeeffizienz hin zu bewerten. So transparent das Userverhalten theoretisch ist, so schwierig wird seine Beobachtung in der Praxis aufgrund kaum mehr zu verarbeitender Datenmengen.

Ein weiteres Problem, neben der Unübersichtlichkeit des Internet, ist die Schwierigkeit, online höhere Reichweiten zu generieren. Wird es schon im Medium Fernsehen, durch die seit der Dualisierung des Rundfunks in Deutschland zunehmende Zahl von Sendern immer schwieriger, mit einem angemessenen Aufwand national breite Zielpublika zu erreichen (ausführlicher dazu Schierl 1997), also hohe Reichweiten aufzubauen, ist dies via Internet fast unmöglich. Denn während sich die Zahl der Fernsehzuschauer auf eine Zahl von deutlich unter hundert Programmanbietern verteilt, sind es bei den Internet-Usern theoretisch sogar Millionen unterschiedlicher Sites, weshalb selbst Internet-Unternehmen nur wenig online werben. Den weitaus größten Teil ihrer am wirtschaftlichen Ertrag gemessenen, durchschnittlich sehr hohen Budgets verplanen Internet Firmen, auch Dot Coms genannt, in den klassischen Werbemedien Fernsehen und Print (siehe auch Schierl 2000). Eine auch für diese Firmen notwendigerweise hohe Reichweite der Werbebotschaften ließe sich online kaum erreichen.

Mangelnde Werbeakzeptanz

Werbung, das zeigen verschiedene Studien, ist bei Internet-Usern wenig beliebt. Geradezu Verachtung bis hin zu militanten Sanktionen kann bekanntermaßen das unerwünschte Zusenden von E-Mails, so genanntes Spamming, bei den Usern auslösen und ebenso werden Unterbrecherwerbungen, so genannte Interstitials, in der Regel nur gegen Bezahlung bzw. Gratis-Internetzugang akzeptiert.[6] Aber auch andere, weniger aufdringliche Werbeformen stoßen auf keine Gegenliebe bei den Internet-Usern. Gerade bei den jüngeren Usern ist Internet-Werbung generell unbeliebt. Wie eine aktuelle Studie von Iconkids & Youth zeigt, wird jegliche Art von Werbung von den 16-25jährigen im Internet deutlich weniger als in allen anderen abgefragten Medien akzeptiert. Fazit der Untersuchung: „Wer das Internet benutzt, um seine Botschaft rüberzubringen, oder wer nur verkaufen will, ist im falschen Medium." (N.N. 2000: 20)

---

6   Es fragt sich allerdings, ob eine Bezahlung für das Ertragen von Werbung nicht auf längere Sicht
     den Intentionen der Werbewirtschaft entgegen läuft, da sie die Werbewirkung reduziert, indem sie
     nach und nach das sowieso schon schlechte Image der Werbung weiter verschlechtert, impliziert
     sie doch durch die Bezahlung geradezu, dass Werbung nicht etwas Positives ist, also beispielswei-
     se etwas Unterhaltendes oder Produktinformation, die Markttransparenz schafft, sondern etwas
     Negatives, das den Konsumenten Zeit und Mühe kostet, ohne ihm Nutzen zu bringen und deshalb
     nur entgeltlich ertragen werden kann.

Die Gründe für die niedrige Akzeptanz von Werbung im Internet dürften vielschichtig sein. So mag die Aversion gegenüber Internet-Werbung, in vollem Bewusstsein, dass ein breites Angebot nicht ohne Werbefinanzierung zu realisieren wäre, aus dem Wunsch nach einem zumindest in manchen Bereichen wie z. B. Communities, News Groups usw. nicht kommerziell dominierten Internet resultieren. Ein mit den noch üblichen Übertragungskapazitäten zusammenhängender Grund für die mangelnde Werbeakzeptanz ist die Verlängerung der Ladezeiten durch Werbebanner. 67 Prozent der in einer aktuellen Studie befragten Nutzer bemängeln die unnötige Verlängerung der Ladezeiten durch Banner und 19 Prozent der User nutzen sogar eine Software, die Werbebanner automatisch unterdrückt (vgl. Ziff-Davis 2000).

Netvertising, das zeigt dieselbe Studie sehr deutlich, wird von den Befragten sehr viel negativer beurteilt als beispielsweise Zeitschriftenanzeigen. Banner erreichen nicht einmal ein Viertel der Beachtungshäufigkeit von Anzeigen und werden, sofern sie doch beachtet werden, als deutlich störender und weniger informativ bewertet. Ein besonderes Manko stellt die niedrige Glaubwürdigkeit von Werbung im Internet dar. Während 82 Prozent der Befragten klassische Zeitschriftenanzeigen als glaubwürdig einstuften, waren es nur 18 Prozent, die das Internet für glaubwürdig hielten.

Ein Grund für die niedrige Beachtungshäufigkeit von Bannern dürfte u. a. in den durchschnittlich kleinen Formaten, den niedrigen Flächenanteilen an einer Webpage sowie den standardisierten Platzierungen liegen. User mit höher ausgebildeter Media- bzw. Internet-Literacy können die kleinflächigen Botschaften in den typischen Banner-Areas am Kopf oder am Fuß einer Webpage ohne nähere Beachtung als Werbung erkennen und als irrelevant ausblenden, um sich auf die wesentlichen, ursprünglich gesuchten Inhalte zu konzentrieren.

Grenzen der Gestaltbarkeit

Auch die Gestaltung von Botschaften hat im Internet eine andere Qualität und Bedeutung als in klassischen Medien, muss der Werbetreibende doch mit einer Reihe von Einschränkungen operieren. Während beispielsweise in klassischen Medien das Format, in dem ein Werbemittel oder allgemein ein Kommunikationsangebot erscheinen wird, eine feste Gestaltungsvorgabe darstellt (Formatvorgaben der Zeitschriften, genormte Plakatgrößen, genormte Formate der Fernsehröhren usw.) und vom Rezipienten nicht verändert werden kann, bestimmt beim Internet der User Größe und Format seines Browser-Fensters ganz individuell. Der User kann dieses ebenso als Hoch- wie als Querformat aufziehen, was jeweils ganz unterschiedliche Wirkungen in der Wahrnehmung nach sich zieht, wirkt ein Querformat naturgemäß sehr viel statischer als das dynamischere Hochformat. Abgesehen von dem Format bestimmt der Nutzer durch die Größe des aufgezogenen Fensters und den verwendeten Bildschirm bzw. dessen Auflösung, den jeweiligen Ausschnitt einer aufgerufenen Web-Page.

Auch bestimmte andere Gestaltungsparameter wie beispielsweise die Headline- und Copy-Schriften können nur unverbindlich vom Web-Designer angelegt werden.[7] Denn lediglich solche Schriften können wie intendiert dargestellt werden, die auch im jeweiligen System des Users geladen sind, wobei aber in der individuellen Darstellung die Schriftgröße je nach Browser und Betriebssystem deutlich differieren kann.[8] Das Layout des Kommunikationsangebots, das entsprechend seines Wirkungspotentials in der klassischen Werbung einen sehr hohen Stellenwert hat und auf dessen Erstellung wie Optimierung sehr viel Zeit innerhalb des Entstehungsprozesses von Werbekampagnen verwendet wird, verliert in der Internet-Kommunikation an Bedeutung, da sich das dem User jeweils präsente visuelle Endprodukt in seiner Erscheinung nur lose, innerhalb fluktuierender Grenzen steuern lässt.

Diese Deformatierung der Botschaften führt zu notwendigen Konsequenzen in der Gestaltung von Web-Pages und Einschränkungen in der Nutzung möglicher Wirkungsparameter visueller Kommunikationsangebote. Web-Pages können demnach nie auf ihre Wirkung als Ganzes, sondern müssen immer auf ihre Vielzahl möglicher Brüche und Fragmentierungen hin gestaltet werden. Sie können somit in ihrer formalen Gestaltung nicht auf ein Optimum, also ein bestes, in sich stimmiges Erscheinungsbild, abzielen, sondern lediglich auf einen kleinsten gemeinsamen Nenner.

In diesem Zusammenhang lässt sich die Hypothese aufstellen, dass das Internet durch die technisch bedingte Auflösung des klassischen, durch den Grafiker verbindlich definierten Werbelayouts und der damit einher gehenden Relativierung von Gestaltung einem Bedeutungsverlust der formalen, gestalterischen Ästhetik Vorschub leisten wird. Ästhetische Faktoren treten in Anbetracht der Einschränkung ihrer Realisierungsmöglichkeiten immer weiter in den Hintergrund, zugunsten eines stärker funktional ausgerichteten Kommunikationsdesigns. Dieser Trend einer abnehmenden Bedeutung ästhetischer Gestaltung könnte, so lässt sich jedenfalls befürchten, durch die hohe Transparenz des User-Verhaltens weiter verstärkt werden. Denn Internet-Kommunikationsangebote lassen sich im Gegensatz zu klassischen Werbeträgern sehr schnell und mit geringem zeitlichen wie finanziellen Aufwand variieren.[9] Die einzelnen Variationen können wiederum ohne Aufwand auf ihre jeweiligen Beachtungsraten hin überprüft werden.

---

7   Schriften können natürlich als Grafiken verbindlich angelegt werden, was aber wiederum zu hohen Ladezeiten führt und deshalb kaum der Regelfall sein kann.

8   Schriften werden in einer komplizierten Interaktion zwischen dem verwendeten Browser, dem Web-Server und dem Benutzerrechner jeweils individuell generiert. So werden beispielsweise dieselben Schriften unter dem Betriebssystem Windows 2-3 Punkt größer dargestellt als unter Macintosh (vgl. Lynch & Horton 1999).

9   Dies führt dazu, dass Werbetreibende statt für klassische Medien üblicher, schätzungsweise durchschnittlich zehn Kampagnenmotive im Internet eine sehr viel höhere Anzahl von unterschiedlichen Werbemotiven schalten. So basieren die aktuellen Online Kampagnen von Amzon.com, MSN oder collegeclub.com auf jeweils über 300 verschiedenen Motiven (N.N. 2000a).

Abb. 2: Von Nielsen//NetRatings erhobenes Ranking der erfolgreichsten Werbe-Banner nach jeweils erzielten Impressions für die 18. KW 2000.

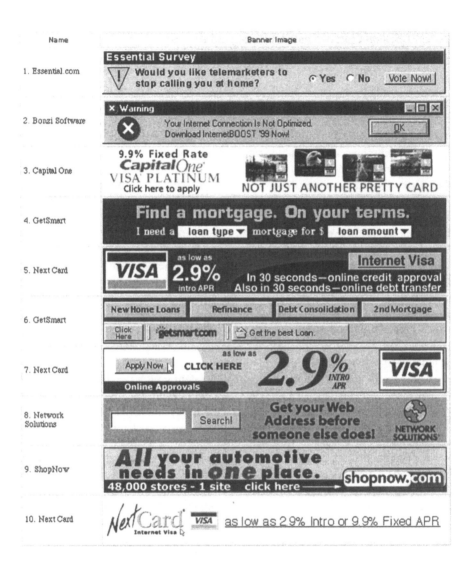

So lassen sich sehr schnell effektivere von weniger effektiven Gestaltungsvarianten unterscheiden. Da die Praxis zeigt, dass beispielsweise nur sehr selten besonders ästhetische Banner hohe Klickraten erreichen, sondern im Gegenteil oftmals wenig ansprechende Kreationen (Abb. 2), besteht die Gefahr, dass unter dem Primat einer hohen Effektivität in der Internet-Kommunikation ästhetische Momente mehr und mehr eine untergeordnete Rolle spielen werden.[10]

Prognose zur Veränderungen von Werbung

Betrachtet man also die Möglichkeiten von Online-Werbung differenzierter, zeigt sich, dass einschneidende Veränderungen der Werbung nicht in allen Bereichen zu erwarten sind. Besonders als Instrument klassischer Werbung, d. h. als Konkurrenz beispielsweise zu Anzeige, Plakat, TV-Spot, mit dem Ziel Aufmerksamkeit, Bekanntheit oder Sensibilisierung für ein Produkt(-nutzen) zu erreichen, wird das Netvertising keine größeren Veränderungen in der werblichen Kommunikation auslösen. Dies hängt, wie oben gezeigt wurde, u. a. damit zusammen, dass sich über Online-Kommunikation nur sehr schwer hohe Reichweiten aufbauen lassen, Werbung im Internet besonders schlecht akzeptiert wird und gerade für eine imagegeleitete Werbekommunikation problematische Gestaltungsbeschränkungen bestehen. Andererseits müssen Werbebotschaften im Internet, aufgrund dessen hoher Fragmentierung und des dort anzutreffenden clutters,[11] genauso um die immer schwieriger zu produzierende Aufmerksamkeit der Konsumenten buhlen wie in anderen Medien. Dass ihnen das zunehmend schwer fällt, zeigen die rapide sinkenden Klickraten der Banner-Werbung.

Wie wenig Effizienz selbst Online-Firmen dem Internet im Bereich der klassischen Announcement- und Image-Werbung zugestehen, lässt sich letztendlich an der Tatsache ablesen, dass die überwiegende Zahl der für sich selbst Werbung treibenden Dot Coms nur zu einem sehr geringen Teil der Online-Kommunikation vertrauen und vielmehr den Löwenanteil, von schätzungsweise mehr als 80 Prozent ihres Mediabudgets in klassische Werbemedien investieren.[12] Die hohe Präsenz der Werbung von Internet-Unternehmen in klassischen Werbemedien beruht aber nicht nur auf den oben genannten Defiziten des Netvertisings, sondern auch auf einem spezifischen Vorteil der klassischen Kommunikation, der darin liegt, dass das Dargestellte mit all seinen Vorzügen und Charakteristika einfach ein wenig *wirklicher*,

---

10   Eine ähnliche Entwicklung lässt sich beim Direct Response TV (DRTV) beobachten. Auch hier zeigte sich, dass eine besonders kreative und hochwertige Gestaltung bei vielen Produkten nur einen begrenzten Einfluss auf die Höhe des Responses hat.
11   Unter clutter versteht man (primär beim Fernsehen) die Viehzahl nichtprogrammlicher Elemente, wie z. B. unterschiedliche, konkurrierende Werbebotschaften oder seitens des Content-Providers produzierte nichtprogrammliche Inhalte wie Trailer, Site-Logos, Site-Designs, Frames usw.
12   Die Schätzung basiert auf Gesprächen mit Mediaplanern einer großen deutschen Mediaagentur und eigenen Berechnungen anhand der US-amerikanischen Media Spendings 1999.

etwas *wahrer* wirkt als im Netz.[13] Der Rezipient kann im Gegensatz zum Internet bei klassischen Massenmedien davon ausgehen, dass mit ihm zusammen Hundertausende oder gar Millionen von Rezipienten eine durch diese Medien vermittelte Botschaft wahrnehmen. Eine solche Kommunikation stellt sich dem öffentlichen Diskurs und ist somit in hohem Maße durch Öffentlichkeit kontrolliert. Die Wahrnehmung durch eine Millionen Rezipienten bedeutet letztendlich eine ebenso hohe Zahl von Falsifikationsmöglichkeiten. Internet-Kommunikation, insbesondere eine personalisierte werbliche Kommunikation, ist hingegen wenig öffentlichkeitskontrolliert. Der Rezipient kann in der Regel nicht wissen, wie viele und ob überhaupt noch andere Rezipienten die gleiche Botschaft bekommen haben.

Aber nicht nur bezogen auf ihre Eigenwerbung verlassen sich zunehmend weniger Internet-Firmen auf die Online-Kommunikation. Eine wachsende Zahl von Dot Coms erweitert sich aus der Virtualität in die Realität hinein. Da gründen oder kaufen Internet-Firmen Verlage und geben Zeitschriften heraus, etablieren zusätzlich große Call Center um auch telefonisch beraten oder Bestellungen aufnehmen zu können und virtuelle Online-Shops (z. B. Buchhandlungen) kooperieren mit konventionellen, realen Ladenketten. Nicht einseitige Beschränkung auf ein Medium ist das vielversprechendste Rezept für den Erfolg, sondern Cross Media-Strategien, die die unterschiedlichen Medien parallel, jeweils abhängig von ihren Stärken für unterschiedliche Aufgaben nutzen.

Online-Marketing wird also, zumindest vorerst, keine allzu tiefgreifende Veränderung oder gar Revolution für die Werbung nach sich ziehen. Online-Werbung steht weniger in einem konkurrierenden als vielmehr einem komplementären Verhältnis zur klassischen Werbung. Die Stärken des Internet liegen vor allem darin, die via klassische Medien vermittelte Werbung durch ein zusätzliches, vertiefendes Informationsangebot zu ergänzen. Während beispielsweise über klassische Medien Aufmerksamkeit für ein Produkt (und das weitere Informationsangebot auf der Produkt-Site) produziert wird, können tiefergehende Informationen über das Produkt und seine Vorzüge in aller Ruhe und zu einem vom Rezipienten bestimmten Zeitpunkt im Internet abgerufen werden.[14]

Auch wenn also im Bereich der klassischen Werbung die zu erwartenden Veränderungen voraussichtlich moderat ausfallen werden, sind im Bereich des Direkt Marketings sehr viel einschneidendere Umwälzungen durch das Internet bzw. durch E-Mail-Marketing denkbar, da hier weniger Komplementarität als Überschneidung vorherrscht. Mit steigenden Nutzerzahlen könnte E-Mail-Marketing einen großen Teil des konventionellen Direct Mailing-Bereiches ersetzen. Denn aufgrund der schon angesprochenen technischen Gegebenheiten können mit überschaubarem

---

13 „Dus zien we tal van dot.com bedrijven – Amerikaanse voorop – de traditionele televisiereclameblokken inzetten, Want als het op televisie verschijnt, is het een stuk ‚echter', een stuk meer ‚waar', dan wanneer we het alleen maar op het net kunnen oproepen – en met een klik weer kunnen laten verdwijnen" (Rohde 2000: 31).

14 So verschaffen sich nach einer aktuellen Ziff-Davis-Studie 62 Prozent der Befragten zunächst mit Computerzeitschriften einen Überblick über Hintergrundinformationen zu Computerprodukten und surfen dann ganz gezielt bei einzelnen Websites von Herstellern (Ziff-Davis 2000).

Aufwand für E-Mails sehr viel höhere Adressenqualitäten als für konventionelle Direct Mailings erreicht werden. Aufgrund der hohen Qualität der Adressen, kategorisiert und abrufbar nach bestimmten Übereinstimmungen im Konsum- oder Nutzungsverhalten, können Sales E-Mails noch besser personalisiert werden als konventionelle Direct Mails. Darüber hinaus bedeutet E-Mailing eine enorme Kostenersparnis, da weder Papier-, Versand- noch Druckkosten anfallen. Diese enorme Kostenersparnis kann den Einsatz von Sales E-Mails selbst bei der Ansprache von Konsumenten mit durchschnittlich geringen Bestellvolumina bzw. niedrigen Bestellfrequenzen profitabel machen.

Allerdings bedarf es einer hohen Sensibilität bei der Handhabung von Sales-E-Mails. Denn – abgesehen von dem bei Internet-Usern absolut unbeliebten Spamming – viele User reagieren generell negativ auf Sales E-Mails. Bei einer Untersuchung von Cognitiative Inc. gaben rund ein Drittel der befragten Internet-User an, dass sie kommerzielle E-Mails als so störend empfänden, dass sie die Produkte und Angebote der Absender dieser Mails bewusst meiden würden (vgl. N.N. 1999a). Dies mag daran liegen, dass viele E-Mails nicht den richtigen Ton treffen bzw. nicht stark genug personalisiert, also auf die spezifischen Interessen des Empfängers zugeschnitten sind. Denn wie wiederum andere Studien zeigen, ist ein weit überwiegender Teil der Internet-Nutzer durchaus bereit, persönliche Informationen zur Verfügung zu stellen, wenn dadurch gewährleistet wäre, dass sie erstens sehr viel zielgerichtetere, auf ihre jeweiligen spezifischen Interessen maßgeschneiderte Informationen erhalten und zweitens diese Daten sicher und seriös verwaltet würden (vgl. N.N. 1999). So genannte opt-in oder Permission-Based E-Mail Aktionen, die v. a. auf den Adressen eigener Kunden und Geschäftspartner basieren, werden zunehmend wichtiger werden, da sie eine neue Qualität der Kundenpflege und des Direktvertriebs bei einem angemessenen Aufwand ermöglichten. Wie Jim Nail von Forrester Research es ausdrückt: „E-Mail turns marketers into herders: once they trap consumers, they must learn to tame and cultivate them as ongoing sources of nourishment." (N.N. 2000b). Denn ein weiterer Vorteil des E-Mailings ist die Möglichkeit einer direkten Rückantwort. Beispielsweise können für jedes aktuelle Angebot E-Mails verschickt werden, die der Empfänger mit zwei oder drei Klicks als Bestellung retournieren kann. Bei Online-Kommunikation fallen POI (Point of Information) und POS (Point of Sale) zusammen, was die Chancen eines Kaufs – vor allem eines nicht lange überlegten Spontankaufs – deutlich anhebt. Dies in Betracht ziehend, erscheint eine aktuelle Studie von eMarketer durchaus plausibel, die davon ausgeht, dass sich der Anteil der Werbung per E-Mail am gesamten Online-Marketing von drei Prozent im Jahr 1999 schon bis zum Jahr 2003 auf rund 15 Prozent erhöhen wird.[15]

---

15 Dabei müssen von den werbetreibenden Unternehmen aber drei Dinge beachtet werden, wenn E-Mailing erfolgreich sein soll: „First, marketers must stop broadcasting to consumers and instead begin a dialogue on a one-to-one basis. Second, marketers must offer value in the form of service and ease-of-use instead of simply pushing products. Third, marketers need to measure the depth and breadth of their relationship with customers by the amount of information shared, rather than

Fazit

Bemüht man sich um eine differenzierte Betrachtungsweise, so verspricht Netvertising keine kopernikanische Wende, im Sinne eines Paradigmenwechsels der Werbung, wie ihn viele Online-Marketer propagieren,[16] sondern nur Veränderungen, die additiv neue Möglichkeiten und Freiheitsgrade werblicher Kommunikation eröffnen. Besonders die klassische Werbung wird – zumindest auf absehbare Zeit – weiterhin in erster Linie auf die traditionellen Werbeträger zurückgreifen. Netvertising, in Form von Unternehmens-Sites, Banner, Interstitials usw., übernimmt eine komplementäre Funktion innerhalb von notwendigerweise zunehmend auf Cross Media-Strategien basierenden Werbe- und Kommunikationskampagnen. Längerfristig mag es ganz neue, bisher noch nicht bekannte und existente Formen und Formate des Online-Marketings geben. Ihre Qualität wie auch die durch sie möglicherweise ausgelösten Veränderungen zu prognostizieren, ist aber zum jetzigen Zeitpunkt kaum möglich.[17]

Von einschneidenderen Veränderungen ist allerdings im Bereich des Direkt Marketings auszugehen. Mit zunehmenden Nutzerzahlen werden aufgrund der verbesserten Ansprachemöglichkeiten, der höheren Wirtschaftlichkeit und dem Zusammenfall von Information und möglicher Transaktion Sales E-Mails einen großen Anteil innerhalb sowohl des Online- wie auch des Direkt Marketings ausmachen.

---

the traditional measurements of timing, frequency, and monetary value of purchases" (N.N. 2000c).

16 Siehe z. B. König (1996). Explizit von einem Paradigmenwechsel spricht Heine (1999: 65). Wobei der aus der Wissenschaftphilosophie Thomas Kuhns stammende Begriff des Paradigmas in der nichtwissenschaftlichen Kommunikation häufig nicht in seinem eigentlichen Sinne verwendet wird und – mit einem zu beobachtenden Hang zum Superlativ – bestimmte Veränderungen bereits als Paradigmenwechsel bezeichnet werden, die eben gerade noch keinen Paradigmenwechsel im Sinne Kuhns darstellen.

17 Auch wenn beispielsweise das Unternehmen eMarketer bereits im Jahre 2003 rund zehn Prozent der Online-Werbeausgaben in noch nicht definierte Werbeformen fließen sieht, „weiß keiner so genau", was sich an solchen Formen entwickeln könnte (Knape 2000: 65).

Literatur

Fischer, G. (1991): Public Relations als strategischer Erfolgsfaktor. Ludwigsburg.

GfK (Hrsg.) (2000): GfK online Monitor. 5. Untersuchungswelle. Hannover.

Heine, Michael (1999): Treffen, ohne zu zielen. Integriertes Marketing im Jahre 2000 und x. In: Kommunikationsverband.de (Hrsg.): Jahrbuch `99. Bonn, 64-70.

Knape, A. (2000): Die Sumpfhühner üben Vergeltung. In: Horizont, Nr. 14, 2000, 65.

Koch, Th. (1995): Die neue Medienwelt aus Sicht der Media-Agenturen. Dokumentation zum Vortrag anläßlich der Kom:m am 11.4.1995 in Düsseldorf.

König, A. (^{2}1996): Wie die Werber ins Netz gehen. In: Bollmann, Stefan (Hrsg.) (1996): Kursbuch Neue Medien. Trends in Wirtschaft und Politik, Wissenschaft und Kultur. Mannheim, 296-300.

Kroeber-Riel, W. (^{2}1990): Strategie und Technik der Werbung. Verhaltenswissenschaftliche Ansätze. Stuttgart/Berlin/Köln.

Lynch, P. J.; Horton, Sarah (1999): Erfolgreiches Web-Design. München.

Mediagruppe Digital (Hrsg.) (2000): @facts Basics 3/2000.

Merkle, Hans (1995): Interactive Advertising – The View of an Advertiser. Rede anläßlich der Forum Europe – Eat Conference, (unveröffentlichtes Manuskript) Brüssel.

N.N. (1999): Consumers Will Provide Information for Personalization. Cyberatlas, 10. Nov. 1999. URL: http://cyberatlas.internet.com/markets/advertising/article/0,1323,5941_236141,00.html.

N.N. (1999a): Sales E-Mail Gets Thumbs Down. Cyberatlas, 16. April 1999. URL: http://cyberatlas.internet.com/markets/advertising/article/0,1323,5941_15 4511,00.html.

N.N. (2000): „Die denken wohl, wir sind blöd" In: Horizont, Nr. 13, 2000, 20.

N.N. (2000a): Number of Online Ad Creatives Soars. In: Cyberatlas, 22. Februar 2000. URL: http://cyberatlas.internet.com/markets/advertising/article/0, 1323,5941_308051,00.html.

N.N. (2000b): Let the E-Mail marketing Onslaught Begin. In: Cyberatlas, 8. März 2000. URL: http://cyberatlas.internet.com/markets/advertising/article/0, 1323,5941_317871,00.html.

N.N. (2000c): Report: E-Mail Marketing Will Grow to $4.6 Billion Business by 2004. In: SmartAge.com Advertising Report 4. Feb. 2000. URL: http:// www.internetnews.com/IAR/article/0,1087,12_299501,00.html.

Rohde, C. C. (2000): Wenken voor de digitale revolutie. In: Adformatie, Nr. 4, 2000, 31-32.

Schierl, Th. (1997): Vom Werbespot zum interaktiven Werbedialog. Über die Veränderung des Werbefernsehens. Köln.

Schierl, Th. (2000): Braucht der „Neue Markt" eine andere Kommunikation? In: Marketing Journal Nr. 3, 2000, 166-170.

Wynands, R. (1995): Cyberkids und neue Medien. Marketing in der Virtualität. In: Deese, Uwe; Peter Erik Hillenbach; Christian Michatsch; Dominik Kaiser (Hrsg.) (1995): Jugendmarketing. Das wahre Leben in den Szenen der Neunziger. Düsseldorf, München, 142-145.

Ziff-Davis (Hrsg.) (2000): Print versus Web. München.

Stefan Krempl

Mergendising – Zur Verschmelzung von Content, Werbung, Merchandising. Sponsoring und Product Placement im Web

Die so genannten Sonderwerbeformen – auch als „nicht-klassische Werbung" oder „Werbung Below-the-Line" bekannt – sind seit längerem in den „alten" Medien auf dem Vormarsch. Vor allem im Fernsehen haben sich die Zuschauer längst daran gewöhnt, dass die „Soaps" – wie der Name schon sagt – traditionell von Waschmittelherstellern produziert werden, „Valensina" das Wetter oder „Focus" das Kulturmagazin „aspekte" präsentiert und Gewinnspielsendungen wie „Der Preis ist heiß" vollständig von Werbekunden bezahlt werden. Fast schon legendär ist auch im Kino, dass James Bond einen Roadster von BMW fährt. Instrumente zur Bekanntmachung eines Produkts oder einer Marke wie das Sponsoring oder das Product Placement werden daher in der Marketingliteratur in der Regel neben der „eigentlichen", von redaktionellen Medienangeboten getrennten Werbung als feste Bestandteile des „Kommunikationsmixes" aufgeführt (vgl. z. B. Schweiger & Schrattenecker 1989: 23ff.).

Auch in den Printmedien ist die jahrelang als ethisches Grundprinzip des Journalismus hochgehaltene Trennung zwischen Redaktion und geschäftlichen Unternehmensbereichen eines Verlags zugunsten von „werbefreundlichen Business-Modellen" (Schön 1999) ins Wanken geraten. Das bekannteste Beispiel ist die „Los Angeles Times", der der damalige Herausgeber, Mark Willes, bereits Ende 1997 eine Reorganisation verschrieb, um die „chinesische Mauer" zwischen den Redakteuren und Abteilungen wie Marketing, Anzeigenakquisition und Vertrieb niederzureißen (vgl. Piotrowski 1999). Seitdem steht jedem Ressort ein „Werbe-Berater" zur Seite, der für die bestmögliche Integration von Marketing und Nachrichteninhalten sorgen soll.

Die Werber und Marketer kann die Entwicklung nur freuen: Seit Jahren basteln sie an Strategien zur „integrierten Unternehmenskommunikation", die ihren Ausgang in den guten alten Ansätzen zur Kreation einer möglichst einmaligen und wiedererkennbaren Corporate Identity haben, sowie am „vernetzten Marketing". Tritschler (2000: 114) nennt als Hauptmerkmal der integrierten Kommunikation die „Vernetzung sämtlicher Marketingmaßnahmen von Öffentlichkeitsarbeit über die klassische Werbung bis zu Kundenservice und After-Sales-Maßnahmen zu einem einheitlichen Gesamtauftritt". Vernetzung steht dabei in der Regel für die Ausstreuung der Konsumbotschaften über alle Medienformen und -formate hinweg. „Cross-Media" ist das Stichwort, das den meisten Marketern im Zusammenhang mit der integrierten Kommunikation als heiliger Gral im Wettkampf um die Aufmerksamkeit der Kunden den Weg weist.

Das Web kennt keine „chinesischen Mauern"

Während Vernetzungseffekte in den alten Medien erst nachträglich durch das Abreißen von Mauern erzielt werden können, sind sie im Internet und vor allem im Hypermedium World Wide Web immer schon „integrativer Bestandteil" des neuen Kommunikationsuniversums. Im WWW sind einzelne Sites oft „nur einen Mausklick weit" voneinander entfernt. Durch Links lassen sich selbst die „wesensfremdesten" Angebote bequem miteinander verbinden. Gerade das Web ist daher der „feuchte Traum eines jeden Marketers" (Biggs, zitiert nach Krempl 1997, Teil 1), da sich die eigenen Verkaufsaufforderungen gezielt in ausgewählte redaktionelle Inhalte einstreuen oder sich ganz beiläufig mit ihnen verknüpfen lassen. Im Idealfall führt die Botschaft direkt zum Verkauf – der E-Commerce macht's möglich. Werbung im Internet ist daher häufig mit Verkaufsförderung gleichzusetzen.

Die Verlockungen, das „Integrationspotential" des Webs zu nutzen, sind bei allen möglichen Kooperationspartnen groß. Und dazu zählen im Internet nicht nur Verlagsangebote auf der einen und Absatzförderer oder Werber auf der anderen Seite. Da kaum noch eine E-Commerce-Site oder eine zu Werbezwecken ins Netz gestellte Unternehmens-Homepage ohne redaktionelle, die Surfer möglichst oft auf das Angebot lockende „Contents" auskommt, wird das Feld der Player mit „journalistischen" Angeboten im Web immer größer. Dabei entstehen oft schon vom Ansatz her ungewohnte Mischgebilde, da ein virtueller Marktplatz eventuell zur „Zierde" der Site eine eigene Online-Redaktion beschäftigt oder sich Inhalte von Medienpartnern einkauft. Stark nachgefragte Online-Handelsplätze fungieren daher auch als Werbeträger, auf denen Banner geschaltet werden. Daneben gibt es Meta-Angebote wie die immer größer werdende Zahl von Portalen, die sich entweder aus

Suchmaschinen fortentwickelt haben oder dezidiert als Einstiegshilfen für angehende Shopper und sich gern an der Hand nehmen lassende Surfer gegründet wurden.

Die Verflechtungen zwischen Content-Lieferanten und Inhalte-Aggregatoren sowie Online-Händlern oder anderen Werbepartnern sind in der letzten Zeit zu einem undurchsichtigen Dickicht angewachsen. Für den Otto-Normal-Surfer ist längst nicht mehr klar, wer für welchen Link, Banner oder Button an wen wie viel gezahlt hat. Er wundert sich vielleicht höchstens, dass er von Stern Online (www.stern.de) immer zur Auktionsplattform Ricardo.de geleitet wird, während Focus Online (www.focus.de) anscheinend ein Faible für die Versteigerungen von Ebay.de zu haben scheint. Während derartige langfristige Kooperationen allerdings noch relativ einfach zu durchschauen sind, wird es bei unscheinbaren Links zu einzelnen Shopping-Angeboten mitten in einem Lesestück oder am Ende eines Textes schwieriger, dahinter eine bezahlte Werbung zu erkennen.

Doch „Co-Branding" – Kooperationen und Cross-Promotions zwischen Werbern und Content-Anbietern oder ihren angeschlossenen Sites (vgl. Blumenthal 1997) – ist schon heute gang und gäbe im Web und wird sich vermutlich noch weiter ausbreiten. Das Umfeld könnte günstiger nicht sein: Obwohl sich der Online-Werbeumsatz im deutschen Markt 1999 mehr als verdoppelt hat und auf rund 150 Millionen Mark gestiegen ist – eine Größenordnung, die immerhin mit dem Werbevolumen von Zeitungssupplements vergleichbar ist (new media update o. J.: 8) –, schreiben die meisten Verlagsangebote im Web nach wie vor rote Zahlen und suchen daher nach allen erdenklichen Einnahmequellen. Andererseits hat die weitgehende Austauschbarkeit von Produkten und Dienstleistungen in den gesättigten Verbrauchermärkten Europas und der USA einen „härteren Kommunikationswettbewerb" erzeugt (Tritschler 2000: 114). Die traditionelle Werbung – im Web gleichzusetzen mit der Bannerwerbung – erfüllt daher immer weniger ihren Zweck, da die anvisierten Konsumenten geistig oder mit der Fernbedienung abschalten.

Auch die Marketer sind so bestrebt, alternative Formen zur Ansprache der Kunden ausfindig zu machen. Das belegt die Frühjahrsstudie 2000 zum Werbeklima, für die im Auftrag der „Wirtschaftswoche" halbjährlich rund 150 Werbeleiter von Unternehmen und etwa 30 Chefs von Werbeagenturen befragt werden. 48 Prozent der Werbeleiter waren dabei der Ansicht, dass die Ausgaben für nicht-klassische Werbung – darunter fasst das Magazin neben der Online-Werbung insgesamt das Sponsoring, Direktmarketing, Product Placement oder Messeauftritte – steigen werden. Weitere 47 Prozent sprachen von einer gleichbleibenden Tendenz. Von den Agenturleitern waren sogar 87 Prozent davon überzeugt, dass Aufwendungen für Maßnahmen Below-the-Line 2000 weiter wachsen würden.

Undurchsichtige Gemengelage

Aufschlussreich auch die Angaben der Werbeleiter auf die Fragen, welche Werbeformen im Internet sie 1999 eingesetzt hatten bzw. 2000 einsetzen wollten. Banner dominieren dabei nach wie vor: 83 Prozent setzten in beiden Jahren auf die bunten Werbebilder. Am zweithäufigsten wollten die Hüter der Werbebudgets im Jahr 2000 Textlinks in redaktionellen Angeboten nutzen: Bereits 59 statt 51 Prozent im Vorjahr setzten auf diese Werbeform. Zu Kooperationen mit Werbeträgern etwa über Provisionsmodelle mit umsatzbezogener Vergütung sowie für das Sponsoring eines Online-Werbeträgers wollten sich 44 bzw. 41 Prozent der befragten Werbeleiter 2000 entschließen. Im Vorjahr lagen die Vergleichszahlen noch bei 36 bzw. 32 Prozent (vgl. GfK-WirtschaftsWoche-Werbeklima II/2000).

Der Trend zur Verknüpfung redaktioneller Inhalte mit Unternehmensinformationen bzw. Kaufaufforderungen mit der direkten Überleitung zu entsprechenden E-Commerce-Anbietern wird durch diese Zahlen deutlich. Was in Radio und Fernsehen mit „Sonderwerbeformen" wie der „kreativen" Einbindung von Produkten in die Dramaturgie einer Sendung (Product Placement), der Übertragung von Ausstrahlungsrechten an sendefähigen Beiträgen im Gegenzug für kostenlose Werbezeiten (Bartering) oder der Produktion von und dem redaktionellen Hinweis auf Begleitartikel zu Filmen oder Serien (Merchandising) begann (vgl. Keusen 1995: 178-183), verschmilzt im Spinnengewebe des Web zusammen mit neuen Formen des Sponsorings zu einer undurchsichtigen Gemengelage von werblichen und informativ-redaktionellen Inhalten, die ich bereits 1997 als *Mergendising* bezeichnet hatte (Krempl 1997: Teil 3).

Was damals in heute längst auf dem Internet-Friedhof ruhenden „Cyber-Soaps" wie „The Spot", „The Pyramid" oder „Eon-4" begann, in denen Sponsoren wie Sony oder Apple offen ihre Playstations oder Powerbooks in die Erzählstränge einbauten, gehört inzwischen in zahlreichen Varianten zum Alltagsgeschäft von Portalen, Online-Shops oder Verlagsangeboten. Im weiteren werde ich einige der wichtigsten der zahlreichen Varianten des Mergendising auf unterschiedlichen Werbeträgern untersuchen.

Auf Portalen gerät die Informationssuche zum Nebengeschäft

Die sich seit Ende 1998 in „Einkaufstempel" verwandelnden Suchmaschinen und Linkverzeichnisse gehören zu den am meisten besuchten und daher auch am häufigsten als Werbeträger „gebuchten" Webangeboten. So führt allein Yahoo! seit Jahren die Klickparaden an und erzielt auch mit die höchsten Werbeeinnahmen. Ein Großteil davon stammt bei Yahoo! und bei anderen etablierten Portalen wie Alta Vista, Excite oder Lycos aus Bannerwerbung. Beliebte Plätze auf großen Suchmaschinen sind meist ausgebucht, so dass die großen Portale es sich im Gegensatz zu anderen Werbeträgern leisten können, ihre offiziellen, bei einem Tausenderkontaktpreis von 80 Mark liegenden Bannertarife auch tatsächlich einzufordern (vgl. new media update o. J.: 8).

Immer mehr Geld fließt den Portalen aber auch durch die Verlinkung mit E-Commerce-Angeboten in die Taschen. Die als nackte Suchmaschinen gestarteten

Sites machen es den E-Shoppern dabei möglichst einfach. So hat Excite (www.excite.com) beispielsweise bereits 1998 das Angebot „Express Order" eingeführt, mit dem Surfer nur einmal ihre Kreditkartennummer an das Portal durchgeben müssen und dann bei allen angeschlossenen Partnerhändlern bequemer einkaufen können. Excite hatte den Service damals als „Zusatznutzen" für die Vertragspartner und Web-Shopper ausgegeben, ist aber längst auch wie alle anderen Portale an den Umsätzen der bei ihnen gelisteten Mall-Verkäufer beteiligt.

Dass die Hilfe bei der Suche von Informationen längst vom Haupt- zum Nebengeschäft der Mega-Portale geworden ist, zeigt auch eine kleine Analyse von Ralf Scharnhorst, die der Leiter des Arbeitskreises Media beim Deutschen Multimedia Verband (www.dmmv.de) während eines Vortrags auf der Internet World in Berlin im Mai 2000 vorstellte. Demnach verbargen sich an einem beliebigen Tag im April 2000 allein auf der Startseite von Lycos.de 16 bezahlte Werbelinks, wovon nur einer ein eindeutig als „Werbung" erkennbarer Banner war. Die üblichen „Einladungen" zum Einkaufen reichten von „Partnerlinks" auf die Angebote vom Musikstore CDNow und vom Online-Buchshop Bol.de in der rechten Spalte über Verweise auf E-Commerce-Sites wie ChateauOnline („Wein finden, kaufen, trinken!") im mittig platzierten „Shopping-Center" bis zu dem oben links kommentarlos gesetzten Text „Conrad T-Shop: Handies und ISDN-Sets online ab 1,– DM bestellen".

Der Erfolg von „reinen" Suchmaschinen wie Google.com zeigt aber auch, dass viele Surfer sich dem „Konsumterror" der aufgeblähten Portale entziehen wollen. Alta Vista hat daher Anfang Mai 2000 die puristische Search Engine Raging.com eröffnet, wo keinerlei Links zu Shopping-Sites oder Börsentickern – ja noch nicht einmal Werbebanner – von der Informationssuche ablenken.

Ein Jahr zuvor hatte Alta Vista allerdings mit einem anderen „Feature" auf seiner Haupt-Portalsite für Schlagzeilen gesorgt. Während es bereits seit längerem zum Tagesgeschäft vieler Suchmaschinen gehört, dass Werbekunden wie etwa ein Autohersteller sich für Aufpreise die Darstellung ihres Banners erkaufen können, falls ein Surfer nach dem „Keyword" Auto oder sogar einer Konkurrenzmarke fahndet, wollte Alta Vista auch die zuerst erscheinenden Suchergebnisse meistbietend versteigern. Die „Paid Links", die kaum erkenntlich als Werbung gekennzeichnet waren, wurden allerdings schon nach drei Monaten im Juli 1999 wieder eingestellt. Tracy Robert, die Marketingleiterin des Portals, erklärte damals, dass der Stopp des Programms nicht mit der Empörung von Verbrauchern oder der Presse zu tun gehabt hätte: „Wir testeten, wie effektiv das war, und entschieden dann, etwas anderes auszuprobieren", gab sie als Begründung für das Ende der bezahlten Suchlinks an (zitiert nach Sprenger 1999).

Einkaufen können sich Werbetreibende allerdings nach wie vor beim Suchdienst GoTo.com. Dort werden Suchergebnisse generell nicht nach irgendwelchen „Relevanzkriterien" aufgelistet. Vielmehr kommt zuerst, wer am meisten zahlt. Mit dieser Geschäftsstrategie des „Pay for Placement" fährt die Suchmaschine seit dem Frühjahr 1999 Gewinne ein, da der Dienst an jedem Klick auf einen bezahlten Link ein paar Cents verdient. Dem Surfer wird allerdings zumindest das kommerzielle

Interesse von GoTo.com nicht verheimlicht: Neben jedem Listenplatz steht genau, was den Werbekunden die „Nominierung" gekostet hat: Die Beträge belaufen sich in der Regel auf Summen zwischen 50 Cents und anderthalb Dollar für jede Auflistung in den obersten Rängen.

Zahlreiche Search Engines haben zudem feste Kooperationen mit E-Commerce-Partnern, die sich direkt an ihre Suchfunktionen ankoppeln. Fireball (www.fireball.de) etwa, ein Kind der Gruner + Jahr Electronic Media Service (EMS), bietet zusammen mit der ersten Ergebnisseite den Button „Find Related Books" in Verbindung mit dem Online-Buchhändler Libri.de. Startet ein Surfer diese Abfrage, wird er direkt auf die Website des Buchshops entführt, wo ihm „passende" Bücher zu seinen gesuchten Keywords präsentiert und zum Kauf angeboten werden.

Auf die reibungslose Verknüpfung von Inhalten und Links zu E-Commerce-Partnern setzen auch die Netz-Einstiegstore der zweiten Generation. „Verbraucher-Portale" wie Ciao.com oder Dooyoo.de oder „Expertenportale" wie Clickfish.com oder MeOme.de bieten den Surfern an themenspezifische Communities „angedockte" Marktplätze, wie Philip Stolberg, einer der Gründer von MeOme, auf der Internet World 2000 in Berlin erklärte. Beim User solle so das Gefühl entstehen, so Christian Vry, Finanzchef des jedem Surfer sein „Personal Internet" bietenden Portals, als werde er durch den für die Inhaltsauswahl der einzelnen Themenbereiche zuständigen „Guide" beim Einkauf beraten. Bei den Verbraucher-Portalen, auf denen Konsumenten ihre Erfahrungen mit Produkten abgeben können, ist die Verbindung zu „exquisiten", für die Aufnahme in den „Club" zahlenden Verkaufspartnern ebenfalls naheliegend. Eine der Haupteinnahmequellen soll zwar die Werbung sein, so Gerrit Heine von Ciao.com in einem Interview mit Tomorrow (1/2000: 112). Dazu erhält die Plattform aber auch Provisionen, „wenn Nutzer Produkte bei auf unserer Site ausgewiesenen Händlern erwerben."

Wie Verlage das „Content-Commerce-Dilemma" umgehen oder leugnen

Zahlreiche Verlage setzen bei der Generierung von Einnahmequellen für ihre Online-Angebote auf Modelle und Praktiken, die denen der Portale kaum nachstehen. So gibt es so gut wie keine Content-Site mehr, hinter der eine Marke aus dem Print- oder Fernsehbereich steht, die nicht durch irgendwelche Co-Brandingstrategien, Kooperationen, gesponserten Inhalten oder anderen Provisionsgeschäften die Einnahmen aus dem Geschäft mit der Bannerwerbung aufbessert. Der Grund für die zur Tagesordnung gehörende Mischung aus Redaktion und Werbung wird meist darin gesehen, dass traditionelle Finanzierungsmodelle über klar gekennzeichnete Anzeigen oder Abonnements in der „Alles-umsonst"-Kultur des Internet nur wenig Chancen haben. „Die Leute werden sich nie daran gewöhnen, für Informationen aus dem Web Geld bezahlen zu müssen", klagte Christian Hellmann, Vorstandschef der Tomorrow Internet AG, Ende 1999 der „Wirtschaftswoche" (51/1999: 99). Mit

Ausnahme des Wall Street Journals (www.wsj.com) wagt sich daher kaum ein selbst noch so etabliertes Medium, Gebühren für die Nutzung zu erheben. In Deutschland experimentiert nur das „Handelsblatt" mit diesem Modell, allerdings nur für Zusatzangebote.

Die Produktion von eigenständigen Content-Angeboten, die über das Weiterverwerten von Inhalten aus den Print- oder Fernsehmagazinen hinausgeht, ist allerdings kostspielig. Die meisten redaktionellen Websites deutscher (und amerikanischer) Medienhäuser kommen daher aus den roten Zahlen höchst langsam heraus. Ganz aufs „Zukunftsmedium" Internet verzichten können die Medienmanager allerdings auch nicht. Der Ausweg liegt für viele daher klar im Mergendising.

Der Einstieg in dieses Geschäft wurde wie immer von amerikanischen Verlagshäusern vorexerziert. Schon Ende 1996 verbündete sich beispielsweise die Online-Ausgabe des Wall Street Journals mit Microsoft: Gleich zu Beginn des Browserkriegs offerierte die Mediensite so allen Surfern, die mit dem Internet Explorer und nicht mit Netscapes Navigator unterwegs waren, kostenlosen Zugang zu ihren Inhalten. Die mit ihrem „Pathfinder" wenig erfolgreiche Time Warner ließ sich gleichzeitig ihre Eltern ansprechende Site ParentTime (www.parenttime.com) von Procter & Gamble bezahlen. Müttern und Vätern, die nicht auf das „Kleingedruckte" am Ende der Homepage achteten, entging allerdings leicht, dass der Ratgeber von einem Hersteller co-produziert wurde, aus dessen Hause unter anderem Wick Hustenbonbons oder Pampers kommen. Und die Online-Ausgabe von USA Today (www.usatoday.com) experimentierte schon damals mit einer Shopping-Mall mit Partnern, an deren Umsätzen die Zeitung beteiligt war (vgl. Blumenthal 1997).

Die deutschen Medienhäuser merkten spätestens 1999, dass sich ein allein durch Bannerwerbung getragener Online-Auftritt nicht rechnet. Das Motto lautete nun, „elektronische Umsatzbringer" mit Hilfe von Marktplätzen aufzubauen, um so am E-Commerce-Boom zu partizipieren (Keller 1999: 120). Das Ziel ist, „im Netz ‚Verkaufsmaschinen' zu installieren: Autos, Reisen, Bücher oder Immobilien – kein Konsumgut, das deutsche Medienhäuser nicht im Internet losschlagen wollten" (Renner 2000: 39). Die Traditionshäuser stoßen bei der Umsetzung dieser Vision allerdings auf ein Problem:

> „Die Teilnahme am Marktplatz Internet ist nicht immer in dem Maße möglich, wie es sich mancher Finanzchef wünscht. Denn wie würde es auf einen Leser wirken, der auf die Qualität der Berichterstattung einer Printmarke baut, wenn er auf den Online-Seiten von Focus, Spiegel oder Stern statt gut recherchierter News plötzlich Eierkocher zum Kauf serviert bekäme?" (Krempl 1999).

Um diesem „Content-Commerce-Dilemma" zu entkommen, setzen um den guten Ruf besorgte Verlagsmanager daher entweder auf den Verkauf „affiner Produkte", wie Focus-Online-Geschäftsführer Jörg Bueroße in einem Interview mit w&v erklärte (17/1999: 120). Vermarktet werden von der Site des Burda-Abkömmlings in diesem Sinne beispielsweise Bücher oder Serviceleistungen wie Reisen. Auch Spiegel Online (www.spiegel.de) beschränkt seine Shopping-Angebote weitgehend auf Bücher, wobei eine langfristige Kooperation mit Libri.de besteht, sowie auf CDs über den Partner Alpha Musik. Dass aber selbst die Vernetzung mit „markengerechten" Online-Shops penetrant wirken kann, zeigt das Webangebot der „Welt" (www.welt.de). Unter jedem Artikel findet sich dort der „Buchtipp" der Redaktion, der an erster Stelle zur Web-Buchhandlung Bol.de führt. Da „unsere" Kaufempfehlung aber anscheinend von Kollege Computer ausgewählt wird, geht der gut gemeinte „Service" manchmal nach hinten los. So wurde ein Mitte März 2000 erschienener Text über Hackerangriffe auf E-Commerce-Sites mit der Einladung zum Kauf eines Buches über die Vorteile des Online-Shoppings abgerundet.

Dass die Vermarktungskonzepte noch nicht hundertprozentig perfekt sind, zeigt auch die Tatsache, dass „Die Welt online" mit Bol.de, einem Angebot aus dem Hause Bertelsmann, kooperiert, obwohl die Tageszeitung das Prestigeblatt des Axel-Springer-Verlags (ASV) ist. Der Hamburger Verlag ist nämlich eigentlich am Buchshop Booxtra.de beteiligt. Wenigstens bei der Suchmaschine der „Welt" funktionieren die Synergien allerdings, da in diesem Fall Infoseek mit dem Online-Auftritt der Zeitung verknüpft ist und diese Search Engine tatsächlich mit dem ASV kooperiert.

Beteiligungen sind generell ein zweiter Weg, mit dem große Verlagshäuser das Content-Commerce-Dilemma zu umgehen suchen. EMS, die Online-Vermarktungsgesellschaft von Gruner + Jahr, etwa hat Mitte 1999 den Travel Channel (www.travelchannel.de), ein virtuelles Reisebüro, eröffnet. Mit Inhalten versorgt der Verlag den Reisekanal über Geo Saison und Polyglott aus dem eigenen Hause. E-Commerce-Partnern lässt sich die EMS eine Präsenz auf der Site mit stattlichen Preisen von monatlich 10.000 bis 20.000 Mark bezahlen (Weiland 1999: 43). Genauso wie bei den Beteiligungen an Faircar.de, einem Gebrauchtwarenmarkt im Web, sowie dem Auktionshaus Andsold.de ist der Hintergedanke allerdings, neben dem Abschöpfen von E-Commerce-Potentialen auch mit dem ein oder anderen Börsengang Geld zu verdienen (vgl. Krempl 2000).

Bereits erfolgreich auf dem Börsenparkett gelandet ist die Tomorrow Internet AG, die am 1.10.1999 aus der Verlagsgruppe Milchstraße ausgegliedert wurde und im selben Jahr noch 3,7 Millionen Mark Umsatz vorweisen konnte, wobei 30 Prozent auf E-Commerce entfielen (vgl. Horizont 21/2000: 80ff.). Der „IPO" im Dezember spülte der Web-Site rund 110 Millionen Mark in die Kassen (vgl. Renner 2000: 39). Die Tomorrow Internet AG ist in Deutschland eine der ersten aus einem Verlagshaus entsprungenen Plattformen, die die „gewöhnungsbedürftige ... enge Verzahnung von redaktionellen und kommerziellen Angeboten" (ebd.) offen betreibt. Der Marketingchef des Unternehmens, Christoph Schuh, bezeichnete den „Kick im Internet" in einem Interview mit Horizont (21/2000: 80ff.) zumindest damit, dass ein User sich auf einer Portal-Site eine Kritik zu einem Produkt durchlese, sich den günstigsten Händler aussuche und dann sofort bestelle. „Dabei vermischen sich Online-Advertising und E-Commerce zunehmend."

Auf der „Entertainment World" von Tomorrow Internet funktioniert die Einbettung von Handelspartnern in „themenbezogene Umfelder", erklärt Schuh weiter, zum Beispiel so: „Interessiert sich der User ... bei TVspielfilm.de für das Madonna-Special bei MTV, so bietet ihm unsere Datenbank automatisch alle Videos und CDs von Madonna auf der gleichen Ebene an. Das ist ein echter Zusatznutzen." Die Süddeutsche Zeitung beklagt dagegen, dass auf den Seiten des Ablegers aus der Milchstraße „redaktionelle Inhalte ausschließlich dazu dienen, aus Lesern Konsumenten zu machen" (zitiert nach: new media update o. J.: 8).

Auch die Fernsehsender im Internet sehen im E-Commerce die Zukunft. Traditionell ist in diesem Bereich aber das Bartering und Sponsoring mit entsprechendem Product Placement am weitesten verbreitet. Auf die Schaffung von „speziellem Content, der unsere Nutzer zum Kaufabschluss hinführt", hat sich beispielsweise Sat.1 spezialisiert (Moltrecht 1999: 82). Im Prinzip arbeiten aber die anderen Sender mit ähnlichen Methoden und fertigen immer häufiger „Content-Module" an, die auf Sponsoring-Vereinbarungen beruhen und mit „E-Commerce-Modulen" eines Werbeträgers vernetzt werden (Kius 1999: 108).

Aral etwa ist Kooperationspartner für die Comedy-Serie „Die Fahrschule" auf Sat.1 und hat dazu eine interaktive Führerscheinvorbereitung für die eigene Website entwickelt. Dieses Spiel ist aber auch in das Online-Angebot von Sat.1 vollständig integriert. Wählt ein Surfer den Link auf die Fahrschule bei Sat.1-Online, bezieht das mittlere Browserfenster die Inhalte de facto vom Aral-Server. Der Nutzer merkt davon aber nichts. Nach demselben Muster funktionieren die Deals mit Alfa Romeo im Kontext der Serie „Benzin im Blut" sowie mit TUI im Rahmen der Seiten zu „Baywatch" (vgl. ebd.: 109).

„Was wir gerne lesen": E-Commerce-Sites mit redaktionellen Inhalten

Was die Medienhäuser machen, das können virtuelle Marktplätze schon lange. Traditionelle Medienangebote verlieren im Web, wo theoretisch jeder „Nachrichten" über seine Homepage verbreiten kann, ihre „Content-Hoheit" (Weber 2000: 82). Hochwertige Inhalte oder Infohäppchen können sich die Surfer weltweit und größtenteils kostenlos herunterladen. Für Websites mit hohen Besucherzahlen – wie Portale, Buch- oder Reiseanbieter und Auktionshäuser – lohnt es sich daher, „ihre Angebote mit News, Sport-, Wetter- oder Finanzmeldungen" anzureichern und die Web-Gemeinde zum Beispiel über die Ticker der großen Nachrichtenagenturen relativ günstig oder auf Kooperationsbasis „mit Informationen im Fastfood-Stil" (ebd.) anzulocken.

Dem Mergendising mit den eigenen „E-Commerce-Schnäppchen" sind dank dieser Content-Aufrüstung kaum noch Grenzen mehr gesetzt. Der Online-Marktplatz Amazon.com sorgte im Frühjahr 1999 für Aufsehen, weil er Verleger dafür bezahlen ließ, dass ihre Bücher in seine Empfehlungsliste aufgenommen wurden.

„Bis zu 10.000 Dollar legten Großverlage wie Simon & Schuster oder der Bertelsmann-Ableger Random House für so genannte ‚cooperative advertising allowances' – was soviel heißt wie gemeinschaftlich ausgehandelte Werbezulagen – auf den Tisch. Kleinere Unternehmen, die kein so großes Werbebudget haben, hatten immer noch die Möglichkeit, gegen ein Entgelt von 500 Dollar für ein paar Tage auf die Liste ‚Was wir gerne lesen' zu kommen. Gegen Aufschlag wurden die Bücher per E-Mail potenziellen Lesern als Neuerscheinungen angekündigt" (Schön 1999).

Aufgedeckt hat die unverfrorene Mergendising-Aktion die „New York Times", die am 8. Februar 1999 die Enthüllungsgeschichte mit dem Titel „Die Buchempfehlungen von Amazon.com stehen zum Verkauf" überschrieb. Doch wer im Glashaus sitzt ...: Wenige Wochen später brachte der Medienwächter Matt Welch im „Online Journalism Review" einen Artikel, in dem er sich darüber wunderte, dass die ehrenhafte „Times" in dem Monat nach der Entdeckung sieben weitere Stories über Amazon und Co. brachte. Der Webshop kam dabei immer schlecht weg; einmal ging es sogar dezidiert um die ethischen Gefahren, die von der Verknüpfung von E-Verkäufern und Nachrichtenlieferanten ausgehen. Ganz vergessen wurde in diesen Geschichten, dass die Online-„Times" selbst eine Partnerschaft mit dem Amazon-Konkurrenten Barnes & Noble (www.bn.com) hat und neben ihren Buchbesprechungen Links platziert, die unmittelbar auf die Seite des virtuellen Buchverkäufers führen (vgl. Welch 1999).

In Deutschland ist bisher vor allem der „24-Stunden-Marktplatz" eVita wegen seiner Mergendising-Praktiken aufgefallen: „Der angebotene Service lässt das Herz jedes Marketingmanagers höher schlagen: Unter den redaktionellen Artikeln über die gängigen Lifestyle-Themen finden sich gleich die entsprechenden Links zu den eVita-Shopbetreibern" (Moltrecht 1999: 85, vgl. mit ähnlichem Tenor auch einen Beitrag aus der „Wirtschaftswoche" 38/1999: 159). Interessanterweise wird die Online-Mall hauptsächlich von Gruner + Jahr und der Deutschen Post betrieben und die meisten Artikel kommen aus den Heften des Verlags. „Gruner + Jahr nennt die ... erbrachte Dienstleistung verschämt ‚redaktionelle Betreuung'" (ebd.).

Soap-Operas, Gewinnspiele und Online-Communities

Nachdem die erste Generation der Cyber-Soaps genauso schnell wieder verschwand, wie sie aufgeblüht war, erleben die Seifenopern im Web momentan ihre Wiederauferstehung. Nicht nur „Big Brother" (www.big-brother.de) und RTL II ist es zu verdanken, dass Fernsehen, Internet und Merchandising-Stores zusammenwachsen. Auch „Gute Zeiten, schlechte Zeiten" (www.gzsz.de) hat ihre Webpräsenz im Frühsommer 2000 gelauncht und bietet nun Spaß, Spannung und Spiel rund um die Serienhelden online – verknüpft mit ausgewählten Einkaufsmöglichkeiten. Als „Dinosaurier" gelten dagegen Web-Soaps wie die Heldenfußallee (www.heldenfussallee.de) oder Madeleine's Mind (www.madmind.com), bei denen Möglichkeiten zum Sponsoring bzw. zum Schalten von Unterbrecherwerbung bestehen.

Gesponserte Gewinnspiele gehören ebenfalls seit langem zu den beliebtesten Konzepten der Online-Marketer, um Besucherzahlen zu steigern. Geradezu Kultcharakter haben beispielsweise die Slotmaschine und der Supertrainer bei „Bild online" (www.bild.de) erreicht. Das Genre der Gewinnspiele bringen nun Sites wie k1010.de von Rauser Advertainment auf eine neue Ebene: Bei dem „Trivial-Pursuit"-Verschnitt, das u. a. von Smart, Lufthansa, eJay, Brockerage 24 und den Webshops Vitago.de sowie Desaster.com gesponsert wird, verlässt das Spiel den Browser und nimmt – ähnlich wie beim Start einer Multimedia-CD-ROM – den gesamten Screen ein. Auch die als „Interstitial" bekannte, von der Werbeagentur Rauser als „E-mercials" bezeichnete Unterbrecherwerbung, die nach allen zwei oder drei Fragen auftaucht, baut sich damit unübersehbar und bildschirmfüllend vor dem Zocker auf. Findet ein Spieler die eher Spots als Bannern ähnelnden Werbungen verführerisch, reicht ein Mausklick, um beim entsprechenden Webshop des Inserenten zu landen.

Eines der „wohl ausgefeiltesten Konzepte neuartiger Werbung" (Kius 1999: 109) und damit auch des Mergendising verfolgt die virtuelle Community Cycosmos (www.cycosmos.de) der Agentur I-D Media. Dabei setzen die Betreiber der Plattform geschickt auf das viel beschworene „One-to-One"-Marketing, da die registrierten Nutzer für das Wandeln in der Kunstwelt sich einen nach ihren Interessen zusammengestrickten Avatar basteln müssen. Anhand der (anonymen) Profile, die durch das Tracking der Bewegungen der Cyberfiguren innerhalb der Community ergänzt werden, können Werbungtreibende sehr genau ihre jeweiligen Zielgruppen individuell ansprechen. Eine weitere Möglichkeit für Unternehmen, ihre Markenprodukte bekannt zu machen, besteht im Product Placement: Die Surfer könnten ihre Avatare mit den verschiedensten Accessoires ausstatten, z. B. „mit Sonnenbrillen von Oakley, einem Anzug von Armani und Sneakers von Nike ... Was derzeit noch im Experimentierstadium ist, soll sich bald zur Marktreife entwickeln" (ebd.).

Die Werbung neu erfinden mit Hilfe von Mergendising, Databank-Marketing und intelligenten Agenten will auch die PopNet Agentscape AG in Berlin, eine Tochter der Hamburger PopNet Internet Agentur. Auf der Partnervermittlung Flirtmaschine (www.flirtmaschine.de) soll die Maschine in Form des Agenten Cyb (Create your Bot) nicht nur Traumpaare zusammenführen, sondern auch im Auftrag des Sitebetreibers „als Schnittstelle zum Nutzer dessen Merkmale in ‚unaufdringlicher Form'‚ erkunden, „um so relevante Informationen aus Datenbanken, Waren oder Dienstleistungen anbieten zu können" (Kius 2000: 97). Festpreise wird es bei dieser Form der Verkaufsförderung kaum noch geben, da Preisverhandlungen zwischen den Agenten der Nutzer selbst ausgeführt werden (Silent Commerce).

Cross-Media und Cross-Promotion – Mergendising über alle Medienbrüche hinweg

Nicht zufrieden mit den Vermarktungsmöglichkeiten, die sich durch die Verschmelzung von Content und Commerce im Web bieten, gibt sich die PopNet Crossmedia GmbH, eine weitere Tochter der PopNet Holding. So hat sie mit der Zeitschrift Gold.de im März 2000 extra ein vierzehntägliches Magazin gegründet, um möglichst viele Leser zu ihrem Goldguide.de, einem Shopping-Katalog im Web, zu führen und so zu begeisterten Online-Käufern zu machen. „Gold.de ist Magazin und Homepage in einem", schreibt die Redaktion (Heft 6/2000: 6).

Ersparen will das Hybridmedium den Konsumenten vor allem das „umständliche Adressen-Suchen im Internet" und hat dazu den „Gold Link" erfunden: Der steht in Form eines mehrstelligen Zahlencodes neben zahlreichen im Heft „gefeatureten" Produkten und reicht den „smarten" Kaufwilligen, der die Kombination auf der Website von Gold.de in die entsprechende Suchmaske eingibt, direkt zum On-line-Marktplatz mit dem gewünschten Artikel weiter. Wie viel PopNet Crossmedia an der Transferleistung verdient, erfährt der Leser nicht. Die Idee der direkten Verbindung von Print- und Onlinemedium zu kommerziellen Zwecken dürfte sich als stilbildend erweisen, auch wenn Gold einer Meldung des Manager Magazins[1] von Anfang Juni 2000 zufolge schon wenige Monate nach dem Start in redaktionellen Schwierigkeiten steckte und sich vielleicht nicht lange auf dem Markt halten kann.

Angesichts der ungezügelten Cross-Promotion einer sich zum „Verlag" wandelnden Multimedia-Agentur arbeiten auch die „alten" Medienkonzerne an der Perfektionierung ihrer Verwertungsketten. Schleichwerbung wird wieder salonfähig, wenn auf dem „Stern" die AOL-Zugangs-CD-ROM pappt. Schließlich waren AOL Europe und die Donnerstags-Illustrierte lange genug über Bertelsmann miteinander verknüpft, und die Vermarktungspartnerschaften funktionieren noch.

Vom Journalisten zum Werbetexter?

Medienhäuser, Werber und Verkäufer haben im Web und darüber hinaus längst Fakten geschaffen und nutzen konsequent die medieninhärenten Vernetzungsmöglichkeiten. Doch was ist gegen die „Serviceleistungen" einzuwenden, die das Navigieren und Geld Ausgeben im Internet doch nur einfacher machen? Ist die Frage nach dem Spannungsverhältnis zwischen publizistischem Auftrag und ökonomischen Erfordernissen bzw. Wünschen nicht genauso alt wie die Medien selbst (vgl. Keusen 1995: 166f.) und gibt es nicht trotzdem nach wie vor „guten" Journalismus?

Wettbewerbsstörend ist im Web nicht nur die Tatsache, dass vor den Surfern in der Regel im Rahmen des Mergendising keine Auswahl von Produkten verschiedener Anbieter ausgebreitet wird. Dagegen könnte man ja noch einwenden, dass die Konkurrenz bei anderen Content-Sites gelistet sein dürfte. Dazu kommt auch, dass

---

1   Http://www.manager-magazin.de/news/artikel/fs/0,1153,79161,00.html.

es für Medienhäuser, die Provisionen aus Verkäufen erhalten, einen wirtschaftlichen Stimulus gibt, über ein bestimmtes Buch oder eine digitale Kamera besser zu urteilen als eigentlich angebracht wäre.

„E-commerce could force journalists to buddy up to advertisers in ways they never have before [...]. A bit of puffery inserted here, a negative adjective deleted there – it doesn't take a lot to turn a review or story about, say, smart phones, into something approaching highbrow ad copies" (France 1999: 70f.).

Wie könnte man verhindern, dass sich das Internet in einen „riesigen Jahrmarkt" verwandelt, „auf dem Informationen nur die Rolle einer ‚Attraktion' spielen" (Laimé 1999), das Mergendising fortschreitet und der Online-Journalismus zur reinen PR, zur Verkaufsförderung und damit zur Farce wird? Die Landesmedienanstalten sehen wegen mangelnder Klagen bisher keinen Grund zum Eingreifen. Im Mediendienste-Staatsvertrag der Länder ist zwar im Gegensatz zum Teledienstegesetz des Bundes klar geregelt, dass Werbung als solche „klar erkennbar und vom übrigen Inhalt der Angebote eindeutig getrennt sein" muss. In einem Interview mit der Computerzeitschrift c't (16/1999: 85) sagte die Referentin der Landesanstalt für Kommunikation Baden-Württemberg, Ulrike Handel, aber: „Ich kenne bisher keinen Fall, in dem bei einem Mediendienst eine Vermischung von Werbung und redaktionellem Inhalt beanstandet worden wäre. Deshalb gibt es noch keine Rechtspraxis, wie diese Trennung gestaltet werden muss".

Bleibt also nur die Hoffnung auf den freiwilligen Aufbau der im Web zunächst nicht vorhandenen Mauern zwischen Redaktion und Geschäft. France baut in diesem Sinne auf die „Selbstregulierung" der Medienbranche. Der Journalist forderte in „Business Week" Ende 1999, dass immer, wenn ein redaktionelles Angebot mit einem Handelspartner kooperiere und daran Geld verdiene, auf diese Geschäftsbeziehung aufmerksam gemacht werden sollte. Bisher gehörten diese „Geständnisse" noch nicht zur Praxis der meisten Content-Sites. Das sollte sich aber schnellstens ändern: „No matter how high the tide of e-commerce rises, the only thing the press has to sell, ultimately, is its credibility" (France 1999: 71). Viele der neuen „Medienangebote" im Web dürften allerdings doch etwas „Besseres" zu verkaufen haben als ihre vertrauenswürdigen Informationen: Bücher, CDs oder Computer zum Beispiel.

Literatur

Blumenthal, R. G. (1997): Woolly Times on the Web. In: Columbia Journalism Review September/October 1997. URL: http://www.cjr.org/year/97/5/woolly.asp (Stand vom: 30.5.2000).

France, M. (1999): Journalism's Online Credibility Gap. In: Business Week vom 15.10.1999, 70f.

Keller, R. (1999): Marktplatz der Visionen. In: w&v 17/1999, 120-123.

Keusen, K.-P. (1995): Die werbetreibende Wirtschaft auf der Suche nach der „zappingfreien Zone" – Zur Ausdifferenzierung der Werbeformen und ihren rundfunkrechtlichen Bestimmungen. In: Schmidt, Siegfried J.; Spieß, Brigitte (Hrsg.) (1995): Werbung, Medien und Kultur. Opladen, 164-193.

Kius, R. (1999): Alternative Wege zum Klick. In: w&v 30/1999, 108f.

Kius, R. (2000): Spürnasen mit Gefühl. In: w&v 11/2000, 97.

Krempl, St. (1997): Die Kommerzialisierung des Internet. In: Telepolis. URLs: Teil 1: http://www.heise.de/tp/deutsch/inhalt/te/1172/1.html, Teil 3: http://www.heise.de/tp/deutsch/inhalt/te/1197/1.html (Stand vom: 30.5.2000).

Krempl, St. (1999): Kannibalen im Netz. Der Kampf um Newskompetenz, E-Commerce-Beteiligungen und Börsenkapital zwischen Contentanbietern wird härter. In: Telepolis vom 25.11.1999. URL: http://www.heise.de/tp/deutsch/inhalt/on/1378/1.html (Stand vom: 30.5.2000).

Laimé, M. (1999): Die Presse zappelt im Netz. Die neuen Barbaren der Online-Information. In: Le monde diplomatique Nr. 5911 vom 13.8.1999, dt. Version in der taz.

Moltrecht, K. (1999): Wie teuer ist umsonst? Online-Anbieter wollen sich in Zukunft verstärkt über Provisionen finanzieren. In: c't 16/1999, 82-85.

new media update (o. J.): Aktuelle Grundlagen zum Online-Marketing und E-Commerce, Folge 5. München.

Piotrowski, Ch. (1999): Die „Los Angeles Times" wieder in der Kritik. In: Neue Zürcher Zeitung vom 12.11.1999.

Renner, K.-H. (2000): Verhökern statt verlegen. Mit unterschiedlichen Strategien gehen die großen deutschen Verlagshäuser ins Internet. In: Die Woche vom 21.1.2000, 39.

Schön, G. (1999): Wer mit dem Netz tanzt... In: Spiegel Online vom 5.7.1999. URL: http.//www.spiegel.de/druckversion/0,1588,29977,00.html (Stand vom: 30.5.2000).

Schweiger, G.; Schrattenecker, G. (^{2}1989): Werbung. Eine Einführung. Stuttgart.

Sprenger, P. (1999): Altavista experimentiert mit bezahlten Links. In: Net Investor 2/1999, 5.

Tritschler, F. (2000): Vernetztes Denken. In: w&v 13/2000, 114-116.

Weber, A. (2000): Dollars follow Eyeballs. In: Horizont 21/2000, 82-86.

Welch, M. (1999): What If You Couldn't Trust The New York Times? In: Online Journalism Review vom 24.4.1999. URL: http://ojr.usc.edu/sections/features/99_stories/stories_nyt_042499.htm (Stand vom: 30.5.2000).

Weiland, H. (1999): Scheck statt Shakehands. In: w&v 43/1999, 182f.

3. Neue Formen –
Werbung und Design

Michael Erlhoff

Informationen aus dem Urwald –
Design und Aufmerksamkeit

1.

Design – so muss man etwas deprimiert beginnen – steckt in einem wahrlich idioti-
schen Dilemma. Denn öffentliches Ansehen, gesellschaftliche Akzeptanz und wirt-
schaftliches Raunen erhält Design, wenn auch in gewaltigem Ausmaß, bloß aus
dem, was es an sich nicht oder lediglich akzidentiell sein will: als Dekoration, eben
als blöde Anschauung.

Liegt die eigentliche Kraft von Design längst und gewissermaßen materiell
erfolgreich auch für Sozialität und Ökonomie in einer konzeptuellen, integrativen,
transformatorischen und assoziativen oder komprehensiven Kompetenz, so ist dies
immerfort zu Gunsten einer völlig auf Äußerlichkeiten reduzierten Geschmacks-
Euphorie breiter Bevölkerungsschichten und insbesondere des Management und
öffentlicher Meinungs-Erreger ignoriert worden. Wobei sich dies als eigentümlicher
circulus vitiosus darstellen mag, da im je geeigneten Moment die Ökonomisten auf
vom Dekor oder einer Art Schnäppchen-Innovation (Nippes also) angeregte Kauf-
räusche verweisen, die das Marktgeschehen begeisterten und deshalb so passieren
sollten, während die Käuferinnen und Käufer auf das Marktangebot reagieren, die
Meinungsbildner sich, obwohl Mittäter, als bloße Mittler und somit unschuldig
anbiedern, und dann noch etliche Designerinnen und Designer, wer will es ihnen
verübeln, schnell an solchem Markt durch schnodderige oder lediglich kunsthand-
werklich belastete Objektchen teilnehmen und sich verhökern. – Nun wäre das gar

nicht problematisch und förderte sogar den Wirtschafts-Kreislauf sowie formale Aufmerksamkeiten und vermeintliches Vergnügen bei den Menschen: Dumm daran ist nur, dass auf diesem Weg Gesellschaft und Wirtschaft so viel von dem wahrhaftigen Potential von Design entgeht, und noch dümmer ist, wie viele Designerinnen und Designer gnadenlos mitmachen bei der permanenten Zerrüttung ihrer Kompetenzen und zugleich hinterhältig sich dann noch in stutzerhaften Lebenslügen eines je eigenen Sozialverhaltens beschwichtigen, statt wenigstens so zu spielen, dass ihre Teilhabe sie nicht insgesamt diskriminiert.

2.

Die eigensinnigen Qualitäten von Design dagegen bestünden beispielsweise darin, dass Design alle disziplinären und somit längst überholten Grenzen sprengt, dass es vorzüglich Prozesse (statt Gegenstände) formuliert, Schnittstellen beschreibt, Energien und Materialien einspart und diese jeweils neu aufmerksam verknüpft, Netzwerke entfacht und ordnet, tradierte Ordnungen auflöst und eine ebenso neuartige wie gesellschaftlich dringend nötige Verwicklung von theoretischem Handeln und praktischer Vernunft entwirft, eine Art praktisch-reflektierter Urteilskraft, die sich blitzartig in handfeste Gestaltungen hineinschiebt, ohne darin jeweils aufzugehen. Im Design nämlich werden soziale, ökonomische, technische, wissenschaftliche, ökologische und kulturelle Dimensionen

aufgehoben, und das Design tritt als permanente Provokation gegen Standards und gegen jegliche Starrheit auf und legitimiert sich im offensiven Anspruch auf Veränderung. Gewissermaßen als augenscheinliche List der Vernunft evoziert Design über je neue Aspekte des Gebrauchs oder auch von Anschauung, Akustik, Haptik oder geplanter Zerstörung tradierter Handlungsweisen veränderte Erfahrungs-Potentiale und neue Einsichten. Dabei ist völlig egal, ob dies sichtbar oder unsichtbar daherkommt oder ob es sich immer noch jenem überholt ideologischen Gutsein hehrer Mythenbildung oder situativer Dynamik verschrieben hat.

Unter diesem Gesichtspunkt aber – für die beispielhaft Buckminster Fuller, Ferdinand Kramer, Frederick Kiessler, Charles Eames, Ettore Sottsass oder auch Starck, Esslinger und „Yellow Design" zitierbar sind – bietet Design der Gesellschaft, Wirtschaft und Kultur neben einem nachdrücklichen Fundus an Kompetenz und komplexer Gestaltung auch Modelle an, mit Lebens- und Arbeitsformen und mit dem Denken darüber reflektiert und situativ, konkret und vorausschauend umzugehen.

Beispielhaft dafür wäre ja, wie intensiv und exemplarisch Designerinnen und Designer sogar in der vordergründig einfachsten Façon, nämlich im „interior design", schon früh im vergangenen Jahrhundert auf soziale Bedingungen und Verwicklungen hingewiesen haben und gerade über Gestaltung versuchten, neue Lebensformen zu artikulieren oder gesellschaftlichem Wandel des Zusammenlebens ein neues Antlitz zu geben – das reicht von der „Frankfurter Küche" der zwanziger

Jahre über jene sensationelle Ausstellung „New Domestic Landscape" von 1972 im Museum of Modern Art (New York), die offene und höchst variable Formen von Sozialität darstellte, bis zu gegenwärtig neuer Mobilität von Mobiliar. Vergleichbar – und für jeden gewiss rasch einsichtig – begriff Design schon beizeiten die Abhängigkeit von Arbeit und von Kooperationsmöglichkeiten in bezug auf die dinglichen und damit immer auch prozessualen Organisations-Formen von Arbeit, da eben diese die Betätigung jeglicher Art von Maschinen und Werkzeugen ebenso wie deren Anordnung und Vernetzung sowohl das Arbeitsvermögen als auch psychophysische Konditionen von Arbeit im Büro wie in der Fabrik, auf einem Fahrersitz wie im Garten und dergleichen konturieren und strukturieren: Die Gestaltung regelt Handhabbarkeit und Attraktion des Arbeitsgeräts und definiert in räumlicher und medialer Verknüpfung oder Trennung der Arbeitsgeräte Geselligkeit und Reputation von Arbeit, und Gestaltung hat dies häufig (und lediglich dadurch als Design akzeptabel) antizipatorisch im Versuch einer (gewiss nicht immer unambivalenten) Konstruktion jeweils neuer Sozialitäten und Effizienz von Arbeit bedacht.

Übrigens gilt dies auch für die Entwicklungen von Corporate Design, Corporate Identity und „Branding" (also für das komplette Design von Marken), da Design mit dem ihm eigenen Gespür für Veränderung (sonst bräuchte man kein Design) und mit der für Gestaltung symptomatischen Transformations-Kompetenz, eben ständig in Gesellschaft (und somit auch in Technik, Wirtschaft und Vorstellungen von Gesellschaft, Technik und Wirtschaft) neue Perspektiven zu entdecken und in komplexe Systeme und Praktikabilitäten großflächig zu wandeln, sehr frühzeitig – spätestens mit Peter Behrens in den zwanziger Jahren und auch beispielsweise mit Kurt Schwitters, Walter Dechsel, Raoul Hausmann ... – die Gesellschaft in allen Aspekten durchdringende Vermitteltheit und Vernetztheit erkannte und für deren Handhabung und Prozess Modelle ausgeheckt hat. Jedes elaborierte Markendesign etwa bezieht sich auf diese Einsicht von Vernetzung und Komplexität, sonst wäre es lächerlich und pure Geste.

Bedächte man nun diese Dimension von Design, und anderes bliebe gar nicht übrig, dann erläuterte das die radikal veränderte Perspektive von Gestaltungsaufgaben und Handlungsmöglichkeiten höchst qualifizierter wie unmittelbar umsetzbarer Verbesserungen von Geselligkeit und Wirtschaften oder insgesamt einer lebendigen Lebenswelt.

Bedenkenswert ist dabei auch, wie sehr die Entwicklung des Internet designabhängig gewesen ist und bleibt, oder dass längst hervorragende Arbeiten im Bereich von „Service Design" vorliegen und im Marken-Design („Branding") die gesamte korporative Gestaltung von Unternehmen stattfindet: Logistik, Kommunikation nach innen und außen, operationale Integrationen, offene Department-Systeme, internationale Recherchen ... . Außerdem hat sich Design und haben sich Design-Studios vielfach als hervorragende empirische Forschungs-Institutionen (was heute bei den meisten Aufträgen für avancierte Design-Studios längst mindestens die Hälfte der Arbeit und der Honorare ausmacht) erwiesen, die in der dem Design so eigenen Verwiesenheit auf Wahrnehmung und Neugier, Empathie, komplexen Nutzen und verblüffende Methoden und Assoziationen weit qualifizierter handeln und forschen als all jene trostlosen Marktforschungs-Versuche und hinkenden Life Style- oder Trend-Studien, die meist jeglicher Beweglichkeit spotten und ohnehin nur den Status Quo und schon herrschende Vorlieben der Unternehmen reproduzieren und festschreiben.

Wie schon formuliert: All dies bietet Design nicht bloß als Behauptung, vielmehr gibt es das alles ganz praktisch und wird es mehr oder minder insgeheim oder als quasi extra-funktionale (und deshalb nicht oder schlecht bezahlte) Kompetenz des Design von etlichen Unternehmen intensiv genutzt und schafft so beträchtliche Werte. Zweifellos werden heute insbesondere an einigen Design-Fachbereichen Designerinnen und Designer ausgebildet, die im Verhältnis zu den oft noch sehr blassen Ansprüchen beispielsweise deutscher Unternehmen an Design gewissermaßen überqualifiziert sind (man vergleiche nur den wichtigsten Nachwuchs-Designpreis, den „Lucky Strike Junior Designer Award", und was von den ausgezeichneten und an sich so realistischen Diplom-Arbeiten in der Praxis der Unternehmen oft übrig bleibt). Offenkundig sind zumindest in Europa die meisten Wirtschafts-Unternehmen (zumal sie allzu häufig Forschung ohnehin an die öffentlichen Hände abgetreten haben) noch kaum an wirklicher Erneuerung von Produkt- und Dienstleistungs-Bereichen interessiert und verhält sich der angeblich so aufregende Markt vor allem an der Schnittstelle des Handels äußerst gemächlich und konservativ. Dazu kommt, dass von Gesellschaft und Wirtschaft häufig längst überholte Unternehmens-Figurationen, zumal Technik und Marketing, das Design und gerade ein als komplexe Kompetenz auftretendes Design zusehends als Konkurrenz oder gar als Bedrohung erfahren und es eben auf jene Rolle des Akzidentiellen und Dekorativen einzuschmelzen trachten. Womit sie ebenso dreist wie gelegentlich deprimierend die wirkliche Qualität von Design negieren und dessen Entwicklung behindern – und sowieso schlecht wirtschaften.

So gerät Design zum bloßen Mittel, am Markt augenscheinliche Besonderung und auf diesem Weg Aufmerksamkeit zu erheischen, was kurzfristig selbstverständlich erfolgreich ist, da technischer Vorsprung der üblich reduzierten Art des Ingenieurwesens längst ein untaugliches Marketing-Instrument geworden ist. Zum anderen greifen manche Unternehmen in eine Design-Wundertüte, um Produkt-Zyklen zu reduzieren – was aus Mode und der Automobil-Industrie erlernbar war, aber immer bloß kurzlebige Winde entfacht. Eine Anekdote mag dies illustrieren: Vor einigen Jahren schon lud mich ein bekannter süddeutscher Hersteller von Trinkgläsern zu einem Gespräch, und die versammelte Unternehmensleitung empfing mich mit der plausiblen Phrase „Entweder ein Erdbeben oder Design", denn, so wurde verkündet, die Deutschen schmeißen Gläser nicht weg, heben gar leere Senfgläser als Trink-Geschirr auf, weshalb nach der für den Verkauf von Gläsern blendenden Nachkriegszeit nun auf dem Markt nichts mehr zu holen wäre. Also brauche man Design als Erdbeben-Ersatz, per modischem Schein die Menschen jedes Jahr neue Gläser kaufen zu lassen (inzwischen hat Ritzenhoff das ja exemplarisch umgesetzt). – Das schafft zwar Markt, jedoch als totale Illusion, und es verhindert, dass solch ein Unternehmen neue Produkt- und Dienstleistungs-Linien und somit Zu-kunfts-Perspektiven entwickelt, ist also barer Unsinn, so oft es auch wiederholt werden mag.

Die europäische Automobil-Industrie zum Beispiel verfügt seit Jahren über äußerst intelligente, praktische und umwelt-schonendere Transport-Konzepte im Verbund mit öffentlichen Verkehrsmitteln und bei gemeinsamer Nutzung ein- und desselben Fahrzeugs. Dieses Programm „Nutzen statt Besitzen", das an sich so plausibel ist und für das das Design sehr viel auch in den betreffenden Unterneh-men getan hat, wird jedoch – mit Ausnahme des „Smart", der ja eigentlich als Nut-zungs-Konzept angeboten wird (Bahn- oder Flugreisen mit preiswerter oder ko-stenloser „Smart"-Nutzung am Zielort, „car sharing" für „Smart"-Nutzerinnen und Nutzer, veränderte Bezahl-Systeme und ein erweitertes Dienstleistungs-Angebot) – gar nicht umgesetzt, so lange eben am Markt noch der letzte Schrott verkäuflich ist. So bleibt einfach alles beim Alten.

3.

Zweifellos rollt der Rubel heftig umher, da die Gebraucherinnen und Gebraucher sich inmitten des Gestrüpps von Psychopathologie des Kaufens und der des Besit-zens weiterhin eher als Verbraucherinnen und Verbraucher verstehen und verhalten und sich über Dekoration und Objekte vermeintliches Ansehen, augenscheinliche Eigenheit und Aufmerksamkeit für sich im Getriebe eines bloß als Gleichmacherei erlebten Sozialen einzukaufen trachten.

Die Dinge, Marken und auch Schriftzüge bleiben allein noch als Plauder-Gegenstände übrig, unbegriffen und meist freudlos vor sich als Insignien hervorge-tragen zu werden. Nun lungern zwar alle herum wie bunte Hunde und gleichen sich deshalb in solcher Abstraktion total – und sollte einmal jemand oder eine Gruppe tatsächlich eigenartige Aufmerksamkeit für einen spektakulären Augenblick sensa-tionell erheischen, so holen dies ganz schnell entsprechende Zeitschriften und Fern-seh-Programme ein und geraten auch solche Sensationen in Windeseile zum allge-meinen Gemisch beliebiger Attraktivitäten und haben wahrscheinlich insgesamt sowieso keinen Sinn mehr für Eigensinn, zielen vielmehr auf jenes schlicht attribu-tive Wohlwollen medialer Gerüchte und sich daraus ergebendem raschen Kom-merz.

Selbstverständlich hat jedoch auch dies seine Sonnenseite, denn in einer quasi fatal demokratisierten und somit jederzeit egalisierbaren und egalisierten Besonde-rung bleibt allen (Unternehmen wie Menschen) lediglich die Sehnsucht nach ge-sonderter Aufmerksamkeit eines Publikums übrig – was den Markt verklärt und ermuntert und den Menschen wenigstens dies noch als Imagination und als animie-rende Lebenslüge gewährt. Design, wenn es denn zur Fahrkarte ins Paradies ver-kürzt wird und sich im massenhaften Kunsthandwerk verdreht, partizipiert und verdient zweifellos an jeder Dummheit und schmiegt sich gewissermaßen begeistert dem Müll allgemeiner Markttrends an, erstarrt in gestalterischen Gesten irgendwelcher Rhetorik originellen Scheins und schafft so immerhin problemlos, die bunten Magazine zu füllen, die daraus dann jeweils wieder Trends vorführen und Geschmäcker ihrem Publikum diktieren.

Aber gerade diese unauflösliche und sogar unabdingbare Verbindlichkeit von Design, eben nicht (nicht einmal so imaginär wie Kunst, Musik und Architektur oder Poesie) den gesellschaftlichen Widersprüchen fliehen zu können, vielmehr ganz tief im Konflikt von öffentlicher Merkfähigkeit mitsamt deren Statik und neuen Ansichten oder dem von kriminellem Kommerz, globalem Wirtschaftszwang und gestalterischem Anspruch auf auch soziale Lebendigkeit und auch Veränderungen oder zwischen Entwurf und Gebrauch und dergleichen zeichnet das Design aus: als merkwürdig realistisch, als ungemein sozial, als zwangsläufig ironisch, als eigenartig effizient, als sinnvoll missverständlich, als hinreißend opportun oder als Inkarnation und Brechung jener Moderne, die allmählich begreifbar wird. Deshalb hätte man einst gewiss Design zu Recht „romantisch" genannt, dann womöglich „subversiv" – mit der Perspektive, es als seltsam geordnetes Chaos zu verstehen. Jeweils zum Lob von Design.

4.

So opulent gegenwärtig etliche der neuen Unternehmen nun auch auf Software und Internet pochen mögen: Gewiss haben sie recht damit, dass sich die Verhältnisse auch in Europa in bezug auf Ökonomie und somit auf Design schlagartig verändern und dass beispielsweise der Handel dynamisiert werden wird. Dabei jedoch artikulieren sich hintergründig gerade in diesem Zusammenhang endlich fundierte Ansätze dafür, Design zunehmend als komplexe Innovationskraft anzusehen und zu nutzen. Denn der Bereich digitaler Medien („IT") wird in seiner ganzen Ambiguität immer offener für Gestaltung und deren Kompetenz – mitsamt übrigens auch einer konstruktiven Verantwortlichkeit. Dies wahrzunehmen allerdings, würde die Welt verändern und bräuchte Designerinnen und Designer, die problembewusst ihr eigenes Metier zu kritisieren, zu analysieren und zu transformieren in der Lage sind.

5.

Allmählich wird es deshalb Zeit, dass Design nicht länger bloß allgemeine Plattitüden von Aufmerksamkeit schafft, vielmehr auf sich selbst als Phänomen und Problem aufmerksam macht, das längst alle gesellschaftlichen Bereiche konturiert und wahrscheinlich schon strukturiert. Dies womöglich erkannt zu haben, verlangt allerdings vom Design, sich selber insbesondere als wahrnehmungs- und empathiefähig zu begreifen und darzustellen, sich also durch Kritik und eben nicht bloß durch fatalistische Anpassung Transparenz zu verschaffen.

Design wird sich, wenn es denn – statt so blödsinnig selbstgerecht vor sich hinzutrotten – interessierte Gerechtigkeit entwickeln kann, Aufmerksamkeit durch neue Erörterungen, Einsichten und situative Transformationen erreichen, also provokative Spielflächen entwickeln, lineare Stupidität und bornierte Ökonomie aufzubrechen und radikal zur Diskussion zu stellen.

Anton Markus Pasing

Bodyfurnitures / Körpermöbel –
No Comment

In der Reihenfolge ihres Erscheinens:

Bf. 14
Bf. 12
Bf. 05
Bf. 08
Bf. 02
Bf. 06
Bf. 09

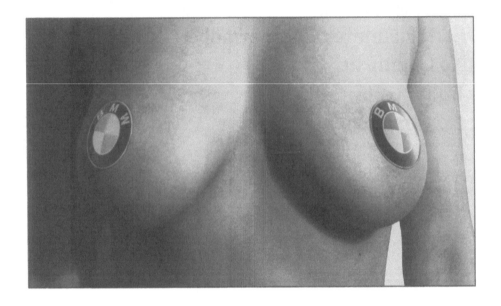

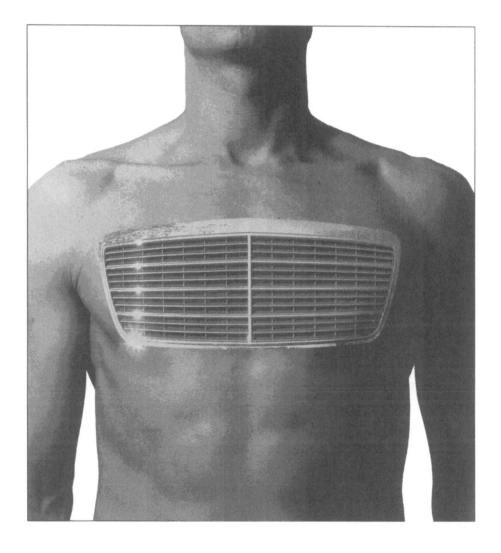

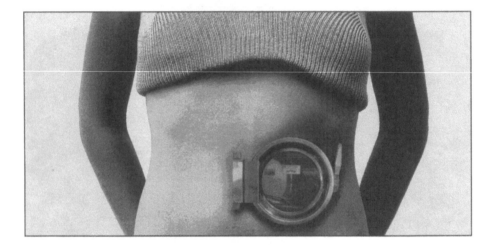

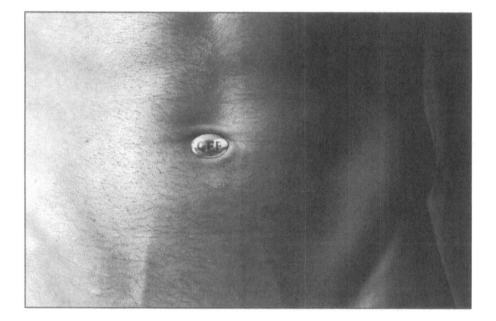

Joan Kristin Bleicher

Erlebnispark Fernsehen. Senderdesign und Programmwerbung der neunziger Jahre

„Fernsehen ist Werbung unterbrochen durch Programm". Dieser Slogan vieler Kritiker des Mediums ist durch aktuelle Entwicklungen obsolet geworden. Unterschiedliche Formen der *Programmwerbung* durchziehen in den neunziger Jahren das gesamte Programmangebot. Dieser Beitrag stellt unterschiedliche Formen der Programmwerbung vor und beschreibt ihre Funktionen.

Das gesellschaftliche *Leitmedium* Fernsehen befindet sich derzeit in einer Phase des Wandels, in der sich nicht nur die Ästhetik des Programmangebots, sondern auch seine etablierten Funktionen verändern. Dieser Wandel ist nicht allein bedingt durch neue Produktionstechniken und Veränderungen in der Senderlandschaft, sondern auch durch die Funktionsneuverteilung innerhalb der etablierten Medien durch den Einfluss des neuen Mediums Internet. Als Mikrokosmos der Fernsehästhetik (vgl. Bleicher 1994), die alle Darstellungscharakteristika des Mediums nutzt, verknüpft die Programmwerbung verschiedene Elemente des *Fernsehdesigns,* spezifische Gestaltungsmittel und Funktionen des Mediums. Formen der Programmwerbung fungieren so als Detektoren (frei nach Séguela) für allgemeine Veränderungen des Mediensystems.

Die wachsende Bedeutung des Fernsehdesigns

Die steigende Zahl der Trailer als visuelle Form der Programmwerbung in den
neunziger Jahren ist exemplarisch für die wachsende Bedeutung des Fernsehdesigns. Seit der Kommerzialisierung der Medienlandschaft durch die Einführung des
dualen Rundfunksystems steigerte sich der Einfluss wirtschaftlicher Rahmenbedingungen auf die Programmgestaltung, die sich bis in die achtziger Jahre hinein vorwiegend an gesellschaftlichen Funktionen wie der Bereitstellung öffentlicher Kommunikation und der Integration von Minderheiten orientierte.[1] In den neunziger
Jahren wuchs mit einer stetig steigenden Anzahl von Programmanbietern die Konkurrenz um die Aufmerksamkeit der Zuschauer, die sich nicht in gleichem Maße
erhöhte. Damit stieg auch die Bedeutung des Sendermarketings im Ensemble der
Maßnahmen zur wirtschaftlichen Gewinnoptimierung. Sendeanstalten präsentieren
ihre *Corporate Identity* als Gesamtinstitution in unterschiedlichen Marketingmaßnahmen, mit denen sie sich von der Konkurrenz absetzten. Die Botschaft der Corporate Identity folgt nicht den diversen Unternehmensleitzielen der unterschiedlichen an der Sendeanstalt beteiligten Gesellschafter, sondern wird dem Programmangebot zugeordnet. Corporate Identity wird dabei nicht über inhaltliche
oder formale Charakterisierung gesucht, sondern Sendeanstalten präsentieren sich
in den neunziger Jahren als Vermittler spezifischer Erlebnisangebote. Zu den Slogans, die auf das spezifische Erlebnisangebot einer Sendeanstalt verweisen, zählen
der „Kuschelsender" SAT.1 oder das RTL Motto „Wir zeigens Ihnen". Öffentlich-
rechtliche Anbieter betonen mit Slogans wie „Bei ARD und ZDF sitzen sie in der
ersten Reihe" neben der direkten Teilnahme an der Unterhaltungspräsentation die
ursprüngliche Funktion des Fernsehens, nämlich die unmittelbare Wiedergabe des
Weltgeschehens.

Da die Programmangebote und ihre zeitliche Strukturierung aufgrund senderübergreifend gleichartiger Aufmerksamkeitsstrategien immer auswechsel- und
verwechselbarer sind, müssen ihre Anbieter andere Möglichkeiten nutzen, um
identifizierbar zu sein. Programmverantwortliche der Sendeanstalten verpacken ihre
Angebote in immer aufwendigere visuelle Oberflächen, die den Warencharakter des
Produkts Programm implizieren. Der Konsum des Programmangebots dient dazu,
die Aufmerksamkeit der Zuschauer auf die Produktwerbung der Industrie als eigentlicher Einnahmequelle der Sendeanstalt zu richten.

Fernsehdesign hat sich als unverzichtbare optische Verpackung des Programmflusses etabliert, die die dauerhafte Identifizierbarkeit der Sendeanstalt si-
chert. Das Design ist dem gewünschten Senderimage angepasst. Mit dem *Corporate
Design* präsentieren Sendeanstalten ihre *Corporate Identity*. Mit eigenen auf den
Bereich des Fernsehdesigns spezialisierten Agenturen entstand ein neuer Teil-
bereich der Medienwirtschaft. Novocom schuf das Design für RTL und Super RTL,
der Schriftguru Neville Brody kreierte das sachliche Design von ORF und Pre-

---

1   Vgl. hierzu den Einleitungstext zu Bleicher (1997: 9-40).

miere, Pittard Sullivan ist für Kabel 1 und Pro Sieben tätig.[2] Die Nähe des Fernsehdesigns zum allgemeinen Unternehmensdesign visualisiert die eigentliche Funktion
der Sendeanstalt, als kommunikatives Verbindungsglied zwischen Wirtschaftsunternehmen und der individuellen Aufmerksamkeit des potenziellen Konsumenten zu
fungieren.

Corporate Design als visuelle Verpackung des Markenartikels Programm

Das Programmangebot erhält durch das Corporate Design den Charakter eines Markenartikels,[3] der durch eine einheitliche Verpackung sofort identifizierbar ist. Diese
Verpackung ist „das nach außen hin sichtbare Signal für die Qualität und Beschaffenheit des Inhalts, Garant für einen Wiedererkennungseffekt und damit Auslöser
einer gewissen Treue zum Produkt und zugleich Transporteur eines emotionalen
Images" (Carstens & Schütte 1999: 267). Im Sinne Victor Papaneks dient Design
der „Herstellung sinnvoller Ordnungen" (Papanek 1972: 17). Es suggeriert auf der
visuellen Oberfläche einen Gesamtzusammenhang der jeweils vermittelten Sendungen, der auf der Ebene divergenter Inhalte nicht herstellbar ist.

   Die visuelle Oberfläche des Markenartikels Programm bildet die Platzierungs-
fläche eines schnell erkennbaren Senderdesigns. An die Stelle der Unterscheidbarkeit von Sendungsinhalten einzelner Sendeanstalten tritt die Unterscheidbarkeit der
Visualisierungsstrategien. Programmverpackungen der Sendeanstalten nutzen eine
einheitliche optische Gestaltung als Identifikationsmerkmal, wobei ein Schwerpunkt auf der Farbgestaltung liegt. Die Farbgestaltung des Senderdesign ist eng mit
dem jeweils angestrebten Senderimage verknüpft: derzeit steht bunt unterhaltend
gegen kühl sachlich, modern. Durch seine Omnipräsenz hebt das Corporate Design
die Trennung zwischen Programm und Programmwerbung auf und bestimmt das
Erscheinungsbild des Programmflusses. Das gesamte Programmangebot bewirbt
sich ständig selbst.

   Auch die Gestaltung der Innenräume der Fernsehkommunikation wird dem
einheitlichen Corporate Design angepasst. Das betrifft das Studiodesign von Nachrichtensendungen ebenso wie das von Shows. Bei RTL setzt sich das Studiodesign
der nachmittäglichen Talkshows im Wechsel aus den Farben des Corporate Designs
rot, blau, gelb zusammen. Eine vergleichbare Orientierung an Grundfarben findet
sich bei Vox, der seit Beginn des Sendebetriebes 1992 den roten Punkt als zentrales
Designmerkmal nutzt. Im Verlauf der neunziger Jahre erfasst das Senderdesign immer kleinere Bereiche der visuellen Vermittlung und bestimmt bei einigen Sendern
sogar die Kleidung. So sind alle Sportmoderatoren von Premiere „Sports World"

---

2   Diese Angaben stammen aus: Carstens & Schütte (1999: 271).
3   Die Vor- und Abspann-Gestaltungen der einzelnen Sendungen setzen diesen Charakter des Mar-
     kenartikels fort. Hier verweisen schriftliche Informationen explizit auf den „Warencharakter und
     besondere Eigentumsverhältnisse" der jeweiligen Produktionen. Siehe dazu Hickethier (1997: 47).

verpflichtet, während ihrer Sendungen Krawatten mit den Senderfarben zu tragen (vgl. Schmidt 2000: 9).

Logos als visuelle Signale der Sendeanstalten

Der zunehmenden Fragmentarisierung des Medienkonsums durch Zapping setzen die Sendeanstalten mit ihren *Logos* und *Signets* sofort identifizierbare visuelle Signale entgegen, die über die Herkunft der Programmangebote informieren. Logos sind die Signaturen der Sendeanstalten im Bilderfluss. Bereits die Auswahl der Typographie des Senderlogos und seine Farbgestaltung ist an das Senderimage gebunden. Mit dem innovativen Schriftdesign lässt sich der Charakter besonderer Variabilität des gesamten Programmangebots erzeugen (vgl. hierzu Hickethier 1997: 49f.). Blau metallen als bevorzugte Schriftfarbe etwa der ARD signalisiert den Modernitätsanspruch des Programmangebots.

In Signets als den ins Bild eingeblendeten Sendernamen ergänzen oft ikonographische visuelle Attribute die Schrift als Bildelement und Informationsträger. Die spezifische Typographie des Schriftzugs einer Sendeanstalt wird mit einem grafischen Symbol wie etwa dem bunten SAT.1-Ball verknüpft.[4] Dieses visuelle Symbol deutet den abwechslungsreichen, spielerischen Erlebnischarakter des gesamten Programmangebots an.

Die öffentlich-rechtlichen Anstalten betonen in ihren Logos regionale Kompetenz. Architektur signalisiert regionale Bezüge vor allem in Städtebildern: der Dom in Köln, der Michel in Hamburg, die Frauenkirche in München, das Brandenburger Tor in Berlin. Bevorzugt werden Stadtsignets, die ohnehin einen Ort symbolisieren und so das Ausstrahlen eines Bildes von dieser Stadt mitvertreten können.[5]

Das Senderdesign bietet in seiner Minimalform als *Fliege* in der oberen Bilddecke den Zuschauern die Möglichkeit die Herkunft des gerade laufenden Programmangebots sofort durch visuelle und schriftliche Informationen zu identifizieren. Neben dem statischen Bildelement der Fliege, verweisen auch Bewegtbildfolgen als *Werbetrenner* auf die Herkunft des laufenden Programms. Diese Bewegtbildfolgen sind wie ein *Palimpsest* gestaltet, indem sich nach einer kurzen Folge symbolgeladener abstrakter oder realer Motive der Schriftzug des Sendernamens auf das Senderlogo legt.

„Die Schrift hat mit den neuen computergenerierten Schriften der ‚dirty faces' eine neue Bildlichkeit erreicht. Daß darin dann bestimmte kinetische Effekte erzeugt werden, die an schnelle Bewegungsabfolgen, gestaffelt übereinander ziehende Zeichen- und Bilderströme des Fernsehens erinnern, ist nicht unbeabsichtigt" (Hickethier 1997: 50).

---

4   Der Ball fungiert gleichzeitig als Punkt in dem Senderschriftzug.
5   Dieses Prinzip erkennbarer Regionalisierung nutzt RTL für die Vorspanngestaltung fiktionaler Sendeformen, die einen spezifischen Handlungsort haben.

Die traditionelle Grenze der Typographie, die Linearität, wird in den Bewegtbild-Logos durchbrochen. Schrift bewegt sich räumlich auf dem Hintergrund von Bildsymbolen. Zu den bevorzugten Symbolen der Bewegtbilder gehören neben der Weltkugel, die das alte Versprechen des Mediums der umfassenden Weltvermittlung verkörpert, auch tageszeit- (vgl. hierzu Maulko 1997) und jahreszeitspezifische Symbole wie Wasser oder Schnee.

Der schnellen Abnutzung durch die Gewöhnung der Zuschauer an senderübergreifend vergleichbare Präsentationscharakteristiken wirken die Anbieter mit einem ständigen Redesign entgegen, die trotz des Wechsels dem gleichbleibenden Senderimage verknüpft bleiben. So entspricht die derzeitige Rückkehr der Programmwerbung zur klassisch narrativen Form des traditionellen Kinotrailers[6] im ZDF dem seriös-konservativen Image des Anbieters. An die Stelle des Bombardements mit schnellen Bildfolgen zu Beginn der neunziger Jahre setzen die Sendeanstalten am Ende des Jahrzehnts auf langsamere Formen des Senderdesigns und der Sendungspräsentation. RTL 2 nutzt 2000 die beruhigende Wirkung und die gleichzeitige visuelle Attraktion von zwei Goldfischen im Glas als integralen Teil des Senderdesign. In dem schnellen Programmfluss kann derartiges Senderdesign Phasen der Erholung bieten, die die intensive Rezeption neuen Erlebnisgehalts ermöglichen.

Als Signatur des Erlebnislieferanten steht der *Claim* mit dem Senderlogo am Ende von Sendungen. Claims, als Werbeslogans mit denen „sich der Sender als Ganzer selbst charakterisiert" (Carstens & Schütte 1999: 275), sind vorzugsweise vor den stündlichen Nachrichtensendungen oder täglich wiederkehrenden Programmangeboten platziert. Mit längeren Claims bewerben die Sendeanstalten den Charakter ihres gesamten Programmangebots. Gerade die Gestaltung der Claims ist einem senderübergreifenden schnellen Redesign unterworfen. Auf eine abstrakte, sachorientierte Phase, in der sich abstrakte geometrische Formen durch Farbräume bewegten, folgt seit 1999 die Renaissance des Körpers in der Darstellung von Menschen bei Freizeitaktivitäten oder vor Naturkulissen. Auch im Bereich der rechtlich vorgeschriebenen Werbetrenner, die den Beginn und das Ende von Werbeblöcken kennzeichnen, ist die Rückkehr zum Gesicht aber auch zur Naturdarstellung erkennbar.[7] Allgemeinen gesellschaftlichen Utopien folgend werden Mensch und Natur in den Zwischenwelten des Programms zusammen geführt. Die Nähe zum Menschen ersetzt den bisherigen Modernitätsanspruch der abstrakten Formen etwa bei der ARD. Als Transporteur emotionaler Images reagiert das Design auf gesellschaftliche Veränderungen. In der Singlegesellschaft simuliert das Fernsehen menschliche Begegnungen.

---

6   Petra Grimm hat Form und Geschichte der Kinotrailer beschrieben. Siehe Grimm (1996).
7   Dabei gibt es auch einen jahreszeitlichen Wechsel. RTL serviert im Sommer eisgekühlte Drinks oder zeigt badende Frauen.

Erlebnisangebote als Schwerpunkt der Programmwerbung von Sendeanstalten

Formen der *On-Air Promotion* als programminterner Werbung, aber auch der Bereich der *Off-Air Promotion* der Sendeanstalten als programmexterner Werbung,
folgen vergleichbaren Zielsetzungen. Innerhalb und außerhalb der normalen Rezeption im privaten Lebensumfeld präsentieren sich Sendeanstalten in Senderslo-
gans auf Plakatwänden oder in Zeitungsanzeigen den Zuschauern als Vermittler besonderer Erlebnisangebote, die sich zwischen den Polen Action und Emotion bewegen. Die Werbung im eigenen Programmangebot reicht nicht mehr aus, schließlich
muss der Zuschauer erst für die Rezeption dieses Angebots gewonnen werden. Programmwerbung wird in die Lebenswelt der Zuschauer integriert. Off-air Promotion
nutzt die Wechselwirkungen der Medien. Neben den Trailern im eigenen Medium
sollen Plakataktionen, Zeitungsannoncen, Hörfunk- und Kinospots, aber auch von
der Sendeanstalt verbreitete Pressemeldungen in den Printmedien die öffentliche
Aufmerksamkeit für eine Sendung wecken. Wartende Fahrgäste können sich an öffentlichen Plätzen wie Bus- und U-Bahnhöfen über neue Sendungsangebote informieren. So warb RTL für eine Flughafenkrankenhausserie auf den Kofferbän-
dern deutscher Flughäfen.
    Trotz der angesichts des Internet steigenden Konkurrenz im etablierten Me-
dienensemble ist in den neunziger Jahren eine zunehmende Intermedialität der An-
gebotswerbung erkennbar. Fernsehsender werben auch in Tages- und Wochenzeitungen für neue Programmangebote. Zeitungen wiederum präsentieren sich in Kinospots. Das Internet integriert schließlich Werbung für alle Medienbereiche, die
sich wechselseitig mit Links unterstützen.

Formen der On-Air Promotion

Der Markenartikel Programm einer Sendeanstalt fasst ein breites Spektrum formale
und inhaltlich unterschiedlicher Angebote in einem zeitlichen Raster zusammen.
Mit der wachsenden Anzahl dieser Raster ging die Unübersichtlichkeit der Angebote einher, die eine Verstärkung der Orientierungsangebote erforderlich machte.
Diese Orientierungsfunktion übernehmen verschiedene Formen der On-Air-
Promotion wie Ansagen oder Trailer, die über Form und Inhalt bestimmter Sendungsangebote und ihren genauen Ausstrahlungszeitpunkt informieren. Da im Vergleich zum Gesamtangebot nur auf wenige Sendungen hingewiesen wird, konstruieren Ansagen und Trailer Höhepunkte im ansonsten gleichbleibenden Programmablauf.
    Bereits in der traditionellen Form der Programmwerbung, der Ansage, zeichnet
sich eine zunehmende Visualisierung ab. ZDF-Intendant Dieter Stolte begreift die
Ansagerinnen als Personifizierung der Sendeanstalten: „In einem technisch ver-
faßten Medium sind Ansagerinnen eine Brücke zwischen Sender und Empfänger.
Sie leihen einem mehr oder weniger namenlosen Produktionsapparat ihren Kopf

und schaffen somit Identität" (Stolte 1977). In ihrer traditionellen Form kombiniert die Ansage die Personenbindung des Mediums mit dem wirkungsorientierten Sprachaufbau der Rhetorik. Fernsehansagen setzen Zäsuren in den Programmfluss, stoppen in ihrer Statik des Bildaufbaus den Strom der Bilder. Die verbale Information schafft Orientierungspunkte, die in die Zukunft verweisen, fasst aber auch Inhalte des gerade Vergangenen zusammen. Programmansagen fungieren als Schnittstellen im Fernsehprogramm, indem sie den Abschluss und den Beginn von Sendungen kennzeichnen. Sie markieren nicht nur den Übergang zwischen unterschiedlichen Fernseh-Erzählungen, sondern auch den Wechsel zwischen Programmblöcken etwa des Vorabend- und des Hauptabendprogramms, zwischen Programmformen und den Übergang zwischen non-fiktionalen und fiktionalen Inhalten.

In der traditionellen Form der Programmansage wendet sich die Sprecherin – in der Mehrzahl sind Frauen zu sehen – auf dem Bildschirm im direkten Blickkontakt an den Zuschauer.[8] Sie begrüßt den Zuschauer und liest beispielsweise mit den Worten „Und jetzt sehen sie" entweder einen Text vom Blatt oder spricht den Zuschauer wie im persönlichen Gespräch unmittelbar an (tatsächlich wird der Text meistens vom *Teleprompter* abgelesen)[9] und vermittelt ihm verbale Informationen über die folgende Sendung (Sendungsansage) und/oder über das kommende Programmangebot, dessen Inhalte[10] und zeitliche Abfolge (Ansage von größeren Programmabschnitten). Der Zuschauer wird sowohl informativ auf die Rezeption vorbereitet als auch emotional in den besonderen Charakter der Sendung eingestimmt. Sprachformeln wie „unterhaltsam", „spannend", „experimentell", „künstlerisch anspruchsvoll" prägen die Erwartungshaltung der Zuschauer.

Die Einstimmung durch den Text der Ansage und den Sprachmodus der Ansagerin wird seit den achtziger Jahren auf der visuellen Ebene unterstützt: eine Ansage wird beispielsweise wie der folgende alte Spielfilm in schwarz-weiß ausgestrahlt, die Ansagerin ist als Vampir verkleidet oder es sind wie im folgenden Horrorfilm in einer Detaileinstellung nur ihre Augen zu sehen. Damit verändert sich auch der Sprachmodus. Ansager werden in den neunziger Jahren zu Programmmoderatoren, die etwa im Vorabendprogramm des NDR die Angebote zeitlicher Blökke bekannt geben. Bei den kommerziellen Anbietern fungieren Ansager als Models der Programmwerbung. So ist Alexander Mazza das männliche Erotiksignal bei Pro Sieben. Bei der Ansage als klassischer Form sprachlicher Programmwerbung tritt immer mehr die visuelle Gestaltungsebene etwa durch aufwendiges Studiodesign in den Vordergrund.

---

8   Diese direkte Zuwendung wird in anderen sprachlichen Kommunikationsformen im Fernsehen, beispielsweise in den Dialogen von Fernsehspielen oder -filmen, vermieden.

9   Bei Zielgruppen-Programmen wird die jeweilige Zuschauergruppe direkt benannt. So lautet eine von Moderator Christoph Biemann selbst gesprochene Programmansage sonntags 11.30 Uhr in der ARD: „Hallo Mausfans".

10   Loriot hat die verbale Zusammenfassung des bisherigen Geschehens einer Fernsehserie vor Ausstrahlung einer neuen Folge in einen Fernsehsketch gefasst. Die Handlung bleibt auch weiterhin undurchschaubar, unvergesslich jedoch der Kampf der Ansagerin Evelyn Hammann mit den Tükken der Aussprache englischer Namen.

Formen und Funktionen von Trailern als Werbespots des Fernsehens

Seit den frühen neunziger Jahren haben Trailer die Funktionen der klassischen Programmansage übernommen. Trailer sind keine Werbespots für den Kauf von Produkten diverser Wirtschaftsunternehmen, sondern für den Konsum von Programmangeboten. Doch vergleichbar den Produktspots wirken Trailer „durch physika-
lisch intensive, durch emotionale und durch überraschende Reize" (Klaassen 1997:
226). Trailer und ihre Kurzformen *Teaser* und *Appetizer*, die als Verweis auf die
unmittelbar folgende Sendung oder als Anregungshäppchen fungieren, bilden eine
ästhetische und dramaturgische Verdichtung der jeweiligen Sendung und verheißen
so einen besonders hohen Erlebniswert.

Als Werbespots für Programmangebote präsentieren sich Trailer selbst als
avantgardistische Programmform, die die jeweils aktuellen Gestaltungsmöglichkeiten des Mediums nutzen. Das Programm bewirbt sich selbst mit einer kurzen
Leistungsschau seines ästhetischen Potentials und seines Erlebniswertes. Trailer
kondensieren Darstellungscharakteristika des Programmflusses und integrieren das
Corporate Design der Sendeanstalten etwa durch die Präsenz des Senderlogos. Der
additiven Struktur des Sendungsangebots entspricht in Trailern für fiktionale Sendeformen die kurze Montage einer Folge von Sendungsausschnitten, die durch
Musik akustisch verbunden werden.

Die Bildfolgen der Trailer sind überwiegend als ein visuelles Reizsystem in
einer schnellen Montagefolge konzipiert. Inhalte einer Sendung werden auf Sekunden verdichtet. In dieser zeitlichen und ästhetischen Verdichtung bilden sie die
besonders ereignisorientierten Zwischenwelten des Programmflusses und fungieren
als seine Segmentationen. Gerade an den Sendungsübergängen erzeugen schnell
montierte Trailer den Eindruck besonderer Dynamik. Sie verschleiern den Bruch
des Programmflusses durch Formen des dynamischen Bildflusses.

In ihrer dreiteiligen Grundstruktur aus Exposition, Vorstellung des Inhalts und
Ankündigung des Ausstrahlungszeitpunkts folgen sie der dreiteiligen Grundstruktur
des populären Films.[11] Trailer signalisieren die spezifischen Erlebniswelten der angekündigten Sendungen, indem sie häufig trotz ihrer Kürze eine eigene Dramaturgie, etwa einen eigenen Spannungsbogen (vgl. hierzu Klaassen 1997: 217), erzeugen. Oft enden Trailer mit einer Frage, die erst die Rezeption der beworbenen Sendung beantworten kann. Das von den Serien bekannte Spannungsprinzip des Cliff-
hangers wird hier für die Programmform Trailer genutzt.

Das Erlebnisversprechen der schnellen Montage endet durch die Integration
des Informationsträgers Schrift ins Bildzentrum. Sie vermittelt den Ausstrahlungstermin und den Sendungstitel. Mit dem informative Distanz schaffenden
Schrifteinsatz löst der Trailer seine eigene Suggestionswirkung der Bild- und Erleb-
nisverdichtung wieder auf.

---

11   Zum populären Film siehe auch Eder (1999).

Schrift wird oft in eine Rahmengestaltung integriert, die den Rahmen des Bildschirms verdoppelt und damit den eigenen Produktionscharakter offen legt. Der Rahmen, der sich als statisches Element um die schnelle visuelle Bewegung des Trailers legt, fungiert als Verfremdung des Bildinhalts und löst so eine veränderte Wahrnehmung aus. An die Stelle der implizierten Suggestion, die ihren Produktionscharakter zu verschleiern sucht, tritt der Impetus des Zeigens eines Produktes, das als solches durch das Sichtbarwerden des Rahmens als einer sichtbaren Verpackung erkennbar wird.[12]

Mit einem kombinatorischen Reizsystem aus fragmentarisierten, für die Sendung typischen Handlungsabläufen und optischen Signalen appellieren die Trailer an die mediale Konsumbereitschaft der Zuschauer. Diese visuelle Darstellungsebene begleitet ein sprachlicher Kommentar, der einer rhetorischen Spannungsdramaturgie folgt oder mit Formen der Verrätselung zur Rezeption der Sendung anleitet. Slogans fassen die besondere Erlebnisqualität der televisionären Angebote in kurzen Statements zusammen. Voice-Over Kommentare und Schrifteinblendungen informieren über die Sendung selbst, das Datum und den Zeitpunkt ihrer Ausstrahlung.

Trailer als Parasiten der Genreästhetik

Trailer sind eine parasitäre Programmform, die inhaltliche Konventionen und ästhetische Darstellungsmittel des gesamten Programmangebots für die eigene Präsentation nutzt. Aus dem vorhandenen Sendungsmaterial konstruieren Trailer als Miniatur-Sendungen ein kurzes, komplex strukturiertes Gebilde aus fragmentarisierten Handlungs- oder emotionalen Höhepunkten und optischen Signalen. Diese optischen Signale nutzen die etablierte Symbolik der Fernsehvermittlung. Der Zuschauer kann an den visuellen Charakteristika der Handlungsausschnitte das jeweilige Genre identifizieren.

Ein weiteres Identifizierungselement sind bekannte talking heads der jeweiligen Sendung, die durch ihre Dauerpräsenz auf dem Bildschirm als Ikonen mit festgelegtem Kompetenzbereich fungieren. Dieser festgelegte Sympathie- und Funktionswert macht aus den Fernsehikonen einen zentralen Attraktionsfaktor, der sich für die Programmwerbung nutzen lässt.

Die visuell aufwendigen Trailer für fiktionale Sendungsangebote finden ihr ästhetisches Gegenstück in der Programmwerbung für Unterhaltungsshows und Informationssendungen, die, den Charakteristika des *Presenterspots* der Werbung folgend, vorzugsweise durch Aufsager des Showmasters oder Sendungsmoderators angekündigt werden. Er fungiert als personales Bindungselement für die Rezeption der Zuschauer und vermittelt in der direkten Zuschaueransprache seine „per-

---

12   RTL 2 nutzt im Frühjahr 2000 das Oval seines Senderlogos auch als Rahmen der Bildbegrenzung in den Senderpromos.

sönliche" Einladung, bei ihm zu Gast zu sein. *Eventrailer*, die auf Konzertereignisse hinweisen, an denen die Sendeanstalten beteiligt sind, zeigen in einer kurzen Bildfolge Musiker bei bisherigen Auftritten. Das Fernsehen nutzt den außermedialen Attraktionsfaktor des Konzerts für seine eigene Programmwerbung.

Trailer von Magazinen kündigen die Themen der jeweiligen Sendung durch eine additive Verdichtung von Beitragsausschnitten an. Ausnahmen bilden Magazine, die mit besonders spektakulären O-Aufnahmen aufwarten können. Diese Aufnahmen werden in den Trailer in Ausschnitten präsentiert. Der Quotengarant Sensation wird in Originalaufnahmen visuell umgesetzt und von verbalen Sensationszuweisungen der Off-Moderation verstärkt. Trailer von Informationssendungen nutzen das Logo und das spezifische Studiodesign der Sendung, um die Zuschauer an die Sendung selbst und ihren festen Sendeplatz im Programmschema zu erinnern.

In Spartenprogrammen wie MTV, Viva oder n-tv bewerben Trailer nicht nur einzelne Sendungen, sondern auch das gesamte Programmangebot. Dabei nutzen sie inhaltliche Konventionen und Darstellungsmittel, die das Gesamtprogramm charakterisieren. Spielen die Trailer von n-tv und Phoenix mit Schlüsselbildern der Nachrichten, so nutzen die MTV Spots narrative Strukturen, ästhetische Strategien und Darstellungselemente seiner zentralen Programmform, des Videoclips.

Zeitformen der Trailer

Je nach ihrer eigenen zeitlichen Platzierung vor dem von ihnen beworbenen Programmangebot variieren Trailer in ihrer Gestaltung und den unterschiedlichen Funktionen. Mit einem Vorlauf von ein bis zwei Wochen vor dem Ausstrahlungstermin der beworbenen Sendung müssen Trailer „Zuschauerkontakte einsammeln" (Carstens & Schütte 1999: 278). Die Trailer für eine Sendung häufen sich, je näher ihr Ausstrahlungstermin rückt. Schließlich erinnern Teaser und Appetizer als kurze Reminder an die unmittelbar folgende Sendung, die bereits seit längerem durch Trailer beworben wird. In ihrer Platzierung am Ende des Werbeblocks unmittelbar vor Fortsetzung des laufenden Programms ist den Trailern die Aufmerksamkeit der Zuschauer gewiss.

Sendeplatz-Opener, die auf einer festliegenden zeitlichen Platzierung vergleichbarer Sendungsangebote angewiesen sind, verweisen neben der Senderherkunft auf die Art und den spezifischen Erlebniswert des unmittelbar folgenden Programmangebots. Comedy-Sendungen haben ebenso einen eigenen Opener wie Informationssendungen. Sendeplatz-Opener von fiktionalen Sendungen bewerben einen besonderen Ereignischarakter: Bezeichnungen wie die ,Weltpremiere' oder der ,Megafilm' implizieren ein Innovationsversprechen. Genrezuordnungen wie ,Pro Sieben Mystery' klassifiziert die spezifische Form und Inhalt der folgenden Narration. Trailer von Gameshows vermitteln besonders typische, aber auch besonders witzige Spieleinheiten.

Block-Trailer bewerben ganze thematisch einheitliche Sendeplätze ihres eigenen Programms in Monaten, Wochen oder an bestimmten Wochentagen. RTL 2 stellt 2000 in Trailern die Spielfilmhighlights eines ganzen Monats in einem Wechsel aus kurzen Bildsequenzen und dem Einblenden der Filmtitel vor. So profiliert sich der Sender als Spielfilmkanal, stellt aber auch die einzelnen Filme und ihre Ausstrahlungsdaten vor. Trailer, die den Programmablauf an bestimmten Wochentagen bewerben, zeigen kurze Sendungsausschnitte aus Krankenhaus- oder Krimiserien, die mit einer Schrifteinblendung über den genauen zeitlichen Ablauf der einzelnen Serien enden. Die Darstellung genretypischer Handlungskonventionen im Trailer erleichtert dem Zuschauer die Zuordnung des jeweiligen Erlebnisversprechens.

Feiertagstrailer betonen die besondere Erlebnisqualität der selbsternannten Höhepunkte des Programmangebots. Da den Zuschauern an diesen Tagen ein breiter zeitlicher Rahmen für die Fernsehrezeption zur Verfügung steht, werden vorzugsweise Spielfilmneuerungen platziert, die mit dem Innovationsversprechen „Zum ersten mal im Free TV" angekündigt werden. Der Sender bewirbt seine Aktualitätskompetenz im Bereich Unterhaltung. Trailer kombinieren einzelne Spielfilmausschnitte mit den visuellen Symbolen des jeweiligen Feiertags. Osterhasen werden im März 2000 digital in die Spielfilmausschnitte von RTL integriert.

Die unterschiedlichen Modelle der zeitlichen Platzierung von Trailern passen sich den etablierten Modellen der Programmschemata an. So bewerben Trailer die direkt aufeinanderfolgenden Sendungen eines *Programmblockes* oder sie stellen Sendungen vor, die dem *Stripping-Modell* entsprechend täglich zur gleichen Zeit im Programm platziert sind. Trailer von Programmblöcken folgen dem Ziel dieses Strukturierungsmodells, den *audience flow* der Zuschauer zu sichern. Dafür ist es notwendig, innerhalb eines Trailers den inhaltlichen Bezug zwischen unterschiedlichen Sendungen deutlich zu machen. In ihrer dramaturgischen Gestaltung konstruieren die Trailer eine grundlegende Erwartungshaltung der Zuschauer an die Erlebniswelten der angekündigten Sendungen. Das gleichartige Erlebnisversprechen soll den Wechsel der Aufmerksamkeit zu konkurrierenden Angeboten verhindern.

Bei der zeitlichen Platzierung ihrer Trailer unterliegen die Sendeanstalten auch rechtlichen Restriktionen. Aus Gründen des Jugendschutzes dürfen Sendungen nicht zu einem früheren Zeitpunkt beworben werden, als sie selbst nach der Freigabe durch die FSK ausgestrahlt werden dürfen. So ist es nicht möglich, vor 22.00 Uhr Spielfilme zu bewerben, die erst ab 16 freigegeben sind. Die Sendeanstalten umgehen diese Regelung, indem sie in ihrer Sendungswerbung weitestgehend auf die Ausstrahlung bewegter Bilder verzichten. Die Trailer für besonders actionreiche Produktionen variieren folglich je nach Tageszeit in ihrer Gestaltung. Hier zeigt sich exemplarisch der Einfluss rechtlicher Rahmenbedingungen auf die Ästhetik des Mediums.

Veränderung der Trailergestaltung durch die Digitalisierungstechnik

Als mediale Avantgarde nutzen die verschiedenen Formen der Programmwerbung die jeweils neuesten technischen Möglichkeiten zur Weiterentwicklung der eigenen Ästhetik. Zu den in den neunziger Jahren neuen technischen Möglichkeiten zählt insbesondere die Weiterentwicklung der Bildbearbeitung durch den Computereinsatz, der eine Gleichzeitigkeit unterschiedlicher Stilelemente ermöglicht. Rüdiger Maulko konstatiert: „Sichtbarste Auswirkung digitaler Bildbearbeitung sind hochgradig verdichtete Bildkompositionen, die durch komplexe Schrift-Bildverknüpfungen und Mehrfachüberlagerungen von Bildebenen gekennzeichnet sind" (Maulko 1997: 168f.). Diese Verdichtung der ästhetischen Mittel suggeriert auch eine Intensivierung des Erlebnisangebotes. Gleichzeitig symbolisiert die Palimpseststruktur der Bilder und Schrifteinblendungen die potenzielle Funktionsvielfalt der medialen Angebote.

Die Digitalisierung ermöglicht die Produktion von Motivationsbildern, die „dadurch Aufmerksamkeit erzeugen, daß sie sich auf sich selbst beziehen, also autoreflexiv erscheinen, indem sie die Aufmerksamkeit des Betrachters in besonderer Weise darauf lenken, wie sie gemacht sind" (Ontrup 1999: 120). Digitale Bilder verweisen auf ihre eigene Künstlichkeit, stilisieren in der sich ständig veränderten Bildbewegung ihre eigene Konstruktion. Hier setzt sich die Strategie der Logos fort, durch auffällige visuelle Gestaltung die Corporate Identity der Sendeanstalt als besonders fortschrittlich und modern zu transportieren. Gleichzeitig signalisiere das Fernsehen, so Ontrup, die besonderen Möglichkeiten des Mediums.

Neben neuen Formen der Trailergestaltung ermöglicht die Digitalisierung auch ihre veränderte Platzierung. Die Programmwerbung löst sich von ihrem tradierten Platz zwischen den Sendungen und ist mittlerweile selbst zum Sendungsbestandteil geworden. Neue Formen der digitalen Bildgestaltung verwischen die Trennung zwischen dem Ende der Sendung und dem Beginn des Programmhinweises. Mit der Darstellungsform des *Splitscreen* lässt sich die Programmwerbung in den Abspann der gerade laufenden Sendung montieren. Während in der linken Bildhälfte der Abspann läuft, ist in der rechten Bildhälfte die Werbung für eine andere Sendung zu sehen. Es entsteht eine Stereophonie der Bilder, die eine doppelte Funktion erfüllt. Simultan erfolgt der „Abschied" von dem gerade Gezeigten und das Versprechen des Kommenden, indem für die unmittelbar folgende Sendung oder einem Angebot für die gleiche Zielgruppe oder eine Sendung des gleichen Genres geworben wird.

Andere Formen der digitalen Bildgestaltung verknüpfen Werbung und Programm in einem Bild. Die Einblendung der Nachrichtenuhr in die laufende Werbung verbindet die Ankündigung der nächsten Sendung mit dem Produktangebot. Da die Uhr bereits die letzte Minute vor Sendungsbeginn anzeigt, wird kaum ein Zuschauer seine Aufmerksamkeit noch wegzappen. Der eigentliche Fremdkörper Produktwerbung wird in das Zeichensystem des Programmablaufs integriert. Im besonderen Moment der Nähe durch die Anknüpfung des Programms an die Real-Zeit der Zuschauer ist gleichzeitig der Konsumappell für Markenartikel enthalten.

Auch das digitale Trailerdesign passt sich dem jeweiligen Programmschwerpunkt des Senders an. RTL 2 Trailer zeigen eine Kugel, die durch Feuerringe fliegt und durch ihre Flugbahn eine Linie erzeugt. Diese Linie verwandelt sich in den Zeitpfeil eines Monats, der gleichzeitig an die Lochperforierung eines Spielfilmstreifens erinnert. Die Kugel findet ihr Ziel in einem amphitheaterförmigen Halbkreis, der durch eine Leinwand umrahmt wird. Quadrate dieser Leinwand zeigen Standbilder verschiedener Filme, eines davon wird für den Trailer eines Films in Bewegung gesetzt. Die Kinoleinwand verweist auf den besonderen Spielfilm-Schwerpunkt des Programmangebots. Kabel 1 bewirbt mit einer rasant montierten Folge aus Spielfilmfragmenten, die durch Titeleinblendungen voneinander getrennt werden, sein fiktionales Angebot.

Auf die potenzielle Vielfalt und ständige Veränderbarkeit der digitalen Gestaltungsmöglichkeiten reagieren die Sendeanstalten mit einer Ausdifferenzierung ihrer Trailergestaltung und dem immer schneller werdenden Wechsel der gewählten Stilistik. Neville Brody konstatiert im Vergleich zu tradierten Kunstrichtungen: „Digitales Design ist wie Malerei, nur daß die Farbe niemals trocknet. Es ist wie eine Tonskulptur, die in immer neue Form gebracht, aber niemals gebrannt wird" (Neville Brody zit. nach Wozencroft 1994: 7).

Mit dem Bild der ständig neu geformten Tonskulptur lässt sich auch die spezifische Dynamik digital konstruierter Trailer erfassen. „Schwerelose, scheinbar immaterielle Gaphiken tauchen aus dem Nichts auf, fließen ineinander und verschwinden wieder" (Ontrup 1999: 121). An die Seite dieser dynamischen Fließbewegungen tritt die durch Sampling erzeugte Palimpseststruktur der Bilder.

„Zitate von Realbildern können vor einem synthetischen Hintergrund erscheinen, während gleichzeitig ein synthetischer Vordergrund für einen optischen Eindruck sorgt, der dem einer Miniaturbühne ähnlich ist, bei der Pappfiguren und Folien gegeneinander verschoben werden" (Ebd.).

Dem eigenen Modernitätsanspruch ihrer Corporate Identity versuchen Sendeanstalten mit der Übernahme des Designs neuer Medien gerecht zu werden. So integrieren die Sendeanstalten das Design von *Webpages* in ihre Programmwerbung. Auf die Internetanlehnung der ARD Trailer, die 1999 mit Pfeil und Mouseclick Sendungen aus einer Homepage auswählten, folgen ein Jahr später Sendungsbilder als Fließtexte vor statischem Hintergrund. Mit der dem Seitenaufbau des Internet vergleichbaren Rahmenbildung kann über einen längeren Zeitraum ein Produkt beworben werden, während in der Bildmitte Programmwerbung platziert ist.

Trailer verändern den Abbildcharakter des Mediums durch den selbstreflexiven Verweis auf den eigenen Produktcharakter. Die Kondensierung der Darstellungscharakteristika der jeweiligen Sendung lässt sie als Konstruktionsprinzipien der medialen Vermittlung erkennbar werden. Damit beginnt das Fernsehen, seinen innerhalb des Medienensembles spezifischen Charakter der Realitätsnähe schrittweise hin zu einer Virtualisierung zu wandeln. „The new television does not depend upon the reality effect or the fiction effect, but upon the picture effect" (Caldwell 1995: 152), konstatiert John Thornton Caldwell.

Neue Formen der Programmwerbung

Die Trailerflut als Massierung der Programmwerbung lässt die Aufmerksamkeit der
Zuschauer schwinden. Neue Formen der Programmwerbung sollen derzeit diesem
Effekt entgegenwirken. Sendeanstalten bewerben und belohnen die Rezeption ihres
Programms mit Gewinnspielen. Neben den Logos werden Telefonnummern oder
Glückszahlen als spezifische Form der Zuschauerbindung in das Bild integriert. Das
Prinzip die Aufmerksamkeit des Zuschauers für Spielangebote zu nutzen, übernahm
der Ballungsraumanbieter HH1. In unregelmäßigen Abständen werden Telefon-
nummern ins Bild des laufenden Programms eingeblendet, die der Zuschauer anru-
fen kann. Unter den Anrufern werden jeden Tag 1.000 DM verlost und vom Moderator zu Hause übergeben. Das Medium zahlt für seinen eigenen Konsum.

Dies ist eine Entwicklung, die auch in anderen Wirtschaftszweigen zu beobachten ist. Da die Bandbreite der Markenartikel ausgereizt ist, belohnen die Unternehmen den Konsum ihrer Waren mit Zusatzangeboten oder verschiedenen Dienstleistungen. Auch die Firma tv miles International versucht, der Fragmentarisierung
des Programms durch das Sehverhalten des Zapping mit einem Belohnungssystem
entgegenzuwirken, das auf der langfristigen Rezeption eines Senderangebots basiert
(vgl. von Hammerstein 1999: 118). DOT, eine kleine runde Pappscheibe, die man
erst nach dem Kauf von Produkten bestimmter Werbeträger wie McDonald's erhält,
wird für die Dauer einer Sendung an eine Ecke des Bildschirms geklebt. Anhand
von Programmankündigungen der Sender und Programmzeitschriften wählt der Zuschauer die Sendungen aus, denen er seine DOT überprüfte Aufmerksamkeit widmet. Im Innern der Pappscheibe ist ein Spezialfilm enthalten, der sich während der
Sendung entwickelt und dabei neben Datum und Uhrzeit den Sender, Programmtitel
und -länge speichert. Am Ende der Sendung erscheint ein grüner Punkt, der signalisiert, dass der DOT nun vom Bildschirm entfernt werden muss. Nun kann der Zuschauer ihn bei der Sendeanstalt einschicken und eine Reise, ein Auto oder einen
Fernseher gewinnen. Bei einer Testphase in Ungarn ging die Einschaltquote für
DOT Sendungen bis zu 34 Prozent nach oben. Die Werbeträger steigerten ihren
Umsatz um bis zu 120 Prozent.

Eine neue Symbiose zeichnet sich ab: Außermedialer Konsum wird mit dem
Medienkonsum verknüpft. Damit verstärkt sich die Wechselwirkung zwischen den
Teilsystemen Wirtschaft und Medien in der Gesellschaft. Das Internet treibt diese
Entwicklung auf einen vorläufigen Höhepunkt. Hier kann man direkt in der Wer-
bung selbst zum Produktkonsum übergehen. Damit scheint die Grenze zwischen
medialem Angebot und Warenangebot endgültig aufgehoben.

Literatur

Bleicher, J. K. (1994): Autopromotion. Trailer als Mikrokosmen der Fernseh-ästhetik. In: epd/ Kirche und Rundfunk Nr. 31 vom 23. April 1994, 3-6.

Bleicher, J. K. (Hrsg.) (1997): Programmprofile kommerzieller Anbieter. Analysen zur Entwicklung von Fernsehsendern seit 1984. Opladen.

Caldwell, J. T. (1995): Televisuality. Style, Crisis and Authority in American Television. New Brunswick.

Carstens, E.; Schütte, G. (1999): Firma Fernsehen. Reinbek bei Hamburg.

Eder, J. (1999): Dramaturgie des populären Films. Drehbuchpraxis und Filmtheorie. Hamburg.

Grimm, P. (1996): Filmschnipsel mit Kalkül. In: Schaudig, Michael (Hrsg.) (1996): Positionen deutscher Filmgeschichte. München.

Hammerstein, K. von (1999): Prämien fürs Gucken. In: Der Spiegel 10/1999, 118.

Hickethier, K. (1997): „Bleiben Sie dran!" Programmverbindungen und Programm – Zum Entstehen einer Ästhetik des Übergangs im Fernsehen. In: Ders.; Bleicher, J. (Hrsg.) (1997): Trailer, Teaser, Appetizer. Zu Ästhetik und Design der Programmverbindungen im Fernsehen. Hamburg, 15-57.

Klaassen, K. (1997): „Morgen, Gleich, Jetzt!" Trailer als Zugpferde für das Programm. In: Hickethier, K.; Bleicher, J. (1997) (Hrsg.): Trailer Teaser Appetizer. Zu Ästhetik und Design der Programmverbindungen im Fernsehen. Hamburg, 217-240.

Maulko, R. (1997): Vom einfachen Kürzel zum stilisierten Gütesiegel – Wie Senderkennspots auf PRO SIEBEN ,Marke machen'. In: Hickethier, K.; Bleicher, J. (Hrsg.) (1997): Trailer Teaser Appetizer. Zu Ästhetik und Design der Programmverbindungen im Fernsehen. Hamburg, 155-186.

Ontrup, R. (1999): Text-Bilder. Theatralität und Visualisierungsstrategien in politischen Fernsehsendungen. In: Schicha, Chr.; Ontrup, R. (1999) (Hrsg.): Medieninszenierungen im Wandel. Interdisziplinäre Zugänge. Hamburg

Papanek, V. (1972): Design for the Real World. Human Ecology and Social Change. London.

Schmidt, T. (2000): Wie find ich das? In: Die Zeit Nr.11. 9.3.2000, 9.

Stolte, D. (1977): Wozu Ansagerinnen? In: ZDF-Jahrbuch. Mainz.

Wozencroft, J. (1994): Die Grafik-Sprache des Neville Brody. München.

Juliane Möcklinghoff

„Vielleicht muss man Trailer raffinierter, emotionaler verpacken – ganz so, wie man Seife verkauft"

– Alex Hefter aus der ZDF-Marketingabteilung spricht über die Entwicklung und die Zukunft von Trailern und Eigenwerbung

Das Erscheinungsbild des ZDF macht zur Zeit einige Veränderungen durch. Ein deutlicher Schritt war die Ablösung der traditionellen Ansagerinnen durch Trailer. Was war der Auslöser für diesen starken Wandel?

Wir haben umfangreich anhand von Markt- und Medienforschungen überprüft, welcher Schritt sinnvoll ist. Die Funktion der Ansage aus der Vergangenheit heraus hat der Trailer weitgehend abgelöst. Er kann Zuschauer über Inhalte und über die Attraktivität des Programms informieren. Der Zuschauer hat nicht mehr akzeptiert, dass ihm eine moderierte Ansage so etwas liefert. Ich persönlich finde Trailer auch besser, da sie schneller sind und klarer in der Information. Für den Zuschauer wird eindeutiger, um was es geht.

Für einige andere Funktionen wird es aber sicherlich punktuell nach wie vor eine Ansage geben. Wenn es beispielsweise darum geht, die NKL-Gewinnzahlen bekannt zu geben. Aber auch, wenn es zu sehr emotionalen Punkten im Programm kommt, die durch eine Moderation abgefedert werden können. Den rein informativen Aspekt wird man aber nicht mehr mit einer Ansage moderieren, sondern das wird durch Trailer getätigt werden.

War die Ablösung der Ansage also vielleicht nur der erste Schritt, bevor weitere Veränderungen im Erscheinungsbild folgen?

Es gibt zumindest unter einem Aspekt Anlass zur Veränderung: Stichwort Konvergenz – Zusammenwachsen der Medien, TV-Online, digitales Fernsehen und so weiter sind alles Entwicklungen, die auch zu Veränderungen führen. Angesichts dieser Entwicklungen muss eine Marke oder ein Erscheinungsbild natürlich überprüft werden, ob unter den neuen Aspekten der Rezeption und unter den neuen technologischen Aspekten noch alles funktioniert. In dieser Phase sind wir im Augenblick. Wir klopfen ab, untersuchen und denken Neuentwicklungen an. Aber ob das Alte funktioniert oder ob wir eine Neuentwicklung benötigen, kann ich im Augenblick noch nicht sagen.

Wann wäre denn der Zeitpunkt erreicht, an dem Veränderungen unabdingbar sind?

Das hängt ein bisschen von den weiteren technischen Möglichkeiten und Entwicklungen ab. In Amerika gibt es die Replaysysteme, die so genannten DVR – Digital Videorecorder – die also mit einem entsprechenden Datendienst ermöglichen, dass man Werbung eliminiert oder dass man nur noch genre- oder inhaltsspezifisch sucht und gar nicht mehr senderspezifisch. Wenn das in Deutschland in großem Maße Thema wäre, wäre das für die Sender ein Punkt, an dem man sich überlegen müsste, wie organisieren die Sender sich und ihre Marke, um so in einem zukünftigen System überhaupt noch wahrnehmbar sein zu können.

Unsere Kampagne „Mit dem Zweiten sieht man besser" geht schon in diese Richtung. Damit setzen wir sehr stark auf Programmköpfe, wie Kienzle, Hauser, Poschmann oder bestimmte Stars, wie Iris Berben oder Thomas Gottschalk, die in ganz bestimmten Bereichen bei uns Programm machen. Wir versuchen, diese Eigenwerbung programmbezogen aufzuziehen, indem wir sagen „Wir haben Köpfe, die für das Programm – für Inhalte – stehen" und damit wollen wir die Zuschauer binden.

Wie werden solche inhaltsbezogenen, aber auch die „normalen", programmbezogenen Trailer eingesetzt?

Wir haben eigentlich nur wenig Möglichkeiten, Trailer einzusetzen. Die Trailer werden immer in so genannten Schnittstellen zwischen zwei Sendungen, aber auch während der Werbung zwischen einer Sendung eingesetzt. Wir haben aber nach 20

Uhr keine Werbeunterbrechung mehr, also im besten – oder schlimmsten – Fall 90 oder 120 Minuten Spielfilm am Stück. Das wiederum heißt, dass wir mit den verbleibenden etwa 30 Programmscharnieren pro Tag zu wenig Platz haben. Während die Privatsender auch nach 20 Uhr viele Unterbrechungen haben und Trailer senden können, haben wir vielleicht nur noch ein Drittel oder ein Viertel am Tag, an dem wir unsere Eigenwerbung bringen können. Die Scharniere, die uns zur Verfügung stehen, können wir aber auch nicht überladen mit Trailern und Information. Da gibt es eine bestimmte Sättigungsgrenze. Man wird pro Scharnier nicht mehr als drei oder vier Trailer, Sponsorenhinweise oder Jingles senden können, dann ist die Aufnahmefähigkeit des Zuschauers überreizt. Er wird sich dann nicht mehr merken können, was er gesehen hat.

Verändern Trailer denn das Einschaltverhalten?

Laut unserer Marktforschungsabteilung stören Trailer während der anderen Werbung nicht. Sie wirken neutral und geben weder einen positiven noch einen negativen Impuls beim Abschaltverhalten. Die Zuschauer bleiben bei einem Sender, da sie bereits auf eine bestimmte Sendung warten. Das heißt für uns eigentlich, dass wir Trailer hauptsächlich nutzen können, damit Zuschauer ein Einschaltverhalten irgendwann einmal an den Tag legen und von irgendeinem Trailer wissen, dass „Wetten dass" stattfindet. Trailer sind also eher informativ, auf die Zukunft gerichtet!

Wie könnten denn Trailer in Zukunft aussehen, um diesen und den zukünftigen Ansprüchen gerecht zu werden?

Ich könnte mir vorstellen, dass die Menschen Werbeblöcke innerlich ausblenden und damit die Trailer ebenfalls innerlich ausblenden. Sie nehmen es wirklich nicht mehr als Inhalt wahr, sondern nur noch als mehr oder minder lästige Werbung, gegen die man eine Strategie entwickeln muss, indem man das typische Bier holt oder indem man einfach nichts mehr an sich ranlässt. Das wiederum bedeutet, dass man letzten Endes neue Trailerformen entwickeln müsste, damit man von den Zuschauern eine gezielte Aufmerksamkeit bekommt. Vielleicht müssten Trailer noch weniger inhaltsbezogen aussehen. Es ist – glaube ich – wenig interessant, wenn der Zuschauer eine inhaltliche Darstellung einer Geschichte bekommt. Vielleicht muss man es raffinierter, emotionaler verpacken. Ganz so, wie man Seife verkauft. Also mehr mit der Image-Erlebniswelt als mit konkretem Inhalt. Vielleicht ist das ein Weg.

*Was müsste sich konkret ändern, um den „innovativen Zukunftstrailer schlechthin"
zu entwickeln?*

Um eine wirklich neue Form zu entwerfen, müsste man das Gegenteil von dem
machen, was alle machen. Dazu müsste man analysieren, was alle machen und den
Mut haben, das Gegenteil zu machen. Bahnbrechend neu und anders wäre aber
schon, wenn ich, in dem Augenblick in dem ich einen Trailer auf dem Bildschirm
sehe und ich einen ok-Button drücken könnte und ich dann zum Beispiel via Internet Zusatzinformationen bekommen würde. Diese könnte ich mir dann sofort oder
irgendwann einmal angucken oder speichern und festlegen, dass ich das irgendwann einmal sehen will. Mein Compiler würde mich dann irgendwann daran erinnern, was ich machen soll.

Wenn es einmal so weit wäre, würde ich sagen, das ist wirklich neu. Ansonsten ist alles ein bisschen Variation desselben.

Bernhard E. Bürdek
Design: Von der Formgebung zur Sinngebung

Mehr als einhundert Jahre nach seiner Formierung scheint das Design endlich erwachsen zu werden: auf einer Konferenz im Herbst 1998 an der Ohio State University in Columbus/USA (vgl. Bürdek 1998 und 1999c) konstatierte einer der Refe-
renten – Alain Findeli von der Universität Quebec – dass inzwischen Designwissen
in andere Disziplinen transferiert würde. Augenscheinlich zeigt sich dies insbesondere in der Betriebswirtschaftslehre, denn hier mehren sich seit einiger Zeit Disser-
tationen, in deren Mittelpunkt Fragen des Design stehen. Zu erwähnen sind dabei
insbesondere die Lehrstühle der Professoren Udo Koppelmann in Köln sowie des
inzwischen emeritierten Eugen Leitherer in München. Aber auch in ingenieurs-
wissenschaftlichen Studiengängen erkennt man vermehrt die Bedeutung von Design, beispielsweise bei der Entwicklung von Investitionsgütern (vgl. Steinmeier
1998). Und selbst in der Informatik spürt man inzwischen,[1] dass Software-Ergonomie ohne Software-Design einfach blutleer bleibt. Ein vom BMBF gefördertes Ver-
bund-Projekt zwischen den Universitäten zu Köln, der Hochschule für Gestaltung
Offenbach am Main sowie dem Informationszentrum Sozialwissenschaften in Bonn
ist im Frühjahr 2000 gestartet worden, um insbesondere die gestalterischen Grundlagen des Web-Designs zu erforschen

Was als kunsthandwerkliche Reformbewegung Ende des 19. Jahrhunderts begann, hat sich inzwischen – nicht zuletzt durch seinen akademischen Reifungspro-
zess – gar zu einem strategischem Element in der Lenkung und Positionierung gan-

---

1   Siehe beispielsweise Degen (1999) oder Eibl (1999).

zer Unternehmen (von Alessi bis Zumtobel) gemausert – so gesehen eine durchaus respektable Karriere. Nicht zuletzt durch die zu Beginn der 1990er Jahre erfolgte Revitalisierung des „Design-Managements", das ja schon Mitte der 1960er Jahre einen ersten Boom erlebte (vgl. Bürdek & Geyer 1970), erfährt das Design nunmehr jene Wertschätzung, um die es so lange gekämpft hatte: von der „Formgebung" zur „strategischen Unternehmensplanung".

Besonders eindrucksvoll zeigt sich dies gegenwärtig in der deutschen Automobilindustrie: eine Vielzahl neuer Fahrzeugtypen, ein Revival renommierter Marken, der zumeist intelligente Einsatz elektronischer Komponenten in den Fahrzeugen selbst und ein zunehmendes Problembewusstsein für integrierte Verkehrskonzepte machen deutlich, dass sich dieser Industriezweig recht gut für die Zukunft präpariert hat – und dabei rangiert das Design recht weit oben, was man nicht zuletzt daran sieht, dass neuerdings sogar die jeweiligen Chefdesigner in der Öffentlichkeit recht medienwirksam operieren. Nun muss man zwar dem gegenwärtigen Hang zum „Retro-Design" nicht unbedingt und blind folgen, gleichwohl ist dieser ein Zeichen dafür, dass eine neue Emotionalität auch die Automobilindustrie erfasst hat: „Sinn und Sinnlichkeit" (Peters 1998) sind angesagt: die Zeichen stehen auf Design. So landete AUDI mit seinem Sportwagen „TT" einen veritablen Volltreffer, auch wenn die dortigen Designer das Wort Retro-Design nicht gerne hören, aber die geballte Kraft des Fahrzeugs, die exzellent visualisierte Bodenhaftung, die klassische Instrumentierung des Cockpits usw. haben den TT in kürzester Zeit zu einem Kultfahrzeug werden lassen. Was als Studie auf den Reißbrettern von Designern in Kalifornien entstand, verwandelte sich in kürzester Zeit zu einem sensationellen Markterfolg. Nicht ganz so erfolgreich – zumindest in Europa – ist Volkswagens „New Beetle". Der Versuch, an die Erinnerung des wohl legendärsten Autos Nachkriegsdeutschlands anzuknüpfen, mündete in einem „Lifestyle-Fahrzeug", das zumindest hier zu Lande viel zu teuer angeboten wird. Der Volkswagen war eben das Fahrzeug für das Volk – und kein zeitgeistiges Schickimiky-Spielzeug. Gleichwohl, unter gestalterischen Gesichtspunkten auch hier ein Stück Retro-Design erster Güte. Und so wird auch der gerade von Daimler-Chrysler auf den Markt gebrachte „PT Cruiser" – zumindest in den USA – sicherlich ein großer Erfolg, schließt doch auch er an die Sehnsüchte der Jugend in den dreißiger und vierziger Jahre an. Die kommunikationstheoretische „Anschlussfähigkeit" dieser Fahrzeuge, über die noch zu sprechen sein wird, macht übrigens den durchschlagenden Markterfolg dieser neuen Automobile insgesamt aus.

Überhaupt erleben wir derzeit einen regelrechten Boom im Revival längst vergessener Marken (Adlon, Bugatti, Dual, Horch, A. Lange, Maybach u. a. m.) was nicht zuletzt darauf verweist, dass sich das aktuelle Design noch reichlich schwer tut, neue „Sinnkonzepte" zu produzieren. Viel stärker dominiert indes der Eindruck, dass die Unsinn-Produktion von Designern weiterhin muntere Purzelbäume schlägt: denn was soll ein aus einem massiven Stück Aluminium gefräster, anschließend glasperlgestrahlt und silbergrau eloxierter Zahnstocherständer „Woodstock" zum

Preis von DM 140,– (Design: Winfried Scheuer und Gerhard Scherbinski),[2] ein Toiletten-Papierrollenhalter aus Edelstahl (Design: Philippe Starck)[3] zum Preis von DM 177,– oder ein Aluminium verchromter Süßstoffspender (Design: Wolfgang Beiler-Schlehaider)[4] zum Preis von DM 129,–

Sind dies denn alles noch Beispiele für das von Wolfgang Welsch schon vor über zehn Jahren ausgerufene „Jahrhundert des Designs"? Ich glaube kaum, viel eher hat doch Alex Buck Recht, wenn er schreibt: *„Design wird damit zum Dekodierungselement von Gesellschaft, der Designer zum Kryptologen gesellschaftlicher Befindlichkeit"* (Buck 1998b: 8). Mit solchen Produkten sind indes nur die Befindlichkeiten einer kleinen, zahlungskräftigen, urbanistisch und vermeintlicherweise nomadischen Klientel gemeint, die sich im Lifestyle-Potpourri der postmodernen Warenproduktion wohlfühlen. Und so ist es natürlich auch nur ein neckisches Wortspiel, den Zahnstocherbehälter „Woodstock" zu nennen, denn das Woodstock-Festival 1969 war doch das Ereignis gegen eine erstarrte, borniert Gesellschaft, der Aufbruch einer neuen Protest-Generation, neue Lebensformen und neue Musik bestimmten den Übergang zu den 1970er Jahren. Wenn man dies dreißig Jahre später in einem Zahnstocherbehälter banalisiert, dann ist das Design endgültig auf den Hund gekommen. So könnte man doch ein apartes Tischfeuerwerk auch gleich „Hiroshima" nennen und den „Vietnam"-Look posthum in der Mode revitalisieren. Am 30.4.2000 wurde der Sieg des Vietkong über die USA gefeiert, ein Datum, das die Event-Designer wahrhaft glatt verschlafen haben. Oder wie wäre es mit outdoor-Touren in die Balkan-Staaten im Sinne eines „Kosovo-Event-Marketings"?

Fatalerweise haben sich allzu viele Designer in den 1990er Jahren allzu leichtfertig auf den Entwurf von Lifestyle-Produkten gestürzt. Im Sog von „Memphis" und dem „Neuen Deutschen Design" entstanden über viele Jahre hinweg unzählige und unsägliche Möbelentwürfe, Accessoires, Dekorationsobjekte usw., die inzwischen voluminöse Kataloge von Design-Versendern füllen. Die Entwerfer haben sich damit selbst auf jene geschmäcklerische Spielwiese begeben, auf denen das permanent Neue den endgültigen Tod der Innovation darstellt. Und so stimme ich Volker Albus (2000) freudig zu, wenn er das „Designerdesign" als neues Schmähwort brandmarkt: so wie weiland der Begriff Kitsch befördert heute die attributive „Designer"-Spezifizierung jede formale Auslassung ins Abseits der Minderwertigkeit. Dazu gehört auch, dass die Wahrnehmung von Design über weite Strecken durch solche Produkte geprägt wird, mit denen sich die Designer (wie z. B. Philippe Starck) äußerst medienwirksam präsentieren. Diesen Effekt nutzten in den 1980er Jahren schon einmal Designergruppen wie Kunstflug, Bellefast, Möbel Perdue u. a. m., um sich ins Gespräch zu bringen. Mangels dauerhafter geistiger Substanz blieb es aber bei insgesamt recht kurzfristigen Präsenzen, die heute allesamt

---

2 Katalog »ARS HABITANDI« Nr. 3, Selb 1999, S. 4 (Versand für Wohnkultur, Pf 1140, 95085 Selb).

3 Design Katalog »ikarus« 1998, S. 119 (ikarus Vertriebs GmbH, Kleinbahnweg 2, 63589 Linsengericht).

4 Design Katalog »ikarus« 1997, S. 77 (ikarus Vertriebs GmbH, Kleinbahnweg 2, 63589 Linsengericht).

gerade noch zur Designgeschichte des ausgehenden 20. Jahrhunderts zählen. Und –
keine Ironie, sondern bittere Wahrheit – viele der damaligen Protagonisten sind inzwischen veritable Design-Professoren geworden, was ein reichlich merkwürdiges
Licht auf so manche Designausbildungsstätte (wie z.B. in Kassel, Saarbrücken oder
Weimar) wirft – Honny soit qui mal y pense.

Zurück zu den Autos. Mit der Entwicklung des „Smart" beispielsweise wurde
ein Designkonzept gar zur Grundlage eines komplett neuen Unternehmens. Die ersten Anlaufschwierigkeiten waren weitgehend technologischer Art, andererseits
stößt das mit dem „Smart" verbundene Mobilitätskonzept noch auf erhebliche Ak-
zeptanzprobleme bei jenen potenziellen Kunden, die schlichtweg ein kleines (und
zumeist zusätzliches) Auto erwerben wollen. Das Designkonzept ist also weit über
die Bewusstseinslage der potenziellen Käufer hinausgeschossen, denn so viel „Life-
Style" auf einmal stößt eben kaum auf Akzeptanz, und Raymond Loewy's MAYA-
Regel lässt grüßen: Most Advanced Yet Acceptable. Bei den verkauften Fahrzeugen
zeigt sich überdies, dass ein großer Teil der Kunden schon weit über 50 Jahre alt ist,
sich mit dem Smart gerne ein zusätzliches Stadtfahrzeug zulegt und eigentlich mit
dem gestalterischen Klimbim – außen wie innen – überhaupt nichts am Hut hat. So
gesehen ist der Smart – trotz seines ökonomischen Erfolges – aber durchaus auch
ein Beispiel für eine fehlgeleitete strategische Designplanung.

In der Praxis – aber auch an den Hochschulen – tut sich das Design indes immer noch reichlich schwer, autonomes – sprich disziplinäres Wissen zu erzeugen.
Vor lauter Inter-, Multi- oder Transdisziplinarität wird von vielen Designern oftmals vergessen, selbst etwas substanziell Eigenständiges zu entwickeln – und damit
die Disziplin inhaltlich voran zu bringen. So setzen sich denn Designer besonders
gerne zwischen alle Stühle und meinen – fast wie schon einmal in den 1960er Jahren – als Gesamtkoordinationsinstanz alle Probleme dieser Welt lösen zu wollen,
was sich heute noch viel mehr denn früher als fundamentaler Irrtum herausstellt: die
exponentiell zunehmende Komplexität der Aufgabenstellungen wird kaum von Designern in geeigneter Weise gemeistert werden können, liegt doch deren
(Kern)Kompetenz im Geschäft der Konzipierung und Visualisierung von Lösungen,
dem natürlich eine solide Problemanalyse und -strukturierung vorausgeht, wie sich
beispielsweise im derzeit so hoch aktuellen Gebiet der Softwareentwicklung eindrucksvoll zeigt, denn sonst hätten wir nicht unzählige Produkte, die ohne ki-
loschwere Handbücher gar nicht zu benutzen wären, geschweige denn die unendlich überfrachteten Software-Pakete, deren Funktionalität nur zu Bruchteilen genutzt wird und unser aller Festplatten zumüllen.

Aber diese Position wird nur partiell anerkannt, Designer gefallen sich allzu
gerne im Aufrollen der immer gleichen Fragen:
- Was denn eigentlich Design sei?
- Womit es sich beschäftigte?
- Welche Methoden wohl zur Anwendung kommen?
- Und ob es überhaupt so etwas wie eine „Theorie des Design" gäbe?

Immer wieder das Rad neu erfinden zu wollen, ist eine Eigenart, die man in Designerkreisen gerne antrifft, steckt doch in jedem einzelnen oftmals ein kleiner Erfinder – Leonardo da Vinci lässt grüßen. Aber viele der gestellten Fragen sind schon längst erledigt, die Antworten darauf kann man allenthalben nachlesen. Und gerade die mangelnde Kontinuität macht die Diskurse im und über das Design so ermüdend: viele Veranstaltungen, Symposien und Seminare beginnen mit den immer gleichen Fragen und enden meistens im Nichts. Auf ein Neues könnte man immer wieder meinen – aber gerade so entsteht keine Kontinuität – sondern eben nur Chaos.

Spätestens seit Beginn der 1990er Jahre[5] dürfte eigentlich klar sein, was Design ist und tut, welche Ziele, Gegenstände und Methoden zur Anwendung kommen und was seine Rolle im Prozess der technologischen und gesellschaftlichen Innovation angeht. Diese Position wird inzwischen auch von diversen Autoren in anderen Ländern erkannt. Die Zusammenhänge zwischen „Sprache, Gegenstände und Design" (Bürdek 1997) gehören heute zu den konstitutiven Bedingungen der Disziplin. Dass dabei gerade die „kommunikative" Komponente eine wichtige Rolle spielt, wird nicht zuletzt im Zeitalter der Neuen Medien und Neuen Technologien besonders offensichtlich.

Mit dem Begriff der „Kommunikation" wird im allgemeinen das zielgerichtete Austauschen und Vermitteln von Botschaften zwischen selbstständigen informationsverarbeitenden Systemen innerhalb eines bestimmten Mediums (z. B. Sprache) verstanden (vgl. Strube 1996). Wenn man bei diesem Beispiel bleibt, dann erkennt man, dass Kommunikation nur dann gelingen kann, wenn die darin Beteiligten sich an bestimmte Regeln (normative Bedingungen), beispielsweise einer Sprache, halten. Weiterhin sind dabei übergeordnete Handlungsmuster sowie die sich hieraus ergebenden Erwartungen der Beteiligten zu beachten. Kommunikation ist also kein einfacher Prozess, wie es bei dem Sender → Botschaft → Empfänger-Modell der fünfziger Jahre angenommen wurde. Dieses auf technische Kommunikation (z. B. von einem Telefonapparat zum anderen) bezogene Modell taugt für die Beschreibung der Verhältnisse der Interaktion biologischer kognitiver Systeme (Rusch 1994) wahrlich kaum. Kommunikation ist nach heutiger, moderner Auffassung ein wechselseitiger Austauschprozess zwischen Akteuren, bei dem es um „Anpassungsleistungen" geht, denn nur dann ist Kommunikation erfolgreich; Niklas Luhmann (1984) sprach davon, dass „Kommunikation an Kommunikation anschließe". Besonders wichtig in diesem Zusammenhang ist, dass für die an Kommunikation Beteiligten eine „Anschlussfähigkeit" ermöglicht werden müsse, nur dann könne Kommunikation erfolgreich sein. Wenn man dies auf die Fragen des Designs bezieht, dann sieht man sofort, dass nicht irgendein Designer mittels eines Produktes eine Botschaft in die Welt hinaussendet, die bitte schön von den möglichen Rezipienten (Käufern) richtig verstanden werden solle. Vielmehr handelt es sich immer um wechselseitige (interaktive) Beziehungen: Designer analysieren Kontexte, interpretieren Situationen und versuchen an Hand von Produkten, Kommunikationsan-

---

5   Bürdek (1994 [1991]).

gebote herzustellen, über die der Rezipient (Konsument) wiederum mit seinen jeweiligen Kontexten (Partner, soziale Gemeinschaften etc.) kommuniziert. Das Produkt fungiert also als Vehikel im Prozess der sozialen Interaktion, es bietet An-
schlussmöglichkeiten verschiedenster Art, die im Einzelnen gar nicht eindeutig
vorher bestimmbar sind. Das lineare Kommunikationsschema wird also abgelöst
von einem interaktiven Modell, in dem Produkte quasi die Transmissionsriemen
darstellen, um Kommunikationsprozesse in Gang zu setzen.

Alle Arten von Kommunikationsprozessen zwischen Menschen basieren auf
dem Interaktionsmodus der Sprache. Sei es durch Worte, Gesten, Bilder oder Zeichen: die Sprache stellt die gemeinsame Basis dar, mittels der Kommunikation
überhaupt erst möglich wird. Noch allgemeiner gesprochen wird durch die Sprache
Wirklichkeit überhaupt erst erzeugt. So liegt es natürlich nahe, auch im Design den
Rekurs auf die Sprache vorzunehmen; im Begriff der „Produktsprache" ist dies ja
bereits in den 1970er Jahren angelegt worden, wobei dieser Begriff nur eine Metapher darstellt: natürlich „sprechen" die Produkte nicht selbst, sondern mittels Sprache eröffnen wir die Kommunikationsprozesse um und über Produkte. Produkte haben auch keine Bedeutung per se, sondern eine solche wird ihnen zugewiesen –
wiederum durch Sprache. Diese ermöglicht es aber auch, Dinge zu präzisieren, un-
terscheidbar zu machen, Differenzen herzustellen. Auch hier beziehen wir uns auf
die immer noch aktuellen Grundlagen der Systemtheorie Luhmannscher Prägung.
Wurde die Systemtheorie in den 1950er und 1960er Jahren im Design primär unter
kybernetischen, d. h. regelungstechnischen Gesichtspunkten verstanden, so dient sie
heute vielmehr dem Verständnis von Gesellschaft und sozialen Prozessen. Sie untersucht die mannigfaltigen gesellschaftlichen Subsysteme (z. B. die Wirtschaft, die
Wissenschaft, das Recht, die Kunst usw.); dabei wird deutlich, dass es heute einen
„Gesamtsinn" von Gesellschaft gar nicht mehr geben kann, vielmehr operieren
sämtliche Subsysteme autonom (autopoietisch), und nur durch die Bewegung aller
wird das Ganze in Gang gehalten. Die Subsysteme sind also dabei, sich immer stärker abzugrenzen, sich immer stärker zu unterscheiden. Darin liegt ein zentrales
Moment gegenwärtiger gesellschaftlicher Entwicklung: die Tendenz zur Differenzierung bis hin zur Individualisierung. So werden auch Produkte immer stärker
„differenziert", um für die Verbraucher „wahrnehmbar" gemacht zu werden; sie
sollen somit „Anschlussfähigkeit" für immer kleinere Benutzergruppen bieten. In
der Konsequenz führt dies zum „individuellen" Produkt, das für einen einzigen Benutzer entworfen, entwickelt und produziert wird.

Aber nicht erst heute steht der Begriff der „Kommunikation" im Erkennt-
nisinteresse der Designtheorie, denn seit rund fünfzig Jahren werden semiotische
(also zeichenhafte) Elemente verwendet, um Entwurf und Reflektion zu instrumentalisieren. Die Semiotik selbst, als die Lehre von den Zeichen verstanden, gliedert
sich in die drei Bereiche Syntax (Grammatik), Semantik (Bedeutung) und Pragmatik (Handlung). Eine ähnliche Unterteilung erfolgte bei der Modellbildung des produktsprachlichen Ansatzes, so dass man folgende Analogie formulieren kann: die
Formalästhetik entspricht der Syntax, die Symbolfunktion der Semantik und die

Anzeichenfunktion der Pragmatik. Spätestens mit dem Beginn der Postmoderne (also Ende der 1970er Jahre) wurde deutlich, dass insbesondere die semantischen Dimensionen des Design von größter Wichtigkeit sind – und auch daran wird heute kaum mehr gezweifelt.

So können beispielsweise die vielfältigen Ausprägungen der digitalen Technologien eben auch als „Zeichen" für einen wie immer gearteten Fortschritt interpretiert werden. Überhaupt scheint die „Digitalisierung" als Meta-Zeichen der 1990er Jahre zu gelten, wohingegen in den 1980er Jahren die vermeintliche Überwindung funktionalistischer Gestaltungsprinzipien als Zeichen der postmodernen Bewegung fungierte. Viele Produkte in dieser Zeit (siehe dazu z. B. Albus, Feith & Lecatsa 1986) waren einfach nur als „Zeichen" zu verstehen, denn praktische Funktionen galten z. B. im „Neuen Deutschen Design" ohnehin als obsolet. Auf ausführliche und aktuelle Darstellungen des produktsprachlichen[6] bzw. produktsemantischen[7] Ansatzes sei an dieser Stelle hingewiesen. Festzuhalten bleibt, dass Produkte nicht nur „sind", sondern sie „deuten" und „bedeuten", dies gilt für Hardware, Software, Dienstleistungs- oder Service-Design gleichermaßen. Deutlich geworden sein sollte aber auch, dass die in den 1980er Jahren versuchte Annäherung zwischen Design und Kunst sich rasch selbst erledigte: „Design ist keine Kunst" schrieb Uta Brandes (1998) und räumte damit endgültig mit dem dümmlichen Satz von Hans Wichmann „Design ist Kunst, die sich nützlich macht" aus den 1980er Jahren auf.

Nun ist über die Krise der Kunst ja wahrlich schon zu Genüge lang und breit debattiert worden, festzuhalten bleibt, dass diese ihre Leitfunktion im Kontext der nachindustriellen Gesellschaften schon lange verloren hat. Kunst ist heute zur weitgehend postmodernen, genauer gesagt beliebigen Unterhaltungskategorie verkommen: an ihren gesellschaftlichen Auftrag glaubt sie selbst schon lange nicht mehr. Braucht sie auch gar nicht, denn diese Funktion wurde inzwischen anders besetzt – nicht zuletzt durch ein Design, das der Kommunikation verpflichtet ist, und damit die Rolle der Sinngebung übernommen hat. So sieht man spätestens seit Beginn der 1980er Jahre, als die Modernisierung der westlichen Gesellschaften (nicht zuletzt bedingt durch die massenhafte Ausbreitung der Computertechnologie) und die damit einhergehenden Ästhetisierungsprozesse dazu geführt haben, dass die Rolle der kulturellen Avantgarde vom Design übernommen wurde. Besonders schmerzlich erfährt man dies, wenn man Design an einer Kunsthochschule betreibt, denn die dort kultivierte, vermeintliche Autonomie der Kunst ist ein Relikt des 19. Jahrhunderts und eignet sich wahrlich kaum für die Fragestellungen des 21. Jahrhunderts. Die romantische Hoffnung gar, dieses Jahrhundert könne zu einem der frei bildnerischen Künste werden (so z.B. Burghart Schmidt in der Wiener Wespennestdebatte), und damit an die so überwiegend langen Phasen der Wesenswirkung von Kunst für die Unterhaltungs- und Lebenskultur anschließen, bewahrheitet sich eben nur mar-

---

6   Siehe Dagmar Steffen (2000), mit Beiträgen von Bernhard E. Bürdek, Volker Fischer und Jochen Gros.

7   Butter & Krippendorff (in Vorbereitung).

ginal. Denn dort, wo es um gesellschaftliche Zukünfte und technologische Innovationen geht – wie z.B. auf der EXPO 2000 in Hannover – wird eklatant deutlich,
daß beispielsweise die installierten Objekte des Kunstprojekts „In Between" zum
Amuse-geule für das Publikum verkommen, fast gar nicht wahrgenommen werden,
so ironisch ein zur Hälfte in die Erde versenktes Mini-Riesenrad von Gabriel
Orozzo auch sein möchte. Die unsäglichen Beispiele von Medienkunstereignisse
(die heute gar schon ganze Museen wie das ZKM in Karlsruhe füllen) sind ebenfalls symptomatisch, wohingegen sich die gestalterische Avantgarde in höchst innovativen Web-Seiten, spektakulären CD-ROM′s oder virtuellen Architektur- und
Designinszenierungen mannigfaltig präsentiert – und damit inzwischen sogar mas-
senkulturell wirksam ist. Einschlägige Büros wie Art+Com oder Echtzeit in Berlin
agieren heute schon weltweit im „Virtual Reality" Markt und prägen damit über
weite Strecken die visuellen Vorstellungswelten.

Wenn man nun der Frage genauer nachgeht, welche Rolle das Design im Inno-
vationsprozess spielt, so hilft auch dabei die „kommunikative Dimension" recht gut
weiter. So sei dabei auf einige Aspekte verwiesen, die ich zumindest ansatzweise
bereits (Bürdek 1999b: 66) einmal skizziert habe. So kann Design beispielsweise:

- technologische Fortschritte visualisieren,
- die Benutzung und Bedienung von Produkten erleichtern oder gar erst ermöglichen,
- deutlich machen, in welchem jeweiligen kulturellen Zusammenhang die Produkte stehen,
- die Zusammenhänge von Produktion, Konsumtion und Wiederverwendung
transparent machen,
- Dienstleistungen befördern und kommunizieren,
- aber auch – wenn es energisch genug betrieben wird – Produkte, die unsinnig
sind, verhindern helfen.

Technologische Fortschritte

In der Praxis des Design erleben wir heute eine Vielzahl technologischer Innovationen, deren Anwendung und Visualisierung geradezu des Design bedürfen. Sich damit ernsthaft zu beschäftigen würde nicht zuletzt dem Design im Dunstkreis wissenschaftlicher Forschung etwas mehr Reputation verschaffen. Dazu ein paar Bei-
spiele:selbstreinigende Oberflächen führen zu vollkommen neuen visuellen und
haptischen Produkten; biegsame Transistoren ermöglichen radikal neue Gestal-
tungskonzepte sogenannter *elektronischer devices*; durch ein neues Herstel-
lungsverfahren werden Platinen überflüssig, die Leiterbahnen werden einfach in das
Gerätegehäuse integriert, was zu vollkommen neuen Geräteformen führen wird;
Speicherchips aus magnetischen Schichtsystemen revolutionieren die Konzeption
zahlreicher Produkte; neue Klebstoffe verändern die Kleinserienproduktion von

Grund auf; Glastastaturen ermöglichen neue Anwendungen im touch-screen-Bereich, u.v.a.m.

Ein Blick in die Forschungs-Labors bzw. die einschlägigen wissenschaftlichen Publikationen eröffnet vollkommen neue Blickweisen auf die Entwicklung und Gestaltung von Produkten; hier wird zweifelsfrei vom Design viel zu wenig Transferleistung erbracht. An diesen Beispielen wird auch deutlich, dass dem Design eine ganz zentrale Rolle im Prozess der „Visualisierung von Innovationen" zukommt. Alex Buck (1998a) sprach einmal davon, „daß die zentrale Vermittlungsinstanz von Innovation die Anschaulichkeit der neuen Idee ist". Aber technologische Fortschritte sind im Zeitalter der Digitalisierung kaum mehr sinnlich erfahrbar, die Auswirkungen indes erleben wir heute in nahezu sämtlichen Lebensbereichen. Hier neue „Anschaulichkeit" zu erzielen, ist vornehmstes Ziel eines Design, das sich durchaus in der Tradition der Moderne versteht und mit den oben erwähnten Gadget-Produktionen aber auch überhaupt nichts gemein hat.

Benutzung und Bedienung von Produkten

Seit über zehn Jahren wird über den schwierigen Umgang mit elektronischen Produkten (sei es Hardware oder Software) lamentiert. In einer Vielzahl von äußerst publikumswirksamen Beiträgen wie populäre Beiträge wie *I can't work this thing* (Business Week, April 29, 1991), *Die Diktatur der Automaten* (Esquire Nr. 1/1992), *Krieg der Knöpfe* (Stern Nr.24, 1992), *Scheintechniken* (DIE ZEIT Nr. 23, 4. Juni 1993), *Reiner Blödsinn* (Wirtschaftswoche Nr. 35, 26.8.1994), *Überraschung, Zorn, Wut* (Der Spiegel Nr. 18/1994), *Der programmierte Frust* (Der Spiegel Nr. 48/1997) oder *Sieben Knöpfe* (Der Spiegel Nr.12/1998) wurde diese Problematik zwar thematisiert, innovative Lösungen gibt es indes recht wenige. Begriffe wie „benutzerfreundlich", „on-the-fly", „intuitive Oberfläche" etc. werden zwar gerne verwendet, in der Praxis bleibt indes der „geschundene Benutzer" (vgl. Bürdek, i.V.) allein zurück.

Produkte und deren kulturelle Kontexte

Design kann sich keinesfalls von den aktuellen Strömungen frei machen, wie es vielleicht die Funktionalisten in den 1920er Jahren gefordert und manche Repräsentanten noch bis in die 1980er Jahre hinein konsequent praktiziert haben. Vielmehr kommt es schon darauf an, die jeweiligen sozio-kulturellen Strömungen und Tendenzen, womit nicht die zeitgeistgeprägten Moden gemeint sein müssen, zu erfassen und in produktkulturelle Konzepte umzusetzen. Im Bereich der elektronischen Medien kann man anschaulich zeigen, dass beispielsweise zwischen den Entwicklern (Informatikern, Programmierern) und den Designern immer noch der von C. P. Snow bereits 1959 konstatierte Riss der zwei Kulturen (vgl. Bürdek

1999a) existiert, d. h. die Vorstellungswelten der Akteure sind so different, dass so manche Software-Entwicklung zur reinen Qual wird. Gerade in der Informatik erleben wir derzeit eine Parallele zur Produktgestaltung der 1960er Jahre: zuerst kommt dort die Funktionalität, an den Benutzer geschweige denn dessen ästhetisch-kulturellen Erfahrungswelten wird kaum gedacht, die Anpassung des Menschen an die Software steht immer noch im Vordergrund. Auf der anderen Seite gibt es eine explodierende Anzahl von CD-ROM's, Web-Seiten im Internet usw., wo bar jeglicher software-ergonomischer Prinzipien gestalterisch dilletiert wird. Die Notwendigkeit der dringend erforderlichen Vermittlung wird aber gerade in beiden „Kulturen" erst recht zaghaft erkannt.[8] Im Sinne der oben gemachten Ausführungen zur „kommunikativen" Kompetenz kann auch hier festgehalten werden, dass es eine zentrale Aufgabe des Design ist, die jeweiligen „kulturellen" Denotationen und Konnotationen auf die Produkte zu beziehen und damit anschaulich zu machen.

Produktion, Konsumtion und Wiederverwendung

Im Design wird schon traditionell großer Wert darauf gelegt, materialgerecht, fertigungsgerecht etc. zu entwerfen. Unter den sich rapide veränderbaren Produktionsbedingungen (Stichworte sind dabei Digitalisierung, Individualisierung und Globalisierung) kommt diesen Aspekten eine neue Aktualität zu.

Die Digitalisierung hat die Entwurfsprozesse dramatisch verändert, sei es in den Designbüros oder den Unternehmen, der Informationsaustausch erfolgt nahezu ausschließlich elektronisch. Unter dem Innovationsaspekt sind indes andere Momente wichtig: So lassen sich mittels CAD/CAM-Systeme Produktvarianten um ein vielfaches schneller erstellen als bisher. So genannte „Virtuelle Prototypen" geben schon lange vor dem Beginn der Entwicklung Auskunft über das Produkt (sei es Hardware oder Software). Akzeptanztests oder crash-Versuche, Materialfluss oder Fertigungsbedingungen, die Möglichkeiten der Simulation verändern auch das Design in bisher nicht gekannter Art und Weise.

Dieser technologische Fortschritt paart sich mit der bereits erwähnten gesellschaftlichen Tendenz zur Vereinzelung oder Individualisierung. Nicht mehr die kollektive Lösung ist gefragt, sondern das Produkt für das Individuum. Die sich immer stärker formierenden sozio-kulturellen Subgruppen bieten die Gerüste, in denen die Individuen psychischen Halt finden. Der Einsatz von computergestützten Fertigungssystemen lässt sich dahingehend nutzen, dass praktisch die kundenindividuelle Gestaltung und Produktion bis zur „Losgröße 1" hin kostengünstig realisierbar wird (siehe dazu z. B. Gros 1997a und 1997b; Sulzer 1998).

Aber auch im Bereich der Konsumtion zeichnen sich Veränderungen ab. Nach dem Warenrausch der 1980er Jahre zog zu Beginn der 1990er eine neue Beschei-

---

8   Mensch & Computer 2000: Information, Interaktion, Kooperation. Memorandum zur Entwicklung eines zentralen Zukunftthemas im deutschsprachigen Raum, 22. Februar 1999, Universität Hamburg / Fachbereich Informatik.

denheit ein: „Das Einfache" wurde zu einer neuen Qualität von Produkten, mit der man sich bewusst von der Konsumgesellschaft distanzieren kann. Damit einher ging eine Rückbesinnung auf längst vergessen geglaubte Qualitäten: „Es gibt sie noch, die guten Dinge", so das Motto eines Versandhauses (Manufaktum), das sich auf Produkte spezialisiert, die jenseits der zeitgeistigen Warenströme noch qualitative Werte vermitteln, die fast schon verlorengegangen zu sein scheinen.

Dieser Wertewandel führte auch zu einer vermehrten Berücksichtigung des Konzeptes „Wiederverwendung". Aber nicht nur das blanke Einsammeln von Reststoffen ist gefragt, sondern vielmehr die intelligente Gestaltung von Produkten, so dass beispielsweise ein sortenreines Recycling überhaupt erst ermöglicht wird. Somit muss Wiederverwendung nicht am Ende der Warenkette einsetzen, sondern ganz am Anfang. Dies konzeptionell zu berücksichtigen – und zu visualisieren – gehört wiederum zur (Kern)Kompetenz von Design.

Dienstleistungen

Es steht außer Frage, dass sich die Industriegesellschaft verändert. Die Digitalisierung bewirkt beispielsweise auch, dass Produktionsstandorte disponibel werden. Der weltweite Datenaustausch trägt aber auch dazu bei, dass es in erster Linie nicht mehr um den Besitz von Technologie (in Form von Maschinen), sondern um das Know-how der Prozesssteuerung geht. Auch dies tangiert das Design in seinem Kern: die Immaterialisierung der Produkte ist schon recht weit vorangeschritten. Und mit der Abwanderung von Fertigungsstätten eröffnen sich neue Aktionsfelder (vgl. Erlhoff, Mager & Manzini 1997).

Innovative Dienstleistungen entstehen aber auch dann, wenn sich Verhaltensweisen ändern. So wird das Internet momentan recht intensiv dahingehend genutzt, Waren online zu mustern und zu bestellen (E-Commerce). Also nicht mehr der Gang in den Supermarkt, die Buchhandlung, das Fachgeschäft, sondern der heimische PC wird zum „Laden" selbst. Bill Gates propagierte bereits, jetzt sei es Zeit für einen „web-lifestyle", d. h. das gesamte Leben sei um das Internet zu organisieren. Wie es indes auszusehen hat, wie man die Prozesse organisiert und gestaltet, dies ist wiederum ein Thema adäquater Visualisierungsstrategien – und somit des Design.

Und auch hier gilt es beispielsweise, sich intelligente Verknüpfungen anzudenken und medienadäquat umzusetzen. Die technologischen Möglichkeiten der individualisierten Massenproduktion werden durch das Internet befördert: Jetzt kann man online seine persönlichen Produkte konfigurieren und direkt bestellen. Design gestaltet also nicht nur Produkte, sondern Prozesse – und dies ist fürwahr ein veritabler Schritt in ein neue Ära des Design.

Produkte verhindern

Dieser letzte Punkte greift wohl am weitesten in das Entwicklungsgeschehen ein: das eine oder andere Produkt erst gar nicht zu entwickeln, zu gestalten und zu produzieren, kann durchaus effektiver sein, wenn es beispielsweise darum geht, die vorher genannten Punkte genauer zu untersuchen. Die Veränderung von Prozessen und Strukturen gehört immer mehr in den Aufgabenbereich des Design, aber auch dabei gilt es, die Veränderungen sichtbar, erlebbar und erfahrbar zu machen. Also auch hier erneut die Rückbesinnung auf die (Kern)Kompetenz der Disziplin.

Diese Beispiele sollten allesamt zeigen, dass die inzwischen oftmals verkürzte Rezeption von Design als eine „Lifestyle-Disziplin" insgesamt nicht weit trägt. Sich nur noch im modischen Taumel der Stile und Moden zu bewegen, mag zwar einigen GestalterInnen die ökonomische Überlebensbasis sichern, insgesamt ist es jedoch für die Disziplin selbst kontraproduktiv. Gerade diese Rezeption von Design schlägt wieder um zu jener kunsthandwerklich-formgebenden Tätigkeit, die die Anfänge der Disziplin geprägt haben. Dass sich für das 21. Jahrhundert nunmehr eine Vielzahl nuer Aufgabenbereiche abzeichnen, stimmt insofern optimistisch, da sich darunter etliche befinden, die dem Design auch in Theorie und Praxis jene Bedeutung zukommen lassen, das es sich inzwischen wahrlich verdient hat.

Literatur

Albus, V. (2000): Designerdesign. In: Design Report, Nr. 3/2000, 50-51

Albus, V.; Feith, M.; Lecatsa, R. (Hrsg.) (1986): Gefühlscollagen. Wohnen von Sinnen. Köln.

Brandes, U. (1998): Design ist keine Kunst. Kulturelle und technologische Implikationen der Formgebung. Regensburg.

Buck, A. (1998a): Aus alt macht neu. Design macht Innovationen anschaulich. In: Deutsche Wirtschaft, Verlagsbeilage zur Frankfurter Allgemeinen Zeitung, Nr. 243, 20. 10. 1998

Buck, A. (1998b): Strategic Design Planning – eine Bestandsaufnahme. In: formdiskurs. Zeitschrift für Design und Theorie, Nr. 4, I/1998, 6-12

Bürdek, B. E. (Hrsg.) : Der digitale Wahn. Frankfurt am Main (in Vorbereitung).

Bürdek, B. E. (1997): Über Sprache, Gegenstände und Design. In: formdiskurs. Zeitschrift für Design und Theorie, 3, II/1997, 6-16

Bürdek, B. E. (1998): Doctoral Education in Design – Design auf der Suche nach seiner Identität. In: form-online No. 28, oct. 21 – nov. 3.).

Bürdek, B. E. (1999a): Beyond Interface. In: Arend, U.; Eberleh, E.; Pitschke, K. (Hrsg.) (1999): Software-Ergonomie '99: Design von Informationswelten. Stuttgart/Leipzig.

Bürdek, B. E. (1999b): Design. In: Schneider, W. (red.) (1999): 100 Wörter des Jahrhunderts. Frankfurt am Main, 64-66.

Bürdek, B. E. (1999c): Frau und Herr Dr. Design werden helfen. In: Hochparterre 1-2/1999, 42-43

Bürdek, B. E. (^{2}1994 [1991]): Design. Geschichte, Theorie und Praxis der Produktgestaltung. Köln.

Bürdek, B. E.; Geyer, Erich (1970): Design-Management. In: form, , Heft 51/1970, 35-38.

Butter, R.; Krippendorff, K. (in Vorbereitung): Die semantische Wende. Eine neue Grundlage für das Design. Frankfurt am Main.

Degen, H. (1999): Kundenorientierte Softwareproduktion. Wiesbaden [Dissertation an der FU Berlin].

Eibl, M. (1999): Visualisierung im Dokument Retrieval. Koblenz [Dissertation an der Universität Koblenz-Landau, Fachbereich Informatik].

Erlhoff, M.; Mager, B.; Manzini, E. (Hrsg.) (1997): Dienstleistung braucht Design. Neuwied.

Gros, J. (1997a): Der neue Produktionsstil – und sein Stil?. In: Bauwelt, Nr. 45/97.

Gros, J. (1997b): Design Postindustriale / Postindustrial Design. In: Domus, Rivista Internationale di Architettura, Design, Arte, Communicazione, Nr. 12/1997, Luhmann, N. (1984): Soziale Systeme. Grundriß einer allgemeinen Theorie. Frankfurt am Main.

ikarus Vertriebs GmbH (1997): Design Katalog »ikarus«.

ikarus Vertriebs GmbH (1998): Design Katalog »ikarus«.

196 Bernhard E. Bürdek

Peters, W. (1998): Eine Renaissance der Romantik auf vier Rädern. In: Frankfurter Allgemeine Zeitung Nr. 296, 21. Dezember 1998, „Technik und Motor", T 4.

Rusch, G. (1994): Kommunikation und Verstehen. In: Merten, Klaus; Schmidt, Siegfried J.; Weischenberg, Siegfried (1994) (Hrsg.) Die Wirklichkeit der Medien. Opladen.

Steffen, D. (2000): Design als Produktsprache. Der „Offenbacher" Ansatz in Theorie und Praxis. Frankfurt am Main.

Steinmeier, I. (1998): Industriedesign als Innovationsfaktor für Investitionsgüter. Frankfurt am Main.

Strube, G. (1996) (Hrsg.): Wörterbuch der Kognitionswissenschaft. Stuttgart.

Sulzer, F. (1998): Virtueller Möbelbau – Offenbacher Hochschule entwickelt Modell der digitalen Möbelfertigung. In: HK Holz- und Kunststoffverarbeitung, Nr. 3/98.

Versand für Wohnkultur (1999): Katalog „ARS HABITANDI", Nr. 3. Selb.

Uta Brandes

Designing Gender: Das Drama der Geschlechter in Logo-Gestaltungen

Das Geschlecht im Design

Was hat das Geschlecht im Design zu suchen? Schließlich trinken wir nicht aus weiblichen oder männlichen Tassen, essen wir nicht von weiblichen oder männlichen Tellern, kaufen wir keinen geschlechtsspezifisch verpackten Joghurt, sitzen wir nicht auf einem geschlechtlich zugeordneten Stuhl, erfreuen wir uns nicht an einer Typographie oder einem Layout, dessen Geschlechterhandschrift uns zusagt, und auch der Straßenbahn sehen wir keinerlei Männlichkeit oder Weiblichkeit an – und so weiter. Menschen kaufen auch nicht je nach Geschlecht unterschiedliche Tassen, Teller, Joghurts, Stühle, Bücher oder fahren geschlechtsspezifisch Straßenbahn – und so weiter. Beide Vorstellungen – geschlechtsspezifisches Design als Produktion wie als Konsumtion – sind abstrus.

Allerdings: Wenn ich andere Beispiele heranziehe, klingt die Behauptung einer geschlechtsspezifischen Identifizierung von zwei- und dreidimensionalen Dingen weniger lächerlich. Selbstverständlich denken Unternehmen und die, die gestalten, im Rahmen ihrer wie auch immer abstrakten Zielgruppenbestimmung sehr wohl über das Geschlecht nach. Die Automobilbranche produziert Autos nicht nur nach Kriterien preiswert – teuer, groß – klein, jung – alt, sondern nach eben jenen projektiven Vorstellungen, die geschlechtlich konnotiert sind. Range Rovers und gewisse Typen von Sportwagen, aber auch prestigeträchtige Luxuslimousinen zielen strategisch auf als männlich erachtete Kunden; praktische, wendige, leicht zu handhabende kleinere Autos, die etwa Kindersicherheit, Überschaubarkeit und Transportmöglichkeiten suggerieren, scheinen eher Frauen ansprechen zu wollen. Selbst die Benennungen assoziieren bisweilen Geschlechterpräferenzen: Fiat Bravo und Fiat Brava. Auch gewisse Typen von Zeitschriften, Büchern und sogar bestimmte Internetseiten folgen einem inhaltlichen und dementsprechend auch formalen Konzept, das geschlechtsspezifisch zugerichtet ist. Frauenzeitschriften jeglichen Niveaus werden als solche gern mit weiblichen Vornamen benannt; nicht nur „Playboy" zielt auf Männer, sondern „Auto, Motor, Sport" und wie immer sie sonst heißen mögen, unterstellt ebenfalls (und scheint sich banal-empirisch verifizieren zu lassen) ein eindeutig männliches Interesse an jenen Vehikeln, deren Technik und mit ihnen verbundenen Sportarten. Wobei dies neben den nach Geschlecht segregierten Inhalten sich deutlich auch in der Gestaltung manifestiert: Schriften, Farbkombinationen, Seitenaufbau folgen einer Vorstellung dessen, was gesellschaftlich als weibliche oder männliche Anmutung (ich vermeide den Begriff Ästhetik) definiert ist. Noch deutlicher und objektiv geradezu kalauernd, wenn auch intentional nicht so verstanden, werden die den gestalteten Dingen attribuierten Geschlechterindikatoren beispielsweise bei elektrischen Rasierapparaten: Die männliche Maschine erscheint in schwarz, grau oder silbrig-blitzend, der Motor brummt tief und laut – als Beweis, dass er der kernigen, männlichen Bartstoppeln Herr wird; dagegen ist der „Lady Shaver" oval oder abgerundet, nimmt häufig Pastelltöne an und säuselt sanft vor sich hin, als ob er dem zarten Frauenbein die Angst vor aggressiver Haarentfernung nehmen wolle. Übrigens: technisch sind beide Apparate normalerweise baugleich. – Die Beispiele ließen sich beliebig weiterführen.

Bedenkenswert an diesen Beschreibungen ist indes anderes. Die eingangs vermeintlich rhetorisch gestellte Frage nach männlichen und weiblichen Objekten erweist sich bei genauerer Betrachtung als durchaus nicht so lächerlich, wie sie auf den ersten Blick wirkte. Dass die Dinge mit den Subjekten kommunizieren, ist eine – von Kant bis Baudrillard, Heubach u. a. – sattsam bekannte Weisheit; dass sie dies auf der projektiven Folie sozialer Konstruktionen von Geschlechtlichkeit häufig auf sehr aufdringliche Weise tun, ist, insbesondere aus der Perspektive des Design, bisher weit weniger analysiert worden. Die polare Zweigeschlechtlichkeit des Entweder (Mann) – Oder (Frau) moderner Gesellschaften ist auch im digitalen Informations- und knowledge-Zeitalter als Konstrukt, Sozialität zu denken und zu praktizieren, das herrschende Paradigma. Auch wenn seit Ende des vergangenen Jahrhunderts Androgynität, performative und die Pole Männlichkeit – Weiblichkeit perforierende beziehungsweise verwirrende Geschlechterspiele da und dort expressiv inszeniert werden, wird das Konzept jener identifizierten Zweigeschlechtlichkeit nicht verrückt. Noch die Verwischungen geschlechtlicher Eindeutigkeit bleiben einer Vorstellung verhaftet (und funktionieren allein auf dieser Grundlage), die meint zu wissen, was männlich oder weiblich als Entgegensetzung je bedeutet. Sich dieser Problematik im Kontext des Design zu nähern, mag aufschlussreicher sein, als metatheoretisch den „Diskurs über Diskurse" zu führen, in dem die Geschlechterdebatte sich üblicherweise abspielt; weil Design notwendig die Empirie (im Sinne von Erfahrungstatsachen) und damit Praktik (im Sinne von Michel de Certeau) ins Spiel bringen muss – die alltägliche Produktion und den alltäglichen Umgang mit gestalteten Dingen.

Auf der platten Ebene haben Unternehmen das vor vielen anderen erkannt. Ihre Design-, Marketing- und so genannten Kommunikationsstrategien haben nämlich die Frauen mittlerweile in fast allen Produktbereichen als eigenständige, entscheidende, über Geld verfügende oder nachhaltig mitbestimmende Zielgruppe ins Visier genommen. Die entsprechenden Diversifikationstaktiken sind nicht nur in die werbliche Ansprache, sondern längst auch in die Produktgestaltungen eingegangen. Wobei Produkt umfassend verstanden werden muss – neben dreidimensionalen Gegenständen bezeichnet der Begriff zweidimensionale ebenso wie digitale und immaterielle, Dienstleistungen eingeschlossen.

Im Design selbst jedoch ist das strukturelle Nachdenken über das Geschlechterverhältnis noch nicht richtig angekommen. Bestenfalls sind vereinzelte Klagen darüber zu vernehmen, dass Designerinnen in der beruflichen Praxis unterrepräsentiert sind – insbesondere in solchen Bereichen, die gemeinhin als typisch männlich gelten: zum Beispiel Industriedesign, Mediendesign, Design Management. Eine systematischere Analyse der Kategorie Geschlecht oder gar eine qualitative Designforschung unter Einbeziehung der Erkenntnisse der Gender Studies, wie sie sich etwa in den Sozial- und Geisteswissenschaften, der Ethnologie, aber mittlerweile selbst in einigen naturwissenschaftlichen Fächern finden, existiert im Designkontext noch überhaupt nicht. Sehr befremdlich, denn gerade in den Segmenten, in denen Design als Kommunikationsmedium extensiv eingesetzt wird – Schrift, Layout, Markenzeichen –, ist die Geschlechterproblematik geradezu aufdringlich präsent beziehungsweise funktioniert hier Kommunikation in ihrer Zielgruppen-Ansprache oder Anmutung nach gesellschaftlichen Vorstellungen von Männlichkeit und Weiblichkeit. Visuelle Elemente, Markenzeichen, Logos eignen sich deshalb vorzüglich zu einer ersten Interpretation der Geschlechter-Projektionen, wie sie in den Bildern, eher un- als bewusst auftauchen.

Auf der Folie dieser Überlegungen werde ich ein Interpretations-Experiment anschließen. Unter den zuvor beschriebenen projektiven Zuschreibungen von Männlichkeit und Weiblichkeit werde ich bekannte Bildmarken heranziehen und deren „Anmutung", „Aussagen" und „Wirkungen" in der Geschlechterperspektive prüfen. Dies geschieht wissentlich in einer Fokussierung, die mir entrüstete Logo-Experten und Designer (womöglich auch weiblichen Geschlechts) als Eindimensionalität vorwerfen werden. Aber erstens kann ohnehin nicht an jedem Thema das „Ganze" verhandelt werden, zweitens blieb bisher genau diese Fragestellung ausgeblendet und drittens mag der Geschlechterblick sowohl Automatismen gewohnter Wahrnehmungen verwirren als auch Produzierende wie Konsumierende von Gestaltung auf Bedeutungen hinweisen, die zu Revisionen im Machen und im wahrnehmenden Gebrauch auffordern.

Marken und Logos

Marken oder – wie es neuerdings heißt – *brands* sind ein interessantes Phänomen. Bereits häufig angewandt wurde diese Art der Produkt- oder Unternehmenskennzeichnung im 19. Jahrhundert, zu einer Zeit also, als die industrielle Massenproduktion für Konsumgüter durchgesetzt war. Um die Marke beziehungsweise das Unternehmen bekannt zu machen, insbesondere aber, um die Unterscheidbarkeit im Markt und, idealtypisch, eine Alleinstellung zu erreichen, werden dem Produkt als visuelle Verstärker, meist sogar als deren Ersatz, Bild- und/oder Schriftmarken, Logos, übergeordnet. Sie sollen die (Wieder)Erkennbarkeit mit dem Produkt oder dem Unternehmen gewährleisten. Zu einem der ältesten eingetragenen Markenzeichen überhaupt gehört der weiße Schreib-Schriftzug auf rotem Grund, den heutzutage so gut wie alle Menschen in allen Teilen der Welt kennen, auch wenn sie das dazugehörige Produkt nie in Händen hielten: Coca Cola. Die Kennzeichnung der Marke ist die Signatur, das Emblem, sozusagen das Siegel oder Wappen. Das Logo geht zurück auf und funktioniert wie Heraldik, markiert werden Unverwechselbarkeit und Zugehörigkeit. Deshalb ist „Identität" als das Unteilbare, Einheitliche, ein so gern gebrauchtes Wort im Unternehmenszusammenhang. Das Wichtigste – neben der Unverwechselbarkeit – eines Emblems ist, dass es für ein komplexes Ganzes steht und das dahinterstehende Ganze repräsentiert und erinnert; selbst wenn die Konnotation abstrakt ist, wie es etwa für die fünf ineinander verschränkten Ringe gilt, die dennoch sofort als Zeichen für die Olympischen Spiele erkannt werden.

Die Linie, die zum Logo führt, könnte folgendermaßen aufgebaut sein: Emblem – Symbol – Begriff – Bild – Marke. Dabei ist es gleichgültig, ob die Marke aus Schrift, Bild, aus beider Kombination oder nur aus einer Farbe besteht. (In den neunziger Jahren des vergangenen Jahrhunderts rief die Farbe Gelb bei über 90 Prozent der Deutschen die Assoziation „Post" hervor; mittlerweile dürfte Gelb sich eher mit Strom verbinden.) Eine Marke ist zuerst nichts als eine Idee, ein Konzept. Sie kann durchaus abstrakt existieren: ein virtuelles Etwas, in jüngster Zeit sogar häufig das einzige Produkt. Darüber hinaus ist eine Marke ein Versprechen, eine Metapher für die Qualität irgendeines Etwas, das ansonsten verborgen bleibt. Und wenn die Markenstrategie und das Logo-Design nicht halten, was sie versprechen, wird die Marke entzaubert, wir kehren uns ab, die „Identität" löst sich auf, die Marke zerbricht. Deshalb ist die Gestaltung von Logos eine heikle und zeitraubende Angelegenheit, ihre Etablierung dauert lange. Insofern folgen Logos ganz anderen Zeitdimensionen als Werbekampagnen – sie können kaum radikal verändert werden. Wenn ein Logo funktioniert und wir es uns einverleibt haben, danken wir es ihm mit langer Erinnerung, häufig über sein Verschwinden hinaus. Umgekehrt können Markenmythen in behutsam veränderter Version auch nach langer Zeit reanimiert werden: Der „New Beetle" ist dafür ein gutes Beispiel.

Geschlechtlich konnotierte Logos

Das folgende Interpretations-Experiment von Marken unter dem Geschlechterblick ergab als erste Überraschung, dass die in den Logos verarbeiteten sujets überwiegend lebende Wesen als Hauptbestandteil enthalten, obwohl sie von mir nicht unter diesem Kriterium ausgewählt wurden. Menschen, Götter und Tiere tummeln sich allenthalben in den Bildermarken. Menschen – das ist ebenso leicht einzusehen wie tautologisch – machen das Logo eben „menschlicher", knüpfen eine direkte Beziehung des immateriellen Objekts zu den existierenden Subjekten. Es findet sich hier etwas wieder, das die Abstraktion einer Bildmarke mildert, sie als etwas uns Vertrautes und als etwas, dem wir vertrauen können, präsentiert. Und ist nicht eine der von Unternehmen am liebsten gebrauchten Plattitüden jener wunderbar ideologische Slogan: „Im Mittelpunkt steht immer der Mensch". So fühlen wir uns berührt und verschmelzen unser Bild mit dem menschlichen Antlitz des Logos. Die Götter sind gleichermaßen heraldisch wie heroisch. Erhabenes umgibt sie, und wir haben Teil an ihrem Glanz und ihren Legenden. Bemerkenswert, dass die Göttertradition sich nicht, wie zu vermuten, nur in ganz alten, sondern auch in moderneren Markenzeichen findet. Die Tiere schließlich erklären sich aus dem Produkt- und Unternehmensumfeld, in dem sie eingesetzt werden. Da es sich nie um Schoß- oder übliche Haustiere handelt, stehen sie für Kraft, Stärke, Gefahr und lassen den Menschen an dieser Dynamik partizipieren.

Tier 1: Die Stärke des Pferdes

Das Produkt umgab von Beginn an die Aura von Geschwindigkeit, Wettkampf, Eleganz und Exklusivität – gemacht von Männern für Männer, die, je nach Bedarf, entweder Frauen als schmückendes Accessoire integrieren oder jenen imponieren wollen. Enzo Ferrari persönlich gestaltete das Pferd mit nach oben gerichtetem Schweif; angeblich kämpfend – mir jedoch erschließt es sich deutlicher als aggressiv beziehungsweise panisch, auf seinen Hinterbeinen (eher noch auf nur einem) sich aufbäumend, die Nüstern geweitet, das Maul geöffnet: ein Pferd, das dabei ist, durchzugehen. Der Legende zufolge widmeten die Eltern des im ersten Weltkrieg berühmten italienischen Fliegers Francesco Baracca das Pferd als Glücksbringer Enzo Ferrari; Baracca hatte das Pferd zuvor als Erkennungsmerkmal auf seinem Jagdflugzeug angebracht, nach einem der ersten Rennsiege Ferraris. Sein Pferd allerdings hatte noch ganz ruhig auf allen vier Beinen gestanden und den Schweif hängen gelassen.

Das Pferd ist ein schwarzer Hengst – keine braune Stute. Irritierend, dass der Hengst irgendwie rückwärtsgewandt ausbricht, nämlich gegen die westliche Lese- und Zukunft symbolisierende Richtung. Die relative Banalität der Gleichung: Stärke des Pferdes = PS des Autos scheint der Faszination bis heute keinen Abbruch zu tun. Das Pferd lebt gegenwärtig durch Michael Schumacher fort und auf. Ganz klar:

Kein Auto für erwachsene Frauen – auch wenn vor und in der Pubertät überwiegend Mädchen die Pferdenärrinnen sind.

Tier 2: Der gefangene Löwe

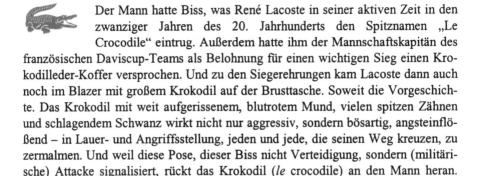 MAN hat zwar weder mit dem englischen „man", noch mit dem Menschen zu tun, sondern ist die ursprüngliche Abkürzung von „Maschinenfabrik Augsburg Nürnberg", die Dampfmaschinen herstellte. Das Logo setzt sich aus drei Gestaltungselementen zusammen: Der Buchstabenname (MAN) für das Unternehmen, der den Namen umspannende Bogen, der für den Konzern steht, und einem im Rechteck eingeschlossenen, nach rechts – in die Zukunft – brüllenden Löwen (für die Nutzfahrzeuge). Ich aber assoziiere folgendes: Die drei Buchstaben drängen mich trotz allem, den Mann darin nicht loszuwerden; was durch das Marktsegment (LKW's, Busse) verstärkt wird. Denn die Welt der Nutzfahrzeuge ist sowohl unter der Perspektive des Arbeitsplatzes als auch unter der von Technikfaszination – große, schwere „Könige der Landstraßen" – real und halluzinatorisch männlich besetzt. Der Bogen wiederum macht das Bild etwas sanfter; er hält Disparates zusammen, bietet Schutz und hat die naturhafte Fröhlichkeit eines Regenbogens. Der brüllende Löwe schließlich, Sinnbild männlicher Kraft, ließe die Männlichkeit dann doch obsiegen, wenn er nicht, wie mir scheint, in einem Käfig gefangengehalten würde. So wird Manneskraft gewaltig gezähmt, gebändigt.

Majestätische oder kraftvoll-geschmeidige und schnelle Tiere finden sich besonders häufig in Bildmarken von Automobilkonzernen: Der aufrechte, nicht gefangen gehaltene Peugeot-Löwe oder der bösartig fauchende, im Sprung befindliche, allerdings der Vergangenheit (von rechts nach links) hinterherspringende Jaguar-Jaguar.

Tier 3: Das Krokodil

Der Mann hatte Biss, was René Lacoste in seiner aktiven Zeit in den zwanziger Jahren des 20. Jahrhunderts den Spitznamen „Le Crocodile" eintrug. Außerdem hatte ihm der Mannschaftskapitän des französischen Daviscup-Teams als Belohnung für einen wichtigen Sieg einen Krokodilleder-Koffer versprochen. Und zu den Siegerehrungen kam Lacoste dann auch noch im Blazer mit großem Krokodil auf der Brusttasche. Soweit die Vorgeschichte. Das Krokodil mit weit aufgerissenem, blutrotem Mund, vielen spitzen Zähnen und schlagendem Schwanz wirkt nicht nur aggressiv, sondern bösartig, angsteinflößend – in Lauer- und Angriffsstellung, jeden und jede, die seinen Weg kreuzen, zu zermalmen. Und weil diese Pose, dieser Biss nicht Verteidigung, sondern (militärische) Attacke signalisiert, rückt das Krokodil (*le* crocodile) an den Mann heran.

Zumal es ursprünglich als Logo nur auf Blazern erschien, die zumindest außerhalb des Sport-Kontextes nur von Männern getragen wurden; Gleiches galt später auch für die Polohemden. Frau sei gewarnt: Vorsicht, bissiger Mann.

Götter 1: Der rennende Gott

Der Berliner Florist Max Hübner gründete 1908 mit 98 weiteren in Deutschland ansässigen Partnern das Unternehmen zur Versendung von Blumen(grüßen). Das Zeichen soll die Funktion eines Dienstleistungsunternehmens demonstrieren. Eingefasst in einen Kreis, Kreislauf der Erde und der friedlichen Völkerverbindung rund um den Globus, rennt der römische Götterbote Merkur (zugleich Gott der Kaufleute), mit einem Blumenstrauß statt mit seinem Heroldstab bewaffnet, in Richtung Zukunft. Der Innenkreis und die Schrift im äußeren Ring sind grün (Natur, Blumen), die Figur ist proportional etwas aus den Fugen geraten: zu langer Oberkörper, zu schmale Taille, die schlanken Fesseln etwas zu zierlich für einen Mann – selbst für einen Gott –, und die beiden Flügelchen an den Füßen wirken fast wie high heels. Der Kopf ist ebenfalls verzerrt: Handelt es sich um fliegende Haare, ist es ein weiterer Flügel oder eine Art Mütze? Das Kinn möchte man niemandem wünschen, der arme Gott wirkt dadurch erschöpft, und die angeblichen Blumen erinnern eher an das olympische Feuer, was durch den Ring zusätzlich betont wird.

Irgendwie eine unglückliche visuelle Gestalt. Der Intention nach klar männlich angelegt (Götterbote), was mit der traditionellen Vorstellung einhergeht, dass es der Mann ist, der der Frau die Blumen schenkt; in der Anschauung aber eher ein, unbeabsichtigter, hässlicher Zwitter.

Götter 2: Der Fahrrad-Gott

Bereits auf den Werbeplakaten der ersten „Exportmesse", die 1947 noch unter britischer Besatzung stattfand, war dieses Messesymbol zu sehen. Das Profil des griechischen Handelsgottes Hermes, mit Flügelhut und rufendem Mund. Paul Rademacher hieß der Mann, seines Zeichens Kunstmaler und Grafiker aus Hannover, der ihn aus nur zwei Linien gestaltete. Sofern der Kopf als der des Hermes wiedererkannt wird, überrascht dieses Zeichen für eine Messe nicht. Das Design jedoch macht zu schaffen: Der Flügelhut wirkt wie ein aerodynamischer Helm für Fahrrad-Profis. Das Rufen sieht ein wenig gequält aus. So verbinden sich Dynamik (windschlüpfriger Helm) mit durch Anstrengung verzerrter Statik des Mundes. Das Profil mit Helm als Bildmarke wirkt deutlich männlich; allerdings, so ist hinzuzufügen: wie ein von psychischen oder physischen Anstrengungen gezeichneter Mann.

Ritterspiele 1: Tod durch Lanze

 Lothar von Faber (1839-1896) stellte bereits in der 4. Generation Bleistifte her, und er war Wegbereiter des Markenschutzgesetzes und hatte dementsprechend sehr früh die Wichtigkeit eines Firmenemblems erkannt. Die neue Firmenbezeichnung Faber Castell kam 1898 durch Einheiratung des Grafen Alexander zu Castell-Rüdenhausen zustande. Erstaunlicherweise existierte bis in die achtziger Jahre des 20. Jahrhunderts trotz langer Tradition keine einheitliche Bildmarke. Erst seit 1993 gibt es ein neues altes Erscheinungsbild unter dem Motto „Tradition hat Zukunft": Das Unternehmen kehrte zu den Bleistiftrittern aus dem Signet der Jahrhundertwende zurück.

Das Faber Castell'sche Ritterturnier lässt an Eindeutigkeit nichts zu wünschen übrig: Historizität (Tradition), Wehrhaftigkeit (mutiges Wehren gegen Kurzlebigkeit), Kampf (Überleben im Wettbewerb) konnotieren das an sich harmlose Produkt mit männlich-mittelalterlichen Kriegsspielen. Die leichte Abmilderung durch eine mögliche Ironisierung der Waffen – Bleistifte und Kugelschreiber – wird durch die Aggressivität dann doch abgetötet, denn der linke, dynamisch vorwärtspreschende Ritter stößt dem rechten gerade durchaus blutrünstig in den Bauch. Das Pferd des Unterlegenen, gestoppt durch den heranstürmenden siegreichen Ritter, ist dabei, hintenüber zu fallen, und der getroffene Ritter fuchtelt im Todeskampf mit seiner Lanze hilflos in der Luft herum. Heldenkrieg im Bleistiftformat.

Ritterspiele 2: Das Duell

Schon wieder Kampf und Heldentum. Und das nicht nur im Signet, sondern auch, was das Material betrifft, in der Geschichte verankert. Das Abendland hatte lange gebraucht, um das Porzellan noch einmal zu erfinden. Vorausgegangen waren viele Eroberungsreisen und jedes Mal fehlgeschlagene Versuche, den Chinesen ihr Geheimnis der Porzellan-Herstellung zu entlocken oder zu rauben – schließlich hatte das Reich der Mitte das Porzellan schon tausend Jahre vor der europäischen Wiederentdeckung erfunden. Alles Drohen oder Schmeicheln europäischer Könige gegenüber den Alchimisten, Gold zu machen, hatte nicht zum gewünschten Erfolg geführt. Als wieder einmal ein Herrscher, der sächsische Kurfürst und polnische König, August der Starke, den Apothekerlehrling Johann Friedrich Böttger bedrängte, Gold herzustellen, versagte der zwar in dieser Hinsicht ebenso jämmerlich, präsentierte seinem Herrn aber immerhin weißes Porzellan. Es war das Jahr 1708, und eine neue Ära brach an. Zu ihrem endgültigen Glück fehlte der „Königlich-Polnischen-Kurfürstlich-Sächsischen Por-

zellan Manufaktur Meißen" noch ein unverkennbares Zeichen, das den Entste-
hungsort des abendländischen Porzellans triumphal unwiderruflich anzeigte. So
wurden die berühmten „gekreuzten blauen Schwerter" zum bis heute weltweit bekannten Qualitätszeichen. Sehr dynamisch kreuzen sie sich – im Nahkampf. Wer
weiß: Vielleicht haben beide Schwerter in demselben Moment über Kreuz die beiden Kämpfenden durchbohrt. Schwerter waren eine männliche Waffe (abgesehen
von einigen Heroinen germanischer Sagen), wurden aber gern auch im sportiven
Privatduell zweier Konkurrenten eingesetzt, zum Beispiel um eine von beiden umworbene Frau; mit hin und wieder tödlichem Ausgang für einen der zwei Galane.

Da diese Zeiten jedoch seit längerem vorbei sind, könnte sich die Semantik
bald verändern: irgendwo zwischen „Generation X", den XX (Large) T-Shirts,
deren „Large"-L hier durch ein besonders großes „X" ersetzt wurde, und stark im
Trend liegender Anmutung chinesischer und japanischer Kalligraphie.

So gesehen, wäre ein männlich besetztes Zeichen für ein seit langem eher
weiblich definiertes Produkt, Porzellan, zu einem sportlichen hiphop- oder Exotik
versprechenden Zeichen mutiert; und wäre damit im geschlechtsuneindeutigen
Trend gelandet. Was aber „Meißener Porzellan" gewiss noch nicht bedacht hat.

Die Wikinger

Was wir in dieser Marke sehen sollen (die Ursprungsform wurde
1920 anlässlich des 10-jährigen Firmenbestehens gefunden), ist der
stilisierte Bugsteven eines Wikinger-Schiffs in einem aufgehenden
Sonnenkreis; 1988 zuletzt leicht verändert durch den Hamburger
Designer Peter Schmidt (u. a. Ausarbeitung des Corporate Design
für Joop, Jil Sander, Bundeswehr). Heute ist der Bugsteven weiß vor einer leuch-
tend gelben Sonne über dem Namen Reemtsma. Nordische Größe soll Mut, Weltof-
fenheit (Meeresüberwindungen) und offensives Denken veranschaulichen und auf
die altfriesische Herkunft des Firmengründers hinweisen. Statt kriegerischer Män-
nerflotte erinnert das Logo aber eher an das nett oder triumphalistisch grinsende
Ungeheuer von Loch Ness. Zumal sich die nordischen Krieger nur schlecht mit den
Zigarettenmarken vereinbaren lassen; etwa mit R1 – „Ich rauche gern": sympathi-
sche, intelligente junge Menschen, häufig weiblichen Geschlechts, halten sie zwischen den Fingern. Und gerade leichte Zigaretten wie R1 möchten ja insbesondere
Frauen ansprechen, die sich heute voraussichtlich nicht mehr massenhaft für mar-
tialische Krieger begeistern lassen.

Mechanisches Ballett

Eine der ältesten Marken der Welt: 1731 ließ Peter Henckels das
Zwillings-Emblem in die Zeichenrolle der Messerschmiedezunft eintragen.

Zwei Kumpels, zwei mechanische Puppen, die einander gleichen wie eineiige Zwillinge, deren je linkes bzw. rechtes Bein ineinander verschmelzen und die sich je einen Arm auf die Schulter des anderen legen: offenbar fröhlich dabei, ein mechanisches Ballett aufzuführen.

Das 18. Jahrhundert war geprägt von der Euphorie der Mechanik, den künstlichen, aufgezogenen Gliederpuppen, der Zauberei mittels mechanischer Prozesse. Die Begeisterung trug in sich einmal mehr die omnipotente Sehnsucht, eine Art technischen *homunculus* zu erzeugen, erschaffen vom Menschen, der ihr Meister sein wollte. Ein männlicher Meister, so ließe sich leicht belegen, eine überaus männlich besetzte Phantasie, die sich von Descartes über LaMettrie und Frederick Winslow Taylor (Taylorismus, wissenschaftliche Betriebsführung) bis zu den Babies, wie die ersten Atombomben von ihren Vätern liebevoll genannt wurden, erstreckte. Und die auch die Künstler seit Beginn dieses Jahrhunderts faszinierte. Mechanische Köpfe kamen in Mode, der Kubismus zerlegte die Dinge und die Menschen, die Collage riss die Zusammenhänge auseinander und fügte sie neu und verzerrt zusammen, Raoul Hausmann gestaltete den Mechanischen Kopf („L'esprit de notre temps"), und Oskar Schlemmer entwarf am Bauhaus sein mechanisches Ballett – dessen Figurinen zum Teil den Zwillings-Figuren ähneln.

Ist es nicht merkwürdig, dass diese Roboter-Männchen seit langem das Logo für Werkzeuge eines Unternehmens darstellen, das überwiegend Schneidewerkzeuge und Scheren für den privaten Haushalt herstellt? Und dies bedeutet ja häufig immer noch, dass es Frauen sind, die sich ihrer in Küche und Nähraum bedienen. Lediglich dort, wo gutverdienende, jüngere männliche Singles in ihrer offenen Profi-Küche gelegentlich Gäste zum Essen empfangen, demonstriert der Hobby-Koch sich als Profi-Koch, der nur die professionellsten Schneidewerkzeuge vorführt; wie der wirkliche Profi-Koch, der in Rang, Namen und Anzahl weitaus häufiger die Restaurants leitet als die Köchin.

Der Spielzeug-Mann

 Seit mehr als 100 Jahren ist der Reifen-Mann bereits im Dienst. Er hat sogar einen Namen: „Bib" oder „Bibendum", abgeleitet von dem Trinkspruch des Horaz „Nunc est bibendum" (nun wird getrunken); allerdings kein Alkohol – die Verbindung mit dem Automobil wäre unglücklich –, sondern ein Glas voller Scherben und Nägel. Der Michelin-Mann avancierte längst zum Sammlerstück. Im Verlauf der Zeit wurde er sowohl rundlicher als auch sportlicher, und er rennt, fröhlich lachend, geradewegs auf die Kundschaft zu. Es handelt sich um einen haarlosen Mann, dessen von Kopf bis Fuß in Reifen steckende oder aus ihnen bestehende Figur fast Weltraumdimensionen anzeigen könnte. Aber durch seine runde Knubbeligkeit wird er eher zum niedlichen Maskottchen, eben zum Michelin-Männchen. Ein lustiger Gesell, der keiner Fliege etwas zuleide tun könnte, dem aber auch alles Erhabene, Lässige oder Respekteinflößende fehlt. Ein Mann zum Drücken, ein harmloser Spielzeug-Mann ohne Ambivalenz – und ohne jegliche erotische Ausstrahlung.

Der Mann als Frau

Verständlich, dass bei einem Namen wie „Schwarzkopf" die Idee nahe lag, einen schwarzen Kopf im Profil, einen Scherenschnitt, auszuwählen. 1904 wurde er als Warenzeichen eingetragen, und es gab ein tatsächlich lebendes Modell dafür. Ich war sehr erstaunt zu erfahren, dass der Berliner Schauspieler Rolf Bernhard jenes Modell war. Ich hatte den Kopf bis dahin immer für weiblich gehalten: die weichen Lippen, die gewellten Haare, verbunden mit der Vorstellung, dass Haarpflege mit Kosmetik und dementsprechend, zumal zu Beginn des vergangenen Jahrhunderts, mit Weiblichkeit einhergehen müsste.

Zumindest also dürfte dieses Logo als androgyn zu klassifizieren sein. Auch das jedoch wird dadurch allzu häufig wieder verwirrt, da nicht nur die Werbung, sondern auch die zusätzlichen fotografischen Abbildungen auf den Verpackungen Portraits von schönen Frauen mit schönen langen Haaren zeigen.

Ein Hin- und Herschwanken, eine Uneindeutigkeit, die nicht als bewusst gesetzte erscheint. Offenbar aber funktioniert die Bildmarke. Das Unternehmen behauptet, europaweit einen Bekanntheitsgrad von über 90 Prozent zu haben. Vielleicht basiert dieser Erfolg auf einem Missverständnis.

Der Todeskandidat

Der Wybert-Kopf reckt sich seit der zweiten Hälfte des 19. Jahrhunderts mit gierig geöffnetem Mund der überdimensionalen Antihusten-Rhombe entgegen. Heute vermarktet die Wybert GmbH Elmex-Forschung diese Traditionspille zwar immer noch erfolgreich, ist aber inzwischen bekannter für und einer der Marktführer von Zahnpasta. Der Kopf sieht elend aus: aufgerissenes Auge, spitze Nase, spitze Lippe, kahler Eierkopf, überlanger Hals – ein Verzweifelter, dem Tod nahe, der die letzte Pastille bzw. die letzte Ölung herbeizusehnen scheint. Eigentlich eher ein Mann oder, durch Krankheit gezeichnet, zu einem Menschen unbestimmten Geschlechts geworden. Ich kann mir nicht vorstellen, wer dieses Logo lieben könnte – weder Mann noch Frau; höchstens Todessehnsüchtige.

Mann oder Frau

1777 wurde das Unternehmen Nobel gegründet, 1994 fusionierten die beiden Chemiekonzerne Akzo und Nobel zu einem Verbund,

der heute zu den größten der Welt gehört. Zu ihren vielfältigen Produkten zählen u.
a. Pharmazeutika, Farben und Lacke, chemische Spezialprodukte, Fasern. Der Kon-
zern umfasst 25 eigene Firmen und eine Vielzahl von joint ventures. Wie will man
solch einen diversifizierten Giganten unter einem Logo-Dach zusammenhalten?
Das Markenzeichen wurde von einem etwa 450 v. Chr. geschaffenen Relief inspi-
riert und möchte, laut Unternehmen, Zusammengehörigkeit symbolisieren. Was wir
gut verstehen, jedoch nicht recht nachvollziehen können. Wir begegnen einem stilisierten menschlichen Oberkörper mit ausgebreiteten Armen, im Kontrast hell –
dunkel, Licht und Schatten; nach rechts gewandter Kopf soll Dynamik und Zu-
kunftsorientierung suggerieren, aber auch Tradition und Geschichte aufbewahren
(vgl. das antike Relief). Und – wir hören es immer wieder gern – der Mensch soll
im Mittelpunkt stehen.

Aber welcher Mensch: Mann, Frau? Folgen wir den Formen. Der Körper:
uneindeutig, eigentlich ohne Rundungen, relativ sportlich-kräftig, breiter Brustka-
sten; vielleicht aber deutet sich durch Akzentuierung des linken dunklen Bereichs
ein Busen an. Der Kopf: glatte, anliegende Haare, eigentlich kurz, das Ohr ist frei-
gelassen; aber auch hier: Durch die Fortführung der „Haare" in den Übergang des
Nackens bis auf die Schulter könnte sich die Assoziation zu langen Haaren und
Weiblichkeit aufdrängen. Obwohl das heute, wie in anderen geschichtlichen Phasen, alles andere als Eindeutigkeit des Geschlechts markiert. Der Gesamteindruck
lässt keine klare Geschlechtszugehörigkeit erkennen, die Orientierung auf Männlichkeit könnte überwiegen. Verstärkt wird diese Vorstellung durch die Art der
Produkte des Unternehmens, die nicht dem Konsumgüterbereich entstammen.

Mann und Frau

Das Signet wurde der vor noch nicht sehr langer Zeit wieder aufge-
tauchten Zeichnung abstrahiert nachgebildet und um den ebenso
geheimnisvoll wie klug anmutenden Satz „Dahinter steckt immer ein
kluger Kopf" erweitert. Der ursprüngliche Spruch übrigens war nicht
nur etwas umständlich, sondern auch eindeutig, passend zum Bild,
männlich formuliert: „Wes´ Geistes Kind er ist, das zeigt die Zeitung,
die er liest!". Den heutigen Menschen hinter der überdimensionalen
Zeitung identifizieren wir sofort als Mann oder Frau – denn die etwas
seltener abgebildete Frau trägt einen Rock, um ihre Geschlechtszugehörigkeit unter Beweis zu stellen. Wir verlassen uns eben ganz konventionell
auf die Hülle, die den Körper verdeckt: Rock oder Hose. Obwohl Frauen seit einigen Jahrzehnten öfter Hosen als Röcke tragen. Was neben der Zeitung vom Körper
übrig bleibt, sind lediglich zwei Hände und übereinandergeschlagene Beine.

Die F.A.Z.-Kommunikation ist deshalb interessant und ungewöhnlich, weil
neben dem lesenden Mann eine lesende Frau eingeführt wurde; als Synonym für die
selbstbewusste Karriere-Frau. Die konservative F.A.Z. trägt damit (wie ich vermu-

te, eher seufzend) der Tatsache Rechnung, dass mittlerweile ein Drittel aller Personen, die diese Zeitung lesen, Frauen sind.

Frau mit Bart

Hier findet sich eines der wenigen jungen Logos, 1989 entstanden aus der Übernahme der „Deutschen Texaco" durch RWE (Rheinisch Westfälische Elektrizitätswerke). Die Bildmarke soll vermitteln: zuverlässige Produktqualität und ebensolcher Service, Kompetenz, Freundlichkeit; dargestellt durch ein stilisiertes Gesicht, von dem Strahlen auf rotem Grund ausgesandt werden – beides zusammen ergibt die Grundform eines Dreiecks. Die organische Form durch geschwungene Linien möchte ein Gesicht hervorbringen, das für Menschlichkeit und Wärme bürgt, in der Kombination mit klassisch-geometrischer Form (Dreieck) und breit streuenden Strahlen aber nicht zu weich erscheinen will – sollen doch auch Technik, Energie, Fortschritt dokumentiert werden. Wir erinnern uns der frühen Elektrizitätswerbungen vor der und um die Jahrhundertwende des 19. zum 20. Jahrhunderts. Die abstrakte Energie Elektrizität wurde in fließenden durch den Jugendstil inspirierten Göttinnen des Lichts dargestellt. Bis Peter Behrens 1907 die komplette Gestaltung der AEG reformierte und fortan mit einer ehrlichen Glühbirne warb.

Zurück zu DEA: Das Gesicht wirkt weiblich – durch die betonte Augenpartie und die geschwungenen Augenbrauen, die zugleich den Haaransatz bedeuten könnten. Auch der Mund hat durch seine üppig geschwungenen (übrigens etwas missmutig wirkenden) Linien/Lippen etwas Weibliches. Unerklärlich und irritierend ist jedoch die angedeutete, in den Mund übergehende Nase und das unter den Lippen befindliche Grübchen. Diese Partie kann ebenso gut als ein jeweiliges Bärtchen assoziiert werden.

Und damit wären wir bei Marcel Duchamp angelangt und bei seiner Bearbeitung der Mona Lisa eines Leonardo da Vinci, die den kunsthistorischen Spekulationen über das lebende Modell der Giaconda neue Nahrung gab: War sie womöglich ein Mann? Duchamp machte auf die männlichen Gesichtszüge der Mona Lisa aufmerksam, indem er ihr Portrait auf einer Postkarte mit Schnurr- und Kinnbart versah.

Und ewig lockt das Weib

Die Muschel ist – von der Psychologie bis zur Kunstgeschichte – das Sinnbild für Weiblichkeit schlechthin. Insbesondere die Venusmuschel (und die ist ja das Vorbild der Shell-Muschel) war stets umgeben von der Aura höchst verführerischer weiblicher Erotik: Venus, die römische Göttin der Liebe, besonders in der Malerei der Renaissance und des Barocks häufig dargestellt; die berühmteste hat uns Botticelli um 1485 als

„Die Geburt der Venus" hinterlassen. Aber auch Maler wie Cranach, Tizian oder Velazquez sind ihr erlegen. Die Erotik kann aber auch lebensgefährlich werden, wie bei der Venusfalle: Ein Sonnentaugewächs, dessen Blätter sich längs der Mittelrippe zusammenklappen, wenn ein Kerbtier auch nur an die äußeren Fühlborsten rührt; das Tierchen wird festgeklemmt und dann verdaut.

Marcus Samuel ließ das Muschelsymbol und den Firmennamen 1900 als Warenzeichen eintragen, und zwar in Erinnerung an seinen Vater, der mit dem Import und Handel von dekorativen Kamm-Muscheln sein Geld verdiente. Erst im Verlauf der Zeit wurde aus der Kamm- eine Venusmuschel, die ihre weltberühmte Form als Redesign in den 1960er Jahren von Raymond Loewy erhielt. Die Muschelelemente strahlen im Halbkreis gen Himmel und um die Wette, das Gelb leuchtet wie die aufgehende Sonne, und alles ist wunderbar, hat nur wenig mit Öl und Tankstellen zu tun, funktioniert aber weltweit prächtig. Vielleicht macht die komplette Unverbundenheit des Produktes (stinkendes braunes Öl, bzw. ebenso penetrant riechendes Benzin) und der Dienstleistungen mit dem Logo den Erfolg: Das Verführerische und die fast ätherische Strahlung der Venus(muschel) kompensiert die Unansehnlichkeit der Ware – oder transformiert sie höchst kompliziert: über Öl und Benzin zur Tankstelle und zu schicken Autos, in dem Venusgleiche Frauen den männlichen Besitzer verführen. Also, so könnte ich mich vorwagen: ein weibliches Symbol als Attraktion für Männer.

Beschwingt

Es gibt nicht viele Marken, die es weltweit und in so kurzer Zeit eindrucksvoll geschafft haben, ohne Namensschriftzug auszukommen, und das noch mit einer für die meisten, vor allem junge Menschen völlig abstrakten Form. Denn wer von den Fans weiß denn schon, dass „Naikie´s" Vorbild die griechische Göttin des Sieges, Nike, ist, die meist schwebend, mit Flügeln versehen, dargestellt wird. Den Namen übrigens träumte, der Firmenanekdote nach, eines Nachts ein männlicher Angestellter, Jeff Johnson, kurz bevor 1972 die ersten Schuhe ausgeliefert wurden, aber immer noch kein Firmenname gefunden war.

Die Schwinge allein ist als zugleich pure und sanfte wie schnelle Dynamik im Bildzeichen übriggeblieben. Der Markenname benennt eine Göttin, und das Bild der Schwinge wird einmal nicht als kernige, kantige Energie vermittelt, sondern verbindet Schwingung mit expressiver Rundung; die aber, um nicht zu lieblich oder gar behäbig zu geraten, in einer Art langgezogener und damit Entfernung verdeutlichender Strecke oder Straße Richtung Unendlich verschwindet.

Ein Zeichen, das als eines der ganz wenigen kein Geschlecht hervorhebt, bevorzugt oder, wie beklagenswert häufig, mit konventionellen, hilflosen Geschlechterclichés hantiert. Ein Zeichen, das Männliches und Weibliches verschmilzt bzw. diese Zuordnungen überhaupt nicht ins Bewusstsein treten lässt. Für das Bildzeichen veranstaltete der Mitbegründer des Laufschuh-Unternehmens, Philip H.

Knight, einen studentischen Designwettbewerb an einer Universität in Oregon. Mit ihrer Schwinge gewann eine Designstudentin – meines Wissens das einzige der hier vorgestellten Logos, das von einer Frau entworfen wurde.

Dazwischen

Nachdem ich mich diesem Interpretations-Experiment unterzogen hatte, war ich erstaunt zu sehen, wie viel aus den Bildmarken unter dem Aspekt des Geschlechterverhältnisses herauszuholen ist. Allerdings, so meine Hypothese, sind die meisten meiner Interpretationen zweifellos nicht in die Diskussionen um die Logos bei denjenigen eingegangen, die diese gestaltet und genehmigt haben. Und, so behaupte ich, das ist ein Problem.

Das Spektrum der analysierten Bildmarken reicht von eindeutig männlich assoziierten Tieren, männlichen Göttern und kriegerischen Männern über mechanische und Spielzeug-Männer bis zu nicht intentional zwittrigen oder androgynen Wesen, geschlechtseindeutig identifizierten Menschen und endet schließlich mit einem Logo, das Stereotypien von Männlichkeit und Weiblichkeit überwunden hat.

Solange unbewusst mit Zuordnungen zu Weiblichkeit oder Männlichkeit gespielt wird, werden diese entweder platt, erzeugen Missverständnisse oder gegen die Absicht gerichtete Assoziationen. Die einzigen Bildwelten, die dieser Gefahr entgehen, sind in meinen Beispielen die gute alte F.A.Z. (ausgerechnet diese, die der Diskussion um das Geschlechterverhältnis nie zugetan war); einfach deshalb, weil die F.A.Z. mittlerweile beide Geschlechter, jeweils in sich eindeutig, auf gleicher Ebene vorstellt. Simpel zwar, aber es funktioniert. Und dann die Nike-Schwinge, die eine äußerst gelungene Bildmarke ist, ohne in irgendeiner Form politisch korrekt oder angestrengt geschlechteregalitär wäre.

Im Zürcher Museum für Gestaltung wurde Ende 1998 eine Ausstellung mit dem Titel „Dazwischen" eröffnet. Vielleicht ist dies die Chance – das Dazwischen als Weder-Noch ernst zu nehmen, statt immer nur dem alternativ „Eigentlichen" verhaftet zu bleiben.

Immanuel Chi

„Used" – Zur Negation von Neuigkeit

Das Neue fordert seit jeher unsere Aufmerksamkeit. Die ästhetische Dimension des Neuen manifestiert sich in dem durch sein Auftreten veränderten Blick auf das Bestehende. Bestehendes wird entweder zum Alten, Vertrauten oder aber zum unzeitgemäß Veralteten. Unsere Lebensumwelt wird durch die permanente Produktion, Kommunikation und Vermarktung von Neuem geprägt.

In einem Warensystem, das mit der kontinuierlichen Produktion von Neuem in immer kürzeren Zeiträumen agiert, scheinen Gebrauchsgegenstände zunehmend durch Verbrauchsgegenstände substituiert zu werden.

Produkte werden nicht nur für eine kürzere Gebrauchsdauer konzipiert und dimensioniert, sondern auch immer schneller durch Nachfolgeprodukte abgelöst, deren bloßes Erscheinen zu einem Wertverfall des vorher Bestehenden führt. Nirgendwo dürfte dabei die entwertende Wirkung von Innovationen gravierender ausfallen als auf dem Computer- und Softwaremarkt, wo das Erscheinen neuer Prozessor- oder Softwaregenerationen zum sofortigen, dramatischen Preisverfall der Vorgängerversionen führt.

Wo in der Vergangenheit Kontinuität als Qualitätsmerkmal galt, „Persil bleibt Persil", herrscht heutzutage Kontingenz. Der Claim „Jede Woche eine neue Welt" (Tchibo-Shop) charakterisiert paradigmatisch eine Innovationsgeschwindigkeit, in der die Produkte selbst nur noch ephemeren Stellenwert besitzen. Als relative Ruhepole lassen sich dann vielfach nur noch die Markenidentitäten ausmachen.

Die Bedeutung von Gegenständen erschöpft sich jedoch nicht in ihrer Funktion als Ware in einem Marktsystem. Sie tragen sowohl durch bloße Präsenz wie auch durch ihre Verwendung im alltäglichen Gebrauch entscheidend zur Prägung menschlicher Erfahrung und Identitätsbestätigung bei. Baudrillards Feststellung, dass „die Gegenstände die Funktion haben, die Kontinuität unseres Lebens zu gewährleisten" (Baudrillard 1991: 125), illustriert die elementare Bindungsbeziehung zwischen Menschen und Objekten. Dass deshalb ein beschleunigter Konsum nicht nur ökologische, sondern auch psychologische Folgeerscheinungen nach sich zieht, ist evident.

In den neunziger Jahren manifestierte sich die Skepsis gegenüber einer Objektwelt, deren Charakteristika nur noch in Beschleunigung und Traditionsverlust zu fassen zu sein schienen, in Forderungen nach einer „Modernität des Dauerhaften" (Lampugnani 1996) oder einer „Zukunft, die Herkunft braucht" (Marquardt 1992). Odo Marquard vermutete, dass „die Menschen in der modernen, wandlungsbeschleunigten und dadurch zunehmend diskontinuierlichen Welt ihre Kontinuität besonders schützen müssen" (Marquard 1992: 455). Doch paradoxerweise führt, so Marquard, das wachsende Veraltungstempo zu einem wachsenden Tempo der Veraltung von Veraltungen: „Je schneller das Neue zum Alten wird, desto schneller kann Altes wieder zu Neuem werden." (Marquard 1992: 455).

Das Interesse am Alten erstreckt sich aber nicht nur auf den Umgang mit materiellen Erzeugnissen der Vergangenheit. Seit einigen Jahren kann man innerhalb der Konsumkultur das Phänomen von *Neuem Alten* beobachten. Charakteristisch für das *Neue Alte* ist, dass Neues mit offensichtlichen Attributen des Alten versehen wird, die Negation von Neuigkeit also zum Bestandteil eines ästhetischen Kalküls[1] wird.

Formen vergangener Stilepochen werden zitiert oder weiterentwickelt wie etwa das Retro-Design des *New Beetle*. Retro, Revival, Remix und Old School[2] haben sich inzwischen zu eigenen Stilkategorien etabliert, in denen konzeptionell das einst schon innerhalb der Mode Verworfene noch einmal präsentiert und an den Zeitgeist adaptiert wird.

Aber neben diesem formal-konzeptionellen Anknüpfen an das bereits Bekannte finden sich auch Traditionsbezüge in Form von materiellen Verweisen auf Altes und Benutztes. Neues wird mit Attributen versehen, die am Gegenstand vollzogenen Gebrauch, Wiederverwendung oder Alterung suggerieren.

Nachfolgend sollen unterschiedliche Ansätze, solche historischen Zeitbezüge einzubringen, vorgestellt werden.

---

1   Ich spreche deshalb von einem ästhetischen Kalkül, weil die verfolgte Absicht nicht in einer konsequenten Negation der Produktion von Neuem liegt, denn das wäre nur durch Verweigerung oder Verzicht auf jegliche Form von Fortschritt möglich, sondern in der Produktion von Neuem durch den oberflächlich wahrnehmbaren Verweis auf Altes. Einen wirklichen Fortschrittsverzicht durch Rückgreifen auf Tradiertes stellt beispielsweise das Sortiment der Firma *Manufaktum* mit dem Slogan: „Es gibt sie noch, die guten Dinge" dar.
2   Zu den Begriffen Retro, Revival und Old School vgl. Richard (1998: 76).

Fingierte-Authentizität

Die Perfektion neuer Gegenstände durch künstlich erzeugte Spuren zu brechen und diese somit als Dinge erscheinen zu lassen, die sich bereits durch an ihnen vollzogenen Gebrauch bewährt haben, ist eine verbreitete Gestaltungsstrategie. Rustikale Stilmöbel wie auch Stonewashed Jeans sind dabei ganz offensichtliche *Fakes*, deren künstliche Gebrauchs- und Alterungsspuren nur oberflächlich das verschleiern können, was sie real sind, nämlich neuwertige Massenware. Ein Modestil, der so genannte „Authentic Wear" (siehe dazu Chi 1998), der Mitte der achtziger Jahre sich entwickelte, setzt bewusst Materialoberflächen ein, die mit künstlich erzeugten Alterungsspuren versehen werden. Helmut Lang brachte 1999 eine Kollektion so genannter „Stained Jeans" heraus, die künstlich mit Farbflecken versehen wurden und aussahen, als habe man damit seine Wohnung renoviert. Im Modejargon bezeichnet man solche Textilien, denen künstlich das Aussehen von Gebrauchtem oder Missbrauchtem gegeben wird, auch als *Distressed-Look.*

In den Herbst-2000-Kollektionen vieler Jeanshersteller finden sich zudem auch Kleidungsstücke im so genannten *Dirt-Look*, einer Färbung, die den Textilien ein schmutzig staubiges Aussehen verleiht.[3]

Menschen, die sich über solche künstlichen Spuren von Gebrauch und Alterung ästhetisch differenzieren, werden wohl vorwiegend solche sein, bei denen der alltägliche Gebrauch gerade nicht zur Ausbildung solcher Spuren führen würde.

Ein anderes Beispiel sind Teddybären,[4] die werksseitig schon mit Gebrauchs- und Alterungsspuren versehen worden sind, die normalerweise erst durch biographische Bindungen zwischen Mensch und Objekt entstehen.

Paradox scheint, dass gerade solche Spuren, die normalerweise Indiz für einen am Objekt vollzogenen Gebrauch sind und das Objekt in seinem Wert mindern, in künstlich-fingierter Ausführung einen ästhetischen Mehrwert darstellen.

Es lässt sich vermuten, dass in einer Warenkultur, in der die Dinge zu Ephemeren werden und infolge dessen die biographischen Bindungen zu ihnen schwinden, fingierte Spuren zumindest die Illusion von Kontinuität und Bewährtem vermitteln.

Aber nicht nur an Produkten finden sich fingierte Spuren von Gebrauch und Alterung. Auch in Bildmedien werden sie eingesetzt, um Authentizität zu suggerieren. Da Dokumentarbilder häufig von schlechter Bildqualität sind, haben sich Sehgewohnheiten etabliert, die nur solche Bilder für authentisch halten, die qualitativ nicht auf dem Stand des technisch Möglichen sind.

Inzwischen erfolgt die Reduktion der Bildqualität durch eigens dafür entwikkelte technologische Verfahren. Innerhalb der Programmroutinen von bildverarbeitender Software finden sich Effektfilter, mit denen sich eine Vielzahl von Bildstörungen generieren lassen, die einst charakteristisch für „alte", analoge Medien waren.

---

3   Z. B. die „Dirty Sale" Kollektion von GAP, „Clean Cut" von H&M sowie einige Modelle aus der Levis „Vintage Collection."
4   Vgl. „Kein leichtes Spiel", Die Zeit, 9. 2. 96.

Abb. 1: Drohbotschaften von „13th Street"

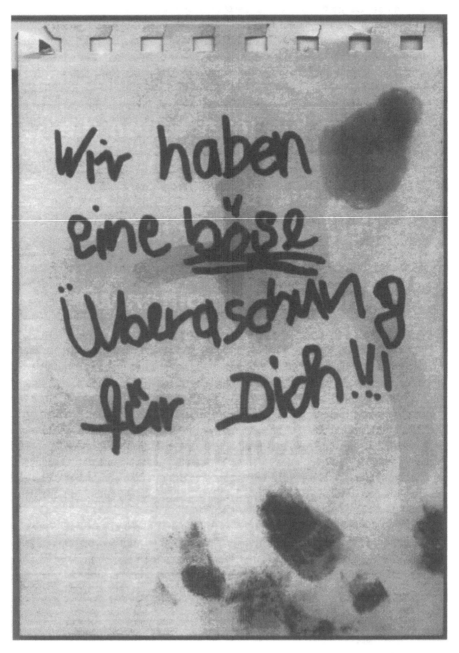

Abb. 2: Reifensofa von DES-IN; Jochen Gros; 1974

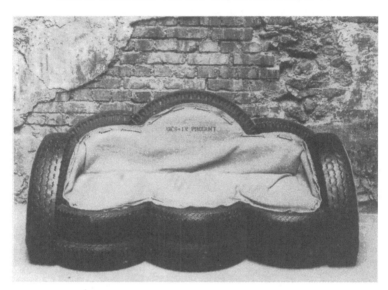

Abb. 3: Tisch aus dem Holz abgerissener Fachwerksbauten; Schüllaer & Redwitz

Abb. 4: Spuren des Gebrauchs

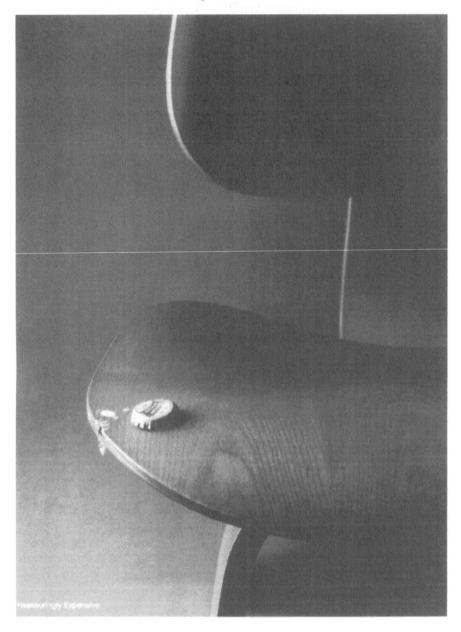

Waren solche Qualitätsverluste einst unkalkulierbare Artefakte, entstanden durch unvorsichtigen Gebrauch, schlechte Lagerung oder häufige Reproduktion, so sind sie inzwischen zu kalkulierbaren Gestaltungsparametern geworden.

Die für Celluloidfilme typischen Kratz- und Staubspuren oder Farbverschiebungen lassen sich zum Beispiel nachträglich digital einkopieren.

In seinem Film „Der Soldat James Ryan" verwendete beispielsweise Steven Spielberg bewusst Farbeffekte, durch die der Film blau-grünstichig wurde. In Verbindung mit einer reduzierten Schärfe in der Aufnahmequalität bekommt die Produktion oberflächlich das Aussehen früher Farbfilme. Das erreichte Ziel dieses Abstraktionsprozesses, der den Ikonizitätsgrad des Filmes entscheidend mindert, bestand darin, auf formaler Ebene den Film wie eine authentische Dokumentarproduktion aus den vierziger Jahren wirken zu lassen.

Noch subtiler in der Erzeugung einer Pseudo-Authentizität agiert der Film „Blairwitch." Nicht nur die Aufnahmequalität der gefundenen Videotapes ist auf Amateurniveau authentisch schlecht und fragmentarisch. Die Homepage zum Film (www.blairwitch.com) zeigt Fotos von stark verwitterten Videotapes und Filmdosen und selbst die Abbildungsqualität dieser im Internet präsentierten, mutmaßlichen Beweisfotos ist ausgesprochen dürftig. Doch gerade die durchgängig qualitativ schlechte Produktion von Film und angeblichem Dokumentarmaterial erhöht seine Glaubwürdigkeit. Hans Robert Jauß begründet die Glaubwürdigkeit trotz offensichtlichen Fingiert-Seins mit dem Moment des Imaginären:

„Wenn das Wissen des Fingiert-Seins, das heißt das Bewußtsein des ‚Als-ob' unsere Erfahrung in der ästhetischen Fiktion auch stets begleitet, so kann das Imaginäre offenbar doch auch als etwas erlebt werden, das dieses ‚Als-ob' aufhebt – als ein Irreales von stärkerer Faszination und höherer Glaubwürdigkeit. Seine höhere Glaubwürdigkeit dürfte es daraus gewinnen, daß es den Anschein erweckt, nicht nur ‚erfunden' zu sein, sofern es auch in seiner neuen Gestalt zugleich etwas Altvertrautes, Vergessenes oder Verdrängtes wiedererkennen läßt." (Jauß 1982: 304)

In Analogie zu Jauß' Darstellung lassen sich Alterungs- und Gebrauchsspuren als Elemente des Altvertrauten begreifen, die der neuen Gestalt, trotz offensichtlichen Fingiert-Seins, eine höhere Glaubwürdigkeit verleihen.

Fingierte Spuren nutzte auch eine Kampagne des Premiere-TV-Senders „13th Street". Autobesitzer fanden hinter ihren Scheibenwischern vermeintlich aus Ringblöcken gerissene, fleckige, handbeschriebene Zettel, auf denen zu lesen war: „Irgendwann kriegen wir Dich" oder „Wir haben eine böse Überaschung für Dich". Auf der Rückseite entpuppten sich diese Drohbriefe jedoch als gedruckte Werbung. Bei dieser Form von Guerilla-Marketing wird die Neugier potenzieller Adressaten gerade durch aufgedruckte Schmutzflecken, Fingerabdrücke und handgeschriebenen Text erweckt – Indikatoren, die sonst vermuten lassen, es handele sich um eine einmalige, authentische Mitteilung.

Recycling-Spolien

Eine traditionsreiche Form einer Synthese aus Neuem mit Altem findet sich in der Architektur in Form von Spolien. Charakteristisch für die Spolie ist, dass die Tatsache der Wiederverwendung des Bauteiles in der Gesamterscheinung des Gebäudes erkennbar ist (vgl. Raff 1994: 72f.). Mit der erkennbaren Integration des bereits vorher in einem anderen Kontext verwendeten Bauteils findet aber auch zwangsläufig eine Bedeutungsaufladung des Neuen statt. Der Begriff der Spolie lässt sich aber auch auf Entwürfe im Produktdesign anwenden, in denen Bauteile oder Materialien, die vorher in anderen Produkten Verwendung fanden, bewusst so wiederverwendet werden, dass ihre frühere Funktion erkennbar bleibt.

Bereits Mitte der siebziger Jahre entwarfen Mitglieder der an der Hochschule für Gestaltung Offenbach ansässigen Gruppe DES-IN Dinge des alltäglichen Gebrauchs aus Industrieabfällen. Die Herkunft der Materialien wurde dabei bewusst in Szene gesetzt, wodurch den Produkten das provisorische Aussehen von Artefakten anhaftete, die in Ländern der dritten Welt aus Müll hergestellt werden.

Das Designerduo Bär und Knell fertigt seit einiger Zeit schon Möbelobjekte aus eingeschmolzenen Kunststoffabfällen, Schüller und Redwitz Möbel aus den Balken alter Fachwerkhäuser, die mit neu angefertigten Holzelementen kombiniert werden.

Charakteristisch für diese Produktionen ist, dass sie sich im Spannungsfeld zwischen den wertlosen Materialien, aus denen sie bestehen, und der mit ihnen realisierten neuen Gebrauchsfunktion konstituieren. Krzysztof Pomians These, dass Artefakte, die zu Beginn keine Zeichen mit Symbolcharakter waren, nach einer Phase, in denen sie Abfall sind, zu Zeichen mit Symbolcharakter werden können (Pomian 1990: 62), ließe sich erweitern: Artefakte, die sich aus Bestandteilen zusammensetzen, die sonst als Abfall gelten würden, müssen keine Abfallphase mehr durchlaufen, um zu Zeichen mit Symbolcharakter zu werden. Solche Artefakte sind gewissermassen selbstlegitimierend: sie negieren was faktisch Müll ist, indem sie ihm eine neue, benutzbare Form geben und schaffen die Illusion von einem nicht real existierenden, ökologischen Kreislauf der Artefakte.

Digitale Gebrauchsspuren

Im Gegensatz zu materiellen Dingen verändern sich digital gespeicherte Dokumente nicht durch häufigen Gebrauch oder zeitbedingten Zerfall. Doch obwohl digitale Medien gerade dadurch gekennzeichnet sind, dass bei ihnen kein Verschleiß durch Gebrauch stattfindet, werden gerade bei der Benutzung des Internets zahlreiche virtuelle, dem Benutzer nicht wahrnehmbare Spuren hinterlassen, mit denen sich die Betrachtungsdauer und die Click-Raten auf bestimmte inhaltliche Angebote verfolgen lassen. Viele Homepages verfügen zudem über ein sichtbares Zählwerk, das dem Betrachter vermittelt, wie oft bereits die Page betrachtet worden ist. Dass der Zählerstand keine qualitative Aussage über die Inhalte liefert, ist evident. Trotzdem impliziert ein hoher Zählerstand eine entsprechende Verbreitung und damit auch Bedeutung der Inhalte. Außerdem wird dem Rezipienten vermittelt, dass auch er durch seine Betrachtung eine sichtbare Spur hinterlässt.

Eine subtilere Form, Gebrauch und Alterung im Medium Computer zu visualisieren, stellen die Forschungen von Julie Dorsey, Hans Pedersen und Pat Hanrahan dar. Sie entwickeln Algorithmen für digitale Verschleiß- und Verwitterungsmodelle, mit deren Hilfe sich Spuren von Alterung und Verschmutzung simulieren lassen. Ausgangspunkt dieser Forschungen ist die Kritik an dem unnatürlich neuen und perfekten Aussehen computermodellierter Objekte. Um eine realitätsnähere Darstellung zu erreichen, sei es notwendig auch die Prozesse von Verschmutzung, Verwitterung und Patinabildung zu simulieren. Bei diesen digitalen Verwitterungs- und Verschleißalgorithmen handelt es sich aber um rein phänomenologische Modelle, in denen die in der Realität ablaufenden Prozesse ausschließlich auf bildhafter Ebene repräsentiert werden. So wird beispielsweise ein digitales Modell der Venus von Milo erst virtuell mit rotbraunem Schmutz bedeckt, der anschließend wieder durch simulierten Regen teilweise abgewaschen wird (Dorsey, Pedersen & Hanrahan 1996). Eine virtuelle Buddha-Statue aus Bronze setzt virtuellen Grünspan an, teilweise wird dieser wieder durch virtuelle Benutzung abpoliert (Dorsey & Hanrahan 1996: 387). Die Abbilder der virtuellen Realität nähern sich so nicht nur visuell immer glaubwürdiger ihren realen Vorbildern an, sondern ihr Aussehen steht in Abhängigkeit von Zeit und Gebrauch. Denkbar wäre, dass sich zukünftig die Spuren des individuellen wie kollektiven Gebrauchs von Dingen auch in virtuellen Welten einprägen und ihnen durch die Einmaligkeit eines „Hier und Jetzt" eine Art von virtueller Aura verleihen.

Literatur

Baudrillard, J. (1991): Das System der Dinge. Frankfurt am Main.

Chi, I. (1998): Eingetragen – Abgetragen. In: Kunstforum International, Bd. 141/1998, 155-161.

Dorsey, J.; Hanrahan, Pat (1996): Modelling and Rendering of Metallic Patinas. In: Computer Graphics, Annual Conference Series 1996, ACM SIGGRAPH, 387-396.

Dorsey, J.; Pedersen, Hans; Hanrahan, Pat (1996): Flow and Changes in Appearance. In: Computer Graphics, Annual Conference Series 1996, ACM SIGGRAPH, 387-396.

Jauß, H. R. (1982): Ästhetische Erfahrung und literarische Hermeneutik. Frankfurt am Main.

Lampugnani, V. M. (1996): Die Modernität des Dauerhaften. Berlin.

Marquard, O. (1992): Zukunft braucht Herkunft. In: Andritzky, M. 1992: Oikos. Von der Feuerstelle zur Mikrowelle, Katalog zur Ausstellung. Gießen, 453-457.

Pomian, K. (1990): Museum und kulturelles Erbe. In: Korff, G.; Roth, M. (Hrsg.) (1990): Das historische Museum. Frankfurt am Main, 41-64.

Raff, Th. (1994): Die Sprache der Materialien. o.O.

Richard, B. (1998): Die oberflächlichen Hüllen des Selbst. In: Kunstforum International, Bd. 141/1998, 49-95.

Guido Zurstiege

KDW – Mediale Balztänze zwischen Kunst, Design und Werbung

Immer wieder ist von verschiedener Seite die These vorgebracht worden, die Werbung sei die wahre Kunst unserer Tage. Einer der wohl bekanntesten Protagonisten dieser Diskussion ist der renommierte Werbepraktiker Michael Schirner, der mit seiner Variante dieses lebhaft diskutierten Themas[1] nicht nur in der Werbeszene nachhaltig für Diskussionsstoff gesorgt hat. In einer Zeit, in der sich die Kunst in immer stärkerem Maße mit kommerziellen Imperativen konfrontiert sieht, folgt es nur einer gewissen Logik, wenn nun ihrerseits die kommerziell gehandelten Waren Anspruch auf das Künstlerische erheben, räsonierte Jost Hermand gegen Ende der achtziger Jahre (vgl. Hermand 1988: 121ff.). Wenn alles zur Reklame geworden ist, so formulierte es aufs Neue Andreas Bernard im Feuilleton der *Süddeutschen Zeitung* rund zehn Jahre später, will es die Werbung ihrerseits nicht mehr sein (vgl. Bernard 2000: 17). Werbung ist Kunst – immer noch, schon wieder!

Nicht zuletzt die Postmoderne (Diskussion) hat uns eine profunde Unsicherheit darüber beschert, ob die Dinge noch tatsächlich sind, was sie für uns einmal *definitiv* waren. Neben manch anderem steht zur Disposition, was Kunst ist und was alles Werbung, oder ob nicht vielleicht doch in einer Zeit der nahtlos durchästhetisierten Oberflächen alles im Design aufgeht. Implizieren die Unterscheidungen zwischen Kunst und Design und Werbung überhaupt noch einen Unterschied? Allen beob-

---

[1] Siehe etwa Bäumler (1996); Berger (1998); Bogart (1995); Geese & Kimpel (1982); Goldhaber (1998); Josephson (1996); Kloepfer & Landbeck (1991); Kraft (1992); Reck (1989); Rutherford (1995); Schirner (1988, 2000); Schmidt (1995); Schudson (1984).

achteten (!) Hybridrisierungstendenzen zum Trotz soll hier die These vertreten werden, dass nur durch das Setzen von/auf *Differenzen* die „medialen Balztänze" (Paczesny 1988) zwischen Kunst, Design und Werbung für alle Beteiligten ebenso reizvoll wie lukrativ werden. Ausgangspunkt meiner Überlegungen ist die Werbung. Daher sei im folgenden kurz auf die hier zugrunde gelegten theoretischen Voreinstellungen verwiesen, wohlwissend, dass diese wie üblich kontingent, allerdings keinesfalls ohne Konsequenzen sind.[2]

Werbung – die Motivation von Teilnahmebereitschaft

In der kommunikationstheoretischen Diskussion der vergangenen Jahre sind im wesentlichen zwei Versuche unternommen worden, Werbung systemtheoretisch einzuordnen. Niklas Luhmann (1996) siedelt die Werbung, gemeinsam mit Nachrichten, Berichten und Unterhaltungsangeboten, auf der Programmebene des Systems der Massenmedien an, dessen Leitdifferenz er mit der Unterscheidung zwischen *Information* und *Nichtinformation* bestimmt. Anders als Luhmann schreibt Siegfried J. Schmidt die Werbung nicht dem System der Massenmedien zu, sondern geht explizit davon aus, dass die Werbung in allen Interaktionen mit anderen gesellschaftlichen Systemen den Leitwerten des Wirtschaftssystems folgt (vgl. Schmidt 1995: 38). In der Werbung, so Schmidt, geht es also genau so wie in der Wirtschaft zunächst einmal um *Zahlungen* bzw. um *Nichtzahlungen*. In aller Kürze sei hier die Kritik an den beiden Ansätze skizziert, die m. E. einen dritten Weg begründet, nämlich den, Werbung als autonomes gesellschaftliches Funktionssystem aufzufassen.

Luhmanns Unterscheidung der verschiedenen Programmbereiche verweist offensichtlich auf höchst Unterschiedliches: So sind Nachrichten und Berichte (wie etwa auch der Kommentar, die Glosse, das Interview, die Reportage usw.) in erster Linie journalistische Darstellungsformen. Werbung und Unterhaltung lassen sich hingegen kaum auf dieser Ebene beschreiben. Medienphänomene wie Infotainment oder Doku-Fiction zeigen darüber hinaus schon lange relativ deutlich, dass Unterhaltung eher eine Funktion als einen Programmbereich der Medien darstellt.

Schmidts Feststellung, die Werbung folge den Leitwerten des Wirtschaftssystems, lässt m. E. unberücksichtigt, dass sich nicht nur für Leistungen des Werbesystems Märkte gebildet haben, sondern dass solche Märkte für (fast) alles existieren – und bestens funktionieren –, wofür sich ein gesellschaftlicher Bedarf artikuliert hat. Gerade in der semantischen Neutralität liegt die evolutionäre Errungenschaft des Geldes. Geld ist ohne Zweifel für das Werbesystem eine existenziell notwendige Ressource, aber genau darin unterscheidet sich die Werbung angesichts der zunehmenden Kommerzialisierung verschiedenster Lebensbereiche heute nicht wesentlich von anderen gesellschaftlichen Funktionssystemen. Von einer exklusiven

---

2   Siehe zum folgenden Schmidt & Zurstiege (1999, 2000a, 2000b) sowie Zurstiege (1998).

Beziehung zwischen der Werbung und der Wirtschaft zu sprechen, macht daher nur dann Sinn, wenn man die Wirtschaftswerbung vor Augen hat. Schmidt selbst spricht von der Werbewirtschaft, um damit auszudrücken, dass die Werbung eine bezahlbare und bezahlenswerte Leistung anbietet, von der sich jene sozialen Systeme einen Nutzen versprechen, die sich ihre Dienste leisten können. Werbung handelt m. a. W. immer auf der Basis einer von außen kommenden Initiative. Um deutlicher zu betonen, dass die Initiative dabei nicht immer nur von der Wirtschaft ausgehen muss (man denke etwa an Wahlwerbung, an die Werbung für den Glauben, an die Werbung für gesellschaftliche Großprojekte etc.), schlage ich vor, Werbung als autonomes gesellschaftliches Funktionssystem zu begreifen, das sich weder ausschließlich an den Leitwerten des Mediensystems noch an denen des Wirtschaftssystems orientiert, sondern eigenen Maßstäben folgt.

Ungeachtet dieser unterschiedlichen Herangehensweisen im Detail folge ich Luhmann und vor allem Schmidt bei der Beurteilung der wichtigsten Charakteristika der Werbung. Die Werbung versucht, durch die Produktion und Distribution von Medienangeboten bei jeweils klar definierten Zielgruppen zwangfrei folgenreiche Aufmerksamkeit, genauer: Teilnahmebereitschaft in bezug auf Produkte, Leistungen, Personen und Botschaften zu produzieren (vgl. Schmidt & Zurstiege 1999: 227). In der Sach- und der Sozialdimension operiert die Werbung auf der Basis einer doppelten Ausblendungsregel. Zum einen richtet sich das Interesse der Werbung vor allem auf positive Ereignisse und Themen. Negatives und Angstappelle bleiben insbesondere immer dann außen vor, wenn keine greifbaren Lösungen zur Hand sind.[3] Schmidt und Spieß fassen diesen Zusammenhang in Anlehnung an Kjell Nowak mit dem Begriff der (sachlichen) ,Ausblendungsregel' zusammen (vgl. Schmidt & Spieß 1994: 18). Insofern sich Werbung immer an klar definierte Zielgruppen richtet, ist sie eine exklusive Form der Kommunikation. Zwar besteht ihre gesellschaftliche Funktion in der Produktion von Teilnahmebereitschaft, die Fähigkeit zur Teilnahme wird dabei jedoch stets vorausgesetzt. Ich nenne dies die soziale Ausblendungsregel der Werbung.

Ausgehend von der Sozialdimension der Werbung lassen sich zumindest immer zwei Perspektiven unterscheiden. Zum einen steht die Werbung in einem kontinuierlichen Wettbewerb um die Aufmerksamkeit der Rezipienten. Das oftmals geringe Involvement der Rezipienten, die Konkurrenz durch das (redaktionelle) Umfeld sowie durch andere Kommunikationsangebote verlangen der Werbung daher immer wieder neue Strategien ab, um ihren Appellen auch tatsächlich Gehör zu verschaffen. Dabei hat bereits Henry Sampson (1874) in seiner Geschichte der Werbung darauf hingewiesen, dass es nicht so sehr darauf ankommt, möglichst viele, sondern jeweils die richtigen Rezipienten zu erreichen.[4] Neben dem Wettbewerb um die

---

3   Siehe dazu etwa Christa Wehners Analyse die zeigt, dass die deutliche Mehrheit aller von ihr untersuchten Anzeigen (rund 84%) mit einem positiven Versprechen warben. Nur in 16 Prozent aller Anzeigen wurde mit Angstappellen geworben, wobei in der überwiegenden Mehrheit dieser Anzeigen immer auch gleichzeitig eine Lösung mit angeboten wurde (vgl. Wehner 1996: 95).

4   „[F]or it must be always borne in mind that the essence of advertising is to place your statement where it is most likely to be seen by those most interested in it" (Sampson 1874: 7).

Aufmerksamkeit der Rezipienten steht die Werbung aber auch in einem internen Aufmerksamkeitswettbewerb um die Gunst potenzieller Werbekunden. Auch hier sind differenzierte werbliche Kommunikationsstrategien erforderlich, um langfristig ins Geschäft zu kommen und dort mit Erfolg zu bleiben.

In der Zeitdimension setzt die Werbung vor allem auf Neuheit und Normen. Normen bieten insofern Vorteile, weil sie kompatibel mit der ständig mitlaufenden Parteilichkeit der Werbung sind und sich daher besser in Form von Teilnahmeappellen formulieren lassen.[5] Die Werbung erzeugt Aufmerksamkeit vor allem dann, wenn sie von unseren Erwartungen abweicht; insofern stellen Veränderungen und Brüche elementare Bestandteile jeder Werbestrategie dar. Um erfolgreich zu sein, muss sich die Werbung, wie übrigens auch die Kunst und das Design, immer wieder, und das heißt heute: in immer kürzen Zeitabständen, in Frage stellen und neu erfinden, wobei die eigene Tradition eine fortwährende Quelle der Inspiration bildet. Die Forschung kommt unter diesen Bedingungen immer dann mit ihren Beobachtungen zu spät, wenn sie nach Identitäten fragt: Die Frage „was ist Werbung?" produziert in diesem Sinne unweigerlich Kommunikationshistoriographie. Was also kann man tun, um den Balztanz dieser Kommunikationsformen in den Griff zu bekommen? Mein Vorschlag läuft zunächst auf ein Experimentieren am Objekt hinaus.

Offensichtlich basieren Fragen vom Zuschnitt „Ist Werbung Kunst?" „Ist Werbung Design?" oder „Ist Design Kunst?" auf einem metaphorischen Gebrauch impliziter Konzepte der Kunst, des Design und der Werbung, die wir gegeneinander ausspielen, indem wir die Werbung mit der Kunst, diese mit dem Design, jenes wiederum mit der Werbung usf. befragen. Wir können dies nur deswegen tun, weil und insofern als sich die zur Rede stehenden Kommunikationsformen als gesellschaftliche Beobachtungsoptionen etabliert haben. Dieses Spiel mit den Unterschieden muss notwendigerweise bruchstückhaft bleiben, wir können also nicht erwarten, am Ende auf den Grund der Kunst, des Design oder der Werbung zu stoßen. Allerdings können wir uns auf diese Weise einen Eindruck davon verschaffen, wie diese Kommunikationsformen in bestimmten Bereichen für uns und füreinander funktionieren.

Figurenfolge aus Kreisel, Wischer und Chase – KDW

Wenn es stimmt, dass prinzipiell *alles* künstlerisch be- und verarbeitet, beworben oder gestaltet werden kann, dann können die Kunst, das Design und die Werbung nicht nach ihren Gegenständen (*was?*), sondern immer nur nach jeweils spezifi-

---

5   Auf sprachlicher Ebene korrespondiert damit die besonders häufige *Verwendung allgemeiner Behauptungen und im Imperativ formulierter Handlungsempfehlungen.* Siehe dazu etwa Baumgart (1992: 243-247); Fritz (1994: 67-71) oder Wehner (1996: 99-101). In diesem Sinne ist es auch zu verstehen, wenn Schmidt mit Bezug auf Vilém Flusser feststellt, dass Werbefotos *imperative Fotos* sind (vgl. Schmidt 1996: 174).

schen Formen der Bearbeitung, also nach Problemen und jeweils spezifischen Problemlösungen (*wie?*) befragt werden. In der Zeitdimension steht jede Kommunikation zunächst einmal vor der grundsätzlichen Aufgabe, zwischen der Varietät und der Redundanz ihrer Aussagen zu vermitteln. In den Nachrichtenmedien begegnet uns dieser Zusammenhang etwa in der kontinuierlichen Berichterstattung über bereits bestens bekannte und daher redundante Themenzusammenhänge. Man denke nur an all die händeschüttelnden Politiker, an all die Erdbeben und Katastrophen, die täglich das Neue vom Tage darstellen (vgl. Werber 1998).

In ganz ähnlicher Weise basieren auch die Kunst, das Design und die Werbung auf einem kalkulierten Grenzgang zwischen Varietät und Redundanz. Allerdings zeigen sich in der jeweiligen Praxis dieses Grenzgangs charakteristische Unterschiede. Auch die Kunst kann sich aktuellen Strömungen und Moden nicht verschließen, ja in vielen Epochen wirkte sich gerade die Suche nach dem künstlerischen Ausdruck der Zeit als *die* wesentliche Triebkraft künstlerischer Kreativität aus. Jedoch ist diese Form der eigenen Vergangenheitsbewältigung, in der das Neue als das authentischere (damit aber nicht unbedingt auch als das bessere) erscheint, viel weniger normiert als in der Werbung und im Design.

Während die Werbung kontinuierlich zwischen Positionierung und Aktualisierung, zwischen Marken und deren Verbesserung vermittelt und das Design unsere Erfahrungen im Umgang mit den Dingen in immer wieder neuen Gebrauchs-Formen reformiert, ist der künstlerische Entwurf in diesem Sinne nicht notwendigerweise auf innovative Verbesserung festgelegt. Anders als die neue S-Klasse ist die moderne Kunst daher nicht unbedingt *besser* als ihre Vorgänger. Die Reflexion der Kunst lässt sich in der Zeitdimension nicht ohne weiteres an Komparative des Besser oder Schlechter, des Effizienter oder Ineffizienter koppeln. Erst etwa die Kategorien des Originals und des Plagiats öffnen die Kunst, dann allerdings auch in umgekehrter Richtung, für wertende Urteile in der Zeitdimension: „Wer erstmals Liebe auf Triebe reimte, war ein Genie, heißt es; wer's zum zweitenmal tat, war ein Trottel." (Hochkeppel 1989: 214). Das Kunstwerk ist – auch im Zeitalter seiner technischen Reproduzierbarkeit und auch im Angesicht von Fettecken, Suppendosen und Urinbecken – als (kopiertes, zitiertes, montiertes, gesampeltes) Unikat in dieser Welt. Anders als die Werbung und das Design verfügt die Kunst nicht durchgängig über eine semantisch neutrale Ästhetik des Seriellen (was jedoch nicht bedeutet, dass das Design und die Werbung nicht in der Lage wären, das Serielle, die Wiederholung, semantisch aufzuladen).

Alle Formen der Kommunikation konstituieren sich durch die reflexive Vernetzung produktionsseitiger und rezeptionsseitiger Zuschreibungen. Offensichtlich basieren die Kunst und die Werbung jedoch wesentlich stärker auf solchen expliziten Zuschreibungen als das Design. Denn sie beziehen gerade hieraus ihre gestalterische Freiheit. Die Uneigentlichkeit des Ausdrucks, so beobachtete bereits Roland Barthes, verbindet die Werbung mit der Poesie.[6] Ruth Römer bezeichnete in ihrer

---

6   „Mit anderen Worten, die Kriterien der Werbesprache sind dieselben wie die der Poesie: rhetori-
     sche Figuren, Metaphern, Wortspiele, all diese uralten Zeichen, die *doppelte* Zeichen sind, die

Studie *Die Sprache der Anzeigenwerbung* (1968) den gleichen Zusammenhang mit dem Begriff der „fehlenden Sprachwirklichkeit", und rund dreißig Jahre später weist Niklas Luhmanns Beobachtung, die Werbung verwende sprachliche Strategien der *Opakisierung*, wiederum in die gleiche Richtung (vgl. Luhmann 1996: 87f.; siehe auch Cross 1996).

Während es jedoch im Bereich der Kunstrezeption eine Vielzahl einschlägig bekannter Mythen sind,[7] die uns hinter der Uneigentlichkeit des Ausdrucks die Authentizität des Kunstwerks erkennen lassen, und wir es deswegen der Kunst erlauben, uns zu schockieren, ist es die offensiv vertretene Parteilichkeit der Werbung, die diese hinsichtlich der eingesetzten Mittel von moralischen Verbindlichkeiten dispensiert (vgl. Reck 1994: 364). Indem wir der Werbung zugestehen, parteiisch und beeinflusst zu sein, statten wir sie mit ihrem mächtigsten Instrument aus: mit der Fähigkeit, aufrichtig und hingebungsvoll zu lügen. Die Werbung optimiert kontinuierlich unsere Zukunft, indem sie die baldige Erfüllung unserer dringendsten Bedürfnisse verspricht, jedoch wird das tatsächliche Erreichen dieses Versprechens immer wieder von neuem in die nächste Zukunft verschoben. „Die Wahrheit der Werbung", so hat John Berger einmal treffend daraus geschlussfolgert, „wird nicht in der realen Erfüllung ihrer Versprechungen gemessen, sondern an der Bedeutung ihrer Phantasien im Hinblick auf die Phantasien des Betrachters/Käufers." (Berger 1998: 140). In diesem Sinne ist die Werbung eine Form der barmherzigen Lüge, „Beihilfe zur Selbsttäuschung des Adressaten" (Luhmann 1996: 86).

Viel weniger als die Kunst und die Werbung setzt das Design auf Mechanismen der expliziten Zuschreibung. Freilich kann auch das Design *als* Design beobachtet werden. Bezeichnenderweise geschieht dies aber überwiegend dann, wenn es in aufwändigen Bildbänden und im Museum zur Schau gestellt oder im Wettbewerb vermarktet wird. Im letzten Fall wäre Design eine Unique Selling Proposition (Rosser Reeves) unter anderen, der erste Fall ist eine heuristische Strategie zur Reformulierung jener feinen Unterschiede, die sich im Gebrauch der Dinge aufgelöst haben (vgl. Sturm 2000).

Der viel häufigere Fall jedoch ist das implizite Design, das gerade dann besonders gut funktioniert, wenn es unsichtbar bleibt. Design funktioniert in diesem Sinne wie Medien in Kommunikationsprozessen, die ihre Aufgabe umso besser erfüllen, „je durchsichtiger sie bleiben, je unauffälliger sie unterhalb der Schwelle unserer Aufmerksamkeit verharren." (Krämer 1998: 74). Im Medien-Design konvergieren die Implizitheit des Design und die Durchsichtigkeit des Mediums. In der Diskussion der vergangenen Jahre ist für diesen Fall des Design, von dem wir annehmen dürfen, dass er in gewisser Weise charakteristisch für *das* Design ist, immer wieder darauf hingewiesen worden, dass wir Gefahr laufen, Opfer unserer Medien-

---

Sprache auf latente Signifikate ausdehnen und dadurch dem Menschen, der sie aufnimmt, eine mächtige Erfahrung der Totalität vermitteln." (Barthes 1999: 184f.).

7   Etwa: Das Genie, die Aufopferung, die Unsterblichkeit, die Einzigartigkeit, der bleibende Wert (vgl. Jacke, Jünger & Zurstiege 2000: 30).

Metaphern zu werden.

So hat sich etwa mit dem Desktop-Design der Computer gegenüber dem Menschen verselbstständigt, lautet Friedrich Kittlers kritische These (1994). Ganz selbstverständlich schieben wir Dateien in den Mülleimer auf dem Desktop, suchen nach abgelegten Texten in elektronischen Aktenordnern, kopieren, schneiden aus und fügen wieder ein usw. Wir tun all dies, ohne tatsächlich zu wissen, was da eigentlich im Hintergrund abläuft: „Die immer anwenderfreundlichere Software entzieht die Maschine erst recht ihrem Benutzer, weil die Icons die Schreibakte der Programmierung verstecken" (Kittler 1994: 202).[8] Das Design schützt das Designte vor den Aufdringlichkeiten seiner Nutzer!

Paradoxerweise lautet die Zauberformel des Design von Mensch-Maschine-Interfaces Interaktivität! Freilich liegt hier ein grundlegendes Missverständnis vor, wenn man davon ausgeht, mehr Interaktivität bedeute mehr Wahlfreiheiten. Das genaue Gegenteil ist der Fall. Interaktivität eröffnet Wahlfreiheiten immer nur in einem unsichtbar begrenzten Raum des bereits Gewählten und daher nicht mehr Wählbaren.[9] Das implizite Design trägt dazu bei, dass die Grenzen dieser offerierten Wahlfreiheiten unsichtbar bleiben. Die Erwartungen, mit denen innovatives Design von seinen Nutzern auf mehr Komfort, mehr Ergononomie oder eine gefälligere Erscheinung hin geprüft wird, die Erwartung, eine gelungene Formgebung würde uns von den Tücken der Dinge befreien, mag zwar im Einzelfall befriedigt werden, im Prinzip aber greift sie

Volksbegehren.

ins Leere. Je perfekter der blanke Salzstreuer Salz streut, desto weniger ist zu erkennen, dass er ein vorzügliches Sparschwein abgeben würde. Je selbstverständlicher das Design im Designten aufgeht, desto stärker bestimmt das Designte die Formen seiner Nutzung, desto lohnenswerter im Sinne einer Aufmerksamkeitsökonomie wird aber auch die subversive Aneignung. Denn jeder Gebrauch setzt stets

---

8   Siehe dazu auch den Beitrag von Norbert Bolz in diesem Band oder Krippendorff (1994: 96).

9   In diesem Sinne ist Slavoj Žižek zuzustimmen, der den Begriff der Intaraktivität „um seinen schattenhaften Doppelgänger", die Interpassivität, ergänzt: „Ist aber die andere Seite dieser Interaktivität nicht Interaktivität im transitiven Sinne? Der andere ist für mich aktiv, was mich mehr und mehr abhängig von meiner digitalen Prothese und zugleich unfähig macht, direkt zu agieren. Nicht nur körperliche und mechanische geistige Arbeiten, auch anspruchsvollere intellektuelle Aufgaben werden vom Computer ausgeführt – das Subjekt wird zunehmend seiner innersten Fähigkeiten enteignet" (Žižek 1997: 7).

die jeweils individuelle Aneignung des Gebrauchten voraus. Formgebung verleiht den Dingen Bedeutung immer nur insofern, als sie an unseren bereits gemachten Erfahrungen ansetzt. In dieser Hinsicht ähnelt das Design der Werbung, weil es wie diese zur Selbsttäuschung ihrer Adressaten beiträgt. Die Selbsttäuschung, der wir im Falle des Design erliegen, besteht in der Annahme, die gut geformten Dinge hätten eine von uns losgelöste Bedeutung *an sich*.

Ebenso wie das Design Hoffnung gibt, es würde uns von den Tücken der Dinge befreien, geben die Kunst und die Werbung regelmäßig Anlass zu der Hoffnung auf eine gerechtere, weil demokratischere Welt. Während die Kunst dem Betrachter die Möglichkeit offeriert, zum *Souverän* über die Realität zu werden (vgl. Hartmann 1992: 276), stimmt in der Werbung, wie Jean Baudrillard es einmal formuliert hat, die (Konsum-)Gesellschaft Tag für Tag über sich selbst ab.[10] Aber wie auch im Design greifen diese Versprechen der Kunst und der Werbung in einer jeweils spezifischen Weise ins Leere. Die Werbung verspricht uns die Erfüllung all unserer Wünsche, nur und insofern als wir es uns leisten können, etwas zu wünschen. Hinter dem Versprechen, dass wir alle vor der Kasse gleich sind, bleibt die Werbung stets eine exklusive Veranstaltung, und „trägt so zur Verschleierung und Kompensation all dessen bei, was in der Gesellschaft undemokratisch ist." (Berger 1998: 143). Dabei *genießt* die Werbung ihren schlechten Ruf, ist sie doch gemessen an unseren Erwartungen nur selten so *schlecht* wie sie es sein könnte. Und die Kunst? Zweifelsohne ist man geneigt, ihr im Koordinatensystem unseres Vergleichs das größte Demokratisierungs-Potenzial zuzumuten. Gerade deswegen steht sie aber, wie all jene Kommunikationsformen, an die wir vergleichbar hohe Erwartungen richten, stets unter dem Verdacht, nicht so frei und befreiend zu sein, wie sie es eigentlich sein sollte.

Was den Kunst-Rezipienten zum potenziellen Souverän über die Wirklichkeit macht, ist das Bemühen der Kunst um bislang latente Beobachtungsoptionen; während die Kunst keine möglichen Formen des kommunikativen Anschlusses diskriminiert (auch wenn sich die konservative Kunstpädagogik und die Museumsaufsicht darum bemüht), ist die Werbung kontinuierlich auf der Suche nach jenen Anschlussstellen, die die Adressaten ihrer Appelle zur Teilnahme motivieren. Alles, was von dieser Zielvorgabe abweicht, spielt aus Sicht der Werbung keine Rolle. Die Werbung operiert in diesem Sinne, wie vielfach festgestellt worden ist, als *parasitäre* Kommunikationsform – sie instrumentalisiert in kreativer Weise die Kreativität ihrer relevanten Umwelten (vgl. Schmidt 1999: 519), zu denen die Kunst und das Design zählen. Betrachten wir im folgenden, auf welche Weise die Werbung ihren spezifischen Nutzen aus den Grenzgängen zur Kunst und zum Design zieht, aber

---

10   Siehe zu ähnlichen Varianten der Demokratisierungsthese kritisch Berger (1998: 143); Marchand (1986: 64) oder Schudson (1984: 151): „Daniel Boorstin has argued that the department stores democratized luxury by putting expensive goods on display before any customer, who cared to peruse them. It was not that simple. [...] Luxury was not democratized so much as made markedly more visible, more public, and more often articulate – through advertising – than it had been before. The department stores did less provide equality in consumption than to encourage a democracy of aspirations and desire. They contributed to the democratization of envy."

auch welche Kosten diese Grenzgänge verursachen. Wie also funktioniert die Kunst und wie das Design der Werbung?

Die Kunst der Werbung

In einem kurzen Kapitel seines 1996 erschienenen Buches *Kunst nach dem Ende der Kunst* befasst sich Arthur C. Danto mit zwei Werbe-Ausstellungen, die beide für ein großes Publikumsinteresse gesorgt haben.[11] Danto unterscheidet in diesem Zusammenhang prinzipiell zwischen drei verschiedenen Beziehungen zwischen Kunst und Werbung.

Die erste mögliche Beziehung, so Danto, ist „das tatsächliche Eindringen von Künstlern in den Bereich der Werbung" (Danto 1996: 182). Danto verweist an dieser Stelle auf den Stil des fin de siècle und insbesondere auf die Arbeiten Toulouse-Lautrecs, den man als den klassischen Fall jenes Künstler-Typs ansehen könne, dessen visueller Stil sich ohne weiteres zur Erzeugung persuasiver Aufmerksamkeit verwenden lässt. In gleicher Weise wie Toulouse-Lautrec haben eine Vielzahl anderer Künstler ihre Kreativität in den Dienst der Werbung gestellt. Grundtenor der darauf bezogenen Diskussion ist die oftmals implizit bleibende Annahme, bei der Werbung handele es sich für die meisten Künstler lediglich um eine Form des Broterwerbs, wohingegen die Kunst eine Lebensform sei (Danto 1996: 182). Dass renommierte Schriftsteller, Maler, Regisseure, Schauspieler oder Komponisten finanziell erfolgreich für die Werbung tätig gewesen sind *und* sich damit zugleich ein neues experimentelles Arbeitsfeld erschlossen haben, wird hingegen nur selten betont. Ebenso häufig wie das „Eindringen" von Künstlern in die Werbung ist darüber hinaus der umgekehrte Fall, dass erfolgreiche Werbekreative sich auch in der Kunst profilieren.

Die zweite Beziehung zwischen Kunst und Werbung sieht Danto im Aufgreifen identifzierbarer Kunstwerke durch die Werbung. „Kunst als eine Ausprägungsform von Kultur ist über die Massenmedien längst zu einem festen Bestandteil unserer Medienkultur geworden [...] – kein Wunder", so kommentiert Siegfried J. Schmidt diese Beziehung zwischen Kunst und Werbung lapidar, „daß sie Werber und Werbung ‚beeinflußt'" (Schmidt 2000: 57). Das für die Werbung ausschlaggebende Motiv, identifizierbare Kunstwerke aufzugreifen, so Danto, bestehe darin, den Werbebotschaften eine bestimmte „Modulation" zu verleihen, um so beim Rezipienten eine höhere Empfänglichkeit für die vermittelten Appelle zu bewirken. Kunst funktioniert so verstanden als authentisches *Trägermaterial* für die parteilichen Teilnahmeappelle der Werbung. Aus gegebenem Anlass ist Vertrauen in die Authentizität werblicher Appelle bekanntlich nur wenig angebracht. Wie im vorangegangenen angedeutet, schlägt die Werbung ja gerade hieraus Kapital, indem sie voraussetzt (und voraussetzen kann), dass ihre Adressaten es ihr nicht verübeln werden, wenn sich ihre Versprechen nicht auf real Erreichbares, sondern nur auf Wünschbares beziehen. Und dennoch muss auch die Werbung zu bestimmten

---

11   Die eine im Museum of Modern Art unter dem Titel *High & Low*, die andere im Centre Pompidou unter dem Titel *Art & Pub*.

Zwecken auf Vertrauen setzen, so etwa immer dann, wenn die Teilnahme am Beworbenen riskant (weil gesundheitsrelevant, weil kosten- oder zeitintensiv) ist. Da die Werbung aus sich heraus kein Vertrauen in die Authentizität ihrer Appelle rechtfertigt, ist sie in erheblichem Maße darauf angewiesen, dass andere gesellschaftliche Funktionssysteme zusätzliche Kontrollaufgaben übernehmen, auf die man sich im Zweifel verlassen kann.[12] In diesem Sinne, scheint es für die Werbung eine erfolgversprechende Strategie zu sein, Kunst zu instrumentalisieren. Werbung zitiert Kunst, um sich deren Anziehungskraft und Autorität zunutze zu machen (vgl. Berger 1998: 128). Die Werbekritik der sechziger und siebziger Jahre sah bekanntlich dahinter eine raffinierte Strategie am Werk, die der Herrschaft des Kapitals den Schein der Legitimation verleiht (so etwa bei Haug 1972: 167).

Die dritte und letzte Beziehung im Verhältnis zwischen Kunst und Werbung sieht Danto im Aufgreifen der Werbung durch die Kunst. Ebenso wie die Kunst für die Werbung ist bekanntlich spätestens seit Andy Warhol die Werbung für die Kunst zitierfähig geworden. Solange es sich nur um Zitate handelt, solange also die Kunst der Werbung nur die Kunst *in* der Werbung, oder eben die Werbung der Kunst nur die Werbung *in* der Kunst ist, werden keine grundlegenden Fragen aufgeworfen. Kunst bleibt Kunst, und Werbung bleibt Werbung.

Der weitaus interessantere Fall ist überall dort gegeben, wo sich die Werbung selbst als Kunst ausflaggt. Werbung, die sich selbst zum Unikat erklärt, produziert Aufmerksamkeit nicht nur für das zu bewerbende Produkt, sondern zumindest ebenso so sehr für sich selbst und stellt *diese* Leistung in den Dienst ihrer Auftraggeber. Hier wird die Werbung selbst zur Marke.[13]

Aus Sicht der Werbung bietet diese Kommunikationsstrategie zumindest zwei entscheidende Vorteile. Erstens: Gelingt es, eine spezifische Form der Werbung als Marke zu positionieren, dann erlaubt dies den Werbetreibenden, sich bis zu einem gewissen Grad von der inneren Hektik des Werbesystems, vom Zwang zur kontinuierlichen Innovation abzukoppeln. Dies verschafft den Werbetreibenden wichtige Zeitvorteile, erhöht aber auch die Anforderungen an die strategische Planung von Werbemaßnahmen. Zweitens: Die Werbung als Marke verleiht den Werbetreibenden sowohl im Wettbewerb um die Aufmerksamkeit der Rezipienten als auch im Wettbewerb um die Aufmerksamkeit der Werbekunden ein hohes Maß an Autonomie. Die sozialen Kosten dieser Autonomie müssen vor allem von den Werbekunden getragen werden. Lars Clausen hat einmal treffend beobachtet, dass das Problem im Verhältnis zwischen Werbekunden und Werbetreibendem vor allem darin besteht, dass der Werbekunde gerade jene Experten aus seinem Einflussbereich organisatorisch ausgegliedert hat, die sich ohnehin seiner Kontrolle am besten entziehen können, weil sie Fachleute auf dem Gebiet der Selbstrechtfertigung sind

---

12 So hält etwa das Recht Sanktionen für den Fall bereit, dass beworbene Güter nicht in ausreichendem Maße zur Verfügung stehen oder dass mit *unlauteren* Mitteln geworben wird (vgl. etwa Dietz 1995 oder Gribkowsky 1989). So unterwirft sich das Wirtschaftssystem freiwillig unabhängigen Qualitätstests, um den relativen Wert der beworbenen Leistungen unter Beweis zu stellen (vgl. etwa Brose 1992; Karpf 1983 oder Silberer & Raffée 1984) usf.
13 Zum Konzept ‚Werbung als Marke' siehe Schmidt & Zurstiege (2000c).

(vgl. Clausen 1970: 110f.). Dieses Problem, so zeigte zwanzig Jahre später Friedemann Nerdinger, spitzt sich immer dann zu, wenn die Werbetreibenden das wolkige Versprechen geben, eine *kreative* Kampagne zu entwickeln (vgl. Nerdinger 1990: 191). Das bedeutet: Werbung, die sich selbst als Kunst ausflaggt, verleiht aus Sicht der Werbetreibenden Autonomie nicht nur im Wettbewerb um die Aufmerksamkeit der Rezipienten, sondern auch gegenüber den Werbekunden. Es versteht sich dabei von selbst, dass die Werbetreibenden nur solange Nutznießer dieser Autonomie sein können, wie sie in der Lage sind, Kreativität zu verkaufen, die verkauft (vgl. Schmidt 1995: 40).

Das Design der Werbung

Norbert Bolz hat vor kurzem pointiert festgestellt, dass sich Design zur Kunst genauso verhalte wie Wissen zum Glauben. Insofern, so Bolz weiter, sei Design theoriepflichtig (vgl. Bolz 2000: 25). Die gute Form des Design bedarf mit anderen Worten auch guter Gründe – was für einen Nativespeaker der englischen Sprache keine besondere Überraschung darstellt, bedeutet doch das Verb ‚to design', sich etwas auszudenken und planvoll in die Tat umzusetzen.

Wenn es gute Gründe gibt, einer gestalterischen Idee gegenüber einer anderen den Vorzug zu geben, dann macht Design den kreativen Einfall für die Werbekunden ebenso wie für die Werbetreibenden kalkulierbar. Das bedeutet: jeder gestalterische Entwurf kann gemessen an den guten Gründen, die zu seiner Realisierung geführt haben, scheitern oder Erfolg haben. Über Design kann man reden. Genau dies ist die Voraussetzung dafür, dass im Falle des Erfolgs einer gestalterischen Idee die Werbetreibenden diesen Erfolg auch *für sich* verbuchen können; und genau dies ist wiederum die Voraussetzung für eine langfristige und lukrative Zusammenarbeit mit den Werbekunden. Denn nur dort, wo bereits aus guten Gründen Erfolge im Markt zu verzeichnen gewesen sind, lassen sich auch zukünftige Produktions- und Investitionsrisiken in den Entscheidungshierarchien der Werbekunden begründet vertreten. Ob die Gründe wirklich gut waren, und ob sich ein Erfolg wirklich wiederholen lässt, spielt keine Rolle, solange man eine neue Chance erhält.

Die Schlagworte der Werbekritik der vergangenen Jahrzehnte lauteten in bezug auf das Produkt-Design ‚künstliche Obsolenz' und ‚Produktvergreisung'. Hinter diesen Begriffen steht der Verdacht, Ziel und Zweck des in der Werbung ausgestellten und propagierten Design sei es, den Geldumwandlungsprozess durch die Anpreisung immer wieder neuer Schein-Innovationen zu beschleunigen. So sei etwa seit Mitte der 1920er Jahre die Entdeckung der Farbe für das Produkt-Design ein ebenso wirksames wie billiges Instrument gewesen, neue Produkttypen zu erschaffen, die in beliebig variierbaren Zeitabständen immer wieder alle bisherigen Modelle mit einem Schlag unmodern machten.[14] Die konsequente Weiterentwick-

---

14 Siehe dazu etwa auch Welsch (1993: 16): „Durch Verbindung mit Ästhetik läßt sich auch Unverkäufliches verkaufen und Verkäufliches zwei oder drei mal verkaufen. Denn da die ästhetischen

lung dieser Strategie, so fasst Roland Marchand seine Beobachtungen der amerikanischen Werbung zwischen 1920 und 1940 zusammen, bestand in der Popularisie-
rung des stilvollen Produkt-Ensembles, in dem jedes einzelne Produkt seinen Wert
aus der Assoziation mit anderen, gestalterisch jeweils abgestimmten Produkten
bezieht (vgl. Marchand 1986: 132). Heute würde man von Produktfamilien sprechen, die ihre Identität als Familie vor allem ihrem Design verdanken.

Der aktuelle Konsumgütermarkt hält für diese und ähnliche Strategien des
Marken-Design nach wie vor in reichhaltiger Fülle Beispiele bereit. Freilich ist das
Design hier am wenigsten von dem, was die Designwissenschaft seit Anfang der
neunziger Jahre programmatisch von ihm fordert: keine verbindliche Lösung gesellschaftlicher, kultureller oder ökologischer Probleme, sondern ganz und gar parteiisch im Sinne individueller Unternehmensziele. Angesichts der Tatsache, dass
sich der wirtschaftliche Wohlstand westlicher Industrienationen vor allem an der
positiven Entwicklung von Wachstumsraten bemisst, scheint es für die Werbung
ein Gebot der eigenen Existenzsicherung zu sein, auf die kontinuierliche Neudefi-
nition und Ausweitung von Bedürfnissen und in diesem Sinne auf Design als Technik zur Erzeugung innovativer Zerstörung zu setzen.

In immer stärkerem Maße beansprucht jedoch das Design zu Recht, seine
Kompetenz bei der Lösung komplexer Probleme einzusetzen. Dabei ergeht es dem
Design in den Entscheidungshierarchien der Unternehmen allerdings nicht anders
als den so genannten Kommunikationsabteilungen: Indem man sich prinzipiell für
alles zuständig erklärt, hat man es mit einer Vielzahl von Experten zu tun, die im
Zweifel immer über die besseren *Zahlen* verfügen. Das Bewusstsein dafür, dass
sich die guten Gründe für Design und Kommunikation nicht in numerischen Strate-
giespielen erschöpfen, muss sich in der Praxis jedoch offensichtlich erst noch
durchsetzen.

Weil das Design immer von unseren Erfahrungen im Umgang mit den Dingen
ausgeht und von dort aus innovative Konzepte zu entwickeln versucht, setzt es stets
eine Form der systematischen Beobachtung voraus. Genau diese Leistung stellt das
Design in den Dienst des gesamten Produktionsprozesses und dessen letzter Stufe,
der Werbung. In diesem Sinne trägt das Design dazu bei, Probleme zu lösen, ungeachtet der Tatsache, ob es sich dabei nun um gesellschaftliche oder unternehmeri-
sche Probleme handelt. Von diesem globalen Problemlösungsbeitrag muss eine
weitere Funktion des Design unterschieden werden, die ihm vor allem von der
Werbung abverlangt wird.

Jede neue Problemlösung stellt mechanisch gesprochen die Bearbeitung von
Komplexität durch Komplexität dar. Jede Erklärung eines komplexen Zusammenhangs muss bekanntlich ein gewisses Maß an Erklärungskomplexität aufbauen, um
das zugrunde liegende Problem sinnvoll bearbeiten zu können. Weil daher nicht nur
die Probleme, sondern auch deren Lösungsansätze mit einem hohen Maß an Kom-

---

Moden besonders kurzlebig sind, entsteht nirgendwo so schnell und so sicher Ersatzbedarf wie bei
ästhetisch durchgestylten Produkten: noch bevor die ohnehin schon auf Verschleiß angelegten
Artikel funktionell unbrauchbar werden, sind sie ästhetisch out."

plexität arbeiten, bedarf es einer besonderen kommunikativen Kompetenz, um unter der für die Werbung charakteristischen Bedingung knapper Aufmerksamkeit Erklärungs-Komplexität sinnvoll zu reduzieren. In diesem Sinne setzt die stets vom Abschalten ihrer Rezipienten bedrohte Werbung gezielt auf Design, um wertvolle Tempovorteile zu gewinnen.

Der *Grüne Punkt*, der *Blaue Engel, Intel-Inside* – all dies sind gut geformte Zeichen, die in Sekundenbruchteilen von der Oberfläche ihres Design auf Zusammenhänge verweisen, deren Komplexität für den Einzelnen nur noch unter Aufwendung äußerst knapper Zeitressourcen zu erschließen sind. Design, so lautete die These, verspricht uns von den Tücken der Dinge zu befreien. Es tut dies für den Benutzer nur scheinbar, insofern es die Komplexität der Dinge lediglich hinter ihrer Handhabung verschwinden lässt. Genau dieses trügerische Verhältnis von Oberfläche und Tiefe im Design der Werbung ist von verschiedener Seite, mal in kritischer (so etwa bei Haug 1972), mal in nüchterner Weise (so etwa bei Luhmann 1996: 92), immer wieder festgestellt worden.

Bevor jedoch allzu schnell ins Horn der Kritik geblasen und hier eine weitere arglistige Werbe-Strategie zur Manipulation unschuldiger Rezipienten gesehen wird, sei darauf verwiesen, dass es unter der Bedingung knapper Aufmerksamkeit eine durchaus rationale Strategie sein kann, handhabbare Oberflächen anstelle komplexer Hintergründe zu präferieren. Nebenbei bemerkt verfährt die Wissenschaft nach dem gleichen Muster, so etwa immer dann, wenn sie den Gegenstand ihres Erkenntnisinteresses, wie auch an dieser Stelle geschehen, mit Hilfe von Metaphern und Modellen beschreibt. Man sollte also nicht vergessen, worauf Eva Heller (1995 [1984]) in der Auseinandersetzungen mit den Arbeiten der strukturalistischen Werbekritik bereits Mitte der achtziger Jahre hingewiesen hat, dass nämlich (scheinbar) irrationale Kaufentscheidungen durchaus rational begründet sein können. Das Ausbeutungsverhältnis zwischen der Werbung und ihren Rezipienten, so hat der amerikanische Kommunikations- und Medienwissenschaftler Jib Fowles (1996: 161) einmal treffend bemerkt, beruht eben durchaus auf Gegenseitigkeit.

Zum Schluss – das Scheitern

Bilden der Anspruch auf das Künstlerische und das Design der Werbung zwei widerstreitende Pole, indem das eine operationale Autonomie und das andere Möglichkeiten der externen Kontrolle ermöglicht? Gemeinsam ist den beiden Kommunikationsstrategien, dass sie auf das Zentrum der „Lebenswelt Werbung" (Nerdinger) zielen, nämlich auf den Wunsch (der Werbekunden) nach und das Versprechen (der Werbetreibenden) von Kreativität. „Wer diese Ungewißheitszone mit seinem Verhalten kontrollieren kann, gewinnt Macht in der Beziehung" (Nerdinger 1990: 268). Insofern stellen die beiden Strategien zwei funktional äquivalente Varianten zur Bearbeitung des gleichen Problems dar, die sich lediglich dadurch unterscheiden, woran sich ihr Scheitern bemisst: Werbung mit dem selbst zugeschriebenen

Prädikat „künstlerisch wertvoll" scheitert an den Verkaufszahlen und gegebenen-
falls an der Geduld oder am Geschmack der Verantwortlichen. Das Design der
Werbung scheitert darüber hinaus an guten Gründen. In der Praxis bleibt es dem
operativen Geschick der Werbetreibenden überlassen, für welche Form des potenziellen Scheiterns man sich mehr oder weniger entscheiden wird.

Literatur

Barthes, R. ([8]1999): Das semiologische Abenteuer. Frankfurt am Main.

Baumgart, M. (1992): Die Sprache der Anzeigenwerbung. Eine linguistische Analyse aktueller Slogans. Heidelberg.

Bäumler, S. (1996): Die Kunst zu werben: Das Jahrhundert der Reklame. Köln.

Berger, J. (1998): Sehen. Das Bild der Welt in der Bilderwelt. Reinbek bei Hamburg [im engl. Orig. 1972].

Bernard, A. (2000): Schleichberichterstattung. Dialektik der Aufklärung: Alles ist
Werbung – nur die Werbung will nicht mehr sie selber sein. In: Süddeutsche Zeitung Nr. 41 vom 19./20.02.2000, 17.

Bogart, M. H. (1995): Artists, Advertising, and the Borders of Art. Chica-
go/London.

Bolz, N. (2000): Wozu Designgeschichte? In: Sturm, H. (Hrsg.) (2000): Design
retour. Ansichten zur Designgeschichte. Essen, 24-28.

Brose, C.-D. (1992): Werbung mit Test-Ergebnissen der „Stiftung Warentest". In:
Marketing Journal, 25 Jg., Heft 3/1992, 250-251.

Clausen, L. (1970): Soziologische Probleme der Werbung. In: Behrens, K. Chr.
(Hrsg.) (1970): Handbuch der Werbung. Mit programmierten Fragen und
praktischen Beispielen von Werbefeldzügen. Wiesbaden, 107-116.

Cross, M. (1996): Reading Television Texts: The Postmodern Language of Advertising. In: Dies. (Hrsg.) (1996): Advertising and Culture. Theoretical
Perspectives. Westport, Connecticut/London, 1-10.

Danto, A. C. (1996): Kunst nach dem Ende der Kunst. München [im engl. Original
1992].

Dietz, K. ([2]1995): Werbung: Was ist erlaubt? Was ist verboten? Möglichkeiten und
Grenzen der Werbung. Unlauterer Wettbewerb. Rabattgesetz, Zugabe-
verordnung. Planegg.

Fowles, J. (1996): Advertising and Popular Culture. Thousand Oaks [u. a.].

Fritz, Th. (1994): Die Botschaft der Markenartikel. Vertextungsstrategien in der
Werbung. Tübingen.

Geese, U.; Kimpel, H. (Hrsg.) (1982): Kunst im Rahmen der Werbung. Marburg.

Goldhaber, M. (1998): Die Werbung wird zum Kunstwerk. In der Aufmerksamkeitsökonomie ist Werbung überall. URL: http://www..heise.de/tp/deutsch/
Kolumnen/gol/2349/1.html (Stand vom 26.5.98).

Gribkowsky, G. (1989): Strafbare Werbung (§ 4 UWG). Pfaffenweiler.

Hartmann, H. A. (1992): Zeichen, Szenen und ‚Zeitgeist'. Ein Rückblick. In: Ders.; Haubl, Rolf (Hrsg.) (1992): Bilderflut und Sprachmagie. Fallstudien zur Kultur der Werbung. Opladen, 267-283.

Haug, W. F. (^{2}1972): Kritik der Warenästhetik. Frankfurt am Main.

Heller, E. (^{10}1995): Wie Werbung wirkt: Theorien und Tatsachen. Frankfurt am Main [urspr. 1984].

Hermand, J. (1988): Die Kultur der Bundesrepublik Deutschland 1965-85. München.

Hochkeppel, W. (1989): Transformation der Kunst und die Ästhetik der analytischen Philosophie. Oder lose Gedanken zum Zustand ästhetischer Zustände. In: Kunstforum International, Bd. 100/1989, 214-225.

Jacke, Chr.; Jünger, S.; Zurstiege, G. (2000): Aufdringliche Geschichten – Zum Verhältnis von Musik und Werbung. In: Rösing, H.; Phleps, Th. (Hrsg.) (2000): Populäre Musik im kulturwissenschaftlichen Diskurs. Beiträge zur Popularmusikforschung 25/26. Karben, 25-42.

Josephson, S. G. (1996): From Idolatry to Advertising: Visual Art and Contemporary Culture. Armonk, NY.

Kittler, F. (1994): Protected Mode. In: Bolz, N.; Kittler, F.; Tholen, Chr. (Hrsg.) (1994): Computer als Medium. München, 209-220.

Kloepfer, R.; Landbeck, H. (1991): Ästhetik der Werbung. Der Fernsehspot in Europa als Symptome neuer Macht. Frankfurt am Main.

Kraft, J. (1992): Schöne Künste. Zur Verkaufsästhetik in den 90er Jahren. In: epd/Kirche und Rundfunk, Nr. 28/1992, 6-9.

Krämer, S. (1998): Das Medium als Spur und als Apparat. In: Dies. (Hrsg.) (1998): Medien, Computer, Realität: Wirklichkeitsvorstellungen und neue Medien. Frankfurt am Main, 73-94.

Krippendorff, K. (1994): Der verschwundene Bote. Metaphern und Modelle der Kommunikation. In: Merten, K.; Schmidt, S. J.; Weischenberg, S. (Hrsg.) (1994): Die Wirklichkeit der Medien. Eine Einführung in die Kommunikationswissenschaft. Opladen, 79-113.

Luhmann, N. (^{2}1996): Die Realität der Massenmedien. Opladen [urspr. 1993].

Marchand, R. (1986): Advertising the American Dream. Making Way for Modernity, 1920-1940. Berkeley [u. a.].

Nerdinger, F. W. (1990): Lebenswelt »Werbung«. Eine sozialpsychologische Studie über Macht und Identität. Frankfurt am Main/New York.

Paczesny, R. (1988): Was ist geheim an der Verführung? Strategien, Techniken und Materialität der Werbung. In: Gumbrecht, H. U.; Pfeiffer, K. L. (Hrsg.) (1988): Materialität der Kommunikation. Frankfurt am Main, 474-483.

Reck, H. U. (1989): Wenn Kunst zur Ware wird, ist Werbung Kunst? In: Kunstforum International, Bd. 104/1989, 168-177.

Reck, H. U. (1994): Zugeschriebene Wirklichkeit. Alltagskultur, Design, Kunst, Film und Werbung im Brennpunkt von Medientheorie. Würzburg.

Römer, R. (1968): Die Sprache der Anzeigenwerbung. Düsseldorf.

Rutherford, P. (1995): The New Icons. The Art of Television Advertising. Toronto/Buffalo/London.

Sampson, H. (1874): A History of Advertising from the Earliest Times. Illustrated by Anecdotes, Curious Specimens, and Biographical Notes. London.

Schirner, M. (1988): Werbung ist Kunst. München.

Schirner, M. (2000): Zuständig für alles. In: Kunstzeitung, Nr. 42 / Februar 2000, 15.

Schmidt, S. J. (1995): Werbung zwischen Wirtschaft und Kunst. In: Ders.; Spieß, B. (Hrsg.) (1995): Werbung, Medien und Kultur. Opladen, 26-43.

Schmidt, S. J. (1996): Die Welten der Medien. Grundlagen und Perspektiven der Medienbeobachtung. Braunschweig/Wiesbaden.

Schmidt, S. J. (1999): Werbung. In: Wilke, J. (Hrsg.) (1999): Mediengeschichte de Bundesrepublik Deutschland. [Schriftenreihe der Bundeszentrale für politische Bildung, Band 361], 518-544.

Schmidt, S. J. (2000): Das Scheinen des Geldes. Werbung und Ästhetik. In: Wermke, J. (Hrsg.) (2000): Ästhetik und Ökonomie. Beiträge zur interdisziplinären Diskussion von Medien-Kultur. Wiesbaden, 55-68.

Schmidt, S. J.; Spieß, B. (1994): Die Geburt der schönen Bilder. Fernsehwerbung aus der Sicht der Kreativen. Opladen.

Schmidt, S. J.; Zurstiege, G. (1999): Starke Männer, schöne Frauen. Geschlechterklischees in der Werbung. In: Gutenberg, A.; Schneider, R. (Hrsg.) (1999): Gender – Culture – Poetics. Zur Geschlechterforschung in der Literatur- und Kulturwissenschaft. Festschrift für Natascha Würzbach. Trier, 227-246.

Schmidt, S. J.; Zurstiege, G. (2000a): Orientierung Kommunikationswissenschaft. Was sie kann, was sie will. Reinbek bei Hamburg.

Schmidt S. J.; Zurstiege, G. (2000b): (2000): Über die (Un-)Steuerbarkeit kognitiver Systeme. Kognitive und soziokulturelle Aspekte der Werbewirkungsforschung. In: Hejl, P. M.; Stahl, H. K. (Hrsg.) (2000): Management und Wirklichkeit. Das Konstruieren von Unternehmen, Märkten und Zukünften. Heidelberg, 297-331.

Schmidt, S. J.; Zurstiege, G. (2000c): Werbung und Wirksamkeit. In: Bergmann, G.; Meurer, G. (Hrsg.) (2000): Das Zukunftsträchtige Unternehmen – Erfolgsmuster für das Management. Neuwied (im Druck).

Schudson, M. (1984): Advertising, The Uneasy Persuasion: Its Dubious Impact On American Society. New York.

Silberer, G.; Raffée, H. (Hrsg.) (1984): Warentest und Konsument. Nutzung, Wirkungen und Beurteilungen des vergleichenden Warentests im Konsumbereich. Frankfurt am Main.

Sturm, H. (2000): Designgeschichte ausstellen? In: Ders. (Hrsg.) (2000): Design retour. Ansichten zur Designgeschichte. Essen, 77-90.

Wehner, Chr. (1996): Überzeugungsstrategien in der Werbung. Eine Längsschnittanalyse von Zeitschriftenanzeigen des 20. Jahrhunderts. Opladen.

Welsch, W. (1994): Das Ästhetische – Eine Schlüsselkategorie unserer Zeit? In: Ders. (Hrsg.) (1993): Die Aktualität des Ästhetischen. München, 13-47.

Werber, N. (1998): Zweierlei Aufmerksamkeit in Medien, Kunst und Politik. Neuheit und Wiederholung. URL: http://www.heise.de/tp/deutsch/special/6310/1.html (Stand vom 13.11.98).

Žižek, S. (1997): Das interpassive Subjekt: Was treibt das Ich eigentlich im Cyberspace? In: Frankfurter Rundschau vom 23.07.1997, 7.

Zurstiege, G. (1998): Mannsbilder – Männlichkeit in der Werbung. Eine Untersuchung zur Darstellung von Männern in der Anzeigenwerbung der 50er, 70er und 90er Jahre. Opladen.

4. Neue Szenen –
Werbung, Moden und die
Vermarktung von Jugendkulturen

Ralf Vollbrecht

Zur Vermarktung von Jugendkulturen
in der Werbung

„In der modernen Angebotsgesellschaft" – so Niklas Luhmann in dem Aufsatz
„Jenseits von Barbarei" –

> „wird Freiheit nicht mehr durch Zwang eingeschränkt, sondern durch Ange-
> bote so strukturiert, daß die Ausübung nicht mehr als Selbstverwirklichung des
> Individuums zugerechnet werden kann. Man kauft günstig ein, sieht die emp-
> fohlenen Filme, wählt eine Religion oder nicht nach eigenem Gutdünken – wie
> andere auch. Selbst Gott wird als Anbieter-Gott geführt: Er offeriert, und das
> Modell ist hier natürlich Pascals Wette, seine Liebe so eindrucksvoll und so
> unabhängig von moralischen Wertungen, daß die Zurückweisung sinnlos wäre
> bzw. theologisch gesprochen, den Begriff der Sünde definiert. Das zeigt: durch
> Kultur und soziale Bedingungen ist die Ausübung von Freiheit so stark asym-
> metrisiert, daß dem Individuum nur noch belanglose Entscheidungen bleiben –
> oder Proteste, die nichts ändern. Das ist natürlich nie anders gewesen. Aber in
> der modernen Gesellschaft trifft dies auf einen entscheidenden Punkt der
> Selbstbeschreibung des Systems als ‚human'" (Luhmann 1995: 149).

Subjektiv scheinen diese ‚belanglosen' Entscheidungen jedoch alles andere als
belanglos. Da die Sinnfrage sich nicht einfach auflöst, sind die modernen Subjekte
weiter auf Lieferanten subjektiven Sinns angewiesen. Von zentraler Bedeutung sind
dabei heute die Erlebnisweltkonstruktionen einer Freizeitgesellschaft, die insbesondere von den Medien vorangetrieben werden. Man muss vielleicht nicht so weit
gehen wie Norbert Bolz, für den „Trends, Kultmarken und Themenwelten [...] heute

das Wertevakuum" füllen (Bolz 1995: 77), um diese Funktion der Medien anzuerkennen.

Für Jugendliche sind seit den fünfziger Jahren vor allem die Jugendkulturen[1] bedeutsame Lieferanten von Lebenssinn und gleichzeitig expressive Mittel der Identitätsdarstellung und der Abgrenzung zur Erwachsenengesellschaft. Frühe jugendkulturelle Gruppierungen blieben dabei mehrheitlich auf ihr Herkunftsmilieu bezogen, das auch in gewisser Weise präjudizierte, welche Gruppierung für einen Jugendlichen attraktiv und zugänglich war. Heutige Jugendkulturen sind von ihren sozialen Herkunftsmilieus weitgehend abgekoppelt, da die Milieus ihre Bindungskraft weitgehend eingebüßt haben und die Stelle ehemals milieubezogener jugendlicher Subkulturen heute weitgehend von Freizeit-Szenen als wählbaren und abwählbaren Formationen eingenommen wird. Als Freizeit-Stile überbetonen jugendkulturelle Stilformationen jedoch häufig die ‚expressive' und ‚interaktive' Verhaltensdimension. Symbolische Ausbrüche auf der Ausdrucksebene (etwa durch jugendmodisches Styling) bleiben aber begrenzt und überwinden z. B. nicht kleinbürgerliche Enge und soziale Armut. Zudem betreffen Individualisierungsprozesse ja zunächst die übergreifenden Sinnsysteme, ohne die einzelnen partikularen Handlungs- und Deutungsmuster zu zerstören. Diese lösen sich vielmehr aus den traditionalen Zusammenhängen, verselbstständigen sich und gehen beliebigere Kombinationen ein. Milieuprägungen fasern daher von den Rändern her aus, während sie in Kernbereichen resistenter sind.

Lebensstile lassen sich als expressive Lebensführungsmuster auffassen, die sicht- und messbarer Ausdruck der gewählten Lebensführung sind und

> „von materiellen und kulturellen Ressourcen und den Werthaltungen abhängen. Die Ressourcen umschreiben die Lebenschancen, die jeweiligen Options- und Wahlmöglichkeiten, die Werthaltungen definieren die vorherrschenden Lebensziele, prägen die Mentalitäten und kommen in einem spezifischen Habitus zum Ausdruck." (Müller 1992: 62).

Insbesondere die Darstellungsrepertoires und Darstellungsstile werden zu Insignien von Lebensstilen. Diese Lebensstile bieten ästhetische Optionen für *thematisch übergreifende* Überhöhungen des Lebensvollzugs überhaupt.[2] Sie signalisieren daher nicht nur oberflächliche Konsum- und Freizeitgewohnheiten, sondern darüber hinaus die Zugehörigkeit zu kollektiven Lebens- und Werthaltungen. Vom einzelnen Akteur werden Lebensstile „oft sozusagen ‚en bloc' aus dem kulturellen ‚Angebot' übernommen oder auch als ‚Paket' von ihm (mehr oder minder originell) selber zusammengeschnürt." (Hitzler 1994: 79). Eine wesentliche Rolle kommt dabei den Medien zu, die die jeweils aktuellen Lebenssinn- und Lebensstilangebote vermitteln.

---

1   Vgl. ausführlich zu Jugendkulturen Ferchhoff, Sander & Vollbrecht (1995).
2   Das heißt keineswegs, dass sie in jedem Kontext auch realisiert werden müssten. Den „Normalfall" stellen gerade „spielerische", in ihrer existenziellen Relevanz und biographischen Reichweite begrenzte Lebensstil-Orientierungen" (Hitzler 1994: 81) dar.

Abb. 1: Belldandy aus dem Manga „Oh! My Godess" von Kosuke Fujishima[3]

Abb.2: Auszug aus dem Merchandising-Programm

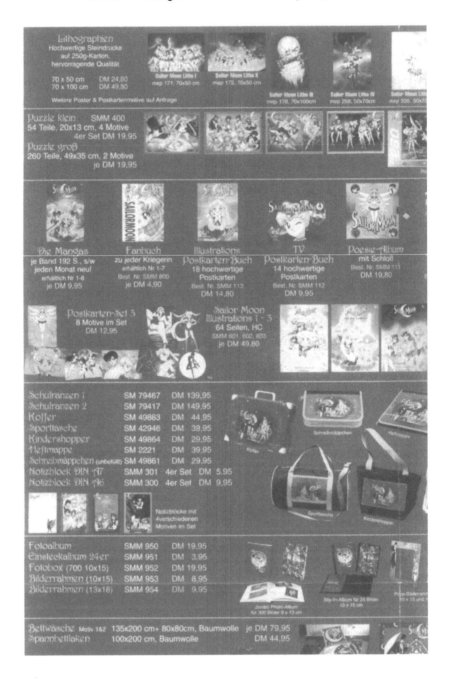

Versteht man Jugendkulturen als Lebensstile, so wird deutlich, dass sie in ihren Stilisierungen und Lebensstilexperimenten nicht nur die Zugehörigkeit eines Jugendlichen zu einer Gruppe oder Gemeinschaft kennzeichnen und manifestieren,
„sondern auch zu einem bestimmten Habitus und einer Lebensform, denen sich diese Gruppen oder Gemeinschaften verpflichtet fühlen. Ein Stil ist Teil eines umfassenden Systems von Zeichen, Symbolen und Verweisungen für soziale Orientierung: Er ist Ausdruck, Instrument und Ergebnis sozialer Orientierung. Dem entsprechend zeigt der Stil eines Individuums nicht nur an, wer ‚wer' oder ‚was' ist, sondern auch wer ‚wer' für wen in welcher Situation ist." (Soeffner 1986: 318).

Vor allem wegen ihrer auffälligen Ausdrucks-Codes erfreuen sich jugendkulturelle Stile der besonderen Aufmerksamkeit des Mediensystems. Die Medien betreiben dabei nicht nur die Kommerzialisierung der Jugendkulturen – sie ermöglichen auch ihre partielle Durchsetzung durch die mit der Kommerzialisierung verbundene Verbreitung. Medien verkürzen gewissermaßen die Halbwertszeit von Jugendkulturen. Im Quartanfieber von *Skandalon, Entschärfung, Verallgemeinerung* und *Entwertung* treiben sie die Entwicklung und Aufhebung jugendkultureller Stile voran und streichen nebenbei parasitär ihren Gewinn aus einer medienspezifischen Ökonomie der Aufmerksamkeit ein.

Im Vergleich zu früheren Jugendgenerationen ist auffällig, wie sehr jugendliche Szenen heute medial vermittelt sind. Insbesondere entlang spezifischer Musikrichtungen verlaufen heute vielfach die Grenzen verschiedener Jugendszenen. Dies muss nicht im Sinne einer Kultur- oder Bewusstseinsindustriethese (Adorno bzw. Enzensberger) als völlige Fremdbestimmung gedeutet werden. Ganz im Einklang mit Annahmen des Lebensstilansatzes hat etwa Willis aufgezeigt, dass gerade Jugendliche einen spezifischen Eigensinn entwickeln, der es ihnen ermöglicht, sich die Ausdrucksmittel der Trivialkultur originell und ausdrucksstark anzueignen, teilweise weiterzuentwickeln und so „Möglichkeiten von oppositionell unabhängigen und alternativen Symbolisierungen des Selbst" (Willis et al. 1991: 193) zu erzeugen. Die Kulturindustrie macht also gerade durch ihre Allgegenwärtigkeit und Unentrinnbarkeit für viele Jugendliche eine Chance greifbar, Alltagskultur aktiv mitzugestalten bzw. als Ausdrucksmittel zu benutzen.

Die Werbung bedient sich in zweifacher Weise der Jugendkulturen. Zum einen werden neue jugendkulturelle Stilelemente übernommen und in entschärfter (d. h. allgemein akzeptierbarer) Form einem breiten Publikum angedient. Ein Beispiel dafür sind die schrägen Haarfrisuren und schrillen Moden der Post-Punk-Ära, die auch für Herrn und Frau Biedermann tragbar wurden. Die jugendlichen Szenen geraten durch diesen „Stilraub" unter Erneuerungsdruck und müssen sich im stilistischen Feld neu positionieren. Zum anderen sind jugendliche Szenen heute selber wichtige Zielgruppen der Werbung, die szenenah bedient werden. Hier sind vor allem die zahlreichen Fan- und Funkulturen für die Werbung von Interesse, da sie hier über größere Einflussmöglichkeiten verfügt als in originären Jugendkulturen wie z. B. der Technoszene.

Nach Ansicht vieler Marktforscher sind Jugendliche heute skeptisch gegenüber Werbung und Marken (vgl. Deese, Hillenbach, Michatsch & Kaiser 1995). Für Jugendliche scheint es heute wichtiger zu sein, den richtigen Stil zu haben als die richtige Marke. Marken helfen jedoch, Geschmacksurteile zu fällen, gerade wenn man sich nicht sicher fühlt, wie der eigene Stil aussehen müsste. Bei jugendkulturell relevanten Produkten dürften Marken daher weniger von Bedeutung für Jugendliche im Zentrum als in der Peripherie der jugendkulturellen Szenen sein. Die ‚richtigen' oder die ‚falschen' Sportschuhe oder Jeans sind jedenfalls für viele Kinder und Jugendliche eine Differenz ums Ganze. Denn mit Kleidung und Körperdesign setzen wir Zeichen, die nicht nur ästhetische Vorlieben anzeigen, sondern auch Aspekte der Identität und des (gewünschten) Lebensstils ausdrücken. Da viele Produkte sich in ihrem Gebrauchswert kaum unterscheiden, wird sekundär die Marke zum relevanten Entscheidungssignal.

Das Image einer Marke muss über eine Passung für die jeweilige Zielgruppe verfügen. Jugendkulturen ratifizieren gewissermaßen das Image oder weisen es als unpassend zurück. Daher dürften sowohl die pädagogischen Möglichkeiten als auch die Möglichkeiten der klassischen Werbung nur gering sein, auf die Markenpräferenzen der Jugendlichen entscheidenden Einfluss zu nehmen. Denn die Experten der Jugendkulturen sind nun einmal die Gleichaltrigen. Im Umgang mit herkömmlicher Werbung geben sich Jugendliche souverän und damit wählerisch. „Sie enttarnen Werbetricks als solche, kritisieren konzeptionelle Ungereimtheiten oder Plagiate und lassen sich von bemühter Jugendsprache am allerwenigsten anmachen. Gewünscht werden dagegen Amüsement und Abwechslung." (Stolz 1995: 23).

Souveränen und spielerischen Umgang mit Werbung finden wir in vielen jugendkulturellen Szenen. Die Marken zu kennen, heißt für jugendliche ‚adbuster' keineswegs, sie auch ernst zu nehmen. Diese Szenen betreiben die *Dekonstruktion* von Werbung, indem sie beispielsweise die Logos, Markennamen und Werbesprüche ironisch und subversiv verballhornen und auf T-Shirts, Flyern etc. verbreiten. Dagegen können Markenartikler natürlich rechtlich vorgehen. Ein geschickteres Marketing nimmt diese ironisierende Haltung in die Werbung auf und lässt Werbung *selbstironisch* werden. So heißt es am Ende eines Auto-Werbespots etwa: „und jetzt zurück zur Werbung", in einer Parfüm-Werbung auf Zwischentiteln zu Bildern von einem Liebespaar: „Warum schauen Sie beide Werbefernsehen? Gibt es nichts Schöneres. Schalten Sie doch ab!" oder in einer Schokolade-Werbung: „Wir stecken jede Mark in die Schokolade und keine Mark in die Werbung".

In selbstironischer Form wird hier verwirklicht, was Fowler schon 1897 einem bestimmten Konsumententyp gegenüber als wirkungsvollste Reklame ansah, nämlich keine Reklame zu machen: „Es müßte eine Möglichkeit geben, aller Welt zu verkünden, daß man nicht die Werbetrommel rührt." (Fowler 1897).[4] Mit einem ‚Re-Entry' – im Sinne des von Luhmann vielzitierten Logikers George Spencer Brown (1972) – wird diese Möglichkeit nun simuliert. Die Unterscheidung von sub-

---

4   Fowler's Publicity; zit. nach Geiger (1987: 484).

versiver Abweichung (als Unterhaltung) und Mainstream-Werbung wird wieder in das Unterschiedene (die Werbung) eingeführt. Anders ausgedrückt: diese Werbung weiß, dass der Kunde weiß, dass Werbung auch in ihrer selbstironischen Form noch Werbung ist – und sie zeigt, dass sie es weiß, und lässt sich auf ein augenzwinkerndes Spiel mit dem Werbekonsumenten ein.

Wir kennen dies auch aus dem Spielfilmbereich. Monty Python's „Der Sinn des Lebens" (Monty Python's the Meaning of Life, GB 1982) kommentierte der Regisseur Terry Jones wie folgt:

„Es geht um das menschliche Leben – von der Geburt bis zum Grab. Genau genommen geht der Film sogar noch über den Tod hinaus, was ihm einen philosophischen Anspruch verleiht. Die Fragen über das Leben, die so viele Menschen beschäftigen, werden beantwortet, generell jedoch auf Fische zugeschnitten. Wir sprechen diesmal mehr ein fischähnliches Publikum an [...]. Das ist dabei herausgekommen: Ein Fischfilm für Fische." (Krusche 1987: 124).

Die Figur des ‚Re-Entry', die Wiedereinführung einer Unterscheidung ins Unterschiedene ist deshalb so bedeutsam, weil operativ geschlossene Systeme in einer überkomplexen, unkontrollierbaren Umwelt nur eine Möglichkeit haben, auf Umweltveränderungen flexibel reagieren zu können: indem sie nämlich die Differenz von System und Umwelt intern modellieren, also intern zwischen Selbstreferenz und Fremdreferenz unterscheiden (vgl. Luhmann 1995a: 129). Mit Hilfe der Wiedereinführung der System/Umwelt-Differenz in das System kann das System dieser Differenz in sich selbst operative Bedeutung, Informationswert und Anschlusswert verleihen (vgl. Luhmann 1984: 640f.), anders gesagt: rationaler handeln.

Nun wissen Jugendliche heute wohl mehr über die Werbung als Werbetreibende über die Jugend, diesem heterogenen Gemisch aus unzähligen Szenen mit unterschiedlichen Vorlieben und Lebensstilen, die sich zudem rasend schnell verändern. Werbung für Jugendliche ist daher angewiesen auf Insiderwissen. Was interessiert welche Gruppen von Jugendlichen, welche Musikgruppen und welche Modestile sind angesagt oder schon wieder out – und vor allem: woher soll ein Markenartikler dies alles wissen? Der eigenen Erfahrung kann man nicht trauen, denn „wer kann schon etwas über seine Märkte wissen, wenn er sich nur von Eigenheim zum Büro und zurück bewegt?" (Deininger 1995: 343). Da auch der Marktforschung in Jugendmärkten nicht mehr recht geglaubt wird, delegiert die Industrie ihre Wirklichkeitserfahrung an andere Dienstleister: Trendforscher, Trendberater oder Trendscouts, die in den Jugendszenen nach neuen Entwicklungen Ausschau halten. Trendforschung ist der Versuch einer Risikominimierung und somit sowohl Anzeichen für als auch Mittel zur Überwindung einer Steuerungskrise.

Um Trends zu erkennen, werden im einfachsten Fall *Gruppendiskussionen* mit Jugendlichen geführt – z. B. bei der Jugendzeitschrift BRAVO u. a. über den aktuellen Musikgeschmack. Diese Diskussionen und die Auswertung von Leserpost beeinflussen die Auswahl der Musikgruppen und anderer Themen, die BRAVO präsentiert. *Trendscouts* kommen dagegen selbst aus den Jugendszenen. Jugendliche Szenemitglieder werden angeworben, um regelmäßig über neue Moden und

Vorlieben in der Szene zu berichten. Trendscouting basiert auf der Annahme, dass Trends nicht gemacht, sondern erkannt und dann gepusht werden. Das Insiderwissen gibt es nur in den Szenen selbst – und schon Endzwanziger haben heute Schwierigkeiten, die Trends bei 15jährigen zu erkennen. Wichtig für Trendscouts ist daher nicht nur eine gute Beobachtungsgabe, sondern sind auch Kontakte zu weiteren Jugendlichen aus der Szene.

Noch spezieller ist der *Inner Circle Research*, die Beobachtung einer Szene durch Zusammenarbeit mit trendsetzenden Insidern. „Diese stehen im allgemeinen dem relevanten Produkt noch näher als der Trendscout, sie verkörpern praktisch vorwegnehmend die künftigen Bedürfnisse der Zielgruppe." (Fichtel 1995: 184). Ein weiteres Marketinginstrument ist das *Trendmonitoring*. Dabei handelt es sich um ein „partnerschaftliches Kommunikationsnetz von Handels- und Vertriebspartnern, Herstellern und Multiplikatoren, Insidern und Kreativen, die ein Ziel gemeinsam haben: im Wechsel der Trendentwicklungen den informativen und kommunikativen Vorsprung zu behalten." (ebd.: 180). Ausgewählte Teilnehmer, die sich in trendintensiven Märkten bewegen und zu denen auch Designer, Journalisten, DJs und Konsumenten gehören, werden monatlich zu bestimmten Themen und Marken befragt und bekommen auch eine schnelle Rückmeldung der Ergebnisse. Mit diesem Verfahren lässt sich z. B. auch erfassen, wenn Trends im Handel, bei den Kreativen oder den Konsumenten unterschiedlich bewertet werden, und wie sich die Bewertungen im Zeitablauf verändern.

Werbung spekuliert mit ihren Images bekanntlich auf unbewusste Sehnsüchte, die sie – produktspezifisch – vereinnahmen kann. Es geht der Werbung darum, den Verbraucher an einer virtuellen Welt teilhaben zu lassen, deren Codes durch das Image des Produkts bestimmt werden. Für die oben angesprochene Passung soll dabei die Trendforschung sorgen: Sie liefert die notwendigen Informationen, um Produkt-Image und z. B. jugendkulturelle Zeichensysteme zu synchronisieren. Allerdings hinkt die Werbung den Jugendkulturen auch bei noch so schneller Adaptation von Trends hinterher. Besser als sich an bestehende Trends anzuhängen, ist es daher, Trends selbst zu kreieren oder wenigstens mitzugestalten, d. h.: „die Marktsegmente vom Konsumenten selber aus zu bestimmen" (Richard 1995: 322f.) und z. B. über Eventmarketing oder Szenen-Sponsoring der Industrie nutzbar zu machen.

Das geht über herkömmliches Sponsoring hinaus, bei dem bekanntlich Firmen als Sponsoren Sportereignisse – sowie in weit geringerem Umfang auch Kunst und Kultur, Ökoprojekte und soziale Organisationen – unterstützen und dafür mit ihrem Namen öffentlich in Erscheinung treten. Wie bedeutsam Sponsoring ist, zeigt schon das finanzielle Volumen von rund 2,6 Milliarden DM allein in Deutschland (1994). Beim Eventmarketing werden im Unterschied zum Sponsoring nicht bloß Ereignisse finanziell unterstützt, sondern auf die Marke abgestimmte Ereignisse inszeniert. Beispiele dafür sind im Technobereich *Camel Airrave* von Reynolds und *Techno Korn* vom Bundesverband Deutscher Kornbrenner oder im Sportbereich die *Street-*

ball-Aktionen von Adidas und *Street Soccer* von Puma. Wie aufwendig so etwas gestaltet wird, beschreibt Schömbs (1995) am Beispiel einer Streetballkampagne.

Beim Szenen-Sponsoring (etwa auch bei der jährlichen Love Parade) werden nach Gerken Szenen aufgebaut im Sinne von aktiven Gruppen.

> „Bei diesem sozialen Formungsprozess werden die Beziehungen zum Hersteller und zum Produkt sorgfältig gepflegt. Die Szene wird unterstützt, die Produkte im Sinne der Szenen-Aktualität selbst zu interpretieren. Motto: Wir helfen dir, zum Kommunikator für unser Produkt zu werden. [...] Das ist der eigentliche Trick beim Szenen-Sponsoring: Man unterstützt die Szene dabei, sich diejenige Werbung selbst herzustellen, an die sie dann besonders intensiv glauben kann. Eine Art Do-it-yourself-Manipulation also." (Gerken 1990: 152f.).

Boltz kritisiert an dieser Vorstellung vor allem, dass es schwer fallen dürfte, „in der Wirklichkeit jene autonomen Rezipienten zu finden, die ihre Werbung selbst herstellen" (Boltz 1994: 131). In der Tat dürfte es wohl eher darum gehen, Szenen zu aktivieren und in die Werbekommunikation einzubinden, sowie „Adressaten zu handelnden Subjekten innerhalb der Kommunikations- und Lernprozesse zu machen: von der durch Adressaten produzierten Werbung im Sinne Gerkens kann überhaupt keine Rede sein." (Boltz 1994: 131). Auch wenn Produkt, Marke und Message stimmig sind, ist der Erfolg freilich nicht garantiert, denn Jugendliche bilden eigene Gesetze, nach denen ‚in' und ‚out' bestimmt werden. In diesem Sinn bleiben sie unverfügbar. Die größten Gefahren für eine Marke liegen dabei darin, von der Zielgruppe nicht ernst genommen zu werden oder (besonders peinlich!) dem Trend hinterherzuhinken.

Betrachtet man die Veränderungen der Werbekommunikation, so könnte man den Wandel wie folgt beschreiben: Ausgehend von der Produktinformation führt der Weg über die virtuelle Teilhabe an Lifestyle-Szenarien hin zu einer immer stärkeren Einbeziehung des Verbrauchers – kulminierend in mehr oder weniger produktspezifisch konstruierten Erlebniswelten. Kennzeichen für Erlebnisweltkonstruktionen sind nach Boltz zwei Strategien: „1. Die Diffusion der symbolischen Markenwelt in die Alltagswelten der Adressaten durch Objekt- und Ereignisangebote. 2. Die Intensivierung der Beziehungen zwischen Kommunikator und Publikum durch Beteiligungsangebote." (ebd.: 80). Neben Ereignis- und Beteiligungsangeboten sind also Objektangebote von Bedeutung.

Event-Sponsoring und andere Strategien der Erlebnisweltkonstruktion setzen (in unterschiedlich starker Ausprägung) auf die aktive Mitarbeit der Beworbenen. Boltz sieht

> „gerade im Umgang mit Erlebniswelten eine bisher kaum gekannte Freiheit des Subjekts. Schließlich sind wir als Publikum diejenigen, welche das Erlebnis in Eigenregie reproduzieren oder gar produzieren. Ein Erlebnisangebot läßt sich zwar kaufen; für das Erlebnis selbst sind wir aber immer noch selbst zuständig und verantwortlich." (ebd.: 137).

Zwar sieht Boltz in „Verdummung, Manipulation, Passivität und Vereinsamung reale Gefährdungen in einer medial geprägten Erlebnisgesellschaft", aber „in der Freiheit, sein Medium – egal welches – selbst zu wählen und in der Unbestimmtheit des eigenen Erlebens liegen mächtige Möglichkeiten, sich gegen solche Programmierungen zu wehren." (ebd.: 137). Richtig ist, dass alle Medien- und eben auch Werbewirkungen nicht nur vom Medium, sondern immer auch vom Rezipienten her zu bestimmen sind und Menschen grundsätzlich die Fähigkeit zum Neinsagen besitzen. Und davon machen sie z. B. dann Gebrauch, wenn die Erlebniswelten keine geeignete Passung für die jeweilige Zielgruppe haben, um an bestehende Bedürfnisse anknüpfen zu können.

Neben Sponsoring und der Erlebnisweltkonstruktion ist Merchandising die dritte wichtige Marketingstrategie in den Jugendmärkten. Merchandising und Licensing bezeichnen die Rechteverwertung von Urheber-Nebenrechten aus dem Entertainmentbereich und beinhalten den Imagetransfer von Symbolen, Figuren etc. aus (im wesentlichen) Fernseh- und Kinofilmen auf Konsumgüter. Die Lizenzierung der Images von Fernsehfiguren, Lieblingshelden, Logi und Markennamen in den Konsumartikelbereich ermöglicht die Nutzung der mit ihnen verbundenen Emotionen als potenzielle Auslöser für Kaufentscheidungen für die lizenzierten Produkte. Im Unterschied zur klassischen Spot-Werbung, die mit ständiger Wiederholung und hohem Werbedruck versucht, Marken im Bewusstsein der Konsumenten zu verankern, stellt Merchandising eine subtilere Form der Beeinflussung dar. Während klassische Werbung von den Konsumenten eher negativ bewertet wird, ist Merchandising in ein üblicherweise positiv bewertetes (Programm-) Umfeld eingebunden. Angezielt wird eine möglichst weitgehende Identifikation der Zielgruppe mit dem jeweiligen Lizenzprodukt.

Der heute wichtigste Anwendungsbereich für Merchandising ist das Verlagswesen, wobei das Lizenzthema meist der Produktidee entspricht („das Buch zum Film"). Vor allem im Markt für Comics, Magazine und Kalender finden wir Lizenzierungen. Ein zweiter wichtiger Bereich ist der Spielwarenmarkt. Medienhelden als Spielfiguren, ihre Ausstattung (z. B. Waffen oder Fahrzeuge) eignen sich besonders gut zum Imagetransfer in die Kinderzimmer. Im Nahrungsmittelbereich finden wir Lizenzierung insbesondere für Süßigkeiten, Fastfood und Cerealien. Zu nennen sind weiter die Modebranche mit den Produktgruppen Schuhe (Sportschuhe!), Outdoor-Mode sowie Kinder-, Jugend- und Sportswear-Kollektionen, aber auch Baseball-Kappen, Sonnenbrillen und Bademode – hinzu kommen die Trend- und Szene-Outfits (z. B. Michael Schuhmacher Collection) in den Musik- und Fansportecken.

Auch in der Werbung selbst werden Lizenzthemen genutzt. Häufig finden wir beispielsweise Zeichentrickfiguren, die bestimmte Produkte attraktiver erscheinen lassen sollen. Auch bei Schul- und Haushaltswaren wird Merchandising groß geschrieben. Auf ungezählten Artikeln von der Zahnbürste bis zur Bettwäsche, vom Radiergummi bis zur Milchpackung mit Logo und Farben von Borussia Dortmund findet man die verschiedensten Themen. Als letzter wichtiger Bereich ist die Musikbranche zu nennen – vor allem mit Hörspielkassetten, aber auch eigenen Songs von Comic-Helden wie z. B. Garfield, dessen „Cool Cat" immerhin einen ‚Top 30'-Erfolg verbuchen konnte.

Die beim Merchandising verwerteten Urheberrechte stammen meist aus dem Unterhaltungsbereich, insbesondere aus Kino und Fernsehen. Besonders lizenztaugliche Genres sind Abenteuer, Science Fiction, Tiere sowie generell Zeichentrickfilme, denn gerade der animierte Film bietet optimale Umsetzungsmöglichkeiten. Auch beim Fernsehen, das speziell für den Kinder- und Jugendmarkt eine fast unerschöpfliche Lizenzquelle darstellt, sind die Comic-Serien beim Merchandising führend.

Grundsätzlich lassen sich beim Merchandising zwei verschiedene Marketingstrategien unterscheiden. Zum einen gibt es den Lizenztyp der klassischen Themen, die sich über Jahre hinweg großer Beliebtheit erfreuen (Donald Duck & Co.) andererseits aktuelle Themen mit beschränkter Lebensdauer (König der Löwen, Jurassic Parc etc.). Prototypisch lassen sich diese Strategien den Medien Fernsehen (TV-Serien) und Kino zuordnen.

Kinofilme sind meist von hoher Aktualität für einen kurzen Zeitraum. Ihre Laufzeit beträgt im Schnitt nur etwa sechs bis acht Wochen, danach geht das Interesse stark zurück, und nach neun Monaten läutet der Videorelease bereits den Ausverkauf ein. Die Lizenzierung muss daher sehr früh beginnen – manchmal noch vor den Dreharbeiten – und lange vor dem Kinostart (ca. 12 Monate) abgeschlossen sein:

„Noch während der Produkt-Produktion sollte der Handel informiert werden und die begleitende Werbung anlaufen. Bereits 1-2 Wochen vor Kinostart müssen die Produkte an den Handel geliefert werden. Beim Arbeiten mit aktuellen Themen ist das Timing der zentrale Erfolgsfaktor; ein noch so gutes Produkt wird keinen Erfolg haben, wenn es den Boom des Films verpaßt hat." (Niemann 1997: 90).

Im Gegensatz zu Kinofilmen sind Fernsehserien besonders geeignet für klassische Themen, da die Medienpräsenz des Programms bei den meist 26 Folgen pro Staffel sehr langfristig angelegt ist. Die enge Zuschauerbindung, die erfolgreiche Serien erzielen, lässt sich durch diese Langzeitpenetration im Fernsehen – bei richtiger Umsetzung eines Themas – für eine zielgruppenkonforme Vermarktung ausnutzen. Die große Vielfalt an Fernsehserien bringt jedoch auch eine starke Konkurrenz unter den Lizenzprodukten hervor. Dem Merchandising in Fernsehserien werden größere Erfolgschancen unterstellt, dagegen ist für Lizenznehmer von Kinofilmen das Gewinnpotential ebenso wie das Flop-Risiko größer. Eine Ausnahme sind ‚Blockbuster' wie der letzte Star Wars-Film „The Phantom Menace" (dt.: Dunkle Bedrohung), bei denen der Erfolg quasi garantiert ist.

In den USA spielte der Film, der die Vorgeschichte zur Star Wars-Trilogie erzählt, als der spätere Schurke Anakin Skywalker noch jung war und sich vom tapferen Jedi-Ritter zum bösen Darth Vader wandelte, bereits in den ersten fünf Tagen 105 Mill. Dollar ein – allein 28,5 Mill. Dollar am Tag der Premiere (19.5.99). Die Produktionskosten beliefen sich auf 115 Mill. Dollar. Die bereits verfilmten Teile vier bis sechs der von George Lucas erfundenen (auf neun Teile angelegten) Science-Fiction-Saga spielten allein an den Kinokassen gut 1,2 Mrd. Dollar ein. Die Merchandisingrechte hat sich Lucas bereits 1977 für ein geringeres Regiehonorar gesichert. Sie machten ihn bislang um 4,5 Mrd. Dollar reicher und unabhängig von den Bossen der Hollywood-Filmindustrie.

Die in der Presse genannten Zahlen für Lizenzierungen sind schier unglaublich. So soll allein der Softdrinkhersteller Pepsi für die Merchandisingrechte 2,5 Milliarden Dollar gezahlt haben, der Spielzeughersteller Hasbro 500 Millionen und Lego, erstmals im Lizenzgeschäft, soll die Vermarktung von Star Wars-Bausätzen 50 Millionen Dollar Wert gewesen sein. Daneben gibt es weitere große Lizenznehmer wie Nintendo und Sony (Computerspiele) sowie zahllose kleinere Lizenznehmer, die Bettwäsche oder Badeschaum, Kugelschreiber, Kaffeebecher, Socken, Windjacken, Regenschirme, Kappen, Ohrclips, Puzzles, Brettspiele, ‚R2-D2 Kassettenrecorder' (benannt nach dem Droiden R2-D2 und „inklusive vier Droiden-Soundeffekte für 87,95– DM" angeboten) oder Uhren mit Star Wars-Figuren vertreiben wollen, beispielsweise die ‚Musical Watch Darth Vader Helm' für 31,95 DM, die auf Knopfdruck den ‚imperialen Marsch' spielt oder auch den ‚Luke Skywalker Utility-Belt' mit Blaster, Fernglas und Reservepatronen für nur 59,95 DM.

Die US-Spielzeugkette TOYS "R" US verkaufte an nur einem Tag 1,25 Mill. Einheiten Star Wars-Spielzeuge. Actionpuppen kosten unter Fans bis zu 7.000 Dollar und bleiben in dieser Preisklasse wohl den erwachsenen Fans vorbehalten. Die Frisur von Königin Amidala ist in New York dagegen schon für 80 Dollar zu haben. Der Verlag Random House veröffentlicht fünf Bücher zum Film und erwartet Umsätze von knapp 300 Mill. Dollar. Der US-Comic-Verlag Dark Horse verspricht sich einen Umsatz mit Star Wars-Geschichten von 100 Mill. Dollar.

Der ‚offizielle' Star Wars Fanclub Deutschland (OSWFC), der 1981 gegründet wurde, zählt angeblich 5.500 Sternenkrieger als Mitglieder. Klar, dass die Fans den WED 15-77 mühelos vom LIN-V8K-Droiden unterscheiden können. Die Geschichte um die toughe Prinzessin Leia Organa, den der bösen Macht verfallenen Darth Vader, seinen für die Rebellen kämpfenden Sohn Luke Skywalker, imperiale Sturmtruppen und Rebellenarmee spaltet sogar die Fangemeinde in bekennende ‚Imperiale' und Rebellenkrieger. Ein ganzes Jahr lang wurde auf der Leserbriefseite des Fanzines „Journal Of The Whills" diskutiert, ob im Imperium wirklich alles so schlecht war etc. Und im Kleinanzeigenteil des Fanzines liest man unter Kontaktanzeigen schon einmal Selbstdarstellungen wie: „Ich heiße Airen Chryselli, Nachschuboffizier der Rebellen." 2005 soll die dritte Episode der Saga in die Kinos kommen – da kann man wohl nur noch mit den Jedi-Rittern sagen: „Möge die Macht immer mit uns sein!"

Es ist eine unzulässige Vereinfachung, eine ökonomistische Reduktion, die Wirkung von Werbung nur im Verkaufserfolg zu sehen. Im wesentlichen liegt die Wirkung von Werbung in der Unterstützung von Motiven der Umworbenen. Für die Fans geht es nicht um Konsum, der ein bloßes Mittel zur Teilhabe an einer virtuellen Gemeinschaft, einer Welt ist, sondern um Identität, um Lebensstil und Lebenssinn, die (auch) aus den Alltagsmythen der Consumer Culture gesaugt werden. Wie bedeutsam eigentlich Belangloses in den virtuellen Welten der Jugendkulturen werden kann, zeigt abschließend der Leserbrief eines Mädchens aus der Zeitschrift AnimaniA (Nr. 28, H. 2, 1999: 85f.), einer Zeitschrift, die sich mit Animes (von Animation = japanische Zeichentrickfilme) und Manga (japanische Comics bzw. Comics im typisch japanischen Zeichenstil) befasst. Für Nicht-Otakus (Fans) werden die im Leserbrief genannten ‚Fachbegriffe' und Namen im untenstehenden Glossar erläutert.[5]

Frohes neues Jahr, Ihr Lieben!
Ja, ich bin's mal wieder, Aqua. Und zwar habe ich diesmal eine grauenvolle, haarsträubende Moonie-Horrorstory parat, die wollte ich Euch nicht vorenthalten. Heute bin ich mit Ignis in einem Comicladen in Hamburg-Mundsburg gewesen, um ein paar Tradingcards von Ranma zu kaufen (Nebensache) und Urushihara-Artbooks anzusabbern (auch Nebensache). In diesem Laden hatten sie aus den USA importierte Figuren von Sailor Uranus, Neptun, Pluto und Saturn, die hier in Deutschland ja bekanntlich nicht zu haben sind. Ich hatte von einer Brieffreundin in Amerika schon eine Sailor-Pluto-Figur geschenkt bekommen und interessierte mich auch für die anderen (bei hübschen Figuren kommt meine Sailor Moon-Liebe wieder hoch). Nun, wirklich schön waren sie nicht, sie hatten so eklig große Augen. Dennoch war ich kurz davor, mir Haruka und Michiru zu kaufen, zumal sie die einzig vernünftigen Sailors sind (Nebensache). In diesem Moment wurde die Tür brutal aufgerissen und zwei Mädchen, etwa 12-14 Jahre alt, kamen laut „WO SIND SIE?!" kreischend hereingestürzt. Hinter mir bauten sie sich auf und suchten wild gestikulierend und den ganzen Laden erschreckend die Regale hinter dem Tresen ab. Plötzlich fuchtelten sie wie verrückt in Richtung Figuren (nichts anderes hatten sie anscheinend gesucht), begleitet von „DAAA!!! PUUUU!! SÜÜÜÜSS!! OOOH!! AAAH!! SÜÜÜÜSS!!"-Geschrei, was auch den letzten Kunden im Laden die Augen verdrehen ließ. Na, denk' ich, wenn du die Figuren noch in deine Anime-Sammlung aufnehmen willst, tu's JETZT, sonst siehst du sie nie wieder. Zum Glück stand ich vor den hysterischen Moonies (als nichts anderes kann man sie bezeichnen) und konnte mir die Dinger sichern. Kaum hatte ich gesagt, was ich wollte, da ging das Geplärre hinter mir los: „OH NEIIIIN! GEMEIN! OCH MAAAANNN!!" Bevor sie mich noch erwürgten (wie war das noch? Wenn Anime-Fans auf Artgenossen losgehen... früher nannte man sowas Futterneid...) flüchtete ich zu Ignis in die andere Ecke des Ladens. Von dort beobachtete ich folgende Szene: die Moonies fragten den völlig verdatterten Verkäufer lautstark (ehrlich, es hätte nicht viel gefehlt, und sie wären dem armen Kerl über den Tresen gesprungen!), wo er noch welche von den Figuren hat. Da er fatalerweise keine mehr zur Hand hatte, verwies er sie auf's Schaufenster (wer weiß, was die sonst mit ihm – ganz zu schweigen von den bösen Blicken, die MIR galten – angestellt hätten). Aha-Effekt bei den Moonies. Noch ein

---

5   Die Notwendigkeit eines Glossars macht deutlich, wieviel Szenekenntnisse in der Jugendforschung heute notwendig sind, wenn man die ausdifferenzierten Szenen wirklich verstehen will.

hoffnungsvolles „Komm, Bunny! Zum Schaufenster!!", Moonies ab, und es war wieder still. Nur ein entnervtes „Du Scheiiiiße" konnte ich mir nicht verkneifen. Zwei Minuten Ruhe. Dann wurde die Tür, diesmal nicht ganz so heftig, wieder aufgemacht und zwei scheinbar kurz vor'm Suizid stehende und in allen Hoffnungen enttäuschte Moonies kamen wieder rein. Anscheinend hatte das Schaufenster den Verkäufer auch nicht gerettet. Nachdem die Moonies noch immer wieder den ganzen Laden unterhaltend „GUCK MAL BUNNY!! NUN GUCK DOCH!!" kreischten und Moonie 1 Bunny alle möglichen Sachen gezeigt hatte, zogen sie schließlich mit Pauken und Trompeten ab, nicht ohne sich vorher noch deutlich vernehmbar mit einem „Ich könnte sie umbringen, die olle Kuh!" von mir zu verabschieden. Ende. Also, mal ehrlich. Erstens waren das US-Importe, die man relativ gut nachbestellen kann, und da auch ein Comichändler sich seine Brötchen verdienen muss, wird er das auf Anfrage wohl auch gerne tun. Zweitens geht die Welt nicht unter, wenn man mal einen Sailor Moon-Artikel NICHT bekommt (ich weiß noch genau, wie mir ein kleines Kind damals das erste Sailor Moon-Artbook vor der Nase weggeschnappt hat – und ich lebe immer noch!), egal wie extrem die Leidenschaft ist. Und drittens, Herrgott nochmal, wie soll man als Animefan einen ernstzunehmenden Status in der Gesellschaft erreichen, wenn es Leute gibt, die nicht mal wissen, wie man sich außerhalb seiner Sailor Moon-Welt und innerhalb eines Comicladens normal benimmt?! Ich war/bin auch manchmal in meiner Freude kaum zu bändigen, wenn ich was Schönes in die Finger kriege, aber gleich den ganzen Laden zusammenschreien, wegen jedem Gegenstand, den man sieht? Und andere, die eben mehr Glück gehabt haben, deswegen gleich umbringen zu wollen? Leute, es tut mir ja leid, dass Ihr die Figuren NICHT abgekriegt habt, aber meint Ihr nicht, dass Ihr da etwas übertrieben habt? Und was mich am meisten interessiert: WAR EUCH DAS ALLES NICHT STERBENSPEINLICH?! So, das wollte ich nur loswerden. Eine Frage noch (für Co-Chan): Was wisst Ihr über das Spiel/die Serie „Sentimental Graffiti"? Das war's für diesmal – bis bald!!

AQUA

P.S. Ich grüße die beiden Mädchen, die vor den Moonies (Bunny und ihrer Freundin) im Comicladen Mundsburg waren. (2. Januar 1999, etwa gegen 15 Uhr). Eine von Euch hat ein Päckchen Dragonball-Z-Karten gekauft und eine Sailor Saturn-Figur (Achtung Moonies! Noch jemand zum Umbringen!) Ihr saht so nett aus, dass ich mich hinterher geärgert habe, dass ich Euch nicht angesprochen habe (ich war die mit den roten Haaren neben Euch)!
P.P.S. Ryoga ist meiner.

Auffällig ist, dass die Schreiberin nicht mit bürgerlichem Namen unterzeichnet, sondern sich Aqua nennt. Sie verortet sich damit selbst in der virtuellen Welt des Comics und stellt mit dem Namen Aqua, also Wasser, eine Nähe her zu der Comicfigur Ranma Saotome, dessen Tradingcards sie kaufen wollte, und der in dem

Manga „Ranma ½" bei Berührung mit kaltem Wasser zum Mädchen bzw. mit warmem Wasser zurück zum Jungen mutiert. Die Figur ihres Begehrens ist jedoch nicht der geschlechtlich zweifelhafte Ranma, sondern ein anderer Junge aus dem Comic, Ryoga Hibiki, wie sich aus dem Postskriptum „Ryoga ist meiner" ersehen lässt.

Die Sailor Moon-Welt ist dagegen eher für Kinder gedacht, und Aqua hat sich aus ihr schon fast verabschiedet. Nur – wie beim Anblick der Modelkits (bemalte Resin- oder Kunstharzmodelle) – kommt ihre alte „Sailor Moon-Liebe wieder hoch", und auch Haruka und Michiru gehören zu den Sailorkriegerinnen, die von älteren Sailor Moon-Leserinnen mehr geschätzt werden als die sehr kindliche Usagi Tsukino (Sailor Moon). Hier wird deutlich, dass diese Fankultur – wie andere Jugendkulturen auch – keine Heimat auf Dauer anbieten, sondern transitorisch sind, also auch wieder aufgegeben werden müssen. Und eines Tages wird Aqua sich vielleicht fragen, warum ihre eigenen Kinder sich ausgerechnet zu dieser oder jener Fanszene hingezogen fühlen.

Glossar

In Japan gibt es *Manga* und *Animes* zu jedem erdenklichen Thema. In Deutschland werden die Genres Comedy, Abenteuer und Science Fiction abgedeckt, daneben existiert ein Adultbereich mit erotisch-sexueller Ausrichtung.[6]

Sailor Moon (Pretty Soldier Sailor Moon) ist vor allem durch die Ausstrahlung im Fernsehen zur bekanntesten und beliebtesten Serie geworden, die sich an jüngere Jugendliche und Kinder, vor allem Mädchen richtet. Der zugrundeliegende Manga (von Naoko Takeuchi) erscheint in Deutschland in einer Taschenbuchreihe bei Carlsen Comics sowie im Heftformat. Die von älteren als zu niedlich und kindisch empfundenen Geschichten um die mit magischen Fähigkeiten begabten Sailor-Kriegerinnen, aber auch die Dominanz in der Berichterstattung und im Fanartikelbereich führt bei vielen Manga-Fans zur Ablehnung der Serie. *Moonies* ist die etwas abfällige Bezeichnung für uneingeschränkte Sailor Moon-Fans. *Bunny* ist der Spitzname von Usagi Tsukino (Sailor Moon). Ihre Mitstreiterinnen sind Sailor Mercury (Ami Mizuno), Sailor Mars (Rei Hino), Sailor Jupiter (Makoto Kino) und Sailor Venus (Minako Aino). In späteren Staffeln kamen hinzu: Sailor Pluto (Setsuna Meio), Chibi-Usa oder Chibi-Moon (Sailor Moon durch Zeitsprung aus der Zukunft als Kind in der Gegenwart), Sailor Uranus (Haruka Tenno), Sailor Neptun (Michiru Kaio) und Sailor Saturn (Hotaru Tomoe).

---

6   Zum Manga und Anime siehe auch Vollbrecht (2000).

Ranma ½ (Hime-chan no ribbon) von Rumiko Takahashi erscheint in Deutschland bei Feest Comics ebenfalls in einer Taschenbuchreihe. Das Wort ‚chan' steht im japanischen für niedlich. ‚No ribbon' bzw. ‚½' ist hier mit ‚eins in zwei Teilen' zu übersetzen.

Satoshi *Urushihara* ist ein Mangaka (Mangazeichner), der bekannte Manga wie „Legend of Lemnear" und „Plastic Little" gezeichnet hat.

Dragonball (Dai zen shu) von Akira Toriyama ist der weltweit meistverkaufte und erfolgreichste Manga. Allein für Merchandising-Artikel wurden bislang über drei Milliarden Dollar umgesetzt (vgl. Dragonball, Bd. 10: 181). Zu Dragonball sind seit 1989 allein in der „DragonBall Z Hit-Collection" 18 Musik-CDs sowie ein „Best of"-Sampler erschienen, daneben mehr als 30 CDs als Einzeltitel, die allesamt in Deutschland kaum erhältlich sind. Einen Eindruck verschafft „Wuken's Dragonball Listening Booth".[7] Unter japanischen Fans ist „Cha-La Head-Cha-La" besonders beliebt, der von Kageyama Hironobu gesungene Titelsong der ersten zweihundert TV-Folgen von *Dragonball Z* (eine Fortsetzung der ersten Dragonball-Staffel).

Die Idee von Akira Toriyama zu Dragonball war ursprünglich eine Parodie auf die aus China stammende und heute in ganz Asien bekannte Legende vom Affenkönig Sun-Wu-Kong (daher hat der Protagonist Son-Goku einen Schwanz). Der Comic erzählt jedoch eine eigenständige Geschichte, in der lediglich einige Zitate aus der alten Legende auftauchen. In Deutschland sind bislang 30 Bände im Taschenbuchformat bei Carlsen Comic erschienen. Erstmals wurde dabei die japanische Leserichtung von rechts nach links beibehalten, während sonst die Bilder eines Manga für den europäischen und amerikanischen Markt gespiegelt (oder gar neugezeichnet) werden müssen, wodurch z. B. alle Rechtshänder zu Linkshändern werden.

Sentimental Graffiti ist ein nur in Japan erhältliches Computer- und Konsolenspiel, bei dem man die Rolle eines Schülers an einer japanischen Schule einnimmt. Je nach gewählten Fächern (und Erfolg) und je nach Auswahl eines der an der Schule angebotenen Clubs kann man sechzehn unglaublich niedliche Mädchen kennenlernen und muss eine als feste Freundin für sich einnehmen. Solche „Anbaggerspiele" (ohne explizit sexuelle Szenen) sind in Japan derzeit sehr beliebt.

Artbooks beinhalten Bilder eines Mangazeichners (nicht unbedingt nur zu einer Serie) und kosten in Deutschland etwa 30 bis 80 DM. *Tradingcards* sind preiswerte Sammelbilder, die es zu vielen bekannten Manga gibt. Daneben sind auch *Figuren* einzelner Charas (von characters) – komplett fertig oder zum selber anmalen – sowie Modelkits (von Fahrzeugen, Robotern etc.) als Merchandisingartikel sehr begehrt.

---

7   Unter der Internet-Adresse http://www.wuken.tierranet.com/dbzmusic.html.

Literatur

Boltz, D.-M. (1994): Konstruktion von Erlebniswelten. Kommunikations- und Marketingstrategien bei CAMEL und GREENPEACE. Berlin.

Bolz, N. (1995): Der Megatrend zum Bösen. In: Becker, U. et al. (Hrsg.) (1995): Toptrends. Die wichtigsten Trends für die nächsten Jahre. Düsseldorf/München, 75-96.

Deese, U.; Hillenbach, P. E.; Michatsch, C.; Kaiser, D. (Hrsg.) (1995): Jugendmarketing. Das wahre Leben in den Szenen der Neunziger. Düsseldorf/München.

Deininger, O. (1995): Das Marketing ist das Produkt. Werber im Gestrüpp der „Jugendsubkulturszenennischenmärkte". In: Deese, U.; Hillenbach, P. E.; Michatsch, C.; Kaiser, D. (Hrsg.) (1995): Jugendmarketing. Das wahre Leben in den Szenen der Neunziger. Düsseldorf/ München, 342-347.

Ferchhoff, W.; Sander, U.; Vollbrecht, R. (Hrsg.) (1995): Jugendkulturen – Faszination und Ambivalenz. Einblicke in jugendliche Lebenswelten. Festschrift für Dieter Baacke. Weinheim/ München.

Fichtel, L. (1995): Trendbeobachtung. Mit Monitoring, Scouts und Inner Circle Research durch die Szenewelt. In: Deese, U.; Hillenbach, P. E.; Michatsch, C.; Kaiser, D. (Hrsg.) (1995): Jugendmarketing. Das wahre Leben in den Szenen der Neunziger. Düsseldorf/ München, 180-149.

Geiger, T. (1987): Kritik der Reklame – Wesen, Wirkungsprinzip, Publikum. In: Soziale Welt, 38. Jg., 1987, 471-492 [übersetzte Auszüge des dänischen Originals: Kritik af Reklamen. Kopenhagen 1943].

Gerken, G. (1990): Abschied vom Marketing: Interfusion statt Marketing. Düsseldorf [u. a.].

Hitzler, R. (1994): Sinnbasteln. Zur subjektiven Aneignung von Lebensstilen. In: Mörth, I.; Fröhlich, G. (Hrsg.) (1994): Das symbolische Kapital der Lebensstile. Zur Kultursoziologie der Moderne nach Pierre Bourdieu. Frankfurt am Main, 75-92.

Krusche, D. (1987): Reclams Filmführer. Stuttgart

Luhmann, N. (1984): Soziale Systeme. Grundriß einer allgemeinen Theorie. Frankfurt am Main.

Luhmann, N. (1995): Jenseits von Barbarei. In: Luhmann, N. 1995: Gesellschaftsstruktur und Semantik. Studien zur Wissenssoziologie der modernen Gesellschaft, Bd. 4. Frankfurt am Main, 138-150.

Luhmann, N. (1995a): Metamorphosen des Staates. In: Luhmann, N. (1995): Gesellschaftsstruktur und Semantik. Studien zur Wissenssoziologie der modernen Gesellschaft Bd. 4. Frankfurt am Main, 101-137.

Müller, H.-P. (1992): Sozialstruktur und Lebensstile. Zur Neuorientierung der Sozialstrukturforschung. In: Hradil, S. (Hrsg.) (1992): Zwischen Bewußtsein und Sein. Die Vermittlung ‚objektiver' Lebensbedingungen und ‚subjektiver' Lebensweisen. Opladen, 57-66.

Niemann, R. (1997): Die Nutzung von Film- und Fernsehlizenzen im Konsumarti-
kelmarkt für Kinder. Die Praxis von Merchandising. In: Meister, D. M.;
Sander, U. (Hrsg.): Kinderalltag und Werbung. Zwischen Manipulation
und Faszination. Darmstadt/Neuwied, 87-97.

Richard, B. (1995): Love, peace and unity. Techno – Jugendkultur oder Marketing
Konzept? In: deutsche jugend, 43. Jg., 1995, H. 7/8, 316-324.

Schömbs, G. (1995): adidas Streetball Challenge. Auf der Straße wird die alte Mar-
ke wieder jung. In: Deese, U.; Hillenbach, P. E.; Michatsch, C.; Kaiser,
D. (Hrsg.) (1995): Jugendmarketing. Das wahre Leben in den Szenen der
Neunziger. Düsseldorf/ München, 257-265.

Soeffner, H.-G. (1986): Stil und Stilisierung. Punk oder die Überhöhung des Alltags. In: Gumbrecht, H. U.; Pfeiffer, K. L. (Hrsg.) (1986): Stil. Geschichte und Funktionen eines kulturwissenschaftlichen Diskurs-
elements. Frankfurt am Main, 317-341.

Spencer Brown, G. (1972): Laws of Form. New York.

Stolz, M. (1995): Quo Vadis, Jugend? Generation XY ungelöst. In: Deese, U.; Hillenbach, P. E.; Michatsch, C.; Kaiser, D. (Hrsg.) (1995): Jugendmarketing. Das wahre Leben in den Szenen der Neunziger. Düsseldorf/ München, 19-28.

Vollbrecht, R. (2000): Anime & Manga. Japanische Zeichentrickfilme und Comic.
In: Lexikon des Kinder- und Jugendfilms – 6. Ergänzungslieferung.
Meitingen (im Erscheinen).

Willis, P.; Jones, S.; Canaan, J.; Hurd, G. (1991): Jugend-Stile. Zur Ästhetik der
gemeinsamen Kultur. Hamburg.

Mark Terkessidis
Differenzkonsum

„Wer bin ich?" fragte Ende 1998 die Zeitschrift „BIZZ" auf ihrem Titelblatt. Das „neue Wirtschaftsmagazin von Capital" illustrierte die Frage mit einem aufgeklebten Spiegel, der dem Leser sein eigenes Gesicht zurückreflektierte – allerdings schrecklich verzerrt und unscharf. Solche Schwammigkeit gehört fokussiert, signalisierte die Zeitschrift damit ihrer Zielgruppe, den zukünftigen Unternehmer-Individuen der „Neuen Mitte". In der Startausgabe einige Monate zuvor hatte man „die neue Lust am Job" verkündet. Das Schlagwort von der „Ich-AG" mache die Runde, konnte man im zugehörigen Dossier lesen: „Junge Unternehmertypen feilen ununterbrochen am Marketing in eigener Sache."[1] Über ihre Ziele, ihre Eigenschaften und Möglichkeiten müssten die Jobanwärter ganz genau Bescheid wissen, auch Selbstbewusstsein haben und sich auf die richtige Präsentation verstehen. Denn wem es an diesen Charakteristika mangelt, dem fehlt später der Spaß bei der Arbeit – und das, so sagen die Personalchefs, mindert die Leistung immens.

Tatsächlich zeigen eine Reihe jüngerer Untersuchungen, dass die Unternehmen bei ihrer Bewerberauswahl zunehmend auf vage Konzepte wie „Personalitysichtung" rekurrieren (vgl. Kessen 1999). Doch ist das mit der Persönlichkeit nicht so einfach. „Wer da schief liegt, kriegt Probleme", weiß man wiederum bei „BIZZ".[2] Schon seit Jahrtausenden, teilt die Zeitschrift dem verwirrten Jobeinsteiger mit, versuchen die Gelehrten mehr oder minder vergeblich, dem „Geheimnis Individualität" auf die Spur zu kommen. Persönlichkeit, meint auch ein zitierter Personalentwickler, ist „ein Puzzle mit 3.000 Teilen". Als Ausweg bietet „BIZZ" schließlich

---

1   BIZZ, Nr.1, 3/1998, 59.
2   BIZZ, Nov-Dez.-Jan. 1998/1999, 53-63.

einen Test mit dem „Myers-Briggs Typenindikator" an. Die Auswertung gibt es zum Discount.

Ob man freilich ein „Typ" geworden ist, wenn man schließlich einen Job hat, das scheint zumindest fraglich. Zumal ja neben einem starken „Selbst" vor allem Flexibilität erwartet wird, und da könnte es mit dem gerade gewonnenen Fokus auch schnell wieder vorbei sein. In Brat Easton Ellis Roman „American Psycho", der im Wall-Street-Milieu spielt (gewissermaßen in des „BIZZ"-Lesers Sonnen-staat), haben die Personen ununterbrochen Probleme, sich überhaupt noch wieder-zuerkennen. Erstaunlicherweise scheint der Beruf für die Identifizierung überhaupt keine Rolle mehr zu spielen, sondern nur die zur Schau gestellten Konsumaccessoires: Bei jeder Begegnung rattert der Protagonist eine Liste der am Körper des Gegenübers sichtbaren Markenartikel herunter. Die Zuordnung dieser Produktpalette zu einem Eigennamen fällt jedoch schwer. Ständig finden Gespräche statt, ob der „Typ" da vorne nun dieser oder jener ist, und man toleriert es durchaus, wenn man von Zeit zu Zeit mit irgendeinem anderen Namen angesprochen wird.

Bereits zu Beginn der achtziger Jahre sprach Raymond Williams von einem neuen Identitätsangebot, dass er als „mobile Privatisierung" bezeichnete: „Die Identität, die uns angeboten wird, ist eine neue Art von Freiheit in dem Bereich unseres Lebens, den wir innerhalb der gesellschaftlichen Determinationen und Zwänge abgesteckt haben. Sie ist privat. Sie schließt ziemlich viel Konsum ein." (Williams 1984: 261). Dieser quasi im gesellschaftlichen Jenseits angesiedelte Raum, der eine ungeahnte Freiheit im Freizeitbereich ermöglichte, hat sich seitdem ausgedehnt und auf komplizierte Weise mit dem Sekor der Arbeit verwoben. Ulrich Beck hat in seiner Theorie der „reflexiven Modernisierung" die schwindende iden-titätsbildende Kraft von Erwerbsarbeit, Klassenbindungen und Geschlechtslagen thematisiert und auf einen durch institutionelle Veränderungen herbeigeführten Zwang zur Freiheit hingewiesen (vgl. Beck 1986). Diese Freiheit wird allerdings – das hat Gilles Deleuze in einem späten Entwurf herausgestrichen – reguliert durch einen Mechanismus der Kontrolle. Als leitendes Prinzip des von der Kontrolle do-minierten Machtfeldes definiert Deleuze die „Modulationen", „sie gleichen sich selbst verformenden Gußformen" (Deleuze 1993, S. 257). Im Zentrum dieser „Mo-dulationen" steht eben eine veränderte Form des Subjekts.

Offenbar ist die Konsumsphäre zum ausgezeichneten Feld dieser modulieren-den Identitätsbildung geworden. „100 Prozent Styling", heißt es folgerichtig in einem Werbeclip, „100 Prozent Ich". Freilich verwischen sich dadurch die zumal in der Zeit nach dem Zweiten Weltkrieg rigide gezogenen Grenzen zwischen Arbeit und Freizeit. Zum einen dringen Werte des Freizeitbereiches in die Arbeitswelt ein, wenn Persönlichkeit, Selbstverwirklichung oder Spaß relevante „Humanressour-cen" werden. Auf der anderen Seite impliziert die Freizeit nun eine auf potenzielle Erwerbstätigkeit bezogene Arbeit am Selbst. In den letzten Jahren haben nicht um-sonst Magazine wie „Fit for Fun" oder „Men´s Health" eine immense Leserschaft gewonnen. Diese Zeitschriften etablieren ein Kontrollregime der permanenten Selbstoptimierung von Gesundheit und Körperpräsentation. In einem Editorial von

„Men´s Health" adressierte der Chefredakteur die Leser als Männer, die „Wert legen auf die Verwirklichung ihrer eigenen Lebensvorstellungen" und betonte in bezug auf die Lektüre: „Pressen sie das Heft aus wie eine Zitrone, arbeiten sie mit ihm!"[3]

Während also körperliche „Fitness" eine Basisressource für „Fun" bildet und damit auch für den Erfolg bei der Jobsuche, wird die Persönlichkeit vor allem durch Kultur repräsentiert. Zweifelsohne war Kultur in der so genannten bürgerlichen Gesellschaft immer ein bedeutender Faktor der Subjektentwicklung. Allerdings sollte die bürgerliche Hochkultur ganz im Sinne des Kantschen Diktums von der Aufklärung als „Ausgang des Menschen aus seiner selbst verschuldeten Unmündigkeit" (Kant 1977: 53) die Autonomie der Individuen gewährleisten. Auch die „Gegenkultur" der Zeit nach dem Zweiten Weltkrieg blieb diesem Ideal der Emanzipation weitgehend verhaftet. Doch die Kämpfe wurden dabei zunehmend durch stilistische Unterscheidungen ausgedrückt – durch eine bestimmte Kleidung, lange Haare, Körperhaltungen oder eine spezielle Musik. Durch die Ausdifferenzierung von Subkulturen vor allem während der achtziger Jahre trat dieses Differenzprinzip in den Vordergrund, wobei der Wille zur Unterscheidung sich mehr und mehr nicht nur auf den so genannten Mainstream der Gesellschaft bezog, sondern auf die Szenen untereinander.

Durch die erwähnte „Individualisierung", in der sich ein institutioneller Zwang zur Freiheit und ein aus den Neuen Sozialen Bewegungen stammender Wunsch nach Selbstständigkeit vermischen, wurde die Rolle der Kultur als Quelle von Differenz aufgewertet. Tatsächlich gilt die Aufklärung inzwischen weithin als überholt; eine Emanzipation scheint nicht mehr notwendig, da folgende Maxime einer Néscafé-Werbung allgemeine Akzeptanz findet: „Ich bin so frei". Die Zustimmung zu diesem Diktum lässt sich ex negativo etwa an dem seit Beginn der neunziger Jahre periodisch wiederkehrenden Diskurs über die Folgen der Emanzipation ablesen. Nicht nur Konservative sind heute der Auffassung, dass das emanzipierte Verlangen nach Selbstverwirklichung und persönlichem Genuss über die Ufer getreten sei und der Eindämmung bedürfe. Der Slogan von der „Ego-Gesellschaft" geht um und kommunitaristisch gefärbte Forderungen nach Familie, Erziehung und Werten sind allgegenwärtig.

In diesem Rahmen ändert Kultur insgesamt ihre Funktion: Wenn jeder bereits frei ist, wird ihr Anspruch als moralische Anstalt oder als Mittel der Kritik abgewertet, während die Bedeutung von Kultur als Reservoir von Differenz ununterbrochen steigt. Dies ist ein erstaunlicher Vorgang, denn in den Kreisen einer hegemonialen „Neuen Mitte" wechseln nun die einstmals dominierende bürgerliche Hochkultur und die marginalisierten Kulturformen als paradigmatische Bezugspunkte gewissermaßen die Plätze. Sämtliche Kulturbildungen an den Rändern – seien es jene der Arbeiter, der antikolonialen Kämpfe, der Homosexuellen, der Migranten, der „Alternativen" oder der Jugendlichen – basierten maßgeblich auf einer Taktik

---

3   „Men´s Health", 9/98, 4.

der Differenz; auf einem Protest, dessen Artikulationen auf die zumeist unsichtbare Ebene von dominanten Selbstverständlichkeiten abzielten. Die Kulturbildungen richteten ihre Kritik stets auf jenes abstrakte Subjekt der Aufklärung, dass sich konkret jedoch ein ums andere Mal als reich, weiß, männlich, heterosexuell und erwachsen entpuppte. Mit dem Nachlassen dieser Kämpfe hat sich auch bei den marginalisierten Gruppen weitgehend die Auffassung durchgesetzt, die Emanzipation sei abgeschlossen. Die Differenz als Quelle der Identitätsbildung wurde damit ebenfalls „freigesetzt" und konnte von einer „neuen Mitte" in den westlichen Gesellschaften zur eigenen individuellen Identitätsbildung via Konsum angeeignet werden.

Jeder ist 1 Volk, stellte Christoph Schlingensief 1998 in einem seiner zahlreichen Akte der Überaffirmation zurecht fest, und gründete schließlich folgerichtig in der „moralischen Anstalt" Theater die erste „Partei der absolut autonomen einzelnen" (vgl. Schlingensief 1998: 29). Mit Hilfe der überaus interessierten Medien verbreitete er die Botschaft: Jeder soll die Möglichkeit erhalten, sich selbst darzustellen und sich in dieser Selbstdarstellung zu spüren. Da es in der Kultur nun nicht mehr vorrangig um Autonomie geht, sondern um Unterschiede, hat sich die kulturelle Sphäre in einen monumentalen Differenzbauchladen verwandelt. Was früher als Abweichung galt, ist heute in mundgerechter Form zutiefst begehrt.

Von Ganster-Rap über Eurodance-Exotismus zu Buena Vista Social Club oder Manu Chao – ethnische Differenz beherrscht das Geschehen in der Popkultur. Spätestens seit Gaultier haben die Stile der Subkultur in die Haute Couture Einzug gehalten – heute wird Vivienne Westwood bei der Queen geladen, und Wolfgang Joop lobt im „Spiegel" die „Black-Ghetto-Dream-Collection" und betont: „Puff Daddy ist der neue Versace" (Joop 2000b: 124). Derweil präsentierte Alexander McQueen eine Kollektion mit körperbehinderten Models.[4] Benetton plakatierte eine Person mit Down-Syndrom; zuvor hatten die Einwohner von Corleone den Katalog aufgetragen, und kurz darauf wurde eine Kampagne mit Gefangenen in US-Todestrakten gestartet. Der behinderte Physiker Stephen Hawking dominierte einige Zeit die Sachbuch-Bestsellerlisten, obwohl selbst Physiker das Buch als schwierig bezeichneten. Models sahen zwischenzeitlich aus wie Drogensüchtige – so deutlich, dass US-Präsident Clinton sich zum Protest aufgerufen fühlte. „Vogue" druckte eine vieldiskutierte Fotostrecke mit Kinderakten ab.[5] Seitdem Tom Gerhard auf der Bühne einen „Asi" verkörperte, haben die Außenseiter die Comedy erobert – vor allem radebrechende Migranten sind derzeit beliebt. Travestimus findet man in Samstagabendshows und Werbung, schwule Camp-Ästhetik im Schlager, lesbische Liebe in Soap-Operas. Schließlich wird nicht zuletzt der eigene Körper irreversibel mit Insignien von Andersheit beschriftet, die weiland als primitiv (Piercing etc.) oder als proletenhaft (Tätowierungen) galten.

Die Identitätsbildung über Differenzkonsum funktioniert also durch Akte vorübergehender, modulierender Identifikation. „Als Amerikaner wäre ich dunkelhäu-

---

4   Vgl. Dazed & Confused, Nr. 46, 9/1998, 68-83.
5   Vgl. Vogue, Nr. 12/1999, 212-217.

tig", stellt Wolfgang Joop fest. Und er fügt die Erklärung gleich hinzu, indem er den Titel eines Hollywood-Films zitiert: „Because white man can't jump" (Joop 2000a: 14). Dieser Identifikation sind kaum noch Grenzen gesetzt. Der gleichen Logik wie Joop, der eben das Stilvermögen der Afroamerikaner begehrt, folgte jüngst eine Werbung der renommierten Versicherung Allianz. Die Zeile „Performance – Covered by Allianz Group" wurde illustriert mit einem schwarzen Mann, der sich offenbar an der Börse gerade über einen Gewinn freut. Dass solche Identifikation mit Zuschreibungen und Klischees arbeitet, ist evident: Im Akt der Identifizierung werden gewissermaßen die genießbaren und die ungenießbaren Teile der Differenz voneinander geschieden – Schwarze repräsentieren hier in erster Linie perfekten Stil und glamouröses Auftreten (vgl. Terkessidis 1999).

Wer sich in dieser Differenzkonsummaschine bedient, um die stets präsente Frage nach dem „Wer bin ich?" zu beantworten, erwirbt neben individueller Unterschiedlichkeit allerdings gleichzeitig auch Zugehörigkeit. Nicht nur zu bestimmten Szenen oder Milieus, sondern auch zur „Neuen Mitte" ganz allgemein. Wieder ist es Wolfgang Joop, der das Konsens-Credo seines „ungerechten Lebensstils" prägnant zusammenfasst: „kosmopolitisch, forever young, kreativ, wohlhabend, reisend."[6] Insofern steckt der Differenzkonsum ein symbolisches, ein virtuelles Terrain von Zugehörigkeit ab. Dabei handelt es sich um einen paradoxen Vorgang: Je individueller man wird – oder vielleicht richtiger: je mehr finanzielle Mittel man hat, sich zu individualisieren – desto mehr gehört man dazu.

Vielen „Kreativen" in der „Neuen Mitte" reicht es allerdings nicht mehr aus, bloß durch Identifikation mit dem Anderssein an vorbestimmter Differenz zu partizipieren. Hier werden allerlei Produkte mit dem Selbst verschweißt, indem man das eigene Verhältnis zu ihnen möglichst stark intimisiert. Hier wird jene Art der Warenbeziehung auf die Spitze getrieben, die John Corbett als „lokale Warenbindung" bezeichnet (vgl. Corbett 1996: 76). Das Prinzip „forever young" wird dabei in Richtung „forever child" überschritten, denn schließlich sind Kinder ja am besten in der Erschaffung von persönlichen Kultgegenständen. Und so wird denn beharrlich daran gearbeitet, bestimmte Produkte der Zirkulation zu entreißen und Fetische aus ihnen zu machen: Viel wird gesprochen über die Beziehung zu alten Fernsehserien, Klebebildchen, Puppen etc. Deutsche Rapper nennen sich „Kinderzimmer Productions" und regredieren gern in geschlossene Kinderwelten. Junge Künstler wiederum präsentieren dem Publikum ihre Kinderzimmer. Und selbst irgendein alter Kühlschrank kann unendlich mit intimer Bedeutung angefüllt werden.

Zwei Bücher haben in den letzten Jahren die neue Art dieses gewissermaßen postmaterialistischen Konsums beschrieben: Die beiden Gründer der „Werteagentur New Sign", Christoph Clermont und Johannes Goebel, hoben den „Lebensästheten" aus der Taufe (1997) und Florian Illies, ein Redakteur der „Frankfurter Allgemeinen Zeitung" erfand die „Generation Golf" (2000). Tatsächlich zeigen beide Bücher, wie der zumal in den britischen Cultural Studies beschriebene „taktische Kon-

---

6   „Fehler sind sexy, Perfektion macht alt" – Interview. In: BIZZ, Nr. 3/1998.

sum", der eine marginalisierte „popular culture" zu umreißen imstande war, hier zum identitätsbildenden Prinzip einer hegemonialen Schicht zwischen „Neuer Mitte" und „New Economy" wird. Während Clermont und Goebel zumindest noch adäquate Beschreibungen der momentanen Veränderungen liefern, schildert Illies Konsum in ideologischer Absicht als Sozialisationsapparat zur Bejahung des Status quo.

Zudem werden die Akte der Identitätsbildung via Differenzkonsum nicht in einen größeren sozialen Zusammenhang gestellt. Denn zunehmend wird das Potential solcher Identitätsgewinnung auf eine schmaler werdende kaufkräftige Schicht in der „neuen Mitte" beschränkt. Diese Schicht unterhält zur Vielfalt der marginalisierten Gruppen eine doppelte Beziehung: auf der einen Seite steht Identifikation, auf der anderen Angst. Während die „Neue Mitte" auf der einen Seite die kulturellen Artikulationen der Ausgeschlossenen als Differenzreservoir begehrt, fürchtet sie auf der anderen Seite reale Mitglieder marginalisierter Gruppen als mögliche Quellen von Kriminalität und Gewalt. So können gleichzeitig Models inszeniert werden wie Drogensüchtige und reale Drogensüchtige aus den Innenstädten quasi vertrieben werden, weil sie die Reibungslosigkeit des Konsums stören. So können die Raver gleichzeitig zahlreiche Insignien des Proletarischen verwenden und sich dennoch deutlich von „rüpelhaften" und „unzivilisierten" „Prols" abgrenzen.[7]

Erstaunlicherweise können mittlerweile selbst Maßnahmen zur Kontrolle von angsteinflößenden Situationen und Subjekten wie etwa Videoüberwachung wieder zur Ressource für Differenzkonsum werden. Die Bekleidungsfirma Kenneth Cole etwa warb kürzlich mit folgendem Slogan: „You are on a video camera an average of 10 times a day. Are you dressed for it?" Während dem Käufer dieser Firma die Kamera eine Art Laufsteg für die symbolische Inszenierung der eigenen Differenz bietet, streitet dieselbe Kamera den Marginalisierten den symbolischen Charakter ihrer eher kollektiven kulturellen Inszenierungen ab: Heute gelten Zeichen aus den Beständen von „Prol-", Jugend- oder Migrantenkultur als direkter Hinweis auf die mögliche Gefährlichkeit der Personen. Eine Kontrolle durch die Polizei oder andere Sicherheitsdienste wird dadurch wahrscheinlich.

Die ganze Ambivalenz dieser Konstellation verdeutlichte eine Anzeige für Cinchback Jeans der Firma Levi's. Auf ihr waren zwei offenkundig schwarze Männer zu sehen, die – mit besagter Jeans bekleidet – anlässlich einer Polizeikontrolle mit ausgestreckten Armen an einer Wand standen. Auch das Polizeiauto befand sich auf dem Bild, allerdings wurden die Polizisten auf Spielzeuggröße verharmlost. Die Dialektik von Identifikation und Angst wird deutlich: Während diese Situation letztlich entsteht, um hegemoniale Konsumenten beim Einkauf von Cinchback Jeans zu schützen, identifizieren diese sich in ihrem Wunsch nach Differenz ausgerechnet mit dem Style (Cinchback Jeans) dieser angstbesetzten gefährlichen Sub-

---

7   „Aber technoid zu sein, im Sinne einer bestimmten existentiellen Selbststilisierung, signalisiert [...] sehr wohl ein Anderssein; ein Anderssein als z. B. ,rüpelhafte' bzw. ,unzivilisiert' so genannte ,Prols' einerseits und intellektuelle ,Betroffenheitsrhetoriker' und ,Emanzipationslaberer' andererseits" (Hitzler & Pfadenhauer 1998: 175).

jekte. Der Prozess der Ausgrenzung wird daher geradezu konstitutiv für eine Kulturproduktion, welche sich durch die Zirkulation von Differenz am Leben hält.

Diese neue Form der modulierenden Identitätskonstruktion hat bedeutende Konsequenzen für jenen Teil der Gesellschaft, der einmal als bürgerliche Öffentlichkeit bezeichnet wurde. Denn die Arbeit am eigenen Selbst führt die „permanenten Wanderer" (Ulrich Beck) notwendig immer tiefer in eine intime Innerlichkeit. Allerdings muss diese Innerlichkeit gleichzeitig pausenlos öffentlich ausgestellt werden, denn schließlich kann eben nur der Vergleich vor Publikum die gewonnene differentielle Individualität bestätigen. Und so entwickelt sich Öffentlichkeit mehr und mehr zu einem klaustrophobischen Intimpluriversum. Das ritualisierte Bekennen von persönlichen Abweichungen in der nachmittäglichen Talkshow gehört ebenso in diese neue öffentliche Sphäre wie „Live-Übertragungen" aus dem eigenen Leben per Kamera oder Tagebuch ins Internet. Auch die Politik ist inzwischen weitgehend davon ergriffen – Bill Clintons sexuelle Eskapaden im Internet gehören ebenso dazu wie Joseph Fischers Beziehungskrisen und Joggingerlebnisse.

Gleichzeitig raubt der ständige Umschlag von marginalisierter Kulturproduktion in konsumistische Häppchen den Ausgeschlossenen buchstäblich die Sprache. Auf der Suche nach Differenz wird hier derweil eher auf kollektive symbolische Formen zurückgegriffen wie etwa lokale, regionale oder ethnische Bildungen. Solche kollektiven Identitätskonstruktionen finden ihre Besonderheit heute teilweise eben auch darin, sich vor jeglicher einverleibenden Identifikation durch Konsum aus der „Neuen Mitte" zu schützen. Insofern könnten hier – wie man am Beispiel des „Fundamentalismus" jeglicher Couleur leicht ablesen kann – eben jene symbolischen Formen am begehrtesten sein, die in der „neuen Mitte" Angst und Schrekken verbreiten.

Literatur

Beck, U. (1986): Risikogesellschaft – Auf dem Weg in einen andere Moderne. Frankfurt am Main.

Clermont, Chr.; Goebel, J. (1997): Die Tugend der Orientierungslosigkeit. Berlin.

Corbett, J. (1996): Free, Single and Disengaged – Die Lust des Hörens und das Objekt der Popmusik. In: Die Beute, Nr.1/1996, 74-89.

Deleuze, G. (1993): Postskriptum über die Kontrollgesellschaften. In: Unterhandlungen 1972-1990. Frankfurt am Main.

Hitzler, R.; Pfadenhauer, M. (1998): Konsequenzen der Entgrenzung des Politischen: Existentielle Strategien am Beispiel „Techno". In: Imhof, K.; Schulz, P. (Hrsg.): Die Veröffentlichung des Privaten – Die Privatisierung des Öffentlichen. Opladen/Wiesbaden, 165-179.

Illies, F. (2000): Generation Golf. Eine Inspektion. Berlin.

Joop, W. (2000a): Ich habe einen Traum. In: „Die Zeit – Leben", Nr. 2, 14.

Joop, W. (2000b): Die neue Vulgarität. In: „Spiegel", Nr. 19, 124-126.

Kessen, P. (1999): Sylvia will zu Bertelsmann. In: „tageszeitung-MAG", 30.04.-02.05., V.

Kant, I. (1977): Beantwortung der Frage: Was ist Aufklärung? In: Werkausgabe Band XI. Hrsg. von W. Weischedel. Frankfurt am Main, 53-61.

Schlingensief, Chr. (1998): Chance 2000. Wähle Dich selbst. Köln.

Terkessidis, M. (²1999): Globale Kultur in Deutschland – oder: Wie unterdrückte Frauen und Kriminelle die Hybridität retten. In: Hepp, A.; Winter, R. (Hrsg.) (1999): Kultur – Medien – Macht. Opladen/Wiesbaden, 237-252.

Williams, R. (1984): Mobile Privatisierung. In: Das Argument, Nr.144, 260-263.

Mercedes Bunz

Sind wir nicht alle ein bisschen Ally? Über das neue Verhältnis von Fernsehserien zur Realität

Seitdem das Fernsehen in unser westliches Leben getreten ist, hat es seinen schlechten Ruf beibehalten. Man kann beobachten, dass jedes Medium in den Kinderschuhen eine Phase durchläuft, in der das Schlechteste, was man über es sagt, sein Image zu beherrschen scheint. Während der Schallplattenspieler sich jedoch bald davon emanzipiert hat, eine schlechtere Version des Konzertes zu sein, der Kinofilm nach einiger Zeit zum Kulturgut erklärt wurde und sogar das Internet nicht mehr nur als Ort der Kinderpornographen und illegalen Softwareverschieber angesehen wird, hat das Fernsehen seinen Ruf als Unterhaltungsmedium ohne nennenswerten kulturellen Anspruch behalten.

Gleichzeitig findet man im Fernsehen das Medium, das am weitesten in den Alltag integriert ist. An genau diesem Punkt kann man eine interessante Schnittstelle beobachten: Denn ebenso, wie es Teil unserer Realität geworden ist, folgt es seiner eigenen Logik, folgt es seiner eigenen Realität. Im folgenden soll es am Beispiel der 1997 angelaufenen Serie „Ally McBeal" darum gehen, diese Logik zu analysieren und Verschiebungen zwischen einem traditionellen Serientyp wie „Love Boat" oder „Traumschiff" und der Anwaltsserie „Ally McBeal" zu zeigen. Dabei soll beobachtet werden, welche Beziehungen die Serie zur Realität unterhält und wie sich diese Beziehungen transformieren und in einer neuen und anderen Weise gestalten.

The World of Ally McBeal

Hauptfigur der Anwaltsserie ist Ally Mc Beal, eine junge, hübsche Harvard-Anwältin gespielt von Calista Flockhart. Das inhaltliche Konzept der Serie spannt sich dabei zwischen sozialen Beziehungen der Angestellten ihrer Anwaltskanzlei, den Fällen vor Gericht und ihrer Suche nach einem Mann, wobei strategisch die verschiedenen Bereiche immer wieder überkreuzt werden. Die herausragendste Eigenschaft der Hauptfigur ist dementsprechend ein neurotischer Blick auf das Leben, der filmisch durch flashartig auftretende, comicartige Visionen zugespitzt wird. Man kann also feststellen, dass McBeal ein untypischer Charakter für die weibliche Hauptfigur einer Serie ist: Sie ist konstant unsicher, narzisstisch, trotzdem mit sich unzufrieden und wird am Anfang der Serie wegen sexueller Belästigung gezwungen, den Job zu verlassen. Schon dieser Anfang der Serie weist auf die Problematik hin, die der Serie zugrunde gelegt worden ist und deren detaillierte Mechanismen sie von Folge zu Folge aus verschiedenen Blickwinkeln diskutiert und dekonstruiert: die Normierungen durch die geschlechtliche Identität von Mann und Frau. Der Ethos der Serie folgt dabei einem Butlerschen Postfeminismus, der grundlegend davon ausgeht, dass man der Geschlechtsidentität nicht entfliehen kann, sie aber verschiebt, indem man sie „anders" wiederholt.

Mode als Politik der Identität

Es kann bemerkt werden, dass aus diesem Grund in den verschiedenen Staffeln der Serie immer wieder ein Thema diskutiert wird: die Bekleidung. Kleidung spielt für die Normierung der Geschlechter schon immer eine zentrale Rolle. Gerade weil das soziale Geschlechterverhalten nicht angeboren ist, beginnt man in der frühen Kindheit, das Mannwerden oder Frauwerden farblich in rosa oder hellblau zu kennzeichnen, damit die Farben die Erwachsenen darauf hin konditionieren, die Kinder entsprechend zu behandeln und soziale Erwartungen von ihnen einzufordern. Diese hohe soziale Normierung jedoch, die einen von Kindesbeinen an begleitet, macht die Kleidung über ihren Status als funktionales Produkt hinaus zu einem Zeichen. Beobachtet man unter diesem Gesichtspunkt Ally McBeal, ist es der zu kurze Rock McBeals, der immer wieder nicht nur Thema der Serie, sondern auch Thema der Presse geworden ist. Im allgemeinen könnte man davon ausgehen, dass Miniröcke die Zeit hinter sich gelassen haben, in der sie als Provokation galten. Heutzutage werden sie nicht mehr als Abgrenzung von der traditionellen weiblichen Identitätsbeschränkung einer Frau auf „Ehefrau" gelesen, im Gegenteil. Sie gehören zum Repertoire des Modedesigns und erleben in regelmäßigen Abständen ein Revival auf dem Laufsteg, ebenso wie sie Teil einer jugendlichen Alltagskleidung geworden sind. Gerade deshalb sind die Debatten, die in der amerikanischen Presse zu Beginn der Serie rund um den Minirock einsetzten, auffällig. Dabei ist es bei Ally McBeal weniger die Kürze des Rockes, die problematisch scheint, sondern seine Kombination in verschiedenen Kontexten. In der Tat ist nicht der Minirock per se, sehr wohl aber als Teil eines weiblichen Business-Outfits – dem Kostüm, das normalerweise mit einem mindestens knielangen Rock kombiniert wird – so ungewöhnlich, dass der Rock vom Kleidungsstück zum Symbol geworden ist.

Folgt man dem alten Sprichwort, dass es die Kleider sind, die die Leute „machen", kann man den zu kurzen Rock zunächst einmal als Zeichen für Ally McBeals Persönlichkeit lesen (1): Er drückt sowohl ein egozentrisches Verlangen nach Aufmerksamkeit aus, indem er in seiner ungewöhnlichen Kombination die Blicke auf sich zieht, ebenso wie er für die symphatisch-neurotische Unsicherheit seiner Trägerin steht. Darüber hinaus spielt der Rock jedoch immer wieder innerhalb der Folgen die Rolle jenes Symbols, das die Grenzen einer sozialen Identität „Frau" kenntlich macht (2): Allys hybridem Charakter entsprechend wird das Thema des zu kurzen Rockes auf verschiedene Weisen eingesetzt. Zunächst markiert der Rock das auf Sexualität gepolte Verhältnis der Geschlechter untereinander. Mit dem Tragen eines Mikro-Rockes reagiert Ally auf den männlichen Blick, der Frauen als Sexobjekte sieht: Männer, so bemerkt Ally McBeal in einer Folge der zweiten Staffel, versuchen andauernd sie im Kopf auszuziehen. Der kurze Rock erspare ihnen dabei einfach etwas Zeit.

Neben dem Geschlechterverhältnis markiert der Rock ebenso die Erwartung an ein angemessenes weibliches Auftreten: So wird Ally McBeal auf Grund des zu kurzen Rockes wegen Missachtung des Gerichtes von Richter Walsh zum Gefängnis verurteilt. McBeal lässt sich ins Gefängnis werfen, denn der Rock, so McBeal, sei Ausdruck ihrer Individualität, und der Richter, so entgegnet sie, würde niemals einen Mann beiseite nehmen und ihm befehlen, was er anzuziehen habe.

Während der kurze Rock eingesetzt im Kontext der Businesskleidung den Blick auf Frauen als Sexobjekte aufdeckt und verschiebt, sind es neben ihm vor allem Herrenschlafanzüge oder Herrenunterwäsche, die über Ally McBeal Kult geworden sind. Sie bilden den komplementären Teil einer Transformierung des weiblichen Rollenmodells durch Kleidung. Wie sehr diese Technik angenommen wird, zeigt u. a. ihre erfolgreiche Vermarktung im Internet.

Immer wieder wird also in der Serie die männliche Vorstellung, wie eine weibliche Identität sich anzuziehen habe, zur Sprache gebracht, vorgeführt und dekonstruiert und überkommene Vorstellungen von weiblicher Mode als Kontrolldiskurs entlarvt. Die Praxis, wie innerhalb der Serie damit umgegangen wird, steht dabei nicht nur für ein postfeministisches Verhältnis zur Mode, sondern markiert insgesamt einen neuen Typ von Soap, dessen Design ein neues Verhältnis zwischen Medien und Realität konstruiert.

Die Rolle der Soap: Vom Vorbild zum Abbild der Realität

Verantwortlich für das Konzept der Serie zeichnet David E. Kelley. Der 1956 in Maine geborene Schreiber und TV-Produzent war bislang vor allem durch die Anwaltsserie „L.A. Law" (1986) und die Krankenhaus-Soap „Chicago Hope" (1994) bekannt geworden. Seine innovative Umgangsweise mit dem Medienformat „Fernsehserie" zeigte sich jedoch erstmals bei der 1992 ausgestrahlten Kleinstadtserie „Picket Fences". Ähnlich wie „Picket Fences" vertritt Ally McBeal einen neuen Anspruch an das Fernsehen und sieht TV in einer neuen Funktion. Es werden nicht mehr Geschichten von Tierkliniken, Frauenärzten oder vom Leben der Reichen in Beverly Hills erzählt, die den Zuschauer parallel zum eigenen Alltag mit einem zweiten zum Mitleiden und Ablenken versorgen. Die Anwaltsserie steht für einen neuen Typ von Soap, die der tagtäglichen Realität der Zuschauer, in der die Rollen von „gut" oder „böse", „richtig" oder „falsch" nicht mehr klar verteilt sind, ein Format gegenüberstellt, das die Probleme neu und anders thematisiert.

Bislang schienen sich Soaps, die ihren Namen bekamen, weil sie im amerikanischen Fernsehen zwischen Seifenwerbungen ausgestrahlt wurden, am Märchenhaften zu orientieren: Bei Serien wie „LoveBoat" oder „Traumschiff" ist exakt vorgezeichnet, wie die Geschichte ausgehen muss, damit das Rechte im Leben wieder hergestellt wird: Der Böse wird bestraft, die Wahrheit kommt ans Licht, die Hochzeit wird vollzogen. Alles wird gut. Die Fernsehserie war an die Stelle des Märchens getreten. Das neue Soapformat verschiebt diese Konzeption einer gesicherten Aufteilung der Welt in Gut und Böse: Bei Ally McBeal ebenso wie bei Picket Fences ist es oftmals besser, wenn die Hochzeit doch nicht vollzogen wird oder die Wahrheit lieber nicht ans Licht kommt. Und der Böse steht mit einem Male auf und beschwert sich, dass man endlich auch mal seine Sicht der Dinge sehen müsste.

Das Verhältnis zwischen Zuschauer und Serie verschiebt sich. Formulierten Serien bislang für den Zuschauer eine Realität, wie sie sein sollte, bilden sie jetzt ab, wie die Realität des Zuschauers ist.

Verschiebungen im Seriendesign: Von der in sich geschlossenen Welt zum Medienverbund

Man kann bemerken, dass dieser Schritt von der Realität, wie sie sein soll, zur Realität, in der wir leben, schon in Serien wie der „Lindenstraße" verwirklicht wurde. Im Unterschied zu „Ally McBeal" wird die Serie allerdings weiterhin als parallele Realität konzipiert. Zwar werden in die Folgen „real" stattfindende Ereignisse, wie z. B. die Bundestagswahl, aufgenommen, die prinzipielle Künstlichkeit und Konstruiertheit des medialen Formats „Serie" wird jedoch nicht sichtbar. Erst Ally McBeal unternimmt den Schritt zur medialen Realität. Es erscheint logisch, dass sich einer Serie damit auf formaler Ebene völlig neue Möglichkeiten eröffnen. Deutlich lässt sich deshalb ein anderes Seriendesign skizzieren.

Bei einer Soap, die eine parallele Wirklichkeit darstellen soll, ist das Aufnahme-Medium formal der Realität des Zuschauers verpflichtet. Das Medium muss sie imitieren, um ihr trotz einer geregelten Ordnung der Dinge ähnlich sein zu können.

Es muss hinter der Imitation verschwinden. Anders jedoch verhält es sich, wenn es sich eine Serie zur Aufgabe macht, die Probleme der Realität zu reflektieren. Die Reflektion selbst wird zum Bestandteil der Serie. Das Medium ist damit nicht mehr Fenster zu einer anderen Welt, sondern Oberfläche, auf der man abbildet. Die comichaften Wunschvorstellungen und Wahngebilde, die immer wieder durch Special Effects in die Kamera-Realität eingearbeitet sind, werden auf diese Weise nicht zu Kennzeichen der Realität, wie sie Ally McBeal sieht, sondern wie sie fühlt. Indem der Film auf diese Weise zur Oberfläche wird, auf der man abbildet, wird er jedoch gleichzeitig auch nach außen hin anschlussfähig.

Es ist bezeichnend, dass Kelley mit der Serie immer wieder auf andere Medien reagiert – sei es inhaltlicher oder formaler Art. Zunehmende öffentliche Kritiken am zu kurzen Rock McBeals (s. o.) werden in der Folge aufgenommen, in der McBeal in dieser Bekleidung nicht vor Gericht akzeptiert wird und schließlich in Verkettung mehrerer Umstände wegen Missachtung des Gerichts im Gefängnis landet. Das im Internet zu Ruhm gekommene „Dancing Baby"[1] wird beispielsweise in die neurotische Welt der Ally McBeal integriert und tritt in ihren Tagträumen als störender Faktor auf. Ebenso spektakulär wurde in der Presse die Kreuzung zwischen Ally McBeal und Kelleys anderer Anwaltsserie „The Practice" angesehen, die in all ihrer Verschiedenheit in zwei Folgen aufeinander prallen, um gemeinsam einen Fall zu lösen.

Anders als die traditionellen Serien ist Ally McBeal nicht mehr eine in sich geschlossene Welt, sondern wird Teil eines Medienverbundes, indem sie unzählige Verbindungen unterhält und sie reflektiert.

Verschiebung der Aufmerksamkeit: Von den Wünschen der Zielgruppe zu ihren Problemen

Anders als Kelleys erste Serie „L.A. Law"[2] ist die Arbeit der Kanzlei Fish & Cage, in der McBeal arbeitet, nicht auf strafrechtliche Fälle ausgerichtet, sondern auf zivilrechtliche. Die ethischen Werte werden also nicht existenzialistisch an Grenzfällen, d. h. im Angesicht des menschlichen Todes definiert, sondern vice versa im Angesicht der Normierungen menschlichen Lebens, deren Art und Weise vor Gericht dekonstruiert wird. Die Auseinandersetzungen sind dabei stark von der amerikanischen Diskussion um „Political Correctness" geprägt. Im Gegensatz zur europäischen Rezeption, die das Phänomen sofort negativ aburteilte, fungieren dabei die Ansprüche der Political Correctness tendenziell als moralisch erstrebenswerte Situation, die gegenüber der Realität jedoch keine Chance hat.

Markttechnisch gesehen ist die Zielgruppe der Serie vor allem von Frauen dominiert, deren finanzkräftige, finanziell unabhängige Gruppe zwischen 18 und 49

1   Http://www.goldnet.home.mindspring.com/baby/baby.html.
2   Kelley begann Mitte der achtziger Jahre an dieser Serie mitzuschreiben, während er selbst noch als Anwalt in einer Bostoner Kanzlei arbeitete.

Ally McBeal erreicht. Es sind die diffusen Ansprüche zwischen Weiblichkeit und Erfolg, mit denen sich diese Zielgruppe konfrontiert sieht, die die Hauptfigur Ally abbildet und in deren Folge auch auf die Identität der Männer ein neuer Blick geworfen wird.

Beobachtet man in der Geschichte der amerikanischen Serien das Rollenmodell der Frau, hatte Dana Scully in „Akte X" sich erstmals das Privileg erobert, gleichbereichtigt Arbeit neben einem Mann (Mulder) verrichten zu können, ohne sich in ihn verlieben zu müssen. Sie vertrat im Gegenteil die rationale und kopflastige Seite beider Partner. Es scheint, als ob Ally McBeal nun in Folge die Probleme erobern würde, die Scully immer verschwiegen hat. Gerade von strengen Feministen ist die Serie „Ally McBeal" deshalb immer angegriffen worden, denn McBeal ist zwar erfolgreiche Harvard-Anwältin am Anfang ihrer Karriere, anders als Scully ist neben ihrem Beruf aber das wichtigste Thema das Finden von einem passendem: Mann. Die Figur McBeal funktioniert also nicht als positives Vorbild, sondern als ein Teil der Gesellschaft. Auf exakt diesem Punkt baut die Serie ihren Blickwinkel auf die Welt auf – der, nebenbei bemerkt, mit dem Blickwinkel der Zielgruppe identisch ist: Es sind gesellschaftliche Beurteilungen von Frauen, Männern und anderen Identitäten, die vor Gericht bei McBeal verhandelt werden, beispielsweise die Kündigung einer Journalistin. So problematisiert die Serie, dass es seit ein paar Jahrzehnten Sitte ist, auch Frauen die Nachrichten im Fernsehen verlesen zu lassen. Immer noch werden allerdings ältere Sprecherinnen gekündigt, weil allgemein geglaubt wird, dass eine Frau ab 40 ihre gesellschaftliche Attraktivität verliert. In gewisser Weise diskutiert die Serie, wenn sie vor Gericht Modelle von Identität verhandelt, heutige Probleme, die auftreten, weil das alte gesellschaftliche Ideal einer Kernfamilie, in denen der Mann arbeitet und die Frau den Haushalt führt, durch ein Modell ersetzt wird, das noch nicht wirklich definiert ist.[3] Ally McBeal macht die Probleme sichtbar, die unser emanzipiertes Weltbild hat, wenn es das alte Rollenklischee verdrängen möchte, sich jedoch noch nicht sicher ist, wie die neuen Lücken zu füllen sind: Beispielsweise, wenn die Hauptfigur Ally mit ihrer Freundin und Staatsanwältin Renee Radick an einem Tisch sitzt und darüber sinniert, dass man als Frau heutzutage Karriere machen soll aber ebenso einen Mann finden und eine gute Mutter sein muss. Aber wenn man dann schwanger die Arbeit nicht aufgibt, verurteilt die Gesellschaft einen als egoistische Rabenmutter, deren Kind, unter Garantie, drogensüchtig wird. „Bei all dem, was man von uns verlangt, was bleibt uns da noch?", fragt Rene: „Nicht viel." „Das kann nicht sein," meint Ally kämpferisch: „Wir Frauen bilden die Hälfte der Weltbevölkerung, wir haben die Macht dazu, wir werden die Welt verändern." Sie schaut zur Seite: „Aber vorher will ich noch einen Mann." Es ist die Ambition dieser Serie, die Ansprüche

---

3   In Bezug auf die Serie selbst wird dabei wiederum auffällig: Während in Ally McBeal dagegen gekämpft wird, Frauen nur auf ihre Äußerlichkeit zu reduzieren, haben amerikanische Talkshows und Printmedien ausführlich und in monatelangen Debatten die Absurdität diskutiert, a) ob der Rock, den Calista Flockhart als Ally McBeal trägt, zu kurz ist und b) ob Flockhart nicht viel zu dünn und überhaupt magersüchtig ist. Es scheint so, als ob es, nachdem Serien etwas von der Realtität gelernt haben, dafür Zeit ist, dass die Realität, etwas von den Serien lernt.

nicht zugunsten eines idealen Wie-es-sein-soll aufzulösen, sondern in all ihrer Wi-
dersprüchlichkeit zu thematisieren.

Es sind nicht mehr die Wünsche einer Zielgruppe, die die Serie verfilmt, die
Aufmerksamkeit wird auf ihre Probleme gerichtet. In Folge dieser Verschiebung,
auf die die Konzeption der Serie ausgerichtet ist, finden sich auch die männlichen
Rollen der Serie in Situationen wieder, die die traditionelle Ausrichtung von männlichen Serienfiguren, die Menschenleben retten, Kriminelle überführen oder Frauen
erfolgreich erobern, transformiert. Die Entscheidung von Drehbuchschreiber Kelley, alle wichtigen Vorkommnisse, alle Fälle und sozialen Probleme der Kanzlei in
einem Unisex-Klo diskutieren zu lassen, ist mehr als nur ein nebensächlicher Gag.
In der Tat widmet sich die Serie den Identitätsproblemen beider Geschlechter. Wiederum sind es die Formulierungen von Problemen moderner Männer, die die Serie
offensichtlich so attraktiv machen, dass die Nachrichtenagentur Reuters erstaunt
fragte: „Kann es sein? Männer bevorzugen Ally McBeal gegenüber Fußball?"

Auch hier sind es Auseinandersetzungen mit Klischees und Ansprüchen auf
Rollenerfüllung, die die Serie offensichtlich für die männliche Zielgruppe attraktiv
macht, wie beispielsweise der naiv-geniale Boss McBeals, John „Gummibärchen"
Cage, der sich bei seinem Kompagnon Richard Fish erkundigen muss, wie man am
besten Frauen anspricht, wenn man mit ihnen ausgehen will, denn dass würde ja
von einem Mann erwartet werden. Auch Diskussionen, wie wichtig die Größe des
Geschlechtsteiles für ein erfülltes sexuelles Leben ist, geht die Serie nicht aus dem
Weg. Es ist eine bevorzugte Prozedur der Serie, brenzlige Klischees, die in unserer
Gesellschaft rational schon lange geklärt sind, die aber unterirdisch weiterrumoren,
direkt vor das Licht der Kameras zu zerren.

Fazit

Es ist natürlich nicht so, dass mit Ally McBeal ein neuer Typus von Serie erfunden
worden ist, der den alten vollständig ablöst. Aber es lässt sich sehr wohl beobachten, dass neben die etablierte Art und Weise, Serien als parallele Realität zu gestalten, eine Reihe von Serien tritt, die anders konzeptioniert worden sind, indem sie
einer neuen Logik des Genres folgen. Eine genaue und umfassende Analyse könnte
diese Transformation ebenso an Comicserien wie „Southpark", „Die Simpsons"
oder „Futurama" zeigen – die anders als die Mangas „Die Biene Maja" oder „Hei-
di" nicht mehr ausschließlich für Kinder entwickelt wurden[4] – als auch an „realen"
Serien wie „Ally McBeal", „Picket Fences" oder „Emergency Room".

Man kann beobachten, dass diese neue Mode der Seriengestaltung der Zielgruppe nicht mehr eine Welt präsentiert, wie sie sein soll, sondern umgedreht statt
auf die Wünsche der Zuschauer auf ihre Probleme fokussiert. Die Realität des Zu-

---

4   Das zeigt sich derzeit sehr deutlich am abendlichen Sendeplatz – bei Pro 7 zwischen 20 und 22
     Uhr.

schauers bricht in die Medien ein. Damit öffnen sich die Serien formal. Sie stellen nicht mehr eine in sich geschlossene Welt dar, sondern unterhalten vielfältige und vor allem sichtbare Bezüge zu anderen Medien, die produktiv in die Serie integriert werden. Das Verhältnis zur Realität wird neu justiert. Nicht nur der Zuschauer saugt die Realität ein, die die Medien ihm liefern, umgedreht machen die Medien auch einen Schritt auf das zu, was die tagtägliche Realität des Zuschauers bestimmt. Aus der vielfach beklagten Medienrealität, in der wir leben, ist eine Realität der Medien geworden, die zwischen Identifikation und Ablösung eine distanzierte Haltung ermöglicht, zu den Medien ebenso wie zu den Problemen.

Birgit Richard

Tragen oder Komputieren? Der Mensch zwischen „wearables" und Cargo Kult

Technologie bestimmt den räumlichen Alltag des Menschen nicht nur durch die Präsenz in öffentlichen und privaten Räumen, sondern sie rückt dem Menschen immer dichter auf den Leib. Sie besetzt Lücken und Aussparungen, wenn sich mediale „Devices" zu „smart clothing", zu intelligenten Kleidungselementen entwikkeln. Ethnische traditionelle Körperschmuckpraktiken bereiten die zukünftige Invasion des Technologischen vor. Sie öffnen den Körper durch Risse und Durchbohrungen.

Der vorliegende Beitrag beschäftigt sich im ersten Teil mit getragener Technologie, dem „wearable computing", deren Konzept beinhaltet, dass Menschen digitale Informations- und Kommunikationstechnologien komplett am Körper tragen und so die Transformation des Personal Computing zum Body Computing vollziehen. Der Computer wird zum unsichtbaren prozessierenden Kleid; wobei Hardware und Software für die „wearables" noch weit von der Massenproduktion einer alltagstauglichen Computerkleidung entfernt sind.

Die Entwicklung von Seiten der Mode scheint hier symbolisch vielversprechender. Die Integration von Hightech Materialien und ein mit Cargo, Utility und Futuristik Look zu benennender Trend, der vor allem in den jugendkulturellen Szenen ihren Ort hat, bieten einen pragmatischen Ausblick auf die zukünftige Integration von Technologie. Analog zu dem funktionalen Prinzip von Spezial-Kleidungsstücken für Kameramänner oder Fotografen werden in die zeitgenössische Mode Behältnisse und Stauräume eingearbeitet, die diese elektronischen „gadgets" aufnehmen können. Die modischen Stilbilder zeichnen eine genaue Repräsentation von technologischer Kleidung in Form von integrierbaren mobilen Geräten mit spezialisierten Einzelfunktionen (Handy, PDA, CD-, MD-Player). Dem Teil über Kleidungsformen als Ausdruck technologischen Wandels folgen Überlegungen zu den sozialen Bedeutungen dieser Phänomene. Die Analyse skizziert ein Bild des flexiblen nomadischen Trägers von Technologien.

Smarte mobile Gegenstände

„Modische" Technologie wird direkt an den Körper gebunden. Sie manifestiert sich hier nicht abstrakt in Material, Fertigungstechnologie oder futuristischer Symbolik. Die Mobilität der Gegenstände beginnt mit technisch-medialen Extensionen wie dem Walkman und führt über kommunizierende, sendende und empfangende „devices" wie Pager oder WAP Handy, Uhren, wie Swatch the Beep und PDAs, zur vernetzten Online-Kleidung. Der Ursprung der Neuen Medienkleider liegt wie so oft in der militärischen Kleidung (ausführlicher zu den „wearables" und zum Konzept des 20 CLW, siehe Richard 1998) und der Workwear. Die so genannten „wearables", wie sie vom MIT und Neil Gershenfeld[1] verstanden werden, sind Gegenstände, die die Fähigkeiten des Menschen wesentlich erweitern sollen. Hierbei gehen die Entwerfer davon aus, dass der Mensch und seine Sinne hochgradig defizitär sind und der medialen Prothesen zwingend bedürfen. „Wearable computing" macht Medien zur Kleidung und Kleidung zum Medium. Der Körper wird durch die direkte technische Extension sendende und empfangende Oberfläche. Von der bedeutungsvollen Invasion des Technologischen wird dabei durch die harmlose Bezeichnung Kleidung abgelenkt. Andrew Ross beschreibt die technologische Ideologie wie folgt: Menschen werden „outsmarted", weil die „smartness" auf die unbelebte Objektwelt übertragen wird: „human-made object world becomes an alternative home of intelligence" (Ross 1995: 329f.). Die smarte Intelligenz der Objekte ist kostengünstig und unterwirft sich programmierten Strukturen (Ross 1995: 331). „Smart clothing" (Thomas G. Zimmerman) macht den Menschen zum Impulsgeber, der den Maschinen Kommunikationsdaten besorgt, und degradiert den Körper zum Trägermaterial.

Die „wearables" zielen nur bedingt darauf ab, Menschen mit einer Behinderung das Leben zu erleichtern, sind also nicht in erster Linie Prothesen. Die Zusammenfassung aller dieser Bemühungen um die tragbaren Gegenstände symbolisiert der „Prototyp" Steve Mann, der bestückt mit verschiedenen technischen Verstärkungen als menschlicher Cyborg Science Fiction in die Realität verlagert. Seine „augmented reality" liegt noch weit hinter den fiktionalen Möglichkeiten zurück, die ein Cyborg in zeitgenössischen Filmen wie „Terminator 2" längst hat. Wenn dieser ein Ziel anvisiert, werden Informationen über Orte, Waffensysteme und Per-

---

1   Http://wearables.www.media.mit.edu/projects/wearables/FAQ/FAQ.txt; Version 1.0.

sonen auf seine Netzhaut projiziert. Ideen von tragbaren Technologien spielen auch in der Cyberpunk-Literatur eine große Rolle: *„floating about him in the air are six small, silent camera modules each with two lenses and sound recording equipment, each carefully programmed."* (Sterling 1990: 2). Hier hält die Technologie noch Abstand zum Körper.

Technische Voraussetzung für die tragbaren Medienpakete sind Miniaturisierung, Abnahme von Gewicht und Vernetzbarkeit auf der Basis eines gemeinsamen Standards für den Datentransfer. Durch die notwendige Vereinheitlichung der dabei entstehenden individuellen BodyNets bildet sich eine unsichtbare Software-Uniform heraus. Die „wearables" verlangen ein mehrstufiges Entwicklungskonzept, das sich wesentlich von dem modischen Entwurfsprozess unterscheidet. Das „Hardwear-Design" der elektrifizierten Kleidung ist die einzige Ebene, auf die modische Variationen zugreifen können. Aus „dummen" Kleidungsstücken werden „smart objects", die aufgrund ihrer spezifischen Position am Körper eine Aufgabe im persönlichen Computernetz zugewiesen bekommen: Die Schuhe (Design: Thad Starner MIT, Hersteller: Nike), „smart sneaker" werden zur Energieerzeugung oder als Empfänger benutzt. Brillen beherbergen Bildschirme. Kappen bilden als höchster Punkt Sende- und Empfangsstation für die Daten. Smarte Unterwäsche und Oberbekleidung kontrollieren den Gesundheitszustand und regulieren die Körpertemperatur über den Temperaturwechsel der Kleidung.[2]

Der Mensch der Zukunft muss auf zwei Ebenen des Körpers für seine Gesundheit Sorge tragen: auf einer materiellen und einer immateriellen. Beide muss er gleichermaßen vor Viren und gewalttätigen Übergriffen Fremder schützen. Die verselbstständigte Kleidung verlangt Updates, Reparaturen und Sicherheitsmaßnahmen. Sie muss „genäht" werden; Sicherungs-Lücken im Interface, wie fehlende Knöpfe oder geplatzte Nähte müssen geschlossen werden. Die elektronische Kleidung des Normalusers ist ähnlich wie das Internet ein potenziell offenes System und damit nicht einbruchssicher und vor Viren geschützt. Das Eindringen eines Wurms wie „I love you" wäre eine virtuelle Geschlechtskrankheit, also mit einem körperlichen Gebrechen vergleichbar. Die Infektion findet über die Kleidung statt, eine intelligente Kleidung sollte diese abwehren können. Sie fungiert zudem als Wissensspeicher und hüllt die Person in eine Informations-„Aura", eine immaterielle Sphäre von Navigationssystemen, Thesaurus, Duden, Karten oder Telefonnummern und persönlich angehäuftem Wissen. Für das Individuum bedeutungsvolle Informationen müssen erst einmal in das System eingespeist werden, wenn man nicht nur Standard-Softw(e)are tragen will. Der Mensch verliert aber das Privileg, absichtlich zu vergessen, weil das Information Overload Problem direkt am Körper klebt. Ein Computer „vergisst nicht" oder nur vollständig bei systemischen Katastrophen, damit transportieren die „wearables" in digitalisierter Form Unterbewusstes. Sie sind Anzeichen für ein sich vollziehendes Lilliput Syndrom. Wie Gulliver sind die Menschen von winzig kleinen, teils noch materiellen Partikeln

---

2   Siehe die Entwürfe unter http://wearables.www.media.e..ut-in-the-world/beauty/show1.html.

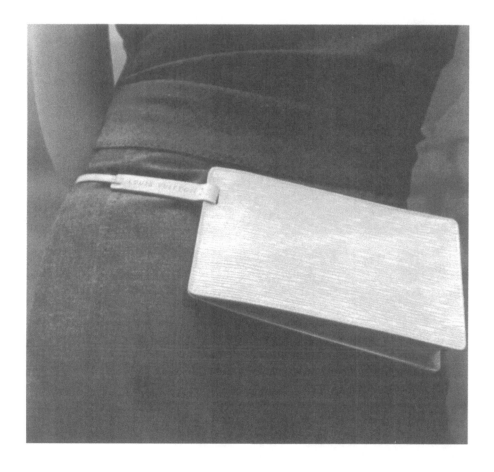

umzingelt, die künstliche Organismen wie Agenten (siehe z. B. die MIT, Gesture and narrative language group) oder Artificial Life Formen enthalten, die auch ohne menschliches Zutun untereinander kommunizieren können (Serres 1984: 72). Elektronische Parasiten bewohnen den „Host" Mensch, der ihnen die Energie und Informationen zur Verarbeitung liefert. Die dort angesiedelten intelligenten Nanopopulationen und immateriellen Agenten bilden seine zweite Haut (Serres 1984: 17).

Modische Computerkleider?

Die modischen Attribute der Programmiererelite sind technologischer Art, ihre Bekleidung spielt eine untergeordnete Rolle und ist dem traditionellen Kleidungssektor der „casuals" zugeordnet. Nerds und Hacker entwickeln keine visuelle modische Utopie.

Gesetzt den Fall, die technologisch definierten „wearables" werden zukünftige Bestandteile alltäglicher Bekleidung, dann stellen sie die Frage nach individueller Gestaltung und Selbstinszenierung neu. Sie werden wie jedes Kleidungsstück die Haltung und Art und Weise, sich in der Welt zu bewegen, wesentlich verändern. Es wird aber keine massenhaft produzierten Formen von tragbaren Computern geben, die folgende Anforderungen erfüllen: *„it's a computer that's always with you, is comfortable and easy to keep and use, and it is as unobtrusive as clothing."*[3]

Die Person, die in den luftleeren Raum sprechen und dabei Daten empfangen und senden kann, hat das richtige Statussymbol gewählt. Sie bedarf dabei der Gegenstände wie dem Mobiltelefon. Dieses erfüllt das entscheidende Kriterium der „Beinahe"-Unsichtbarkeit" und ist so zu einem wichtigen Statussymbol geworden. Die „wearables" müssen zwangsläufig das Stadium der genormten Massenkonfektion durchlaufen, um modisches Medium werden zu können. Ohne Standards kann die Kleidung ihr kommunikatives Versprechen jedoch nicht einlösen. Es ergibt keinen Sinn, die einzige Person zu sein, die ein bestimmtes System trägt, wenn sie mit anderen keine Daten austauschen kann. Die neue Sorte von Kleidung und Accessoires wird zwar im Computerladen maßgeschneidert, aber sie muss kompatibel bleiben. Deshalb gibt es vorerst keine Haute Couture der „wearables". Eine perfekte Medien-Kleidung zeichnet sich durch die Exklusivität persönlicher Filter aus, die digitalen „Junk" sofort aussortieren. Aber diese Art von elektronischen „gadgets" kann nur einen hohen Prestigewert haben, wenn man sie sehen kann. Visuelle Aushängeschilder für die neuen Systeme müssen sich entwickeln, um dem Distinktionswunsch der Menschen nachzukommen. Die sozio-ökonomische Entwicklung wird dem ursprünglichen Wunsch der Entwickler nach der Unsichtbarkeit der „wearables" widersprechen.

Das ursprüngliche Konzept der „wearables" ist rein funktional definiert und hat keinerlei beabsichtigte ästhetische Implikationen. Alles, was „smart" (vgl. Mor-

---

3   Siehe http://wearables.www.media.mit.edu/projects/wearables/FAQ/FAQ.txt; Version 1.0.

se 1994: 161, in Bezug auf smart food) ist, hat per se keine ästhetische Gestalt. Die Ausnahme stellt dabei der Versuch des MIT dar, Visionen für die „wearables" von Designern entwerfen zu lassen.[4] Deshalb bilden sich von der anderen Seite, der Mode vor allem bei den jugendkulturellen Stilen, visuelle Ausprägungen, die smartness suggerieren, indem sie die elektronischen „gadgets" umgeben und einschließen. Besonders das Mobiltelefon hat sich in allen Gesellschaftsschichten etabliert. Es ist Statussymbol und Störfaktor für eine nicht elektrifizierte Kommunikation, wie z. B. in der Schule, wo das Handy schnell das Pager und Tamagotchi-Intermezzo hinter sich gelassen hat und bei SchülerInnen zur Selbstverständlichkeit geworden ist.

Die modischen Bilder für den mobilen Technonomaden Mensch entwickeln sich spielerisch und integrieren Technologien ohne diese überzubewerten. Hier zeigt sich ein ungeschriebenes Konzept vom Umgang mit mobilen Kommunikationstechnologien, das diese nur soweit zulässt, wie es dem menschlichen Körper angemessen ist und unter der Voraussetzung dass sie eine visuelle zeichenhafte Kraft entwickeln, die der Ausprägung von Stil dienlich ist.

Tragen und Umgürten

Von den „wearables", den tragbaren Computern und dem weniger belastenden Tragen von Kleidung, ist es begrifflich kein weiter Weg zum Phänomen des Transportierens, und es gilt nun, einen Blick auf die Entwicklung von Behältnissen und die verschiedenen Möglichkeiten des Tragens zu werfen. Die Formen von Transportbehältnissen hängen eng mit den Entwicklungsstufen des Menschen zusammen: Baby und Kleinkind sind selbst Gegenstand des Tragens und besitzen keine eigenen Tragebehältnisse im Falle der Bewegung im Raum. Das männliche Kleinkind hat zuerst die Hosentaschen als Transportbehälter für das persönliche Eigentum, kleine Mädchen bekommen ihrem späteren Rollenbild gemäß kleine Taschen zum Umhängen. In ihrer Kleidung sind weniger Taschen vorgesehen, da diese von der Körperform ablenken. Je älter die Kinder werden, desto mehr Tragebehälter für verschiedene Funktionen treten in ihr Leben: Für die Schule war es früher ein Tornister aus Leder, verwandt dem militärischen Tornister. Heute sind es z. B. Kunststoff-Schultaschen (Scout) und Rucksäcke (Eastpak, 4you), Sporttaschen zur lokalen Fortbewegung und der große Rucksack zum Reisen. Im nächsten Schritt werden die Tragebehältnisse zur privaten Angelegenheit und zum Ausdruck von Selbstständigkeit. Die Taschen unterstehen nicht mehr der Einflusssphäre der Eltern, die Kinder packen sie selbst.

Es gibt verschiedene Möglichkeiten des Tragens, um die Last auf dem Körper zu verteilen. Dinge können auf dem Rücken, in der Hand, an der Hüfte oder auf der Schulter transportiert werden. Die Tasche zählt als Tragebehälter zu den Acces-

---

4   Verschiedene Shows und Zeichnungen unter: http://wearables.www.media.e..ut-in-the-world/beauty/show3.html.

soires. Ingrid Loschek betont die akzentsetzende Bedeutung der Accessoires (von lat. accedere: beitreten, beistehen, Zusatz, Zubehör, Beiwerk), die älter als die Bekleidung und keineswegs beiläufig sind. Sie hat ihren Ursprung in der Notwendigkeit von Sammel- und Transportbehältern für die Jäger und Sammler (Loschek 1993: 6) bzw. für die frühe Lastenträgerin Frau. Neben der Tasche sticht der Gürtel hervor mit seinen vielfältigen Funktionen und Inhalten (Loschek 1993: 54), die durch Weite, Länge und Position am Körper ausgedrückt werden. Er ist nicht in erster Linie entstanden, um Kleidung am Körper zu halten, Naturvölker sind unbekleidet, aber gegürtet. Er akzentuiert den Körper und ist praktisches Beiwerk, um Taschen anzuhängen und Waffen zu tragen, also Transporthilfe für Männer und Frauen. Im 16. Jh. trug der Mann z. B. Messer und Schwert am Gürtel, die Frau, Kamm, Zahnstocher, Toilettenbesteck, Schlüssel (Loschek 1993: 61). Bis zum 17. Jh. hängt der Geldbeutel (lat. sacculus) am Gürtel, weil dieser als magischer Schutzring gilt. Danach wird das Geld aus Sicherheitsgründen in den Gürtel eingearbeitet. Der Besitz wandert direkt an den Körper, die neue Form wird mit Geldkatze bezeichnet. Materielle Nähe zum Körper suggeriert Sicherheit und verändert die Zurschaustellung des persönlichen Eigentums von der Sichtbarkeit („conspicious consumption", Veblen 1986) zur Unsichtbarkeit des Besitzes. Die Mobilität des Reisens und die Durchquerung fremder Territorien dreht das Prinzip der Zurschaustellung von Eigentum um.

Der Gürtel hat weitere religiöse, soziale und magische Bedeutungen. Bei den Römern und Germanen symbolisiert er den freien Mann, Schuldner und Gefangene durften keine Gürtel tragen. Ein Mythos der Gegenwart beschreibt die Entstehung der XXL-Hosen im HipHop, die weit unterhalb der normalen Position einer Hose sitzen. Die Grundlage dafür ist, dass im Gefängnis dem „gangsta" der Gürtel abgenommen wird, die Hose rutscht bis an die Knie und diese Art des Tragens wird zum HipHop-Style.

Der Gürtel ist auch Teil der Rüstung und erlaubt das Anhängen von Waffen, sein Niederlegen, wie im Western den Pistolengurt, bedeutet Unterwerfung (Loschek 1993: 57). In Militär und Kirche weisen Gürtel und Schärpe (quer geschnürt) aufgrund ihrer Farbe und Form auf den Rang des Mannes hin. Ein tiefsitzender Gürtel bedeutet Potenz, er ist Sinnbild für Herrschaft und Kraft. Für die Frau gilt der Gürtel als Garant der Unschuld, in der christlichen Vorstellung trennt er den reinen geistigen Oberkörper vom sündigen Unterkörper (Loschek 1993: 55), der Keuschheitsgürtel ist dafür symbolischer Ausdruck. Dieser diente eher dem Gegenteil, der Erotisierung und Verführung, weil ein unterteilter und geschnürter Körper den Reiz erhöhte (siehe Baudrillard 1991: 158ff.). Ein nietenbeschlagener Gürtel steht im 20. Jh. für die Repräsentation einer gewalttätigen Sexualität wie im Prinzip des Bondage verkörpert. Punks und Rocker tragen beschlagene Nietengürtel (Loschek 1993: 68). Viele Jugendkulturen benutzen den Gürtel auch um Dinge anzuhängen: Die Rocker- und Indie-Szene trägt Messer, Feuerzeug oder Leatherman am Gürtel.

Hinweise auf die magische Bedeutung des Gürtels finden sich heute vor allem im Comic, in Fantasy- und Zeichentrickfilm. Der Gürtel verleiht Spiderman oder Flash Gordon übermenschliche Kräfte. Er ist ein miniaturisiertes Relikt des Schildes mit dem Perseus die Medusa überlistet, ein breiter Gürtel mit einer großen Metallschließe blendet und bannt Blicke.

Die Tasche ist neben dem Gürtel ein wesentliches Accessoire, allerdings ohne dessen explizit magische Bedeutung. Da es keine Kultur ohne Tragebehältnisse gibt, gilt die Tasche im Gewand oder umgehängt als ältestes Beiwerk der Menschen (Loschek 1993: 254). Hirte und Jäger bedienen sich der pera (griech; Hippopera ist die Satteltasche), einer Tasche aus Leder, die schräg über eine Schulter gehängt wird.

Bodybags und Keyhanger

Heute haben sich die Formen von Tragebehältnissen für jede Funktion ausdifferenziert,
    grob gilt eine Unterteilung in die Bereiche Arbeit, Reise, Sport, Freizeit und Einkauf. Es gibt so genannte Dandytaschen, Hipbags (80er) oder den kleinen Rucksack (Daypack), die quergeschnürten Body Bags (nicht zu verwechseln mit den Taschen, in die Leichen in den USA gepackt werden) und DJ Bags (die Plattentasche des DJs), Messenger-, Zeitungsjungen-bzw. Fahrradkuriertaschen.

Charakteristisch ist, dass die aktuellen jugendlichen Taschenformen quer umgehängt werden. Vertikal auf einer Schulter werden Taschen nur von älteren Damen getragen, die älteren Herren tragen die Dandytasche mittels einer Schlaufe am Handgelenk. Die Tasche quer zu tragen, verspricht zum einen sicheren Halt z. B. für den Fahrradkurier (verstärkt wird dies auch durch zusätzliche Hüftgurte, z. B. bei den Freitag-Taschen). Zum anderen verweist die diagonale Schnürung auch auf die militärische Tradition. Patronengürtel werden um die Hüfte und überkreuz quer auf den Körper geschnürt. Das militärische Konzept verspricht sich von der diagonalen Anordnung die maximale Ausnutzung des Körpers als Transportfläche und einen optimalen Zugriff auf Waffen und Munition. Das diagonale Tragen wird bei den Jugendlichen aber nicht deshalb vorherrschend, weil es einen sicheren Halt verspricht, sondern weil es eine stilistische Nische erschließt, die darin besteht, den Körper neu zu unterteilen. Zudem hat das Querumhängen bestimmte Konnotationen, die dem Bereich des Infantilen zugeordnet sind: Die Kindergartentasche wird quer umgehängt, damit das Kind sie nicht verliert. Quer, also gekreuzt kommt im Erwachsenalter selten vor, dort werden die vertikale Formen bevorzugt. Diagonale Riemen zerschneiden die sonst horizontal und vertikal angeordneten Kleidungsensembles.

Wichtig ist die „attitude" von Jugendkulturen, die das Tragen ergänzt, die Art der Schnürung, die Position der Tasche am Körper, das Öffnen und Schließen. Oft kommt es zur Umkodierung von Gegenständen, wie in der Renaissance der Hüfttasche, der HipBag ersichtlich, einst Utensil des reisenden „Spießers", dessen Vorzugsziel der Ballermann auf Mallorca ist. Das negativ besetzte Stück bekommt eine andere Position am Körper. Es wird nach hinten gedreht und widerspricht damit der eigentlichen Funktion, die Besitztümer nah am Körper und in Sichtweite zu haben. Ebenso wird mit kleinen Rucksäcken, den so genannten Daypacks, abgeleitet vom großen Trekking-Rucksack, verfahren. Sie werden so tief getragen, dass die eigentlich beabsichtigte Ergonomie, eine Anpassung an den Körper, außer Kraft gesetzt wird.

Eine Umdeutung von anderen Formen des Tragens und Transportierens zeigt sich in der Adaption der Kuriertaschen. Robuste High-Tech Materialen und Gebrauchsspuren dienen der Vorspiegelung einer bereits erfüllten Funktion. Die Messenger und DJ Bags von Freitag, Ortlieb oder Airbag haben außerdem funktional motivierte, oft patentierte Details z. B. verstellbare Clipverschlüsse, Klettverschlüsse, die so genannten Velcros, die ein schnelles Öffnen und den Schutz der beförderten Platten, Kurierpakete oder des Gepäcks garantieren. Diese Verschlüsse erhalten auch als Kleidungselemente große Bedeutung und weisen so auf die Übernahme der Funktion als Transportbehälter und Stauraum hin. Die Kleidung bekommt Velcros, Haken, Tunnelzug, Reißverschlüsse, Clipverschluss und Karabinerhaken zum Anhängen von Gegenständen.

Weitere umkodierte Accessoires sind Brustbeutel und umgehängte Schlüssel, letzterer erfährt als Keyhanger (zu den Begriffen der Jugendsprache siehe Richard 2000) eine Renaissance. Zuvor handelte es sich um negative Zeichen von Unmündigkeit: der Brustbeutel wird den Kindern für die Klassenfahrt von den Eltern umgehängt, und der Schlüssel am Band steht als visuelles Zeichen für das Schlüsselkind, das zwar autonom die Wohnung betreten kann, aber doch eine Einschränkung dadurch erfährt, dass es dann allein ist. Diese Elemente werden transformiert zu stilistischen Zeichen von jugendlicher Autonomie. Das selbststigmatisierte „Schlüsselkind" trägt den Keyhanger, der einen Karabinerhaken für die Schlüssel besitzt und das mit einem Markennamen beschriftete Umhängeband, was je nach Stil auch aus der Hosentasche heraushängen kann. Hier wird aus dem „Versehen", das Band nicht ganz in der Hose verstaut zu haben, eine stilistische Attitüde. Umgehängte Keyhanger beim HipHop weisen auch auf VIP Card Holder für Veranstaltungen.

Das Keychain-Wallet, die Geldbörse an der Kette, ist ein Kultgegenstand, der in verschiedenen Szenen verwendet wird: das Harley Davidson Modell wandert z. B. von den Rockern zur Hardcore-Szene. Das Keychain Wallet verweist auf den einst am Gürtel befestigten Geldbeutel und erinnert an die Taschenuhr, die an der Kette hängt. Bei den Skateboardern sind Portemonnaies, Schlüssel an der Kette und Rucksäcke zunächst funktional bedingt, bei Jumps und Grinds fallen die Utensilien sonst aus der Tasche.

Es gibt verschiedene Gründe für die Jugendlichen, alles eng an den Körper zu binden. Bei den Punks als „streetstyle" (siehe Richard 1995) weist dies auf wenig persönliches Eigentum und das Teilen von Raum und Besitz hin. Die Punks tragen die Ur-Form der Cargo Pants in Gestalt der Bundeswehrhose. Besonders die

Techno und House Szene mit ihren mobilen Umzügen wie der Loveparade und der Clubmode, die der Länge der Allnighter Tribut zollt, gibt direkte Verweise auf Mobilität und Miniaturisierung. Die Partyszene trägt kleine Rucksäcke; Clubwear-marken wie Daniel Poole konstruieren Mitte der neunziger Jahre „urban survival packs", die die Möglichkeit eröffnen, alles Lebenswichtige am Körper zu tragen, die verschiedenen Taschen werden um den Körper geschnallt wie der Rucksack für einen Fallschirmspringer.

Jugendkulturen benutzen und erfinden neue Tragebehältnisse für ihre Aktivitäten und ihre Fortbewegung. Da sie oft als „streetcorner societies" keine festen Orte auf Dauer besetzen, werden die Taschen zum Ausdruck von Mobilität und Ortsungebundenheit, die der Grund sind, dass man alles Wichtige bei sich hat und es auch nahe am Körper trägt.

Elektrifizierter Cargo-Kult

Die Einzelelemente der Alltagsmode geben Aufschluss über die soziale Veränderung des Transports von persönlichen Gegenständen. Ursprünglich sind Elemente wie Umhängebeutel oder Geldgurte spezielle Zeichen für Mobilität und vor allem für die Sicherheit auf Reisen. Heute wird die permanente Bewegung und die technische Vernetzung auf verschiedenen Ebenen formal als Dauerzustand zelebriert: Koffer, Taschen und Rucksäcke bekommen Rollen, die Geldbörsen sind überall am Körper verteilt, mehr als Dekoration denn aus Sicherheitsgründen. Trotzdem suggerieren die Nähe zum Körper und eine ergonomische Passform Sicherheit.

Die Kleidung bekommt einen zunächst nicht näher bestimmten Stauraum eingeschrieben. Die so genannte Cargo Mode macht die einstigen Ziertaschen an der Kleidung nutzbar aber bei inflationärer Verwendung an einem Kleidungsstück werden sie wieder in ein Ornament rückverwandelt. Ein weiteres Phänomen ist in diesem Zusammenhang die Verselbstständigung der kleinen Taschen und Ablösung von der Oberbekleidung, wie z. B. bei den kleinen Geldbeuteln für Handgelenk oder Oberarm. Deren Einsatzmöglichkeiten sind aufgrund der Größe begrenzt.

Cargo heißt Transport und Fracht und impliziert die sichere geschützte Beförderung und die leichte Zugänglichkeit der beweglichen Güter. Nun kann man von einem futuristischen Cargo-Garderoben-Set sprechen, das den Menschen als Träger von Technologie präpariert. In jeder Kleidungssorte, in Hemden, Hosen, Röcken, an Schuhen und Stiefeln befinden sich eingearbeitete Taschen, um potenziell elektronische Devices aufzunehmen. Dafür müssen die Gegenstände zunächst schrumpfen, um am Körper angebracht werden zu können. Beispielhaft ist hierfür die Entwicklung des Designs für Mobiltelefone, dessen Miniaturisierung bald die Größenmaßstäbe des Menschlichen verlässt und in eine Welt der Nanowerte eintritt.

Nicht der Kleinstcomputer bringt die Integration von Technik in die Kleidung, wie im Konzept der „wearables" vorgesehen, sondern die Aufteilung von Funktionen auf viele kleine Geräte.

Die Mode benennt die Möglichkeit ihrer technologischen Aufrüstung mit „functional, utility" und „futuristic wear". Die Bezeichnungen entstammen der Haute Couture bzw. Prêt-à-porter und sind ganz maßgeblich angestoßen durch die futuristische Linie von Prada. Hier spielen wasserdichte strapazierfähige High Tech-Materialien und funktionale Details eine Rolle. Der Begriff „utility" impliziert auch die Wandelbarkeit von Kleidungstücken, z. B. die Möglichkeit, lange Hosen durch Reißverschlüsse in kurze umzugestalten. Die spezielle Nützlichkeit bestimmter Verschließmechanismen oder besonderer Materialien, die z. B. selbst in Extremsituationen Wasserundurchlässigkeit garantieren, wird zum ästhetisch-formalen Ausdruck eines Kleidungsstücks. Außerhalb des Trekking Bereichs, dem viele der Elemente entstammen, werden Taschen, Reißverschluss, Tunnelzug und Klette zum High Tech-Ornament. Die Ornamente haben vor allem mit Öffnen und Schließen zu tun. Diese Vorgänge werden vom funktionalen Akt zu einer artistischen Verschluss-Übung, die wie beim Aufreißen eines Velcro auch mit neuen Geräuschen verbunden ist. Die Vereinfachung des auf einen Handgriff reduzierten Öffnens wird überdeutlich und ist im Bereich der infantilen Verschlussmöglichkeiten angesiedelt. Nicht Schleifen müssen gebunden oder Verschlusslöcher von Schnallen gesucht werden, hier findet ein einfaches Ankoppeln durch Einrasten bzw. „Festkletten" statt.

Der Futuristic und Cargo Look gibt die Veränderung im Bild des flexiblen Menschen wieder. Dieser wird vom Jäger und Sammler zum postmodernen Nomaden, dem Pendler und Shopper, der sowohl ein flexibles universelles Transportbehältnis als auch die gleichzeitige Ausdifferenzierung in Tragebehältnisse für jede Gelegenheit vorantreibt. Wichtiges Charakteristikum für die Veränderung des Tragens ist die gesteigerte Mobilität. Bei den Fahrradkurieren müssen sich die Taschen aufgrund der Bewegung notwendigerweise mit dem Körper verbinden.

Beim Reisegepäck ist die Gegentendenz der Ablösung vom Körper zu beobachten: Koffer und Reisetaschen auf Rollen bringen die Behältnisse ebenfalls in eine diagonale Ausrichtung und entlasten den Körper vom Tragen, dieser richtet sich auf.

Der Mensch erscheint als heimatloser Träger und Lasten-Roller. Die Lasten aus den Satteltaschen von Pferd und Drahtesel werden nun auf den beschleunigten Nischenmenschen geladen: Der Mensch und damit auch der Mann, wird wieder zum eigenen Lasttier. Streng genommen war es die Frau, die das erste Lasttier darstellt, sie ermöglicht den Männern in frühen Zivilisation durch die Beförderung von Lasten das Jagen (siehe Virilio 1978: 76ff. zum Zusammenhang von Tragen und Fortbewegung).

Heute überholt der Mensch, flexibel und kommunizierend, die maschinenverstärkte Fortbewegung, die sich im rasenden Stillstand (Virilio) befindet. Er kann zwar nur kleinere Lasten transportieren, ist aber schneller, exemplarisch dafür sind die Fahrradkuriere mit ihrem mobilen Kommunikationsgeräten, die die Nischen des automobilen Verkehrs ausnutzen. Das Bild des flexiblen kommunzierenden Stadtnomaden übernehmen auch die Jugendlichen ohne feste Raumbindung. Für sie repräsentieren Messenger-, DJ- Taschen eine ruhelose ungebremste Bewegung in den Metropolen.

Es hat sich also gezeigt, dass weniger die direkte Elektrifizierung des Körpers durch „wearable computing" einen direkten Einfluss auf den Alltag haben wird, als vielmehr die symbolischen Verweise in der zeitgenössischen Cargo-Mode, die über die Möglichkeit der zukünftigen Integration von Informations- und Kommunikationselektronik in die Kleidung Aufschluss geben. Im Mittelpunkt des Cargo-Kults steht das Handy. Es ist modisch integrierbar, wandelbar, aber auch gleichzeitig auf bestimmte Funktionen konzentriert. Die transportable und körpernahe Kommunikationsmöglichkeit wird zunächst an den Gürtel gehängt, als reines Attachment also nicht in die Kleidung integriert. Das Mobiltelefon zeigt die Richtung an, die „wearable computing" einschlagen müsste, um massenwirksam zu sein.

Die tragbare Computer-Kleidung dient in vielen Beispielen[5] der Kontrolle (Fremd- und Eigenkontrolle) z. B. der „cyber-safety suit" für Kinder: „child is always reachable, traceable and detectable" – für Kinder und Jugendliche ein Alptraum ständig unter der Beobachtung der Eltern zu stehen. Die „wearables" wollen den Menschen durch seine permanente Einbindung in Netze verbessern, während die beschriebenen modischen Phänomene Ergänzungsmöglichkeiten in die Kleidung einarbeiten, die nur eine punktuelle Einbindung verlangen. Das Tragen von Technologie in der modischen Kleidung ist weniger mit direkter körperlicher Belastung, mit Gewicht assoziiert, dagegen klingt „wearable computing" nicht nur nach einer schweren zusätzlichen Last, sondern sie erschwert dem Menschen den Alltag, weil die Hardwear transportiert werden muss (siehe Steve Mann).

Mit der Cargo-Mode wird der Mensch vom „metabolischen Transportwesen" (Virilio), zum Datenlasttier, der das Handy anhängt wie die Attachments an seine E-Mail. Hier wird er nicht „outsmarted" von der intelligenten Dingwelt, mit der Integration von Kommunikationselektronik in die Mode zeigt er seinen überlegenen Status, weil er mit dieser eingegrenzten Verstärkung (augmentation) seiner Realität in der Lage ist, die Probleme des mobilisierten Alltags flexibler zu bewältigen als ein übergestülptes, personalisier- und tragbares Computersystem.

---

5   MIT Entwürfe unter http://wearables.www.media.e..ut-in-the-world/beauty/show3.html.

Literatur

Baudrillard, J. (1991): Der symbolische Tausch und der Tod. München.
Gibson, W. (1987): Neuromancer. München.
Loschek, I. (1993): Accessoires. Geschichte und Symbolik, München, Bruckman.
Lurie, A. (1981): The Language of Clothes. New York.
Morse, M. (^{2}1995): What Do Cyborgs Eat? Oral Logic in an Information Society. In: Bender, G.; Druckey, T. (ed.) (1995): Cultures on the Brink. Ideologies of Technology. Seattle, 329-341.
Richard, B.; Klanten, R. (Hrsg.) (1998): Icons. Localizer 1.3. Berlin [Techno-Theorie}.
Richard, B. (2000): Computer/Mode/Musik. In: Trendbüro Hamburg (Hrsg) (2000): Wörterbuch der Szenesprachen. Duden, Langenscheidt. Mannheim.
Richard, B. (1998): Die oberflächlichen Hüllen des Selbst. Mode als ästhetisch-medialer Komplex. In: Dies. (Hrsg.) (1998): Die Hüllen des Selbst. Mode als ästhetisch- medialer Komplex, Kunstforum International, Band 141 Juli – September 1998, 48-95.
Richard, B. (1995): Todesbilder. Kunst, Subkultur, Medien. München.
Ross, A. (^{2}1995): The New Smartness. In: Bender, Gretchen; Druckey, Timothy (ed.) (1995): Cultures on the Brink. Ideologies of Technology. Seattle, 329-341.
Serres, M. (^{2}1984): Der Parasit. Frankfurt am Main.
Sterling, B. (1990): Artificial Kid. London [Reprint].
Veblen, Th. (1986): Theorie der feinen Leute. In: Bovenschen, S. (Hrsg.) (1986): Die Listen der Mode. Frankfurt am Main, 106-155.
Virilio, P. (1978): Fahren, fahren, fahren. Berlin.
Willis, P. (1991): Jugendstile. Zur Ästhetik der gemeinsamen Kultur. Hamburg/Berlin.

Websites

http://gn.www.media.mit.edu/groups/gn/"
http://mime1.marc.gatech.edu/wearcon/
http://physics.www.media.mit.edu/publications/papers/96.03.times.pdf
http://dl.www.media.mit.edu/" Digital Life Consortium
http://wearables.www.media.mit.edu/projects/wearables/FAQ/FAQ.txt
http://www.almaden.ibm.com/journal/sj/mit/sectione/zimmerman.txt
http://www.frogdesign.com
http://wearables.www.media.e..ut-in-the-world/beauty/show3.html
http://www.halfar.com (Notfalltaschen)
http://www.sacar.fr (Taschen für die Jagdwaffen)

Materialbasis

Jugendkulturarchiv Frankfurt (mit Techno- und House Archiv und Techno-Kit)
Kontakt: Prof. Dr. Birgit Richard E-Mail: b.richard@gmx.net
http://www.rz.uni-frankfurt.de/fb09/kunstpaed/jkastart.html
Johann Wolfgang Goethe-Universität Frankfurt
Fachbereich 9, Sprach- und Kulturwissenschaften
Institut für Kunstpädagogik
Sophienstr. 1-3
60487 Frankfurt

Christoph Jacke

Top of the Pops – Top of the Spots – Top of the Stocks: Zur Popularität von Subkulturen für das Werbesystem

> „Ich habe schon immer auch diesen Hang zur Pop-Culture gehabt. Die
> Flucht aus dem Kulturdings in dieses Banal hinein."
>
> (Westbam zit. nach Goetz 1999: 129)

Vorbemerkung

Ein Blick auf zahlreiche Werbeangebote macht klar: die Werbeindustrie orientiert sich an jugendkulturellen Trends und damit einhergehenden subkulturellen Abweichungen; denn zum einen muss Werbung wie Jugend- bzw. Subkultur möglichst *hip* sein, um im Zeitalter der Berufsjugendlichen und ihrer Kinder, den echten Jugendlichen, zu differieren und somit aufzufallen. Zum anderen hat die Zielgruppe der Kids und Jugendlichen Kaufpotential von heute und Dauerhaftigkeit bis morgen.[1] Eine genauere kommunikationswissenschaftliche Analyse der Verhältnisse zwi-

---

1 Die von den Trägerverlagen Heinrich-Bauer-Verlag, Verlagsgruppe Lübbe und Axel-Springer-Verlag präsentierte Kids Verbraucher-Analyse 2000 schreibt laut einer Meldung der Werbe-Fachzeitschrift *Horizont* den Kids und Teens in Deutschland eine Kaufkraft von 19 Milliarden D-Mark zu; darin sind Twens und Frühdreißiger noch nicht einmal enthalten (vgl. URL http://www.horizont.net).

schen Werbung und Subkultur[2] erscheint angebracht, da dieser Zusammenhang bisher äußerst selten wissenschaftlich hergestellt[3] und wenn überhaupt eher den Marketingexperten oder Pädagogen überlassen wurde, sich aber zumeist massenmedial artikuliert. Zudem verwenden die aus verschiedenen wissenschaftlichen Disziplinen stammenden und selten interdisziplinär toleranten Diskussionen zur Subkultur im allgemeinen die wesentlichen, damit zusammenhängenden Begriffe (wie etwa die im folgenden zu redefinierenden Schlüsselbegriffe ‚Massenkultur‘, ‚Popkultur‘, ‚Subkultur‘ und ‚Medien(sub)kultur‘) vollkommen unterschiedlich. Missverständnisse sind vorprogrammiert, werden aber selten definitorisch begradigt, wenn sie eingetreten sind. Theoretische Beobachtungen der Interrelationen zwischen den Bereichen Werbung und Subkultur im allgemeinen sowie Werbung und jugendlicher Subkultur im besonderen sollen die Basis für weiterführende Diskussionen legen und anhand von Beispielen illustriert werden. Zunächst bedarf es aber eines theoretischen Exkurses zu einigen Begriffsklärungen, um ein einigermaßen konsensuelles konzeptuelles Gerüst voraussetzen zu können.

Massen-, Pop-, Sub-, Medien-: welche Art von Kultur?

In der Mediengesellschaft werden kulturelle Rahmungen und Outputs nicht nur mehr und mehr, sondern zu großen Teilen nur noch massenmedial erfahrbar: „Was wir über unsere Gesellschaft, ja über die Welt, in der wir leben, wissen, wissen wir durch die Massenmedien." (Luhmann 1996: 9). Die individuellen sozialen Konstruktionen von Wirklichkeiten, sozialem Wandel und die „Proliferation normativer Orientierungen (bzw. die progressive Deformation von Verbindlichkeiten) hängen heute entscheidend ab von medienvermittelter Kommunikation." (Schmidt 1996: 43).

Für Forschungen, die sich mit subkulturellen Aspekten in der Mediengesellschaft beschäftigen, erscheint m. E. die von Siegfried J. Schmidt erwähnte progressive Deformation besonders interessant: diese Dekonstruktion, von der oft und gerne die Rede ist, bedeutet nichts anderes als die Konstruktion der Destruktion. Im Subkulturellen wird nicht sinnlos zerstört, sondern sinnhaft zerstört *und* neu produziert. Hierin zeigen sich jugendkulturelle Subkulturen als Beispiel der auf diese Weise im allgemeinen operierenden Subkulturen. Um die ausgesprochen kontrovers geführten Kultur-Diskussionen über Aspekte von Subkulturen in der Mediengesell-

---

2   Jugend- und Subkultur sind keinesfalls identische Termini. Während der problematische Begriff Jugendkultur die Kultur einer gewissen Altersgruppe bezeichnet, bezieht sich Subkultur auf Stilformen quer zu gesellschaftlichen Systemen und Aktanten. Wenn hier von Subkultur die Rede ist, so ist, sofern nicht anders angekündigt, die Subkultur der Jugend als Beispiel für Subkultur gemeint.

3   Neben den immer noch zu empfehlenden 'Pionierarbeiten' von Schwendter (1993) und Diederichsen, Hebdige & Marx (1983) haben in den letzten Jahren vor allem Ansätze zur Subkulturforschung bei den amerikanischenm, australischen und englischen *Cultural Studies* zunehmend wissenschaftliche Beachtung in Deutschland gefunden. Vgl. zur Einführung statt anderer Hepp & Winter (2000), Bromley, Göttlich & Winter (1999) und Hörning & Winter (1999).

schaft zu entdramatisieren, ein möglichst normativ unbelastetes Begriffssystem zu installieren und wissenschaftlich beobachtbare Verhältnisse herzustellen, empfiehlt es sich, mit einem weiten Kulturbegriff zu arbeiten, wie ihn Siegfried J. Schmidt seit Jahren vertritt (1994, 1996, 2000b). Kultur stellt demnach eine Art von lernfähigem Programm für semantische Interpretationen kollektiven Wissens dar, mit dem Anwender Modelle von Wirklichkeiten entwickeln (vgl. Schmidt 1994: 228-254 und modifiziert 1999). Dementsprechend kann es gar nicht, wie so oft proklamiert, die *eine* Kultur einer Mediengesellschaft geben, sondern unendlich viele kulturelle Teilprogramme. Diese gehen von einer operativen Fiktion einer Gesamtinterpretation des Wirklichkeitsmodells einer Gesellschaft aus (vgl. Schmidt 1999: 121f.), denn dieses Gesamtprogramm Kultur einer Mediengesellschaft ist wiederum lediglich in Differenz zu anderen Kulturen anderer Gesellschaften beobachtbar. Die kulturellen Teilprogramme bzw. deren Anwender in ihren Verhaltensweisen benötigen zwar stabile basale Unterscheidungen,[4] um Gemeinsamkeiten zu unterstellen, doch können die semantischen Interpretationen der Teilprogramme durchaus variieren. Betrachtet man das Programm Kultur als eine Art Software-Programmoberfläche, so existieren demgegenüber und doch auch unweigerlich damit zusammenhängend Teilprogramme, die mit divergierenden sozialen Semantiken operieren und dadurch simultan Einfluss nehmen auf die Programmebene Kultur. Das Kulturprogramm einer Gesellschaft bildet eine fiktive Gesamtheit, ein Gesamtprogramm, das sich aus unzähligen Main- (von *Mainstream*) und Subprogrammen zusammensetzt. Diese Programme benötigen sich wiederum gegenseitig zur Differenzsetzung, wobei die Main-Programme quantitativ überwiegen und ihr eigener Blinder Fleck sind, während die Sub-Programme ihre Identität *in Differenz zu den Main-Programmen* artikulieren. Kultur als Programm ist demnach interkulturell, Subkultur als Subprogramm zusätzlich intrakulturell determiniert. Gleichzeitig berücksichtigt Siegfried J. Schmidts Kulturbegriff Anwendungen und Anwender, Prozesse und Prozessgestalten und nicht nur Symbole und Manifestationen oder die virtuelle Wolke Kultur. Ausgehend von diesem Ansatz sind die im Zusammernhang mit Subkultur wichtigsten Begriffe[5] daraufhin zu akzentuieren.

Massenkultur

Das Konzept der Massenkultur nach Theodor W. Adorno und Max Horkheimer setzt sich aus einer binären Opposition zwischen Massenkultur und den Künsten oder *low* und *high* zusammen. Diese Art von Begriffsverwendung impliziert eine semantisch aufgeladene, elitistische Sichtweise und vernachlässigt Crossover- und Borderlining-Effekte innerhalb einzelner gesellschaftlicher Systeme (vertikal-

---

4 So etwa gegenüber Natur und Umwelt, Ko-Aktanten, in bezug auf Normen und Werte sowie hinsichtlich der Inszenierung von Emotionen (vgl. Schmidt 1999: 121).
5 Eine Auswahl, die Douglas Kellner (1995) in Anlehnung an die kulturtheoretische Debatte von Dominanz und Widerstand herauskristallisiert.

systemisch, z. B. zwischen E- und U-Musik, zwischen *Haute Couture* und Stra-
ßenlook) – aber auch quer zu ihnen (horizontal-systemisch, wie etwa zwischen
Politik und Sport, Kunst und Medien) – wie sie insbesondere seit den neunziger
Jahren deutlicher werden.[6] Sinnvoll erscheint der Einsatz des Begriffs Massenkultur
an dieser Stelle m. E. nur, wenn er mit der kulturellen Programmebene Main- (wie
der *Mainstream* z. B. von Medienangeboten) gleichgesetzt wird und man ihn – im
Gegensatz zu den meisten Kulturkritikern – ohne schwerwiegende normative Konnotation verwendet. Ferner wurde die Tatsache, dass die Analyse von Massenkultur
im generellen Kultur-Produktion, -Distribution, -Rezeption *und* -Weiterverarbei-
tung beinhaltet,[7] zu wenig beachtet. Der sicherlich problematische Begriff der Massenkultur soll hier lediglich quantitativ interpretiert werden, um die in Passivitäts-
thesen implizierten Bewertungen fallenzulassen.

Popkultur

Der amerikanische Medienphilosoph Douglas Kellner schlägt vor, diesen weit ver-
breiteten und nicht nur wissenschaftlich und journalistisch (ergo aus Sicht der professionalisierten Gesellschaftsbeobachter) überstrapazierten Terminus nicht weiter
zu verwenden, da er – entgegen seiner Bedeutung im Sinne von Populär-Kultur –
über die durchaus aktiven (Re-)Produktionsprozesse kultureller Artefakte seitens
der Rezipienten einer Gesellschaft hinwegtäuschen würde (vgl. Kellner 1995: 33).
Kellner kritisiert an gleicher Stelle, dass Popkultur nur die oben/unten-Dichotomie
eines kulturellen Gesamt-Programms berücksichtigt und dies zudem einwegig,
nämlich von oben nach unten. An dieser Stelle führt Kellner seine ansonsten
Schmidts weitem Kulturbegriff sehr ähnelnden Überlegungen m. E. nicht logisch
aus. Sein Gebrauch des Begriffs ‚Popkultur' wird gewissermaßen durch die kulturtheoretische Hintertür unnötig normativ aufgeladen. Im Gegensatz dazu und in
konsequenter Fortführung von Kellners normativ entladenen Überlegungen zum
Gesamtprogramm Kultur schlage ich vor, auch den Popkulturbegriff semantisch zu
entlasten, um Bewertungen und Dramatisierungen in den Diskussionen über Pop-

---

6   Diese Effekte entstehen allerdings ebenfalls aus Kulturprogrammen bzw. Systemkontexten heraus,
    weshalb Grenzen neu verlaufen oder Inhalte neu codiert, niemals aber aufgelöst werden und sich
    auch keine komplett unübersichtliche Melange entwickelt: „Da aber Sprache und Kultur nicht wil-
    lentlich erlernt werden, wirken sie nach dem Prinzip blinder Flecken des Beobachters hinter dem be-
    rühmten Rücken der Individuen und orientieren damit individuelle Handlungsmöglichkeiten jeder
    Art" (Schmidt 1994: 226). Auch ein Crossover läuft über Individuen aus bestimmten Kulturpro-
    grammen bzw. Programmebenen ab. Zur Diskussion des Crossovers zwischen Kunst und Popkul-
    tur/Musik vgl. Pesch (1998). Leider geht Martin Pesch nur am Rande auf die Kopplungen zwischen
    diesen Bereichen und der Werbung ein.
7   Diese Einteilung übernehme ich von Siegfried J. Schmidt, der den Begriff (Massen-)Medien mit
    diesen Prozessstufen durchdekliniert (vgl. Schmidt 2000a). In Erweiterung des Schmidtschen Verar-
    beitungsbegriffs verwende ich den Terminus *Weiter*verarbeitung, um noch deutlicher herauszustel-
    len, dass es gerade in mediensubkulturellen Kontexten (z. B. bei Fans) um die Produktion neuer
    Medienangebote geht, die durch und über die Rezeption von Medienangeboten überhaupt erst mög-
    lich wird (z. B. Fanzines, Fanpages).

kultur und deren Rolle in der Mediengesellschaft zu beruhigen. Popkultur kann somit mit Massenkultur gleichgesetzt werden, wird aber hier aufgrund der historischen Problematik des Terminus ‚Massenkultur' gegenüber diesem bevorzugt.[8] Konsequenterweise bedeutet Popkultur demnach ebenfalls Produktion, Distribution, Rezeption und Weiterverarbeitung durch und für die so genannten Massen.[9]

Subkultur

Im Unterschied zur Massen- und Popkultur beschreibt der Begriff Subkultur zwar ebenfalls die bereits genannten Prozessebenen, die aber eben nicht von Großteilen einer Gesellschaft, sondern von einigen wenigen durchgeführt werden und die versuchen, Alternativen zum kulturellen Main-Programm aufzustellen, die möglichst nicht den Regeln und Absichten der Programmanwender Main- folgen. Subkultur beinhaltet undramatischere normative Konnotationen als oft in den Diskussionen vorausgesetzt wird. Subkulturelle (Medien-)Produkte etwa sind in keiner Weise besser oder schlechter als kulturelle Produkte des Main-Programms. Beide sind Konstrukte von Beobachtern und haben ihre kontextabhängigen Funktionen und Leistungen. Speziell Medien- und Kulturwissenschaftler als professionalisierte Beobachter kultureller Programme und Anwendungen sollten weniger normativ belastete Versionen des Subkulturbegriffs benutzen und damit elitäre Positionen – gleichgültig, welche Seite sie privilegieren – vermeiden, selbst wenn sie, was immer noch selten genug der Fall ist, aus einem Subkultur-Programm über dessen Anwendungen schreiben. Der Terminus Subkultur bedeutet lediglich, dass zum Beispiel subkulturelle Medien-Produkte bewusst nicht von der Mehrzahl der Menschen bevorzugt und bewusst nicht für die Mehrzahl der Menschen einer Gesellschaft erstellt werden. Subkultur ist nicht Nicht-, Gegen- oder Unter-Kultur, sondern eine kontrastierende und dennoch im Gesamtprogramm integrierte Teil-Kultur (vgl. Jacke 1998). Auf diesen dialektischen Mechanismus wird später noch genauer eingegangen.

Mediensubkultur

Im selben Atemzug, in dem er die Begriffe ‚Massen-', ‚Pop-' und ‚Subkultur' eliminiert, schlägt Kellner den Begriff *Medienkultur* vor. Dieser neutrale Terminus deckt alle Stufen der bereits erwähnten Produktion, Distribution, Rezeption und Weiterverarbeitung ab und wird der oben erwähnten Luhmannschen Beschreibung von Weltwissen gerecht:

---

8 So wie dies im Unterschied zu Douglas Kellner etwa Lawrence Grossberg (1992, 2000) und John Fiske (2000) erläutert haben.

9 Nebenbei bemerkt, wer sonst sollte agieren denn Aktanten? *Die* Industrie und *die* Masse wirken in kulturkritischen Beschreibungen oft utopisch entindividualisiert und maschinell-funktional.

„The term breaks down artificial barriers between the fields of cultural, media, and communications studies and calls attention to the interconnection of culture and communications media in the constitution of media culture [...]" (Kellner 1995: 34f.).

Geht man von Douglas Kellners und auch von Siegfried J. Schmidts Auffassungen des Begriffs Medienkultur aus, erscheint es logisch, den Terminus Mediensubkultur ebenso zu berücksichtigen. Subkulturelle Selbstbeschreibungen im Sinne der oben erwähnten kulturellen Subprogramme semantischer Interpretationen funktionieren auf die gleiche Weise und durchlaufen die selben technischen (medialisierten) Kanäle wie die institutionalisierten und professionalisierten Main-Programme der Kultur(en). Kellner betont dabei ebenso die aktiven Rollen der Jugend, die aus den Feldern der Popkultur als auch den Feldern der subkulturellen Medienproduktion ihre eigenen Denotationen konstruiert:

„Yet, audiences may resist the dominant meanings and messages, create their own readings and appropriations of mass produced culture [ergo Popkultur, C. J.] and use their own culture as resources to empower themselves and to invent their own meanings, identities, and forms of life." (Kellner 1995: 3).

Allerdings können junge Menschen wohl kaum Identitäten „erfinden". Individuen können diese lediglich innerhalb der diversen (sub-)kulturellen Kontexte, in denen sie leben, formen bzw. konstruieren. Sie schaffen zumeist keine gänzlich neuen Herangehensweisen, sondern re-arrangieren, re-utilisieren und re-interpretieren Zeichen und Bedeutungen. Diese permanenten Re-Konstruktionen (und deren Fortführungen) können gar nicht ohne Referenzen und Verweisungen auf anderweitige Originale ablaufen.[10] Besonders Massen-, Pop- und (Medien-)Subkulturen zitieren und remixen sich selbst laufend, nicht erst seit dem Sampling in der Musik. Um ein Begriffswirrwarr zu vermeiden, verwende ich hier weiterhin die Termini Kultur und Subkultur, setze aber voraus, dass Kultur heute Medienkultur und dementsprechend Subkultur eben auch Mediensubkultur impliziert, weil kulturelle Manifestationen (Videoclip, Comic, Bild, Skulptur etc.) relevante Öffentlichkeiten bzw. öffentliche Relevanz nur noch massenmedial erreichen (vgl. Schmidt 1992: 440f.).

Surfing on Surfaces: Werbung und medialisierte Subkulturen

Alle gesellschaftlichen Systeme sind mit kulturellen Gesamtprogrammen und deren Main- und dazugehörigen Subprogrammen unterlegt, so auch das Werbesystem.[11] Diese Subprogramme, die ich Subkulturen nenne, strukturieren und v. a. artikulieren sich öffentlich anhand massenmedialer Techniken – ansonsten würden sie von

---

10 So diese denn überhaupt welche waren. Das originär Neue an Trends wird insbesondere bei Trendforschern oft überstrapaziert.
11 Zu einer ausführlicheren, systemtheoretischen Diskussion der Werbung vgl. Schmidt (1995), Schmidt & Spieß (1996) und Zurstiege (1998). Während Schmidt das System Werbung als Subsystem der Wirtschaft sieht, plädiert Zurstiege für ein eigenständiges System Werbung.

Anwendern der Programmebene Main- und schon gar nicht von Wissenschaftlern oder Werbetreibenden realisiert werden. In den Medien- und Kulturdiskussionen der letzten Jahre tauchte – nicht ganz zu Unrecht – immer wieder der Begriff der Unübersichtlichkeit unserer Gesellschaft auf. M. E. wurde dabei allerdings oft übersehen, dass durch die zunehmende massenmediale Vernetzung ein beschleunigtes Sichtbarmachen feinster Nischen und dunkelster Ecken erfolgt. Zudem können Subprogramme ja nur über die Konstituierung *als* Sub- beobachtet werden, eben in Differenz zu etwas anderem. Sie sind Systeme ständig wechselnder In-Differenz-Setzungen. Ähnlich wie die systemtheoretische Differenz System-Umwelt ist auch Kultur nur in Differenz bestimmbar (vgl. Schmidt 1999: 120), und zwar nach außen in Unterscheidung zu anderen Kulturen (z. B. geographisch orientiert, wobei sich Popkultur dieser Differenz zu widersetzen versucht, um kommerziell besonders erfolgreich zu sein) und nach innen (Binnendifferenz) in Unterscheidung von Main- und Subprogrammen, wobei alle Ebenen „von kognitiv und kommunikativ aktiven Individuen" (Schmidt 1999: 122) getragen werden. Interessanterweise beschreibt sich die Programm-Ebene Main- (via Massenmedien) selten als *Main-*. Dahingegen wird die Differenzsetzung seitens der Sub-Programm-Anwender zumeist betont. Diese Subkulturen/Subprogramme sind die Produktionsfolien neuer Ideen und Innovationen. Innerhalb eines Systems hängen demnach beide Ebenen voneinander ab, benötigen sich, um sich in Differenz setzen zu können und bestreiten sich fruchtbar. Douglas Kellner liefert den Bereich Mode als ein Beispiel dieser Dialektiken: „In the 1960s, 'antifashion' in clothes and attire became fashionable and the subversion and overthrowing of cultural codes became a norm" (Kellner 1995: 265). Das Main-Programm Mode wurde beeinflusst durch Subprogramme der Anti-Mode. Im Übersprungsmoment wechseln Inhalte der Anti-Mode auf die Seite der Mode und sind somit Anti-Mode-Mode (bzw. wieder Mode). Bei einer präziseren Betrachtung von insbesondere Jugendkulturen erscheinen diese in immer kürzeren Zeitabständen stattfindenden Wechsel zwischen den beiden Oberflächen typisch. Das permanente Umstürzen der Codes wird selbst zum Leitcode der Jugend: immer neu, immer anders, immer weiter.[12] Die Grenzlinien zwischen diesen Main- und Subprogrammen wurden niemals aufgelöst, wie es so oft seit einiger Zeit diskutiert wird. Das Changieren zwischen den Ebenen und das Orientieren aneinander ist durch die zunehmende massenmediale Beobachtung intensiviert worden. Die Programmebenen sind lernwillig und wechseln ständig ihre Differenzsetzungen, wobei die Leitorientierungen bei Main- kommerzielle Gratifikation und bei Sub- (oppositionelle) Aufmerksamkeitserregung bilden. Das Überwechseln über die Grenzlinien unterschiedlicher Codierungen ist für die Subkulturen besonders wichtig: ihre Programmanwender erhalten Gratifikation durch Differenzsetzung und Positionswechsel. Welches Beispiel man auch nimmt, Mode, Musik, Kunst oder sogar die Politik: wenn sich *Sub-* zu *Main-* entwickelt, kann dies nur über die Massenmedien und den Markt geschehen. Die Oberfläche für Verlangen und Versprechen (als welches Pop

---

12 „Keine Atempause, Geschichte wird gemacht, es geht voran", sang die Band Fehlfarben 1980 in ihrem Chart-Erfolg *Ein Jahr (es geht voran)* inmitten des Fiebers der *Neuen Deutschen Welle*.

immer wieder bezeichnet wird) ist dann vorläufig endgültig auf die Main-Seite übergetreten. „Most of the innovations produced in the international popular culture system are not very original – rather, they might be regarded as clone-like variations of a few general cultural patterns", moniert der schwedische Kommunikationswissenschaftler Karl Erik Rosengren (2000: 192) und kritisiert den Mangel an Ideen innerhalb der internationalen Popkultur: „Virtually endless sequels of series and serials reproduce and repeat the deeds of more or less standardized heroes and heroines in more or less standardized ways" (Rosengren 2000: 192). Simon During spricht sogar vom „collapse of difference" (1999: 221) innerhalb der globalen Popkultur. Beide haben vollkommen Recht; denn, wie bereits erwähnt, hat Popkultur (i. S. v. Massenkultur) überhaupt nicht die Funktion, innovativ zu sein. Das ist ja die Funktion der Subkulturen. Im Gegenteil, Popkultur ist erfolgreich, wenn sie nicht innovativ, sondern massenhaft reproduzierbar und verkäuflich ist.

Die subkulturellen Programme beeinflussen nicht nur den jeweiligen eigenen Main-Widerpart, sondern sind aufgrund ihres Innovationszwangs und des ständigen Kampfes ums Auffallen von besonderem Interesse für das Werbesystem. Allerdings können Subprogramme unterschiedlicher Systeme nicht wiederum Sub- oder Main-zueinander sein: Teile des Literatursystems können nicht Sub- zur Mode sein, Musik kann nicht Sub- zur Kunst sein etc. Die jeweiligen Systemzusammenhänge können nicht ausgeblendet werden. Wobei an dieser Stelle die kognitiv und kommunikativ tragenden Individuen eine Rolle spielen und genauerer Analysen bedürfen. So erscheinen zum Beispiel Stars als prominente Individuen, als personalisierte Aufmerksamkeitspotentiale und Knotenpunkte (*Crossroads*) dieser Systeme und sind daher besonders attraktiv für das Werbesystem. Gleichzeitig bringt die Werbung aber auch ihre genuinen (systeminternen) Helden hervor, welche oft anonym sind (der Marlboro-Cowboy, Clementine, Der Mann von der Hamburg-Mannheimer etc.) und an der massenhaften Imageoberfläche erscheinen, weshalb diese wiederum als Stars der Popkultur, ja als Popstars bezeichnet werden können.[13]

Zurück zu den Subkulturen: Warum sind sie für das Werbesystem so interessant geworden? Entscheidend für Werbung ist die Funktion der Erregung folgenreicher Aufmerksamkeit und der Produktion von Teilnahmebereitschaft (vgl. Zurstiege 1998: 95). Zwei Arten der Aufmerksamkeit, die für den erhofften werblichen Erfolg die notwendige und hinreichende Bedingung bilden, sind speziell für die Werbung zu berücksichtigen: erstens die Alarmaufmerksamkeit („Hier bin ich!"), die durch Sensationalisierung bzw. ganz basal zunächst durch Irritation erweckt wird, und zweitens die Vertrauensaufmerksamkeit („Bleib bei mir!"), die durch Identifikation erzeugt werden kann (vgl. Jacke, Jünger & Zurstiege 2000: 30-32). Um diese Arten der Aufmerksamkeit zu erzeugen, benötigt das Werbesystem auf

---

13 In diesem Punkt stimme ich den Ausführungen von Markus Konradin Leiner alias Qrt zu, der Models als Heldenfiguren der Werbung beschreibt: „Das Model tritt auf dem Laufsteg wie der Musikstar live auf, es gehört zum Typus des Popstars." (QRT 1999: 84). Jedes mediengesellschaftliche System produziert personalisierte Aufmerksamkeitsfixpunkte, Stars, auf Main- als auch auf Sub-Ebene.

der einen Seite permanent Themen aus anderen Systemzusammenhängen. Diese werden dann benutzt bzw. umfunktionalisiert gemäß der eigenen Regeln, die wiederum vom Markt bzw. vom ökonomischen System abgesteckt werden. Daher ist immer wieder die Rede von der parasitären Vorgehensweise des Systems Werbung, welches permanent und hektisch auf Ideensuche ist.[14] Die Werbung bildet eine Art Trend-Seismograph als gesellschaftlicher Selbstbeschreiber für sozialen Wandel. Andererseits:

> „advertising has become an important factor of culture and society [und somit untrennbar auch der Medien, C. J.] which leaves deep impressions in everybody's life. Advertising is efficient because it weaves a web of appeals which almost completely covers modern societies and (virtually) provides everybody with the opportunity to find out which chances of societal participation he or she disposes of" (Schmidt & Zurstiege 2000: 161f.).

Kultur unterliegt als Programm ebenso der Werbung und wird daher auch von dieser umgewandelt. Das Werbesystem wird ständig von allen anderen es umgebenden Systemen und insbesondere deren kulturellen Subprogrammen als Quellen der Neuerung irritiert. Gleichzeitig irritiert das Werbesystem selbst genau so die anderen Systeme, nicht zuletzt weil einige von deren kulturellen Subprogrammen durch Kommerzialisierung zu Mainprogrammen transformiert werden können. „Die Marken und ihr Werbekontext werden, wie Popsongs, Film- und Sportstars, Teil der Medien und somit Inhalt der zeitgenössischen Kultur." (Göttlich & Nieland 1999: 59) Das Werbesystem ist ein professionalisierter dynamischer Diffusionsträger. Durch und durch kommerzielle bzw. kommerzialisierte Markenartikel werden *entertainisiert* und somit selbst Teil des globalen Entertainments (vgl. ebd.). Die so genannte globale Kulturindustrie konzentrierte sich zunächst noch auf einzelne Bereiche (z. B. Unterhaltungs-Filme, Popmusik), wird aber mehr und mehr transmedial und transkulturell orientiert, und die „Ikonen und Mythen der Kulturindustrie (Marken, Stars und Idole sowie Lifestyle-Muster) fluktuieren beinahe unterschiedslos zwischen Werbeclips, Kinofilmen, Musikvideos,[15] TV-Angeboten (hauptsächlich Serien) und Internetseiten" (ebd.). Die Beschleunigung dieser i. S. v. Gilles Deleuze und Félix Guattari (1997: 11-42) rhizomartigen Diffusionsvorgänge macht es für die Innovatoren immer schwieriger, neue Differenzen auszubilden bzw. zu konstruieren. Die Werbung ist der in diesem Zusammenhang effektivste Katalysator der Entdifferenzierung. Sie ist ein Mechanismengeflecht, das (einige wenige, nicht alle!) subkulturelle Ideen absorbiert, insofern sie ertragreich erscheinen. Sie werden von der Werbung in Form eines Re-Entry in den kommerzialisierten Main-Bereich kolonialisiert: die Werbung als Entdifferenzierungsmaschine.

---

14 Vgl. statt anderer Bolz (1995), Schmidt (1995) und Schmidt & Spieß (1996).

15 Ursprünglich Medium avantgardistischer Subkulturen innerhalb v. a. der Kunst, sind die Videoclips mittlerweile zu Werbeträgern für konkrete Produkte „mainstreamisiert" worden. Sie bilden den inhaltlichen Programmteil von Musiksendern, neben der als Werbung gekennzeichneten Werbung, womit Musikfernsehen im Musikaufführungskontext als vorgetäuschter Rahmen sensu Goffman für eine Dauerwerbesendung mit unterschiedlichen Kategorien von Werbung beschrieben werden kann. Den Hinweis auf den Goffmanschen Rahmen-Begriff verdanke ich Joachim Westerbarkey.

Das Spiel mit dem Spiel mit dem Stil und den Bedeutungen: Clubkultur der Konsumtion

Im Laufe der letzten Jahre hat sich für die Werbeproduzenten eine wesentliche Frage herausgestellt, die eng verbunden mit den oben erwähnten Mechanismen ist: Wie können die Angebote des Werbesystems für ihre Zielgruppen, speziell junge Menschen, gleichzeitig cool/hip und authentisch wirken (vgl. Mühlhausen & Wippermann 1999)? Ein Blick auf den Mediengebrauch – und hier nicht nur auf das *Was*, sondern vor allem auf das *Wie* – Jugendlicher in den letzten Jahren zeigt deutlich, dass sich die meisten von ihnen (in Deutschland) mit der Akkumulation von Medienangeboten nicht nur arrangieren, sondern sich regelrecht professionalisieren und Medien-Management betreiben.[16] Junge Menschen werden Experten des Surfens auf unterschiedlichen (Benutzer-)Oberflächen und Programmebenen unterschiedlicher Medien-Wirklichkeiten. Das Wechseln zwischen den Wirklichkeitsebenen erscheint spannender als das Zappen zwischen den TV-Programmen. Es geht ihnen zum Beispiel nicht mehr darum, ob die Werbung nun Wirklichkeit abbildet oder vortäuscht. Es zählt, ob sie gut gemacht ist oder schlecht. Diese Haltung bereitet viele junge Leute pragmatisch auf den postmodernen Umgang mit dem allgegenwärtigen Kontingenz-Overload vor. Die Art der Professionalisierung jugendlicher Konsumenten und die Beschleunigung des Crossovers zwischen vormals getrenntem Establishment der Eltern und Revolution der Jugend verursacht für die Werbeindustrie entscheidende Probleme. Die Werbung besaß schon immer die Schwierigkeit der Kompensation des immanenten Aktualitätsdefizits. Sie kam schon immer zu spät, sogar noch später als ihre eigenen Trendscouts, wobei diese mittlerweile beinahe so schnell wie die subkulturellen Programmanwender, die so genannten Szenen, ja sogar Teile dieser geworden sind.

Einige Beispiele unterschiedlicher Kategorien von Anzeigen, die subkulturell beeinflusst sind, sollen die bisherigen theoretischen Ausführungen verdeutlichen. Zu diesem Zweck wurden sieben Jahrbücher der Werbung (1994-2000) prämierter deutscher Anzeigenkampagnen auf subkulturelle Inhalte und deren Diffusion und Problematiken in der Werbung durchgesehen; dazu kam eine weitere Anzeigenkampagne, um ganz aktuell zu analysieren, wie Werbetreibende mit der Tatsache umgehen, dass die Jugendlichen Experten der Konsumtions-Clubkultur geworden sind. Der Großteil der Beispiele stammt aus Werbekampagnen für Musikfernsehen in Deutschland, da dieses besonders um die Zielgruppe jugendlicher Konsumenten bemüht ist, sowohl in der Werbung für den eigenen Sender als auch in der Werbung für andere Produkte im Programm des Senders. Ferner können Musikfernsehsender als besonders jugendimage- und zeitgeistorientiert eingeschätzt werden, so dass eine hohe Wahrscheinlichkeit zum einen der Reflexion und Prägung subkultureller

---

16 Detaillierte Überblicke über den Forschungsstand zum Musikfernsehen und dessen Wirkungen bieten Neumann-Braun & Schmidt (1999) und Schmidbauer & Löhr (1999). Die Mediengebrauchsprofessionalisierung und das Medien-Management können im übrigen als ein Gesichtspunkt einer weiter angelegten Analyse zur (Massen-)Medienevolution dienen.

Inhalte und Stile, zum anderen der eigenen Innovativität innerhalb des Werbesystems besteht. Insbesondere die in dieser Werbung dargestellten Personen können durchaus als Sub gegenüber etwa den Idealbildern/Stereotypen der *New Economy* in der Werbung gesehen werden.

Beispiel 1: Rebellion: Feuersozietät Öffentliches Leben, Berlin (1998)

Diese Art von Anzeige hat einen offensichtlichen Einfluss von jugendlichen Subkulturen und erscheint typisch für die bloße Adaption dieser bzw. genauer hauptsächlich deren Stile. Hier werden oftmals Mode, Frisuren, Sprache u. a. aus deren Programmanwendungen übernommen. Die Inhalte werden kolonialisert, um die Anzeigen zeitgeistig zu gestalten und die junge Zielgruppe anzusprechen. Diese Anzeige illustriert das Problem möglicher Anti-Werbe-Effekte sehr gut.

Beispiel 2: Authentizität: VIVA Fernsehen GmbH und Co. KG., Köln (1997)

Diese Anzeige versucht erst gar nicht, besonders hip, cool, anti oder vor der Zeit zu sein. Die Macher haben wohl antizipiert, dass es für junge Menschen *ganz schön uncool* ist, wenn Werbetreibende versuchen, „szenige" Werbeangebote zu kreieren, aber zu spät kommen. Diese Anzeigen wechseln in ihren Motiven von subkulturellen Einflüssen zu alltäglichen Zeitgeistphänomenen der „realen" Lebenswirklichkeiten ihrer Zielgruppen. Sicherlich kolonialiseren sie dabei aber wiederum Aspekte des Stils und der Einstellungen junger Menschen für Werbezwecke. Ferner belegt diese Kampagne die Anhäufung von Authentizitätskonzepten in den späten neunziger Jahren (vgl. Jacke 1998). Dies geschah nicht nur innerhalb subkultureller Stile wie Punk oder Grunge, als deren totalsynthetische, entpersonalisierte „Antwort" im ewigen Stilwandel Techno erwuchs, sondern ebenfalls in einer Fülle von Werbeangeboten. Es wurde modisch, besonders „real" und „authentisch" zu wirken. Eine Entwicklung, die zu hyperrealen Phänomenen wie dem Heroin-Chic in der Mode führte: Plötzlich erschien es sogar der *Haute Couture* überaus präsentabel, offensichtlich hässlich zu sein, und gleichzeitig bedeutete hässlich authentisch. Doch auch hier schlug der Stilwandel zu – schließlich war es normal, unnormal zu sein. Eine aktuelle Reaktion auf diese Art permanenter Rebellion von subkulturellen Programmanwendern und deren Innovationsdruck, authentisch sein zu müssen, ist die so genannte MedienSpaßKultur[17] in Kombination mit verschiedenen Trash-Ästhetiken, die nun ebenfalls in Werbeanzeigen auftauchen (vgl. auch Beispiel 3).

---

17 Eingebettet in die MedienSpaßGesellschaft, die gekennzeichnet ist durch die alltägliche ironisierende Rezeptions-Dauerbrechung medialer Angebote, ungeachtet der Wirkungsintentionen seitens der Produzenten. Für eine genauere Betrachtung dieses Aspekts vgl. Jacke (2000).

Abb. 1: Feuersozietät Öffentliches Leben
(Quelle: Jahrbuch der Werbung 1999: 483)

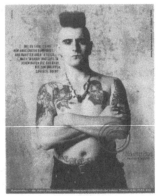

Kunde: Feuersozietät*Öffentliche Leben, Berlin
Vorstandsvorsitzender: Wolf-Rainer Hermel
Werbeleitung: Ina Bauert

Werbeagentur: Dorland Werbeagentur GmbH, Berlin
Beratung: Stefan Hansen
Creative Director: Albert Heiser, Alexander Kupsch
Text: Athanassios Stellatos
Fotografie: Bert Löwenherz

Abb. 2: VIVA „Kuss"
(Quelle: Jahrbuch der Werbung 1998: 451)

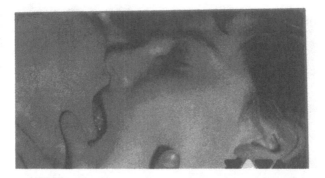

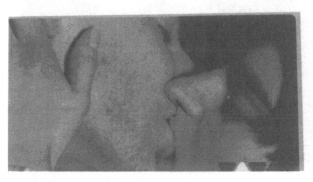

Auftraggeber: VIVA Fernsehen GmbH & Co. KG, Köln
Geschäftsleitung: Dieter Gorny
Werbeleitung: Kerstin Ruffmann

Werbeagentur: Boros Agentur für Kommunikation, Wuppertal
Beratung: Esther Königes
Konzeption: Christian Boros
Creative Director: Christian Boros
Art Director: Rüdiger Fandler
Text: Guido Halfmann
Fotografie: Sascha Kleis

Abb. 3: MTV „Willkommen Zuhause"
(Quelle: Jahrbuch der Werbung 1995: 459)

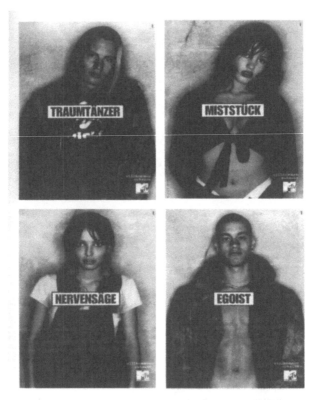

Auftraggeber: MTV Europe, London
Product Manager: Chris Stephenson
Marketingleitung: Stefan Kastenmüller

Werbeagentur: .start advertising GmbH,
München
Beratung: Dirk von Meer,
Claudia Langer
Konzeption: Gregor Wöltje
Creative Director: Gregor Wöltje,
John Warwicker
Art Director: Chris Rehberger
Text: Julia Hinrichsen, Gregor Wöltje
Fotografie: Daniel Josefsohn

»Willkommen zu Hause« ist der Claim der
Kampagne, die deutsche Jugendliche so
zeigt, wie sie sind. Die typische MTV-
Generation: provokant, ehrlich und selbst-
bewußt, auch im Umgang mit den Vorur-
teilen, die ihnen entgegengebracht
werden.

Abb. 4: Obsession
(Quelle: http://www.adbusters.org/spoofads)

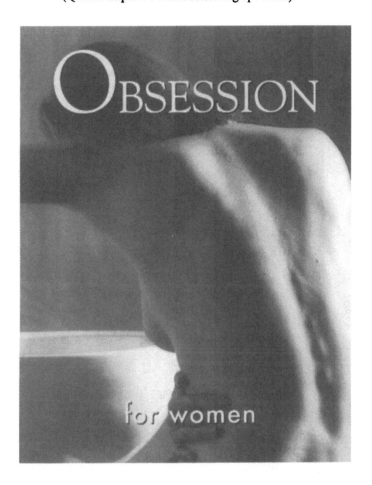

Abb. 5: Gap
(Quelle: http://www.adbusters.org/spoofads)

Beispiel 3: Spiel mit der Rebellion: MTV Europe London (1994)

Diese Form von Anzeigen kolonialisiert ebenfalls subkulturelle Themen und Stile. Darüberhinaus spielt sie allerdings mit den Bedeutungen und bricht sie zum Teil sogar auf ironische Art und Weise. Die Anzeigen antizipieren im Fall von *Willkommen Zuhause* bereits, was die Eltern bzw. Nicht-Mitglieder der Zielgruppe denken und was die Zielgruppe denken könnte, dass deren Eltern bzw. Nicht-Mitglieder denken könnten. Dieses Konzept, das insbesondere vom deutschen Ableger von MTV einige Male benutzt wurde,[18] repräsentiert eine Art von Erwartungserwartung des Fernsehsenders, die vorgeben soll, ganz nah an der Zielgruppe zu sein, also durchaus an die bereist erwähnten Authentizitätskonzepte angelehnt ist: „Wir wissen, was Ihr denkt, was Eure Eltern denken!", „Wir sind bei/mit Euch!". Gegenüber semantisch deutlicheren Anzeigen wie im Beispiel der Feuersozietät, werden von MTV zwar auch wieder Stereotypen der Zielgruppe (Raver, Grunger, Neo-Punk etc.) fotografisch abgebildet, allerdings zudem mit einem Label, einer Titulierung versehen, die zur Aufmerksamkeitserregung beitragen soll, sei es nun aus einfacher (Eltern, Nicht-Mitglieder) oder reflexiver (Ziel- bzw. Peergruppe) Zustimmung. Durch die Ähnlichkeit der Motive kann sich diese Kampagne nicht ganz der interpretatorischen Pikanterie entziehen, dass die Zielgruppe auch in ihrer Uniformiertheit der Individualität dargestellt wird.

Beispiel 4: Spiel mit den Erwartungen an Werbung: VIVA Fernsehen GmbH und Co. KG., Köln (2000)[19]

Diese jüngste VIVA-Kampagne im Zuge des Börsengangs des Musiksenders im Sommer 2000 zeigt einen weiteren Schritt in der Ausdifferenzierung der Werbung für die Zielgruppe junger Menschen. Bis zu einem gewissen Grad kann man alle in den bisherigen Beispielen erwähnten Phänomene wiederfinden: Jugendkultur (i. S. v. stilistischer, subkultureller Opposition), Stilübernahme, Antizipation der Rezeption und Antizipation der Antizipation der Rezeption. Im Falle der Kampagne *Kauf mich!* treten zwei neue Phänomene hinzu: zum einen die deutliche Selbstreflexivität des Werbesystems und zum anderen die direkte Verbindung zum am meisten konsumorientierten System, der Wirtschaft, hier speziell der Börse. Durch die Verbindung von Jugend und Börse („Die Jugend geht an die Börse") entsteht nicht nur eine Parallele zu „Jugend und Sport", „Jugend und Musik", „Jugend geht in die Clubs" und ein Nachfolger zu „Jugend und Politik" i. S. v. Pop und Politik, sondern

---

18 So etwa auch in der Kampagne *Heiß und fettig* 1996. Zu einer ausführlichen hermeneutischen Analyse einiger MTV- und VIVA-Kampagnen vgl. Neumann-Braun (1999).

19 Die ursprünglich an dieser Stelle vorgesehene Abbildung eines Motivs dieser Kampagne kann aus medienrechtlichen Gründen leider nicht abgebildet werden. Auf dem Foto ist ein junges Mädchen abgelichtet, das mit gelangweiltem Blick und gespreizten Beinen, die einen Blick ins Dunkle unter ihrem Rock ermöglichen, auf einem Sofa sitzt und eine Fernbedienung in der Hand hält. Darüber ist der Slogan *Kauf mich!* eingeblendet.

die Börse und der Aktienhandel selbst werden Bestandteil der Popkultur (oder sollen es zumindest werden). Der Literatur- und Medienwissenschaftler Niels Werber verdeutlicht diese Kompatibilität an der Chartmessbarkeit von Popmusik und Börse (vgl. Werber 2000). Interessanterweise ist einige Monate später in der selben überregionalen Tageszeitung, in der Werber seine Ausführungen veröffentlichte, in einem Interview mit dem VIVA-Chef Dieter Gorny die Rede von der Poptauglichkeit des Börsengangs zu lesen: *„Auch Börse ist Pop. Deshalb war der Börsengang für Viva auch genau der richtige Schritt.*" (Gorny zitiert nach Scholz & Wolff 2000: 4) Das Entertainment wird kommerzialisiert, die Kommerzialisierung wird entertainisiert. Der Musiksender VIVA und mit ihm das Jugendkulturmarketing nimmt die nächste Stufe: von *Top of The Pops* zu *Top of The Spots* zu *Top of The Stocks*.

Es scheint, als erwarteten die Produzenten dieser VIVA-Kampagne (Start Advertising Agentur München), dass die potenziellen Rezipienten erneut etwas Überraschendes, Neues erwarten. Im Fall von *Kauf mich!* besteht die kontrollierte Differenz darin, dass keinerlei versteckte Botschaft subliminal oder über anspruchsvolle Dekodierungsvoraussetzungen angeboten, sondern klar und deutlich ausgesprochen wird, was allen sowieso einleuchtet und was alle als Intention von Werbeangeboten voraussetzen: „Kauf mich!"; die offenkundige Absicht der Anzeigenproduzenten, des Fernsehsenders und v. a. des Börsenmarktes selbst.

Das hier nicht abgebildete Plakatmotiv verursachte in seiner Provokation bereits mehrere Beschwerdeschreiben, die beim deutschen Werberat eingegangen sind. Ebenso begann rasch eine Diskussion in den Massenmedien, die sich um den offen zur Schau gestellten Sexismus und die Frauenfeindlichkeit des Motivs drehte und für das Abbrechen der Kampagne sorgte. Sicherlich ist eine solche Aufmerksamkeitserregung mit Folgen genau das, was die Werbetreibenden erreichen wollten, wenn auch Feuilleton, Frauenämter, Wissenschaft und Bischofskonferenz nicht unbedingt zur Zielgruppe gehören. Allerdings verwundert die Aufgeregtheit in den genannten Bereichen im Zeitalter der medialen Dauer-Sensationen ein wenig. Ob *Big Brother*, Benetton oder *Basic Instinct*, die massenmedial ermöglichten Blicke gehen schon länger wesentlich tiefer. Im Prinzip ist selbst die Nabokovsche Lolitahaftigkeit des Mädchens auf einem der VIVA-Plakate und dessen öffentliche Präsentation keinerlei Skandal mehr. Wenn überhaupt, irritiert dieses Bild wegen seiner symbolischen Mixtur aus (sachter) Subversion/Lustlosigkeit und (Ver-)Käuflichkeit (vgl. Buhr 2000: 25), eine in der Popkultur nicht unbekannte Mixtur. Immerhin versuchen die Macher aber durchaus, über eine Art von Anti-Werbung zu werben, Regeln zu brechen, Tabus zu überschreiten, um via die erregte Aufmerksamkeit dann zu werben: Anti-Werbung-Werbung.

Die gezeigten vier Beispiele zeigen m. E. den Innovations-Input für das gesamte Werbesystem und bewegen sich somit sicherlich im Bereich innovativer Subprogrammanwendungen. Abschließend möchte ich darüber hinaus zwei Beispiele für die subversive Weiterverarbeitung herkömmlicher Anzeigen aus einem anderen Systemzusammenhang (hier Kunst) anführen.

Beispiel 5: Spiel mit der Werbung, ohne zu werben: Adbusters

Diese Motive der kanadischen *Adbusters*, einer Non-Profit-Organisation selbster-
nannter Anti-Werber, verfremden Original-Motive aus bekannten Werbekampagnen, um die ursprünglich von den Firmen bzw. Agenturen beabsichtigte Wirkung
zu konterkarieren. Ähnliche Ansätze sind seit Jahren in der Clubkultur des Techno
zu beobachten, wo immer wieder z. B. auf T-Shirts, Flyern oder Tonträger-Covern
Re-Kontextualisierungen graphischer Samples (vgl. Pesch 1998: 24) vorgenommen
werden. Speziell die Art und Weise, in der die *Adbusters* Originale (hier *Obsession*
und *Gap*) zitieren und dekonstruieren, das so genannte *Subvertising*, besitzt zwar
eine klare Anti-Attitüde der Kritik oder sogar teilweise des Protests, kann aber nicht
als Subprogramm innerhalb des Gesamtprogramms Kultur der Werbung eingeord-
net werden. Diese Anzeigen kritisieren zwar die Codes und Inhalte des Werbesystems im ganzen, werben selbst aber für nichts, außer für Kritik. Und diese kann
nicht käuflich erworben werden. Das Zeichenspiel der *Adbusters* fungiert bis einschließlich zur Aufmerksamkeitserregung (hier Topmodell über Toilettenbecken,
Khakimantel an Hitler als Topmodell) nach den Regeln der Werbung, doch bestehen die schon erwähnten Kontexte im Rücken, die Voraussetzungssysteme, aus
Richtung Wirtschaft (Irritation/Verkäuflichkeit) auf der einen und Kunst (Irritati-
on/Provokation) auf der anderen Seite.

An diesen Beispielen der *Adbusters* ist ebenfalls die in der Popkultur so typi-
sche Schlacht um die Zeichen (vgl. Buhr 2000) zu beobachten. Insbesondere die
Werbeindustrie produziert täglich Massen dieser Zeichenträger und trägt somit zum
Überfluss an Informationsangeboten bei. Die unterschiedlichen (Medien-
)Subkulturen, hier die *Adbusters* als Sub des Kunstsystems, finden immer neue
Wege, die (oft immer gleichen) Vorlagen zu lesen, zu interpretieren und neu zu
gestalten. Bei all ihrer Subversion der Entwürfe i. S. v. Verwendung der zeichen
entgegen ihrer ursprünglichen Bedeutung benötigen sie aber eben diese Originale,
um sich abzusetzen. In diesem Fall kann offensichtlich klar von Anti-Werbung
gesprochen werden.[20] Die *Adbusters* kämpfen mit „semantischen Guerillamethoden"
(Horx 1995: 432), mit „den Mitteln der Werbung gegen die Werbung. Mit den
Techniken der Codierung gegen die Codierung" (ebd.: 434). Die Rahmen-
Programme dieser Zeicheninterpretationen sind deren jeweilige Kulturprogramme.
Die *Adbusters* verarbeiten Vorlagen in Form von Medienangeboten (hier Anzeigen
von *Obsession* bzw. *Gap*) weiter zu ironischen Protest-Statements, sie entnehmen
die Originale aus ihrem Ursprungszusammenhang (System Werbung), dekonstruieren sie im schon definierten Sinne, operieren aus dem Kontextzusammenhang
Kunst und platzieren die umgestalteten Anzeigen in jenem anderen Kontext, nicht
ohne zu hoffen, dass Programmanwender des Gesamtprogramms Kultur der Werbung nicht vielleicht doch darauf aufmerksam werden. Denn ihnen, und nur ihnen,

---

20 Sicherlich könnte man bei einer weiten Auslegung des Werbewirkungsbegriffs auch argumentieren,
dass selbst eine Ironisierung des Originals Aufmerksamkeit für eben solche erzeugt, doch wäre dann
eine Gegenüberstellung von eigentlicher Werbung und *Adbusters* obsolet.

gilt die Kritik und der Protest der *Adbusters*. Die (Weich-)Zeichensprache der Bilder wird mit Alltagsbildern manipuliert. Gleichzeitig veranschaulicht dieses Beispiel von Weiterverarbeitung, dass der oft bemühte linear-kausale Wirkungszusammenhang von der Werbung zu den Rezipienten (Was macht die Werbung mit den Rezipienten?) offensichtlich in ein Bündel von möglichen Wirkungen und deren Folgen (Was machen die Rezipienten mit der Werbung?) mündet (vgl. Schmidt & Zurstiege 2000: 172). Der amerikanische Medienwissenschaftler Jib Fowles geht ebenfalls von der aktiven Rolle der Rezipienten aus und spricht an dieser Stelle gar von Ausbeutung: „Instead of the frequently heard claim that advertising exploits consumers, it is the contention here that just the reverse is the case, that consumers exploit advertising." (Fowles 1996: XVI).

Auf der Suche nach der Kulturkritik findet man immer häufiger spielerisch-dekonstruierende Versionen von Kritik wie eben bei den *Adbusters*. Doch auch in ihrem Fall ist es nur eine Frage der Zeit, bis die Werbung diese Innovation aus dem Sub eines anderen Systems, die als Antwort auf sie selbst erst entstanden ist, absorbiert und kommerzialisiert: die Assimilation von Negation als Innovation für Konsum oder, wie der Medientheoretiker Norbert Bolz es beschreibt: das Marketing des Anti (vgl. Bolz 1995: 159f.). Der Vorschlag von Bolz kann fünf Jahre später präzisiert werden, denn es geht heute nicht mehr nur um das generelle Aufsaugen von Sub- (i. S. v. Anti-) Programmen, sondern im Fall von *Adbusters* um das Kooptieren der Negation bzw. die Ironisierung der eigenen Aussagen in Form des bereits erwähnten Re-Entry.

Irritation ja, Provokation vielleicht, Revolution nein

Offensichtlich ist ein Sub innerhalb des Werbesystems noch eher selten zu finden. Im Zuge der funktionalen Ausdifferenzierung auch dieses Systems dürften solche Phänomene in Zukunft häufiger zu beobachten sein (Selbstreflexivität des Systems Werbung in Form von Ironie, Anspielung, Vergleich zu eigener oder fremder Werbung, Werbung für Werbung etc.).

Jedes gesellschaftliche System benötigt demnach verschiedene dynamische Dialektiken, um auf der einen Seite autonom gegenüber anderen Systemen zu bleiben und auf der anderen Seite sich dauerhaft intern reproduzieren zu können.[21] Wenn Sub zu Pop wird, ist es Masse und somit Main. Und Main benötigt ein neues Sub (die Hülle kann die selbe bleiben, aber die Inhalte wechseln) als innovative Irritation und Abgrenzung zur gleichen Zeit. Diese Wandel fanden, wenn auch wissenschaftlich eher selten kommentiert, auch im System Werbung immer schon statt, und immer schon bedeutet hier im Zeitalter der Massenmedien.

---

21 Gerhard Schulze spricht in diesem Kontext von einer mehrschichtigen Dialektik (vgl. Schulze 2000: 5).

Fazit

Zwei wesentliche, auf das Werbesystem in Verbindung mit Jugendkultur rekurrierende Trends sollten hier herausgearbeitet werden:
1. In der Werbung ist es normal geworden, außergewöhnlich zu sein.
2. Die in jedweder Form zu beobachtende Dauer-Sensationalisierung (nicht nur) von Werbeinhalten führt zu einer Rückkehr weg vom Spektakel zur Sachlichkeit (Entsensationalisierung, Entschleunigung).

Darüber hinaus schlage ich in meinen Ausführungen erstens weitgehend normative wenig belastete, an Douglas Kellners und Siegfried J. Schmidts Überlegungen angelehnte Definitionen der wesentlichen Termini im wissenschaftlichen Umfeld von Kultur und (Medien-)Subkultur vor, um die oft aneinander vorbeiführenden Diskussionen zu entdramatisieren und die Verflechtungen wissenschaftlich besser beobachtbar zu gestalten.

Zweitens sollte, illustriert mit Beispielen, geklärt werden, dass das Werbesystem auf der einen Seite subkulturelle Einflüsse sowohl aus seinem eigenen als auch aus anderen gesellschaftlichen Systemen benötigt und diese kolonialisiert, um (folgenreiche) Aufmerksamkeit zu erregen. Auf der anderen Seite brauchen neu emergierende Subkulturen (in Form von subkulturellen Programmen) Projektionsfolien wie das Main der Werbung, um Differenz überhaupt setzen und etablieren zu können. Doch selbst wenn subkulturelle Phänomene innerhalb des Werbesystems zunehmend zu beobachten sind, so wird es für diese doch immer komplizierter, effektive Kritik zu üben, was mit dem Einfluss der Massenmedien auf die alltäglichen Wirklichkeitskonstruktionen zusammenhängt. Je intensiver das Main der Werbung massenmedial kritisiert wird, wird doch sogleich die Aufmerksamkeitsrampe für das Original mitverlegt und um so mehr Innovationen werden dem Main-Programm bereitgestellt; eine Wirkung, die bereits 1967 vom französischen Philosophen Guy Debord für das Feld der Politik bemerkt wurde: politischer Protest festigt das politische Establishment (vgl. Debord 1996). Diese produktive Wechselbeziehung wird im Zusammenhang mit Kultur von Pierre Bourdieu (vgl. Bourdieu 1999: 378-399) dadurch charakterisiert, dass es keinen Ausweg aus diesem „Kulturspiel" gibt. Um es mit Klaus Neumann-Braun (1999: 408) auf den Punkt zu bringen: „Wie soeben besprochen: Keiner kann der Gesellschaft (und dem Markt) entkommen."

– To be continued –

Literatur

Bromley, R.; Göttlich, U.; Winter, C. (Hrsg.) (1999): Cultural Studies. Grundlagentexte zur Einführung. Lüneburg.

Bolz, N. (1995): Die Öffentlichkeit der Werbung. In: Bolz, N.; Bosshart, D. (Hrsg.) (1995): KULT-Marketing. Die neuen Götter des Marktes. Düsseldorf, 152-176.

Bourdieu, P. (^{11}1999): Die feinen Unterschiede. Kritik der gesellschaftlichen Urteilskraft. Frankfurt am Main.

Buhr, E. (2000): Alles clickable. Heute wird zum ersten Mal die Viva-Aktie gehandelt. In: Frankfurter Rundschau. Nr. 165 vom 19. Juli 2000, 25.

Debord, G. (1996): Die Gesellschaft des Spektakels. Berlin.

Deleuze, G.; Guattari, F. (1997): Tausend Plateaus: Kapitalismus und Schizophrenie. Berlin.

Diederichsen, D.; Hebdige, D.; Marx, O.-D. (1983): Schocker. Stile und Moden der Subkultur. Reinbek bei Hamburg.

During, S. (1999): Popular Culture on a Global Scale: a Challenge for Cultural Studies? In: Mackay, H.; O'Sullivan, T (Hrsg.) (1999): The Media Reader: Continuity and Transformation. London/Thousand Oaks/New Delhi, 211-222.

Fiske, J. (2000): Lesarten des Populären. Wien.

Fowles, J. (1996): Advertising and Popular Culture. London/Thousand Oaks/New Delhi.

Göttlich, U.; Nieland, J.-U. (1999): Der Angriff der Daily Soaps auf die übrige Zeit oder Reader's Digest der Individualisierung. In: Münker, St.; Roesler, A. (Hrsg.) (1999): Televisionen. Frankfurt am Main, 54-73.

Goetz, R. (1999): Celebration. Texte und Bilder zur Nacht. Frankfurt am Main.

Grossberg, L. (1992): We Gotta Get Out Of This Place: Popular Conservatism and Postmodern Culture. New York/London.

Grossberg, L. (2000): Was sind Cultural Studies? In: Hörning, K. H.; Winter, R. (Hrsg.) (2000): Widerspenstige Kulturen. Cultural Studies als Herausforderung. Frankfurt am Main, 43-83.

Hepp, A.; Winter, R. (Hrsg.) (^{2}2000): Kultur – Medien – Macht. Cultural Studies und Medienanalyse. Opladen/Wiesbaden.

Hörning, K. H.; Winter, R. (Hrsg.) (1999): Widerspenstige Kulturen. Cultural Studies als Herausforderung. Frankfurt am Main.

Horx, M. (1995): Adbusters. Die subtilen Mittel des Anti-Branding. In: Horx, M.; Wippermann, P. (Hrsg.) (1995): Markenkult: Wie Waren zu Ikonen werden. Düsseldorf, 430-435.

Jacke, Ch. (1998): Millionenschwere Medienverweigerer: Die US-Rockband Nirvana. In: Rösing, H.; Phleps, Th. (Hrsg.) (1998): Neues zum Umgang mit Rock- und Popmusik. Beiträge zur Popularmusikforschung 23. Karben, 7-30.

Jacke, Ch. (2000): Wirklichkeits-Crossover: einige Beobachtungen zu den spielerischen Ersatzkriegen „Big Brother" und „EM 2000". In: Weber, F (Red..) (2000): Big Brother: Inszenierte Banalität zur Prime Time. Hamburg/Münster/New York, 179-193.

Jacke, Ch.; Jünger, S.; Zurstiege, G. (2000): Aufdringliche Geschichten – Zum Verhältnis von Musik und Werbung. In: Rösing, H.; Phleps, Th. (Hrsg.) (2000): Populäre Musik im kulturwissenschaftlichen Diskurs. Beiträge zur Popularmusikforschung 25/26. Karben, 25-42.

Kellner, D. (1995): Media Culture. Cultural Studies, Identity and the Politics Between the Modern and the Postmodern. London/New York.

Luhmann, N. (^{2}1996): Die Realität der Massenmedien. Opladen.

Mühlhausen, C.; Wippermann, P. (1999): Situative Intelligenz oder Tribes, Crossover und die Clubculture des Konsums. In: Gorny, D.; Stark, J. (Hrsg.) (1999): Pop & Kommunikation. Jahrbuch 1999/2000. München, 108-110.

Neumann-Braun, K. (1999): Subversiver Kulturkampf oder dramatisierte Doppelung des Alltags? Bildhermeneutische Analysen der Werbekampagnen von MTV/Deutschland und VIVA in den Jahren 1994 bis 1997. In: Rundfunk und Fernsehen. 47. Jg., Heft Nr. 3, 393-408.

Neumann-Braun, K.; Schmidt, A. (1999): McMusic. Einführung. In: Neumann-Braun, K. (Hrsg.) (1999): VIVA MTV! Popmusik im Fernsehen. Frankfurt am Main, 7-42.

Pesch, M. (1998): Die Mauer muß wieder her. Gegen die kunstbetriebliche Okkupation von Popkultur und Musik. In: neue bildende kunst. Zeitschrift für Kunst und Kritik. 8. Jg., Heft Nr. 8, 23-31.

Qrt (1999): Schlachtfelder der elektronischen Wüste. Schwarzkopf, Schwarzenegger, Black Magic Johnson. Berlin.

Rosengren, K. E. (2000): Communication. An Introduction. London/Thousand Oaks/New Delhi.

Schmidbauer, M.; Löhr, P. (1999): See me, feel me, touch me! Das Publikum von MTV Europe und VIVA. In: Neumann-Braun, K. (Hrsg.) (1999): VIVA MTV! Popmusik im Fernsehen. Frankfurt am Main, 325-349.

Schmidt, S. J. (1992): Medien, Kultur: Medienkultur. Ein konstruktivistisches Gesprächsangebot. In: Schmidt, S. J. (Hrsg.) (1992): Kognition und Gesellschaft. Der Diskurs des Radikalen Konstruktivismus 2. Frankfurt am Main, 425-450.

Schmidt, S. J. (1994): Kognitive Autonomie und soziale Orientierung. Konstruktivistische Bemerkungen zum Zusammenhang von Kognition, Kommunikation, Medien und Kultur. Frankfurt am Main.

Schmidt, S. J. (1995): Werbung zwischen Wirtschaft und Kunst. In: Schmidt, S. J.; Spieß, B. (Hrsg.) (1995): Werbung, Medien und Kultur. Opladen, 26-43.

Schmidt, S. J. (1996): Die Welten der Medien. Grundlagen und Perspektiven der Medienbeobachtung. Braunschweig.

Schmidt, S. J. (1999): Kultur als Programm. Zur Diskussion gestellt. In: Viehoff, R.; Segers, R. T. (Hrsg.) (1999): Kultur, Identität, Europa. Über die Schwierigkeiten und Möglichkeiten einer Konstruktion. Frankfurt am Main, 120-129.

Schmidt, S. J. (2000a): Medienwissenschaft im Verhältnis zu Nachbardisziplinen. In: Rusch, G. (Hrsg.) (2000): Einführung in die Medienwissenschaft. Opladen/Wiesbaden (im Druck).

Schmidt, S. J. (2000b): Kalte Faszination. MedienKulturWissenschaft in der Mediengesellschaft. Göttingen.

Schmidt, S. J.; Spieß, B. (1996): Die Kommerzialisierung der Kommunikation. Fernsehwerbung und sozialer Wandel 1956 – 1989. Frankfurt am Main.

Schmidt, S. J.; Zurstiege, G. (2000): How to Gear Into Cognitive Systems. On Cognitive and Socio-Cultural Aspects of Research in the Effects of Advertising. In: Communications. 25. Jg., Heft Nr. 2, 161-186.

Scholz, M.; Wolff, Th. (2000): „die börse ist pop". Viva-Chef Dieter Gorny über die Kraft des deutschen HipHop, die Expansion seines Clip-Imperiums und seine Anstrengungen, ein Jugendgeneralist zu sein. In: Frankfurter Rundschau. Nr. 186 vom 12.08.2000, 4-5 (Wochenend-Magazin Nr. 16).

Schulze, G. (2000): Was wird aus der Erlebnisgesellschaft? In: Aus Politik und Zeitgeschichte. Beilage zur Wochenzeitung Das Parlament. Heft Nr. 12, 3-6.

Schwendter, R. (⁴1993): Theorie der Subkultur. Hamburg.

Werber, N. (2000): Das verramschte Millennium. Für alles, was zählt, gibt es die passenden Charts. In: Frankfurter Rundschau. Nr. 125 vom 30. Mai 2000, 19.

Zurstiege, G. (1998): Mannsbilder – Männlichkeit in der Werbung. Zur Darstellung von Männern in der Anzeigenwerbung der 50er, 70er und 90er Jahre. Opladen.

Die Autorinnen und Autoren

Joan Kristin Bleicher, PD Dr.; geboren 1960, Studium der Germanistik, Amerikanistik und Allgemeinen Literaturwissenschaft in Gießen, Bloomington/USA und Siegen. Promotion an der Universität-GH-Siegen. 1986-1995 Mitarbeiterin im sfb 240 „Ästhetik, Pragmatik und Geschichte der Bildschirmmedien. Schwerpunkt: Fernsehen in der Bundesrepublik Deutschland" an den Universitäten Siegen und Marburg. Lehrtätigkeit an den Universitäten in Saarbrücken, Marburg, Lüneburg und Hamburg. Habilitation an der Universität Hamburg. Neueste Veröffentlichungen: Fernseh-Programme in Deutschland. Konzepte – Diskussionen – Kritik. Reader zur historischen Entwicklung der Programmdiskussion. Opladen 1996 (hrsg.); Programmprofile kommerzieller Anbieter. Tendenzen der Fernsehentwicklung seit 1984. Opladen 1997 (hrsg.); Trailer, Teaser, Appetizer. Formen und Funktionen der Programmverbindungen im Fernsehen. Münster/Hamburg 1997 (hrsg. mit Knut Hickethier); Fernsehen als Mythos Poetik eines narrativen Erkenntnissystems. Opladen 1999.

Uta Brandes, Prof. Dr.; studierte Anglistik, Politische Wissenschaften, Soziologie und Psychologie an der Universität Hannover. Ihren Magister Artium (M. A.) machte sie 1973 in Soziologie und Psychologie, 1983 promovierte sie (Dr. phil.). Berufliche Stationen waren u. a.: Wissenschaftliche Mitarbeiterin am Psychologischen Seminar der Universität Hannover; stellvertretende Leiterin des Forschungsinstituts „Frau und Gesellschaft"; Leitende Ministerialrätin und Abteilungsleiterin bei der hessischen Bevollmächtigten für Frauenangelegenheiten, Wiesbaden; Konzepterstellung und Koordination des Schweizer Design Center, Langenthal; Direktorin des „Forum" der Kunst- und Ausstellungshalle der Bundesrepublik Deutschland, Bonn. Seit 1995 Professorin am Fachbereich Design der Fachhochschule Köln.

Norbert Bolz, Prof. Dr.; geb. 1953; seit 1992 Professor für Kommunikationstheorie am Institut für Kunst- und Designwissenschaft der Universität Essen. Neueste Veröffentlichungen: Kultmarketing. Düsseldorf 1995; Die Sinngesellschaft. Düsseldorf 1997; Die Wirtschaft des Unsichtbaren. München 1999; Die Konformisten des Andersseins. München 1999.

Bernhard E. Bürdek, Prof.; Professor an der Hochschule für Gestaltung Offenbach am Main; seine Arbeitsbereiche dort sind Design-Methodologie, Produktplanung, Interface-Design und Neuere Design-Geschichte. Er ist Autor einer Vielzahl von Publikationen im Kontext des Design; ständiger Berater der form – Zeitschrift für Gestaltung / The European Design Magazine, seit 1995 Mitherausgeber und seit 2000 allein verantwortlich für formdiskurs, Zeitschrift für Design und Theorie / Journal of Design and Design Theory. In Obertshausen bei Frankfurt am Main leitet er das Büro Vision & Gestalt, das sich mit Themen der Design-Kommunikation sowie des Interface-Design beschäftigt. Dort werden für namhafte Unternehmen wie Agfa-Gaevert, Bosch Telenorma, Deutsche Lufthansa, Drägerwerk, DuMont, FAZ, FSB, JIDPO, Linotype Hell, Minox, NZZ, Panasonic National Japan, SAP, SEL Alcatel, VDI u.v.a.m. Projekte bearbeitet.

Mercedes Bunz; lebt in Berlin und promoviert in Weimar über die Funktion des Mediums im Zeitalter der Digitalisierung. Seit 1997 ist sie Mitherausgeberin der Zeitschrift für elektronische Lebensaspekte – DE:BUG.

Immanuel Chi, Dipl. Industrial Designer; geb. 1965. Nach einem viersemestrigen Studium der Ur- und Frühgeschichte und Skandinavischen Philologie wechselte Immanuel Chi 1986 zum Industrial Design Studium an die Universität GH-Essen. Er ging zu Auslandsstudien an die Carnegie Mellon University in Pittsburgh/USA und als Trainee zu National Panasonics nach Nara/Japan. Er bekam zahlreiche Auszeichnungen; u. a. den Staatspreis für Design des Landes Nordrhein Westfalen 1993, Audi Design Preis 1998. Seit 1995 arbeitet Immanuel Chi als wissenschaftlicher Mitarbeiter von Professor Hermann Sturm im IKUD (Institut für Kunst- und Designwissenschaften) an der Universität GH-Essen. Seit 1998 ist er Lehrbeauftragter für Theorie und Geschichte des Design an der Fachhochschule Krefeld. Außerdem ist er als Designer im Designstudio Stotz in Wuppertal tätig.

Michael Erlhoff, Prof. Dr.; war unter anderem Chefredakteur einer deutschen Kunstzeitschrift und Gastredakteur im Hörfunk, Mitglied des Beirats der „documenta 8", Geschäftsführer des „Rat für Formgebung/German Design Council" und Gründungsdekan des Kölner Fachbereichs Design. Er veröffentlichte zahlreiche Bücher (unter anderem zehn Bände des „Kurt Schwitters-Almanach", gemeinsam mit Uta Brandes „Design als Gegenstand", sowie „Deutsches Design nach 1949", „Nutzen statt Besitzen", „Unternehmenskultur und Stammeskultur"). Er ist Mitherausgeber des „Design Calendar" und der Zeitschrift „formdiskurs", Präsident der „Raymond Loewy Foundation", external examiner in Hong Kong und war Gastprofessor in Tokyo und an anderen Orten.

Christoph Jacke, M. A.; geb. 1968, studierte Publizistik- und Kommunikationswissenschaft, Englische Philologie und Politikwissenschaft in Münster und ist Doktorand und Mitarbeiter am Institut für Kommunikationswissenschaft an der Westfälischen Wilhelms-Universität Münster; Forschungsschwerpunkte Starkult, Medienkultur, Poptheorie und Medienkunst; freier Autor u. a. für die Frankfurter Rundschau, Telepolis, DE:BUG, Testcard; darüber hinaus Tätigkeiten beim Radio, bei Plattenfirmen, als Musiker und als DJ.

Sebastian Jünger, stud. cand. phil.; geb. 1975. Studium der Publizistik- und Kommunikationswissenschaft, Allgemeinen Sprachwissenschaft, Psychologie und Philosophie in Münster. Seit 1998 studentische Hilfskraft am Institut für Kommunikationswissenschaft der Westfälischen Wilhelms-Universität Münster. Arbeitsschwerpunkte: Kommunikationstheorie, Medienkultur, Neuropsychologie.

Monika Kramer, M. A.; geb. 1972, hat nach einer Ausbildung zur Werbekauffrau im Jahr 2000 an der Westfälischen Wilhelms-Universität Münster ihren Magistergrad in den Fächern Publizistik- und Kommunikationswissenschaft, Psychologie und Soziologie erworben. Derzeit ist sie als Mediaplanerin in der Düsseldorfer Agentur Optimum Media tätig und arbeitet an ihrer Promotion über den Aufgabenbereich von Mediaagenturen.

Stefan Krempl; geb. 1969, studierte Gesellschafts- und Wirtschaftskommunikation an der Hochschule der Künste Berlin. Seine Abschlussarbeit über das „Phänomen Berlusconi" ist im Lang Verlag erschienen. Er arbeitet als Wissenschaftlicher Mitarbeiter an der Kulturwissenschaftlichen Fakultät der Europa-Universität Viadrina in Frankfurt (Oder) sowie als freier Autor für renommierte Tages- und Wochenzeitungen sowie (Online-) Magazine in Berlin.

Juliane Möcklinghoff; geb. 1979; studiert im fünften Semester Kommunikationswissenschaft, Politik- und Sportwissenschaft an der Westfälischen Wilhelms-Universität in Münster; sie ist seit 1996 freie Mitarbeiterin bei einer Lokalzeitung und arbeitet seit 2000 ebenfalls freiberuflich bei der Nachrichtenagentur ddp. Im Sommer 2000 war sie als freie Mitarbeiterin für das ZDF bei den Olympischen Spielen in Sydney tätig.

Anton Markus Pasing, Dipl. Ing.; geb. 1962, zwischen 1991 und 1994 Meisterschüler O. M. Ungers an der Kunstakademie Düsseldorf. Seit 1994 künstlerisch/wissenschaftlicher Assistent an der RWTH-Aachen. Forschungen u. a. zum Thema „Rückkopplungen bildgestützter elektronischer Medien auf die Architektur. Lehraufträge an den Universitäten/Fachhochschulen Münster und Innsbruck. Neueste Veröffentlichungen: Katalog zur Ausstellung in der Villa Massimo. Rom 1999;

Remote Controlled Architecture. Wiesbaden 1998; 12 Deutsche Architekten. Basel 2000.

Birgit Richard, Prof. Dr.; lehrt Neue Medien am Institut für Kunstpädagogik an der Universität Frankfurt (am Main). Arbeitsschwerpunkte: Digitale Medien, Ästhetik von Jugendkulturen (Jugendkulturarchiv in Frankfurt), Todesbilder in realen und virtuellen Welten; Publikation u. a.: Todesbilder. Kunst Subkultur Medien. München 1995; Die Hüllen des Selbst. Mode als ästhetisch-medialer Komplex, Kunstforum International Band 141, Juni-September 1998 (hrsg.); Dauer – Simultaneität – Echtzeit. Kunstforum International, Heft 151, Juli 2000 (hrsg. mit Sven Drühl).

Florian Rötzer; geb. 1953, lebt in München und ist Publizist, Medientheoretiker und Organisator internationaler Symposien. Mitbegründer und Redakteur des Online-Magazins Telepolis (seit 1996). Neueste Veröffentlichungen: Die Telepolis. Urbanität im digitalen Zeitalter. Mannheim 1995; Digitale Weltentwürfe. Streifzüge durch die Netzkultur. München [u. a.] 1998.

Thomas Schierl, PD Dr.; geb. 1958, Studium der Publizistik- und Kommunikationswissenschaft, Politikwissenschaft und Philosophie in Salzburg, München, Mainz und Bonn. 1987 Promotion zum Dr. phil. Konzeptioner und später Berater in internationalen und nationalen Werbeagenturen. 1995 bis 1997 DFG-Stipendiat. Seit 1998 Geschäftsführender Gesellschafter der z.B. Werbeagentur, Düsseldorf. 2000 Habilitation. Momentan Vertretung einer Professur für Politikwissenschaft mit dem Schwerpunkt Politik und Kommunikation an der Gerhard-Mercator-Universität Duisburg.

Siegfried J. Schmidt, Prof. Dr.; geb. 1940, studierte Philosophie, Germanistik, Linguistik, Geschichte und Kunstgeschichte in Freiburg, Göttingen und Münster. Promotion 1966 über den Zusammenhang zwischen Sprache und Denken von Locke bis Wittgenstein. 1965 Assistent am Philosophischen Seminar der TH Karlsruhe, 1968 Habilitation für Philosophie, 1971 Professor für Texttheorie an der Universität Bielefeld, 1973 dort Professor für Theorie der Literatur. Seit 1979 Professor für Germanistik/Allgemeine Literaturwissenschaft an der Universität-GH Siegen, ab 1984 Direktor des Instituts für Empirische Literatur- und Medienforschung (LUMIS) der Universität Siegen. 1997 Professor für Kommunikationstheorie und Medienkultur an der Universität Münster. 1997 bis 1999 Direktor des Instituts für Kommunikationswissenschaft an der WWU Münster. Neueste Veröffentlichungen: Die Zähmung des Blicks. Konstruktivismus – Empirie – Wissenschaft. Frankfurt am Main 1998; Kalte Faszination. MedienKulturWissenschaft in der Mediengesellschaft. Göttingen 2000; Orientierung Kommunikationswissenschaft. Was sie kann, was sie will. Reinbek bei Hamburg 2000 (mit Guido Zurstiege).

Mark Terkessidis; geb. 1966, Diplom-Psychologe, von 1992 bis 1994 Redakteur der Zeitschrift „Spex". Buchveröffentlichungen: Kulturkampf – Volk, Nation, der Westen und die Neue Rechte. Köln 1995; Mainstream der Minderheiten – Pop in der Kontrollgesellschaft. Berlin 1996 (hrsg. mit Tom Holert); Psychologie des Rassismus. Wiesbaden 1998; Globalkolorit – Multikulturalismus und Populärkultur. St. Andrä-Wörden 1998 (hrsg. mit Ruth Mayer); Migranten. Berlin 2000. Derzeitige Arbeitsschwerpunkte: Jugend- und Populärkultur, Identitätsbildung, Migration und Rassismus, insbesondere Rassismuserfahrungen der „zweiten Generation".

Jörg Tropp, Dr.; geb. 1961, nach Stationen als Kundenberater und New Media Consultant bei den Werbeagenturen Heye & Partner/München und Michael Conrad & Leo Burnett/Frankfurt am Main heute als Geschäftsführer Kundenberatung bei der Agentur Impiric/Frankfurt – der führenden Agentur für Integrierte Kommunikation in Deutschland – tätig. Arbeitsschwerpunkte: Integrierte Kommunikation, Kommerzielle Kommunikation im Internet.

Ralf Vollbrecht, Prof. Dr.; geb. 1956, Professor für Medienpädagogik an der TU Dresden. Arbeitsgebiete: Kindheits-, Jugend- und Medienforschung. Neueste Veröffentlichungen: Die Entstehung der modernen Familie. Umrisse einer Theorie der Privatheit. München 1983; Ost-westdeutsche Widersprüche. Ostdeutsche Jugendliche nach der Wende und Integrationserfahrungen jugendlicher Übersiedler im Westen. Opladen 1993.

Guido Zurstiege, Dr.; geb. 1968, Studium der Kommunikationswissenschaft, Anglistik und Wirtschaftspolitik an der Westfälischen Wilhelms-Universität in Münster, Promotion 1997. Seit 1997 wissenschaftlicher Assistent am Institut für Kommunikationswissenschaft in Münster. Derzeitige Forschungsschwerpunkte liegen im Bereich der kommunikationswissenschaftlichen Werbeforschung. Neueste Veröffentlichungen: Mannsbilder – Männlichkeit in der Werbung. Eine Untersuchung zur Darstellung von Männern in der Anzeigenwerbung der 50er, 70er und 90er Jahre. Opladen 1998; Festschrift für die Wirklichkeit. Opladen/Wiesbaden 2000 (hrsg.); Orientierung Kommunikationswissenschaft. Was sie kann, was sie will. Reinbek bei Hamburg 2000 (mit Siegfried J. Schmidt).

Made in United States
Troutdale, OR
11/13/2024